古典名著白文本

左传

[春秋]左丘明 撰

蒋冀骋 点校

CNS PUBLISHING & MEDIA 中南出版传媒
岳麓书社·长沙

图书在版编目(CIP)数据

左传/(春秋)左丘明撰. —长沙:岳麓书社,2015.2(2022.10 重印)
ISBN 978-7-5538-0321-0

Ⅰ.①左… Ⅱ.①左… Ⅲ.①中国历史—春秋时代—编年体
Ⅳ.①K225.04

中国版本图书馆 CIP 数据核字(2014)第 306946 号

ZUOZHUAN

左传

撰　　者　[春秋]左丘明
责任编辑　彭卫才
责任校对　舒　舍
封面设计　刘　峰

岳麓书社出版发行
地址:湖南省长沙市爱民路 47 号
直销电话:0731-88804152　0731-88885616
邮编:410006

版次:2015 年 2 月第 1 版
印次:2022 年 10 月第 3 次印刷
开本:890mm×1240mm　1/32
印张:11.875
字数:298 千字
印数:10 001—13 000
ISBN 978-7-5538-0321-0
定价:49.80 元

承印:廊坊市博林印务有限公司

如有印装质量问题,请与本社印务部联系
电话:0731-88884129

序　言

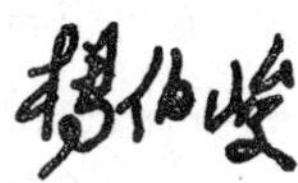

一、《左传》作者

《左传》，根据《汉书·艺文志》应该称《左氏传》。为什么呢？自战国至西汉认为“经书”只有五种，《春秋》是其中的一种。其余解释和补充《春秋》的叫《传》。《春秋》的《传》本来有五种，东汉时只存三种——《左氏传》《公羊传》《穀梁传》。在这三种中，《左氏传》（以后简称《左传》）写得最早，又最可信，又最好。

到唐朝扩充“经”的范围，有“九经”之名，唐文宗大和年间又扩充为“十二经”，于是《春秋左氏传》也列入“经”了。从今天看来，《左传》应当看作一部春秋时代的编年史，是一部史书。因为它文章好，又是一部文学书。

《左传》的作者是谁呢？从前人认为是左丘明。左丘明这人只两次见于《论语》。原文是：“子曰：‘巧言、令色、足恭，左丘明耻之，丘亦耻之。匿怨而友其人，左丘明耻之，丘亦耻之。’”（《公冶长》）孔子引左丘明以自证，而且把他说在自己前头，那他至少是和孔子同时人，甚至年龄比孔子大不少。唐朝陆淳作《春秋集传纂例·赵氏损益例》却说：“夫子（孔子）自比，皆引住人，故曰‘窃比于我老彭’，又说伯夷等六人，云‘我则异于是’，并同时人也。丘明者，盖夫子以前贤人，如史佚、迟任之流，见称于当时尔。”这样，把左丘明的生存年代提到早于孔子若干年,便是认为左丘明不可能在春秋时或春秋初期、中期写出《左传》,也就是否定《左传》是左丘明所作。我们也没有掌握关于左丘明较多的史料,就以《论语》这点材料而论,左丘明纵不是孔子早若干年的人,至少是和孔子同时人。从《左传》全书看来,先可以肯定一点,便是全书从头至尾是一个人的手笔,没有后人的增补,也没有他人的窜乱。康有为等人认为是王莽时刘歆伪造,那是为他自己的主张服务,极尽牵强附会之能事,好在早已不能取信于人了。《左传》一书,止于鲁哀公二十七年,而且最后一段还提到赵无恤的谥(称他为襄子,当时死后才有谥)。赵襄子的死距孔子的死已经53年,若左丘明和孔子同年生,必须活125岁才能看到襄子的死。要活到更长,才能著作《左传》,这哪里可能呢?所以《左传》不是左丘明所著,不必把他生存提得太早便可以认定。《左传》的作者既不是左丘明,又是谁呢?

章炳麟根据《韩非子·外储说右上》"吴起,卫左氏中人也",又根据《韩非子·内储说上》说卫嗣君时候,有个能治病的服劳役的犯人逃到魏国,卫嗣君请求魏王卖给他,魏王不肯。结果用左氏这都邑交换得这劳役犯。可见左氏本是卫国地名。章氏因说:"《左氏春秋》者,固以左公名,或亦因吴起传其学,故名《左氏春秋》。钱穆因此并其他类似说法,在他著作《先秦诸子系年考辨》卷二说:"此《左氏传》出吴起,不出左丘明之说也。"但我认为,吴起传《左传》,很有可能,一则陆德明《经典释文序录》曾经这样说;二则《左传》中叙述当时战争文字很多,首尾详备,有声有色,很值得学习和参考。吴起是大军事家,自然愿意传授《左传》。但说《左传》是吴起著作的,可能性极少。吴起又是法家。大凡大法家和军事家,一般是唯物论者,不会讲"怪、力、乱、神"。而《左传》讲"怪、力、乱、神"的地方很多,吴起不会相信"怪"和"神",他怎肯写自己不相信的事物呢?《左传》既不是左丘明所作,更不是吴起所作,究竟是谁的,目前尚无公认答案,只得存疑。

二、《左传》著作年代

虽不知《左传》作者,但著作年代可以考见。

据《史记十二诸侯年表序》下段文字:"铎椒为楚威王传,为王不能尽观《春秋》,采取成败,卒四十章,为《铎氏微》。赵孝成王时,其相虞卿上采《春秋》,下观近世,亦著八篇,为《虞氏春秋》。"

《史记》所谓《春秋》,实指《左传》,前人已有定论。要《左传》已经成书才能流行到楚国和赵国。《战国策·楚策四》还有一段文字:"虞卿谓春申君曰:'臣闻之《春秋》:于安思危,危则虑安。'"虞卿所闻二语,实是对襄公十一年《左传》"居安思危,有备无患"的引意。古人引书,一般不拘泥于文字,只要大意相同甚至相近便可以。

铎椒作《铎氏微》在公元前 339 年(楚威王元年)到公元前 329 年(威王末年)之间。虞卿作《虞氏春秋》在公元前 305 年到公元前 235 年之间。刘向《别录》也说:"铎椒作《抄撮》(就是《铎氏微》)八卷,授虞卿。虞卿作《抄撮》(就是《虞氏春秋》)九卷,授荀卿。"荀卿也是《左传》的爱好者,他常引用《左传》,却不加说明。仅举两例为证。《荀子·大略篇》说:"送死不及柩尸,吊生不及悲哀,非礼也。"这和隐公元年《左传》"赠死不及尸,吊生不及哀,豫凶事,非礼也"基本相同。《荀子·致士篇》又说:"赏不欲僭,刑不欲滥。赏僭则利及小人,刑滥则害及君子。若不幸而过,宁僭无滥。与其害善,不若利淫。"《左传》襄公二十六年也有这样文字:"善为国者,赏不僭而刑不滥。赏僭则惧及淫人,刑滥则惧及善人。若不幸而过,宁僭无滥。与其失善,宁其利淫。"这也是荀子暗用《左传》。卢文弨注《荀子》早说过:"此数语全本《左传》。"

《战国策》如《魏策三》用僖公二年和五年《左传》,也称《左传》

为《春秋》,可见把《左传》看作《春秋》的,不自司马迁开始。此后《吕氏春秋》和《韩非子》也都征引《左传》,《韩非子》征引尤多。西汉从高祖赐《韩王信书》用哀公十六年语,以至《淮南子》、贾谊《新书》、文帝作诏书(见《史记·文帝本纪》二年)、武帝制令(见《史记·三王世家》并《索隐》)也都征引《左传》。司马迁作《史记》,征引更多。其后哀帝封册(见《汉书·王嘉传》)以至刘向作《说苑》《新序》《列女传》,都曾用《左传》故事。可以说,自《左传》成书,沿至近代,一直流行。

晋武帝咸宁五年(公元279年)汲郡人不准盗掘魏国古墓,发现不少竹简古书。其中有一种叫《师春》的,据《晋书·束皙传》和杜预《左氏经传集解·后序》说,完全抄录《左传》的卜筮事,连上下文次第及其文义都和《左传》相同。师春大概是抄录人的姓名。不知他是何时人,但总在被用作殉葬物以前。不准所盗掘魏国古墓,是孟子所讥讽的梁襄王(见《孟子·梁惠王上》,梁襄王就是魏襄王)的坟。魏襄王死在公元前296年,那抄录《左传》卜筮至迟在这一年以前,《左传》成书更在这年前了。

《左传》作者喜欢预言,预言灵验的,很可能是作者所亲见的;不灵验的,则是作者所未及见到的,由此足以窥探这书著作年代。文公六年《左传》说:“秦伯任好(秦穆公)卒,以子车氏之三子奄息、仲行、鍼虎为殉,皆秦之良也。国人哀之,为之赋《黄鸟》……君子是以知秦之不复东征也。”《史记·秦本纪》说:“周室微,诸侯力征,争相并。秦僻在雍州,不与中国诸侯之会盟,夷狄遇之。”这是秦穆公以后,孝公以前的情况,也是《左传》作者所见到的“不复东征”的情况。然而孝公即位,“于是乃出兵,陈围陕城,西斩戎之獂王。二年,天子致胙”。这是《左传》作者所不及见的。这时已是公元前360年。

庄公二十二年《左传》说:“初,懿氏卜妻敬仲(姓懿的男子用龟壳卜卦,问把女儿嫁给陈敬仲吉不吉),其妻占之,曰:吉。是谓‘凤凰于飞，和鸣锵锵。有妫(陈国姓)之后，将育于姜。五世其昌，并于正卿。八世之后，莫之与京。'"末又说："及陈之初亡也，陈桓子始大于齐；其后亡也，成子得政。"陈成子专姜齐之政，正是《左传》所见到的。当时晏婴也私自对晋国叔向说："此季氏也。吾弗知齐其为陈氏矣。"(见《左传》昭公三年)然而不能肯定陈成子之曾孙太公和竟托人向周王请求，立他为齐侯。所以卜辞只说"八世之后，莫之与京"；不说十世之后，为侯代姜。昭公八年《传》史赵的话也仅仅说陈之"继守将在齐，其兆既存矣"。就是当时人也看到陈氏代齐种种迹象或苗头，是否果真代齐为侯为王，谁都未敢作此预言。田和为齐侯在公元前389年，这是《左传》作者所不及知道的。哀公十五年还有一段记载："秋，齐陈瓘如楚，过卫。仲由见之，曰：'天或者以陈氏为斧斤，既斫丧公室，而他人有之，不可知也。其使终飨之，亦不可知也。'"子路对齐国前途的推测，还不及晏婴的肯定。他仅肯定陈氏斫丧齐国，结果是陈氏伐齐，还有第三者攫取果实，都在"不可知"之列。由此推断，《左传》作者未及见到陈氏伐齐。

闵公元年《左传》说："赐毕万魏……卜偃曰：'毕万之后必大。万，盈数也；魏，大名也。以是始赏，天启之矣。天子曰兆民，诸侯曰万民。今名之大，以从盈数，其必有从。'"文又说："初，毕万筮仕于骨……'公侯之卦也。公侯之子孙，必复其始。'""复其始"就是恢复他开始时的公侯之位。这就说明《左传》作者已经看到魏斯为侯。那是公元前403年。但没能看到魏文侯后代称王。昭公二十八年《左传》说：魏子之举也义，其命也忠，其长有后于晋国乎！晋国就是魏国。魏国又称晋国，梁惠王(就是魏惠王)对孟子说："晋国，天下莫强焉。"自称其国为晋。

由以上论证，可以推测《左传》作者看到魏文侯，他著书当在公元前403年以后，而在周安王十三年(公元前389年)以前。

三、《左传》所述历史特征

《左传》的文章,可说是古代叙述文之最,不但层次分明,而且有声有色,栩栩如生。其中还有春秋时代的原始文献,如成公十三年"晋侯使吕相绝秦"(和秦国断绝邦交),载着一封绝交书。这信便是原始文件。那封信写得很好,把自己无理说成有理。秦国后来作《诅楚文》,便仿效自己受骂的这封信。

春秋时代是由奴隶社会向封建社会的过渡时代,也是华夏民族和落后的"蛮、夷、戎、狄"杂居并且逐渐同化的时代,是中华民族的伟大而且关键的时代。但是,当时各地区的发展很不平衡。以吴国、楚国而论,当时是落后地区。自楚申公巫臣由晋使吴,教吴乘车射箭,教吴作战,吴才强大,和中原大国往来。楚国自若敖(当周幽王之世)蚡冒(楚武王之父或兄)才开辟草莱,到齐桓公时因楚强大而伐楚,结果结盟而回。晋文公也伐楚,即城濮之役(僖公二十八年)。这时楚国已经尽灭汉水流域姬姓诸国,想也吸收了中原的先进文化,所以才强大得使齐、晋畏惧。这是一个大区域的文化不平衡。就小区域论,同样也有不平衡。以鲁国论,襄公十一年(公元前562年),季武子作三军,季氏便把他私邑的自由民补充军队;孟氏私邑的百姓是一半自由民,一半奴隶;叔孙氏私邑百姓便全是奴隶。二十多年以后,鲁作四军,季氏有二军,孟孙和叔孙各一军,三家所属全是自由民。可见时代潮流所趋,纵是最顽固的大奴隶主,也不得不把奴隶解放成自由民。

以华戎杂处而论,卫庄公的城外便有戎州,他看到戎州己氏的妻头发美,竟给她剃了光头,用来作自己夫人的假发(见《左传》哀公十七年)。晋国周围几乎全是后进民族。襄公十四年载戎子、驹支答对范宣子的话:"我诸戎饮食、衣服不与华同,贽币不通,言语不达。”但晋国能用通婚、拉拢一些手段，融合甚至同化他们。晋献公的夫人是贾国女，没生儿女。“又娶二女于戎，大戎狐姬生重耳（晋文公），小戎子生夷吾（晋惠公）”。又“伐骊戎，骊戎男女以骊姬，归，生奚齐，其娣生卓子”。（见《左传》庄公二十八年）。晋文公曾娶赤狄别种廧咎如之女季隗。可见晋国和周围少数民族常通婚姻。前引戎子驹支又说：“昔文公与秦伐郑，秦人窃与郑盟，而舍戌焉（秦派兵驻郑），于是乎有殽之师。晋御其上，戎亢其下，秦人不复，我诸实然。”可见晋国用兵，其邻近少数民族实多帮助，也是晋国拉拢的一种手段。晋国的强大，和同化蛮夷戎狄不无关系。

中国上古并没有宗教，只有由原始社会遗传下来的迷信。一切自然事物都有神，如天神、地祇、雨师、风伯固然是神；社会事物也各有神，堂屋有霤神，门有门神，道路之神叫行神，户有户神，灶有灶神，屋的西南角有奥神。人死叫鬼。到西周以后不专迷信神，认为神应该符合民意。桓公六年《左传》述随国贤臣季梁的话说：“夫民，神之主也。是以圣王先成民而后致力于神。”把这话发挥一下，人民是产生神灵的主子。自然，没有人，也就没有神。但古人还不敢否定神的存在，纵然有怀疑者，也有无神论者。明确提出神和民对立关系的是周内史过。庄公三十二年引他的话说：“吾闻之：国将兴，听于民；将亡，听于神。”内史过又说：“神，聪明正直而壹者也，依人而行。”又把人神关系统一起来。更早一些是《尚书·泰誓》的话：“天视自我民视，天听自我民听。”（见《孟子·万章上》引。今本《泰誓》是伪中之伪。）把天神和人民合一起来。襄公十四年《传》述卫献公激怒了大臣孙林父和宁殖，两人把献公逐出国境。献公使祝宗（祭祀时告神之官）报告列祖列宗，自己逃亡，并且说自己无罪。他嫡母定姜便说：“无神，何告？若有，不可诬也。”意思是假设没有神，告什么？若有神，不可以将有罪作无罪来欺骗。定姜说：“无神，何告？”简直是神的怀疑者。

古代还认为天象和人事有关连。《左传》僖公十六年说："陨石于宋五，陨星也。六鹢退飞，过宋都，风也。"周内史叔兴正在宋国聘问，宋襄公便问他："是什么兆头？是祸？是福？祸福在哪里？"叔兴凭他在各国观察所得答复了他，退而告诉别人说："宋公问得不对。这些是自然现象。祸和福由人，和这不相关。"昭公十八年《传》载，郑国裨灶请求子产用宝物禳除他预言的火灾。因为他上次预言灵验，郑国大官都这样请求。子产坚决不同意，说："自然现象距离人类远，社会现象距离人类近，两不相干。裨灶哪能知道自然规律？这个人好说话，千万句中可能有一句灵验。"终不给以宝物，郑国也没再发生火灾。子产这种否定天人关系，在当时确是伟大思想家。

东周初期还承袭西周的礼治、礼教，以礼规定天子、诸侯、大夫（包括卿）、士、庶人的衣食住行、娱乐等等生活和享受的标准及限度，因此君臣关系甚至重于父子关系。春秋以后，这种不可逾越的等级制度逐渐被破坏。鲁国季氏竟至用天子礼乐，以八佾（六十四人）在庭中舞乐，唱《雍》诗撤除祭品，孔子竟大发脾气（见《论语·八佾》）。而知时识务的晏婴却以新观念代替旧观念。襄公二十五年《传》叙齐庄公为崔杼所杀，晏婴既不肯为君死，也不因此逃亡，却说："君民者，岂以陵民？社稷是主。臣君者，岂为其口实？社稷是养。故君为社稷死，则死之；为社稷亡，则亡之。若为己死，而为己亡，非其私暱，谁敢任之？"意思是，为国君的，不是为着欺压百姓，是为主持国家。作他臣子的，不是为着俸禄，而是为养护国家。若国君为着自己而死而逃亡，不是他个人宠幸之臣，谁敢分担责任？这种君臣关系的新观念，后来便发展成孟子的"民为贵，社稷次之，君为轻"（《孟子·尽心下》）的重民观念。在春秋后期，季氏能得民心，鲁昭公企图收回政权，导致失败，逃亡国外。尤其是齐国陈氏逐渐买得姜氏民心，"民爱之如父母，而归之如流水"（《左传》昭公三年），终于取代姜氏为侯为王。

《左传》重视礼节，论人经常看他行礼仪的态度如何。如成公十三年叙成肃公在土地庙接受祭肉不严肃，刘康公便预言肃公会死。一部《左传》，讲礼的次数大大多于讲仁义的次数。到《论语》，孔子则讲仁多于讲礼。还说“子罕言利与命与仁”。而且还认为礼仪是形式，仁才是实质，因说“人而不仁，如礼何”，足见春秋末期的孔子对礼的观念已有改变。

总之，一部《左传》，叙春秋一代二百五十多年史事，虽仅十八万多字，可字外有字，内容极为丰富，也可当科技史、军事史读。春秋初期测冬至常错，其后逐渐正确，可见观测的逐渐进步。同时，也知道十九年七个闰月，更是一种进步。《左传》常引《军志》，这是古兵书，如宣公十二年孙叔敖引《军志》“先人有夺人之心”，因主动进攻，使晋军大败。《孙子兵法》十三篇可能是春秋一代兵书的总结。正因为《左传》有如此重要的价值，所以岳麓书社把它收入《古典名著普及文库》也就是件很有意义的事。

编辑附记：这篇序言，是杨伯峻先生1988年特为岳麓书社《古典名著普及文库》本《左传》所写的导读前言，多年来一直深受读者欢迎。如今，杨先生已逝世多年，当我们再读此文，仍感颇受启迪，且以为对喜爱《左传》的一般读者仍具有指导价值，故将原《序》全文照刊，以飨读者，亦以纪念为读者认真写作的杨先生。

目　　录

卷六　文公

卷七　宣公

卷八 成公

卷一　隐公

惠公元妃孟子。孟子卒,继室以声子,生隐公。宋武公生仲子,仲子生而有文在其手,曰为"鲁夫人",故仲子归于我。生桓公而惠公薨,是以隐公立而奉之。

隐公元年

元年春,王周正月。不书即位,摄也。

三月,公及邾仪父盟于蔑,邾子克也。未王命,故不书爵。曰仪父,贵之也。公摄位而欲求好于邾,故为蔑之盟。

夏四月,费伯帅师城郎。不书,非公命也。

初,郑武公娶于申,曰武姜。生庄公及共叔段。庄公寤生,惊姜氏,故名曰寤生,遂恶之。爱共叔段,欲立之。亟请于武公,公弗许。

及庄公即位,为之请制。公曰:"制,岩邑也,虢叔死焉。佗邑唯命。"请京,使居之,谓之京城大叔。祭仲曰:"都城过百雉,国之害也。先王之制:大都不过叁国之一,中五之一,小九之一。今京不度,非制也,君将不堪。"公曰:"姜氏欲之,焉辟害?"对曰:"姜氏何厌之有?不如早为之所,无使滋蔓,蔓难图也。蔓草犹不可除,况君之宠弟乎?"公曰:"多行不义必自毙,子姑待之。"

既而大叔命西鄙、北鄙贰于己。公子吕曰:"国不堪贰,君将若之何?欲与大叔,臣请事之;若弗与,则请除之。无生民心。"公曰:"无庸,将自及。"大叔又收贰以为己邑,至于廪延。子封曰:"可矣,厚将得众。"公曰:"不义不昵,厚将崩。"

大叔完聚,缮甲兵,具卒乘,将袭郑。夫人将启之。公闻其期,曰:“可矣!”命子封帅车二百乘以伐京。京叛大叔段,段入于鄢,公伐诸鄢。五月辛丑,大叔出奔共。

书曰:“郑伯克段于鄢。”段不弟,故不言弟;如二君,故曰克;称郑伯,讥失教也;谓之郑志。不言出奔,难之也。

遂置姜氏于城颍,而誓之曰:“不及黄泉,无相见也。”既而悔之。颍考叔为颍谷封人,闻之,有献于公,公赐之食,食舍肉。公问之,对曰:“小人有母,皆尝小人之食矣,未尝君之羹,请以遗之。”公曰:“尔有母遗,繄我独无!”颍考叔曰:“敢问何谓也?”公语之故,且告之悔。对曰:“君何患焉?若阙地及泉,隧而相见,其谁曰不然?”公从之。公入而赋:“大隧之中,其乐也融融!”姜出而赋:“大隧之外,其乐也泄泄!”遂为母子如初。

君子曰:“颍考叔,纯孝也,爱其母,施及庄公。《诗》曰:‘孝子不匮,永锡尔类。’其是之谓乎。”

秋七月,天王使宰咺来归惠公、仲子之赗。缓,且子氏未薨,故名。天子七月而葬,同轨毕至。诸侯五月,同盟至。大夫三月,同位至。士逾月,外姻至。赠死不及尸,吊生不及哀。豫凶事,非礼也。

八月,纪人伐夷。夷不告,故不书。

有蜚。不为灾,亦不书。

惠公之季年,败宋师于黄。公立,而求成焉。九月,及宋人盟于宿,始通也。

冬十月庚申,改葬惠公。公弗临,故不书。惠公之薨也,有宋师,大子少,葬故有阙,是以改葬。卫侯来会葬,不见公,亦不书。

郑共叔之乱,公孙滑出奔卫。卫人为之伐郑,取廪延。郑人以王师、虢师伐卫南鄙。请师于邾。邾子使私于公子豫,豫请往,公弗许,遂行。及邾人、郑人盟于翼。不书,非公命也。

新作南门。不书,亦非公命也。

十二月,祭伯来,非王命也。

众父卒。公不与小敛，故不书日。

隐公二年

二年春，公会戎于潜，修惠公之好也。戎请盟，公辞。

莒子娶于向，向姜不安莒而归。夏，莒人入向，以姜氏还。

司空无骇入极，费庈父胜之。

戎请盟。秋，盟于唐，复修戎好也。

九月，纪裂繻来逆女，卿为君逆也。

冬，纪子帛、莒子盟于密，鲁故也。

郑人伐卫，讨公孙滑之乱也。

隐公三年

三年春，王三月壬戌，平王崩。赴以庚戌，故书之。

夏，君氏卒。声子也。不赴于诸侯，不反哭于寝，不祔于姑，故不曰薨。不称夫人，故不言葬，不书姓。为公故，曰君氏。

郑武公、庄公为平王卿士。王贰于虢，郑伯怨王，王曰“无之”。故周、郑交质，王子狐为质于郑，郑公子忽为质于周。王崩，周人将畀虢公政。四月，郑祭足帅师取温之麦。秋，又取成周之禾。周、郑交恶。

君子曰：“信不由中，质无益也。明恕而行，要之以礼，虽无有质，谁能间之？苟有明信，涧溪沼沚之毛，蘋蘩蕰藻之菜，筐筥锜釜之器，潢污行潦之水，可荐于鬼神，可羞于王公，而况君子结二国之信，行之以礼，又焉用质？《风》有《采蘩》《采蘋》，《雅》有《行苇》《泂酌》，昭忠信也。”

武氏子来求赙，王未葬也。

宋穆公疾，召大司马孔父而属殇公焉，曰："先君舍与夷而立寡人，寡人弗敢忘。若以大夫之灵，得保首领以没，先君若问与夷，其将何辞以对？请子奉之，以主社稷，寡人虽死，亦无悔焉。"对曰："群臣愿奉冯也。"公曰："不可。先君以寡人为贤，使主社稷，若弃德不让，是废先君之举也，岂曰能贤？光昭先君之令德，可不务乎？吾子其无废先君之功。"使公子冯出居于郑。八月庚辰，宋穆公卒。殇公即位。

君子曰："宋宣公可谓知人矣。立穆公，其子飨之，命以义夫。《商颂》曰：'殷受命咸宜，百禄是荷。'其是之谓乎！"

冬，齐、郑盟于石门，寻卢之盟也。庚戌，郑伯之车偾于济。

卫庄公娶于齐东宫得臣之妹，曰庄姜，美而无子，卫人所为赋《硕人》也。又娶于陈，曰厉妫，生孝伯，早死。其娣戴妫生桓公，庄姜以为己子。公子州吁，嬖人之子也，有宠而好兵。公弗禁，庄姜恶之。石碏谏曰："臣闻爱子，教之以义方，弗纳于邪。骄、奢、淫、泆，所自邪也。四者之来，宠禄过也。将立州吁，乃定之矣，若犹未也，阶之为祸。夫宠而不骄，骄而能降，降而不憾，憾而能眕者鲜矣。且夫贱妨贵，少陵长，远间亲，新间旧，小加大，淫破义，所谓六逆也。君义，臣行，父慈，子孝，兄爱，弟敬，所谓六顺也。去顺效逆，所以速祸也。君人者将祸是务去，而速之，无乃不可乎？"弗听。其子厚与州吁游，禁之，不可。桓公立，乃老。

隐公四年

四年春，卫州吁弑桓公而立。公与宋公为会，将寻宿之盟。未及期，卫人来告乱。夏，公及宋公遇于清。

宋殇公之即位也，公子冯出奔郑，郑人欲纳之。及卫州吁立，将修先君之怨于郑，而求宠于诸侯以和其民，使告于宋曰："君若伐郑以除君害，君为主，敝邑以赋与陈、蔡从，则卫国之愿也。”宋人许之。于是，陈、蔡方睦于卫，故宋公、陈侯、蔡人、卫人伐郑，围其东门，五日而还。

公问于众仲曰：“卫州吁其成乎？”对曰：“臣闻以德和民，不闻以乱。以乱，犹治丝而棼之也。夫州吁，阻兵而安忍。阻兵无众，安忍无亲，众叛亲离，难以济矣。夫兵犹火也，弗戢，将自焚也。夫州吁弑其君而虐用其民，于是乎不务令德，而欲以乱成，必不免矣。”

秋，诸侯复伐郑。宋公使来乞师，公辞之。羽父请以师会之，公弗许，固请而行。故书曰：“翚帅师”，疾之也。诸侯之师败郑徒兵，取其禾而还。

州吁未能和其民，厚问定君于石子。石子曰：“王觐为可。”曰：“何以得觐？”曰：“陈桓公方有宠于王，陈、卫方睦，若朝陈使请，必可得也。”厚从州吁如陈。石碏使告于陈曰：“卫国褊小，老夫耄矣，无能为也。此二人者，实弑寡君，敢即图之。”陈人执之而请莅于卫。九月，卫人使右宰丑莅杀州吁于濮，石碏使其宰獳羊肩莅杀石厚于陈。

君子曰：“石碏，纯臣也，恶州吁而厚与焉。‘大义灭亲’，其是之谓乎！”

卫人逆公子晋于邢。冬十二月，宣公即位。书曰“卫人立晋”，众也。

隐公五年

五年春，公将如棠观鱼者。臧僖伯谏曰：“凡物不足以讲大事，其材不足以备器用，则君不举焉。君将纳民于轨物者也。故讲事以度轨量谓之轨，取材以章物采谓之物，不轨不物谓之乱政。乱政亟行，所以败也。故春蒐夏苗，秋狝冬狩，皆于农隙以讲事也。三年而治兵,入而振旅,归而饮至,以数军实。昭文章,明贵贱,辨等列,顺少长,习威仪也。鸟兽之肉不登于俎,皮革齿牙、骨角毛羽不登于器,则公不射,古之制也。若夫山林川泽之实,器用之资,皂隶之事,官司之守,非君所及也。”公曰:“吾将略地焉。”遂往,陈鱼而观之。僖伯称疾,不从。书曰“公矢鱼于棠”,非礼也,且言远地也。

曲沃庄伯以郑人、邢人伐翼,王使尹氏、武氏助之。翼侯奔随。

夏,葬卫桓公。卫乱,是以缓。

四月,郑人侵卫牧,以报东门之役。卫人以燕师伐郑。郑祭足、原繁、泄驾以三军军其前,使曼伯与子元潜军军其后。燕人畏郑三军而不虞制人。六月,郑二公子以制人败燕师于北制。君子曰:“不备不虞,不可以师。”

曲沃叛王。秋,王命虢公伐曲沃而立哀侯于翼。

卫之乱也,郕人侵卫,故卫师入郕。

九月,考仲子之宫,将《万》焉。公问羽数于众仲。对曰:“天子用八,诸侯用六,大夫四,士二。夫舞所以节八音而行八风,故自八以下。”公从之。于是初献六羽、始用六佾也。

宋人取邾田。邾人告于郑曰:“请君释憾于宋,敝邑为道。”郑人以王师会之。伐宋,入其郛,以报东门之役。宋人使来告命。公闻其入郛也,将救之,问于使者曰:“师何及?”对曰:“未及国。”公怒,乃止,辞使者曰:“君命寡人同恤社稷之难,今问诸使者,曰‘师未及国’,非寡人之所敢知也。”

冬十二月辛巳,臧僖伯卒。公曰:“叔父有憾于寡人,寡人弗敢忘。葬之加一等。

宋人伐郑,围长葛,以报入郛之役也。

隐公六年

六年春,郑人来渝平,更成也。

翼九宗、五正、顷父之子嘉父逆晋侯于随,纳诸鄂。晋人谓之鄂侯。

夏,盟于艾,始平于齐也。

五月庚申,郑伯侵陈,大获。往岁,郑伯请成于陈,陈侯不许。五父谏曰:“亲仁善邻,国之宝也。君其许郑。”陈侯曰:“宋、卫实难,郑何能为?”遂不许。

君子曰:“善不可失,恶不可长,其陈桓公之谓乎!长恶不悛,从自及也。虽欲救之,其将能乎?《商书》曰:‘恶之易也,如火之燎于原,不可乡迩,其犹可扑灭?’周任有言曰:‘为国家者,见恶如农夫之务去草焉,芟夷蕴崇之,绝其本根,勿使能殖,则善者信矣。’”

秋,宋人取长葛。

冬,京师来告饥。公为之请籴于宋、卫、齐、郑,礼也。

郑伯如周,始朝桓王也。王不礼焉。周桓公言于王曰:“我周之东迁,晋、郑焉依。善郑以劝来者,犹惧不蔇,况不礼焉?郑不来矣!”

隐公七年

七年春,滕侯卒。不书名,未同盟也。凡诸侯同盟,于是称名,故薨则赴以名,告终称嗣也,以继好息民,谓之礼经。

夏,城中丘,书,不时也。

齐侯使夷仲年来聘,结艾之盟也。

秋,宋及郑平。七月庚申,盟于宿。公伐邾,为宋讨也。

初，戎朝于周，发币于公卿，凡伯弗宾。冬，王使凡伯来聘。还，戎伐之于楚丘以归。

陈及郑平。十二月，陈五父如郑莅盟。壬申，及郑伯盟，歃如忘。泄伯曰："五父必不免，不赖盟矣。"郑良佐如陈莅盟。辛巳，及陈侯盟，亦知陈之将乱也。

郑公子忽在王所，故陈侯请妻之。郑伯许之，乃成昏。

隐公八年

八年春，齐侯将平宋、卫，有会期。宋公以币请于卫，请先相见，卫侯许之，故遇于犬丘。

郑伯请释泰山之祀而祀周公，以泰山之祊易许田。三月，郑伯使宛来归祊，不祀泰山也。

夏，虢公忌父始作卿士于周。

四月甲辰，郑公子忽如陈逆妇妫。辛亥，以妫氏归。甲寅，入于郑。陈鍼子送女。先配而后祖。鍼子曰："是不为夫妇。诬其祖矣，非礼也，何以能育？"

齐人卒平宋、卫于郑。秋，会于温，盟于瓦屋，以释东门之役，礼也。

八月丙戌，郑伯以齐人朝王，礼也。

公及莒人盟于浮来，以成纪好也。

冬，齐侯使来告成三国。公使众仲对曰："君释三国之图以鸠其民，君之惠也。寡君闻命矣，敢不承受君之明德。"

无骇卒。羽父请谥与族。公问族于众仲。众仲对曰："天子建德，因生以赐姓，胙之土而命之氏。诸侯以字为谥，因以为族，官有世功，则有官族，邑亦如之。"公命以字为展氏。

隐公九年

九年春，王三月癸酉，大雨霖以震，书，始也。庚辰，大雨雪，亦如之。书，时失也。凡雨，自三日以往为霖。平地尺为大雪。

夏，城郎，书，不时也。

宋公不王。郑伯为王左卿士，以王命讨之，伐宋。宋以入郛之役怨公，不告命。公怒，绝宋使。

秋，郑人以王命来告伐宋。

冬，公会齐侯于防，谋伐宋也。

北戎侵郑，郑伯御之。患戎师，曰："彼徒我车，惧其侵轶我也"。公子突曰："使勇而无刚者尝寇，而速去之。君为三覆以待之。戎轻而不整，贪而无亲，胜不相让，败不相救。先者见获必务进，进而遇覆必速奔，后者不救，则无继矣。乃可以逞。"从之。戎人之前遇覆者奔。祝聃逐之。衷戎师，前后击之，尽殪。戎师大奔。十一月甲寅，郑人大败戎师。

隐公十年

十年春，王正月，公会齐侯、郑伯于中丘。癸丑，盟于邓，为师期。

夏五月，羽父先会齐侯、郑伯伐宋。

六月戊申，公会齐侯、郑伯于老桃。壬戌，公败宋师于菅。庚午，郑师入郜；辛未，归于我。庚辰，郑师入防；辛巳，归于我。君子谓："郑庄公于是乎可谓正矣。以王命讨不庭，不贪其土以劳王爵，正之体也。"

蔡人、卫人、郕人不会王命。

秋七月庚寅，郑师入郊。犹在郊，宋人、卫人入郑。蔡人从之，伐戴。八月壬戌，郑伯围戴。癸亥，克之，取三师焉。宋、卫既入郑，而以伐戴召蔡人，蔡人怒，故不和而败。

九月戊寅，郑伯入宋。

冬，齐人、郑人入郕，讨违王命也。

隐公十一年

十一年春，滕侯、薛侯来朝，争长。薛侯曰："我先封。"滕侯曰："我，周之卜正也。薛，庶姓也，我不可以后之。"公使羽父请于薛侯曰："君与滕君辱在寡人。周谚有之曰：'山有木，工则度之；宾有礼，主则择之。'周之宗盟，异姓为后。寡人若朝于薛，不敢与诸任齿。君若辱贶寡人，则愿以滕君为请。"薛侯许之，乃长滕侯。

夏，公会郑伯于郲，谋伐许也。郑伯将伐许，五月甲辰，授兵于大宫。公孙阏与颍考叔争车，颍考叔挟辀以走，子都拔棘以逐之，及大逵，弗及，子都怒。

秋七月，公会齐侯、郑伯伐许。庚辰，傅于许。颍考叔取郑伯之旗蝥弧以先登。子都自下射之，颠。瑕叔盈又以蝥弧登，周麾而呼曰："君登矣！"郑师毕登。壬午，遂入许。许庄公奔卫。

齐侯以许让公。公曰："君谓许不共，故从君讨之。许既伏其罪矣，虽君有命，寡人弗敢与闻。"乃与郑人。

郑伯使许大夫百里奉许叔以居许东偏，曰："天祸许国，鬼神实不逞于许君，而假手于我寡人。寡人唯是一二父兄不能共亿，其敢以许自为功乎？寡人有弟，不能和协，而使糊其口于四方，其况能久有许乎？吾子其奉许叔以抚柔此民也，吾将使获也佐吾子。若寡人得没于地，天其以礼悔祸于许，无宁兹许公复奉其社稷。唯我郑国之有请谒焉，如旧昏媾，其能降以相从也。无滋他族，实逼处此，以与我郑国争此土也。吾子孙其覆亡之不暇，而况能禋祀许乎？寡人之使吾子处此，不唯许国之为，亦聊以固吾圉也。”

乃使公孙获处许西偏，曰：“凡而器用财贿，无置于许。我死，乃亟去之。吾先君新邑于此，王室而既卑矣，周之子孙日失其序。夫许，大岳之胤也，天而既厌周德矣，吾其能与许争乎？”

君子谓：“郑庄公于是乎有礼。礼，经国家，定社稷，序民人，利后嗣者也。许无刑而伐之，服而舍之，度德而处之，量力而行之，相时而动，无累后人，可谓知礼矣。”

郑伯使卒出豭，行出犬鸡，以诅射颍考叔者。君子谓：“郑庄公失政刑矣。政以治民，刑以正邪，既无德政，又无威刑，是以及邪。邪而诅之，将何益矣！”

王取鄔、刘、蔿、邘之田于郑，而与郑人苏忿生之田：温、原、絺、樊、隰郕、欑茅、向、盟、州、陉、隤、怀。君子是以知桓王之失郑也。恕而行之，德之则也，礼之经也。己弗能有而以与人，人之不至，不亦宜乎。

郑、息有违言，息侯伐郑。郑伯与战于竟，息师大败而还。君子是以知息之将亡也。不度德，不量力，不亲亲，不征辞，不察有罪，犯五不韪而以伐人，其丧师也，不亦宜乎！

冬十月，郑伯以虢师伐宋。壬戌，大败宋师，以报其入郑也。宋不告命，故不书。凡诸侯有命，告则书，不然则否。师出臧否，亦如之。虽及灭国，灭不告败，胜不告克，不书于策。

羽父请杀桓公，将以求大宰。公曰：“为其少故也，吾将授之矣。使营菟裘，吾将老焉。”羽父惧，反谮公于桓公而请弑之。公之为公子也，与郑人战于狐壤，止焉。郑人囚诸尹氏，赂尹氏而祷于其主钟巫，遂与尹氏归而立其主。十一月，公祭钟巫，齐于社圃，馆于寪氏。壬辰，羽父使贼弑公于寪氏，立桓公而讨寪氏，有死者。不书葬，不成丧也。

卷二 桓公

桓公元年

元年春，公即位，修好于郑。郑人请复祀周公，卒易祊田。公许之。三月，郑伯以璧假许田，为周公祊故也。

夏四月丁未，公及郑伯盟于越，结祊成也。盟曰："渝盟无享国。"

秋，大水。凡平原出水为大水。

冬，郑伯拜盟。

宋华父督见孔父之妻于路，目逆而送之，曰："美而艳。"

桓公二年

二年春，宋督攻孔氏，杀孔父而取其妻。公怒，督惧，遂弑殇公。君子以督为有无君之心而后动于恶，故先书弑其君。会于稷以成宋乱，为赂故，立华氏也。

宋殇公立，十年十一战，民不堪命。孔父嘉为司马，督为太宰，故因民之不堪命。先宣言曰："司马则然。"已杀孔父而弑殇公，召庄公于郑而立之，以亲郑。以郜大鼎赂公，齐、陈、郑皆有赂，故遂相宋公。夏四月，取郜大鼎于宋。戊申，纳于大庙。非礼也。

臧哀伯谏曰："君人者将昭德塞违，以临照百官，犹惧或失之。故昭令德以示子孙。是以清庙茅屋，大路越席，大羹不致，粢食不凿，昭其俭也。衮、冕、黻、珽、带、裳、幅、舄、衡、紞、纮、綖，昭其度也。藻、率、鞞、鞛、鞶、厉、游、缨，昭其数也。火、龙、黼、黻，昭其文也。五色比象，昭其物也。钖、鸾、和、铃，昭其声也。三辰旂旗，昭其明也。夫德俭而有度，登降有数。文物以纪之，声明以发之，以照临百官，百官于是乎戒惧而不敢易纪律。今灭德立违，而寘其赂器于大庙，以明示百官，百官象之，其又何诛焉！国家之败，由官邪也。官之失德，宠赂章也。郜鼎在庙，章孰甚焉？武王克商，迁九鼎于雒邑，义士犹或非之，而况将昭违乱之赂器于大庙，其若之何？"公不听。周内史闻之曰："臧孙达其有后于鲁乎！君违不忘谏之以德。"

秋七月，杞侯来朝，不敬。杞侯归，乃谋伐之。

蔡侯、郑伯会于邓，始惧楚也。

九月，入杞，讨不敬也。

公及戎盟于唐，修旧好也。冬，公至自唐，告于庙也。凡公行，告于宗庙。反行，饮至、舍爵，策勋焉，礼也。特相会，往来称地，让事也。自参以上，则往称地，来称会，成事也。

初，晋穆侯之夫人姜氏以条之役生大子，命之曰仇。其弟以千亩之战生，命之曰成师。师服曰："异哉，君之名子也！夫名以制义，义以出礼，礼以体政，政以正民。是以政成而民听，易则生乱。嘉耦曰妃，怨耦曰仇，古之命也。今君命大子曰仇，弟曰成师，始兆乱矣，兄其替乎？"

惠之二十四年，晋始乱，故封桓叔于曲沃，靖侯之孙栾宾傅之。师服曰："吾闻国家之立也，本大而末小，是以能固。故天子建国，诸侯立家，卿置侧室，大夫有贰宗，士有隶子弟，庶人工商各有分亲，皆有等衰。是以民服事其上而下无觊觎。今晋，甸侯也，而建国。本既弱矣，其能久乎。"

惠之三十年，晋潘父弑昭侯而纳桓叔，不克。晋人立孝侯。

惠之四十五年，曲沃庄伯伐翼，弑孝侯。翼人立其弟鄂侯。鄂侯生哀侯。哀侯侵陉庭之田。陉庭南鄙启曲沃伐翼。

桓公三年

三年春，曲沃武公伐翼，次于陉庭。韩万御戎，梁弘为右，逐翼侯于汾隰，骖絓而止。夜获之，乃栾共叔。

会于嬴，成昏于齐也。

夏，齐侯、卫侯胥命于蒲，不盟也。

公会杞侯于郕，杞求成也。

秋，公子翚如齐逆女。修先君之好，故曰公子。齐侯送姜氏，非礼也。凡公女嫁于敌国，姊妹则上卿送之，以礼于先君；公子则下卿送之；于大国，虽公子亦上卿送之；于天子，则诸卿皆行，公不自送；于小国，则上大夫送之。

冬，齐仲年来聘，致夫人也。

芮伯万之母芮姜恶芮伯之多宠人也，故逐之，出居于魏。

桓公四年

四年春正月，公狩于郎。书，时，礼也。

夏，周宰渠伯纠来聘。父在，故名。

秋，秦师侵芮，败焉，小之也。

冬，王师、秦师围魏，执芮伯以归。

桓公五年

五年春正月，甲戌，己丑，陈侯鲍卒，再赴也。于是陈乱。文公子佗杀大子免而代之。公疾病而乱作，国人分散，故再赴。

夏，齐侯、郑伯朝于纪，欲以袭之。纪人知之。

王夺郑伯政，郑伯不朝。

秋，王以诸侯伐郑，郑伯御之。王为中军；虢公林父将右军，蔡人、卫人属焉；周公黑肩将左军，陈人属焉。

郑子元请为左拒以当蔡人、卫人，为右拒以当陈人，曰："陈乱，民莫有斗心，若先犯之，必奔。王卒顾之，必乱。蔡、卫不枝，固将先奔。既而萃于王卒，可以集事。"从之。曼伯为右拒，祭仲足为左拒，原繁、高渠弥以中军奉公，为鱼丽之陈，先偏后伍，伍承弥缝。战于繻葛，命二拒曰："旝动而鼓。"蔡、卫、陈皆奔，王卒乱，郑师合以攻之，王卒大败。祝聃射王中肩，王亦能军。祝聃请从之。公曰："君子不欲多上人，况敢陵天子乎！苟自救也，社稷无陨，多矣。"

夜，郑伯使祭足劳王，且问左右。

仍叔之子，弱也。

秋，大雩，书，不时也。凡祀，启蛰而郊，龙见而雩，始杀而尝，闭蛰而烝。过则书。

冬，淳于公如曹。度其国危，遂不复。

桓公六年

六年春，自曹来朝。书曰"实来"，不复其国也。

楚武王侵随，使薳章求成焉，军于瑕以待之。随人使少师董成。斗伯比言于楚子曰："吾不得志于汉东也，我则使然。我张吾三军而被吾甲兵，以武临之，彼则惧而协以谋我，故难间也。汉东之国随为大，随张必弃小国，小国离，楚之利也。少师侈，请羸师以张之。"熊率且比曰："季梁在，何益？"斗伯比曰："以为后图，少师得其君。"王毁军而纳少师。

少师归，请追楚师，随侯将许之。季梁止之曰："天方授楚，楚之羸，其诱我也，君何急焉？臣闻小之能敌大也，小道大淫。所谓道，忠于民而信于神也。上思利民,忠也;祝史正辞,信也。今民馁而君逞欲,祝史矫举以祭,臣不知其可也。”公曰:“吾牲牷肥腯,粢盛丰备,何则不信?”对曰:“夫民,神之主也。是以圣王先成民而后致力于神。故奉牲以告曰,‘博硕肥腯’,谓民力之普存也,谓其畜之硕大蕃滋也,谓其不疾瘯蠡也,谓其备腯咸有也。奉盛以告曰,‘洁粢丰盛’,谓其三时不害而民和年丰也。奉酒醴以告曰,‘嘉栗旨酒’,谓其上下皆有嘉德而无违心也。所谓馨香,无谗慝也。故务其三时,修其五教,亲其九族,以致其禋祀。于是乎民和而神降之福,故动则有成。今民各有心,而鬼神乏主,君虽独丰,其何福之有!君姑修政而亲兄弟之国,庶免于难。”随侯惧而修政,楚不敢伐。

夏,会于成,纪来咨谋齐难也。

北戎伐齐,齐侯使乞师于郑。郑大子忽帅师救齐。六月,大败戎师,获其二帅大良、少良,甲首三百,以献于齐。于是,诸侯之大夫戍齐,齐人馈之饩,使鲁为其班,后郑。郑忽以其有功也,怒,故有郎之师。

公之未昏于齐也,齐侯欲以文姜妻郑大子忽。大子忽辞,人问其故,大子曰:“人各有耦,齐大,非吾耦也。《诗》云:‘自求多福。’在我而已,大国何为?”君子曰:“善自为谋。”及其败戎师也,齐侯又请妻之,固辞。人问其故,大子曰:“无事于齐,吾犹不敢。今以君命奔齐之急,而受室以归,是以师昏也。民其谓我何?”遂辞诸郑伯。

秋,大阅,简车马也。

九月丁卯,子同生。以大子生之礼举之,接以大牢,卜士负之,士妻食之。公与文姜、宗妇命之。

公问名于申繻。对曰:“名有五:有信,有义,有象,有假,有类。以名生为信,以德命为义,以类命为象,取于物为假,取于父为类。不以国,不以官,不以山川,不以隐疾,不以畜牲,不以器币。周人以讳事神,名,终将讳之。故以国则废名,以官则废职,以山川则废主,以畜牲则废祀,以器币则废礼。晋以僖侯废司徒,宋以武公废司空,先君献、武废二山,是以大物不可以命。”公曰:“是其生也,与吾同物,命之曰同。”

冬,纪侯来朝,请王命以求成于齐,公告不能。

桓公七年

七年春,穀伯、邓侯来朝。名,贱之也。

夏,盟、向求成于郑,既而背之。

秋,郑人、齐人、卫人伐盟、向。王迁盟、向之民于郏。

冬,曲沃伯诱晋小子侯,杀之。

桓公八年

八年春,灭翼。

随少师有宠楚斗伯比曰:“可矣。仇有衅,不可失也。”

夏,楚子合诸侯于沈鹿。黄、随不会。使薳章让黄。楚子伐随,军于汉、淮之间。

季梁请下之,弗许而后战,所以怒我而怠寇也。少师谓随侯曰:“必速战。不然,将失楚师。”随侯御之,望楚师。季梁曰:“楚人上左,君必左,无与王遇。且攻其右,右无良焉,必败。偏败,众乃携矣。”少师曰:“不当王,非敌也。”弗从。战于速杞,随师败绩。随侯逸,斗丹获其戎车,与其戎右少师。

秋,随及楚平。楚子将不许,斗伯比曰:“天去其疾矣,随未可克也。”乃盟而还。

冬,王命虢仲立晋哀侯之弟缗于晋。

祭公来,遂逆王后于纪,礼也。

桓公九年

九年春,纪季姜归于京师。凡诸侯之女行,唯王后书。

巴子使韩服告于楚,请与邓为好。楚子使道朔将巴客以聘于邓。邓南鄙鄾人攻而夺之币,杀道朔及巴行人。楚子使薳章让于邓,邓人弗受。

夏,楚使斗廉帅师及巴师围鄾。邓养甥、聃甥帅师救鄾。三逐巴师,不克。斗廉衡陈其师于巴师之中,以战,而北。邓人逐之,背巴师而夹攻之。邓师大败,鄾人宵溃。

秋,虢仲、芮伯、梁伯、荀侯、贾伯伐曲沃。

冬,曹大子来朝,宾之以上卿,礼也。享曹大子,初献,乐奏而叹。施父曰:“曹大子其有忧乎?非叹所也。”

桓公十年

十年春,曹桓公卒。

虢仲谮其大夫詹父于王。詹父有辞,以王师伐虢。夏,虢公出奔虞。

秋,秦人纳芮伯万于芮。

初,虞叔有玉,虞公求旃。弗献,既而悔之。曰:“周谚有之:‘匹夫无罪,怀璧其罪。’吾焉用此,其以贾害也。”乃献。又求其宝剑。叔曰:“是无厌也。无厌,将及我。”遂伐虞公,故虞公出奔共池。

冬,齐、卫、郑来战于郎,我有辞也。

初,北戎病齐,诸侯救之。郑公子忽有功焉。齐人饩诸侯,使鲁次之。鲁以周班后郑。郑人怒,请师于齐。齐人以卫师助之,故不称侵伐。先书齐、卫,王爵也。

桓公十一年

十一年春,齐、卫、郑、宋盟于恶曹。

楚屈瑕将盟贰、轸。郧人军于蒲骚,将与随、绞、州、蓼伐楚师。莫敖患之。斗廉曰:“郧人军其郊,必不诫,且日虞四邑之至也。君次于郊郢以御四邑。我以锐师宵加于郧,郧有虞心而恃其城,莫有斗志。若败郧师,四邑必离。”莫敖曰:“盍请济师于王?”对曰:“师克在和,不在众。商、周之不敌,君之所闻也。成军以出,又何济焉?”莫敖曰:“卜之。”对曰:“卜以决疑,不疑何卜?”遂败郧师于蒲骚,卒盟而还。

郑昭公之败北戎也,齐人将妻之,昭公辞。祭仲曰:“必取之。君多内宠,子无大援,将不立。三公子,皆君也。”弗从。

夏,郑庄公卒。

初,祭封人仲足有宠于庄公,庄公使为卿。为公娶邓曼,生昭公,故祭仲立之。宋雍氏女于郑庄公,曰雍姞,生厉公。雍氏宗有宠于宋庄公,故诱祭仲而执之,曰:“不立突,将死。”亦执厉公而求赂焉。祭仲与宋人盟,以厉公归而立之。

秋九月丁亥,昭公奔卫。己亥,厉公立。

桓公十二年

十二年夏,盟于曲池,平杞、莒也。

公欲平宋、郑。秋,公及宋公盟于句渎之丘。宋成未可知也,故又会于虚。冬,又会于龟。宋公辞平,故与郑伯盟于武父。遂帅师而伐宋,战焉,宋无信也。

君子曰:“苟信不继,盟无益也。《诗》云:‘君子屡盟,乱是用长。’无信也。”

楚伐绞，军其南门。莫敖屈瑕曰：“绞小而轻，轻则寡谋，请无扞采樵者以诱之。”从之。绞人获三十人。明日，绞人争出，驱楚役徒于山中。楚人坐其北门而覆诸山下，大败之，为城下之盟而还。

伐绞之役，楚师分涉于彭。罗人欲伐之，使伯嘉谍之，三巡，数之。

桓公十三年

十三年春，楚屈瑕伐罗，斗伯比送之。还，谓其御曰：“莫敖必败。举趾高，心不固矣。”遂见楚子曰：“必济师。”楚子辞焉。入告夫人邓曼。邓曼曰：“大夫其非众之谓，其谓君抚小民以信，训诸司以德，而威莫敖以刑也。莫敖狃于蒲骚之役，将自用也，必小罗。君若不镇抚，其不设备乎。夫固谓君训众而好镇抚之，召诸司而劝之以令德，见莫敖而告诸天之不假易也。不然，夫岂不知楚师之尽行也。”楚子使赖人追之，不及。

莫敖使徇于师曰：“谏者有刑。”及鄢，乱次以济。遂无次，且不设备。及罗，罗与卢戎两军之。大败之。莫敖缢于荒谷，群帅囚于冶父以听刑。楚子曰：“孤之罪也。”皆免之。

宋多责赂于郑，郑不堪命，故以纪、鲁及齐，与宋、卫、燕战。不书所战，后也。

郑人来请修好。

桓公十四年

十四年春，会于曹，曹人致饩，礼也。

夏，郑子人来寻盟，且修曹之会。

秋八月壬申，御廪灾。乙亥，尝。书，不害也。

冬，宋人以诸侯伐郑，报宋之战也。焚渠门，入及大逵。伐东郊，取牛首。以大宫之椽归，为卢门之椽。

桓公十五年

十五年春，天王使家父来求车，非礼也。诸侯不贡车服，天子不私求财。

祭仲专，郑伯患之，使其婿雍纠杀之。将享诸郊，雍姬知之，谓其母曰："父与夫孰亲？"其母曰："人尽夫也，父一而已。胡可比也？"遂告祭仲曰："雍氏舍其室而将享子于郊，吾惑之，以告。"祭仲杀雍纠，尸诸周氏之汪。公载以出，曰："谋及妇人，宜其死也。"

夏，厉公出奔蔡。

六月乙亥，昭公入。

许叔入于许。

公会齐侯于艾，谋定许也。

秋，郑伯因栎人杀檀伯，而遂居栎。

冬，会于袲，谋伐郑，将纳厉公也。弗克而还。

桓公十六年

十六年春正月，会于曹，谋伐郑也。

夏，伐郑。

秋七月，公至自伐郑，以饮至之礼也。

冬，城向，书，时也。

初，卫宣公烝于夷姜，生急子，属诸右公子。为之娶于齐，而美，公取之，生寿及朔，属寿于左公子。夷姜缢。宣姜与公子朔构急子。

公使诸齐,使盗待诸莘,将杀之。寿子告之。使行,不可,曰:“弃父之命,恶用子矣!有无父之国则可也。”及行,饮以酒,寿子载其旌以先,盗杀之。急子至,曰:“我之求也。此何罪?请杀我乎!”又杀之。二公子故怨惠公。十一月,左公子泄、右公子职立公子黔牟。惠公奔齐。

桓公十七年

十七年春,盟于黄,平齐、纪,且谋卫故也。

及邾仪父盟于趡,寻蔑之盟也。

夏,及齐师战于奚,疆事也。于是齐人侵鲁疆。疆吏来告,公曰:“疆埸之事,慎守其一而备其不虞。姑尽所备焉。事至而战,又何谒焉。”

蔡桓侯卒,蔡人召蔡季于陈。秋,蔡季自陈归于蔡,蔡人嘉之也。

伐邾,宋志也。

冬十月朔,日有食之。不书日,官失之也。天子有日官,诸侯有日御。日官居卿以底日,礼也。日御不失日,以授百官于朝。

初,郑伯将以高渠弥为卿,昭公恶之,固谏,不听。昭公立,惧其杀己也。辛卯,弑昭公而立公子亹。君子谓昭公知所恶矣。公子达曰:“高伯其为戮乎,复恶已甚矣。”

桓公十八年

十八年春,公将有行,遂与姜氏如齐。申缧曰:“女有家,男有室,无相渎也,谓之有礼,易此必败。”公会齐侯于泺,遂及文姜如齐。齐侯通焉。公谪之,以告。

夏四月丙子，享公。使公子彭生乘公，公薨于车。

鲁人告于齐曰："寡君畏君之威，不敢宁居，来修旧好，礼成而不反，无所归咎，恶于诸侯。请以彭生除之。"齐人杀彭生。

秋，齐侯师于首止，子亹会之，高渠弥相。七月戊戌，齐人杀子亹而轘高渠弥，祭仲逆郑子于陈而立之。是行也，祭仲知之，故称疾不往。人曰："祭仲以知免。"仲曰："信也。"

周公欲弑庄王而立王子克。辛伯告王，遂与王杀周公黑肩。王子克奔燕。

初，子仪有宠于桓王，桓王属诸周公。辛伯谏曰："并后，匹嫡，两政，耦国，乱之本也。"周公弗从，故及。

卷三 庄公

庄公元年

元年春，不称即位，文姜出故也。

三月，夫人孙于齐。不称姜氏，绝不为亲，礼也。

秋，筑王姬之馆于外。为外，礼也。

庄公二年

二年冬，夫人姜氏会齐侯于禚，书，奸也。

庄公三年

三年春，溺会齐师伐卫，疾之也。

夏五月，葬桓王，缓也。

秋，纪季以酅入于齐，纪于是乎始判。

冬，公次于滑，将会郑伯谋纪故也。郑伯辞以难。凡师，一宿为舍，再宿为信，过信为次。

庄公四年

四年春，王三月，楚武王荆尸，授师孑焉，以伐随。将齐，入告夫人邓曼曰："余心荡。"邓曼叹曰："王禄尽矣。盈而荡，天之道也，先君其知之矣。故临武事,将发大命,而荡王心焉。若师徒无亏,王薨于行,国之福也。”王遂行,卒于樠木之下。令尹斗祁、莫敖屈重除道梁溠,营军临随。随人惧,行成。莫敖以王命入盟随侯,且请为会于汉汭而还。济汉而后发丧。

纪侯不能下齐,以与纪季。夏,纪侯大去其国,违齐难也。

庄公五年

五年秋,郳犁来来朝,名,未王命也。

冬,伐卫,纳惠公也。

庄公六年

六年春,王人救卫。夏,卫侯入,放公子黔牟于周,放宁跪于秦,杀左公子泄、右公子职,乃即位。君子以二公子之立黔牟为不度矣。夫能固位者,必度于本末而后立衷焉。不知其本,不谋。知本之不枝,弗强。《诗》云:“本枝百世。”

冬,齐人来归卫宝,文姜请之也。

楚文王伐申,过邓。邓祁侯曰:“吾甥也。”止而享之。骓甥、聃甥、养甥请杀楚子,邓侯弗许。三甥曰:“亡邓国者,必此人也。若不早图,后君噬齐,其及图之乎?图之,此为时矣。”邓侯曰:“人将不食吾余。”对曰:“若不从三臣,抑社稷实不血食,而君焉取余。”弗从。还年,楚子伐邓。十六年,楚复伐邓,灭之。

庄公七年

七年春,文姜会齐侯于防,齐志也。

夏,恒星不见,夜明也。星陨如雨,与雨偕也。

秋,无麦苗,不害嘉谷也。

庄公八年

八年春,治兵于庙,礼也。

夏,师及齐师围郕。郕降于齐师。仲庆父请伐齐师。公曰:“不可。我实不德,齐师何罪?罪我之由。《夏书》曰:‘皋陶迈种德,德,乃降。’姑务修德以待时乎。”秋,师还。君子是以善鲁庄公。

齐侯使连称、管至父戍葵丘。瓜时而往,曰:“及瓜而代。”期戍,公问不至。请代,弗许。故谋作乱。僖公之母弟曰夷仲年,生公孙无知,有宠于僖公,衣服礼秩如適,襄公绌之。二人因之以作乱。连称有从妹在公宫,无宠,使间公,曰:“捷,吾以女为夫人。”

冬十二月,齐侯游于姑棼,遂田于贝丘。见大豕,从者曰:“公子彭生也。”公怒曰:“彭生敢见!”射之,豕人立而啼。公惧,队于车,伤足丧屦。反,诛屦于徒人费。弗得,鞭之,见血。走出,遇贼于门,劫而束之。费曰:“我奚御哉!”袒而示之背,信之。费请先入,伏公而出斗,死于门中。石之纷如死于阶下。遂入,杀孟阳于床。曰:“非君也,不类。”见公之足于户下,遂弑之,而立无知。

初,襄公立,无常。鲍叔牙曰:“君使民慢,乱将作矣。”奉公子小白出奔莒。乱作,管夷吾、召忽奉公子纠来奔。

初,公孙无知虐于雍廪。

庄公九年

九年春,雍廪杀无知。公及齐大夫盟于蔇,齐无君也。

夏,公伐齐,纳子纠。桓公自莒先入。

秋，师及齐师战于乾时，我师败绩，公丧戎路，传乘而归。秦子、梁子以公旗辟于下道，是以皆止。

鲍叔帅师来言曰："子纠，亲也，请君讨之。管、召，仇也，请受而甘心焉。"乃杀子纠于生窦，召忽死之。管仲请囚，鲍叔受之，及堂阜而税之。归而以告曰："管夷吾治于高傒，使相可也。"公从之。

庄公十年

十年春，齐师伐我。公将战，曹刿请见。其乡人曰："肉食者谋之，又何间焉。"刿曰："肉食者鄙，未能远谋。"乃入见。

问："何以战？"公曰："衣食所安，弗敢专也，必以分人。"对曰："小惠未遍，民弗从也。"公曰："牺牲玉帛，弗敢加也，必以信。"对曰："小信未孚，神弗福也。"公曰："小大之狱，虽不能察，必以情。"对曰："忠之属也，可以一战，战则请从。"公与之乘。

战于长勺。公将鼓之。刿曰："未可。"齐人三鼓，刿曰："可矣。"齐师败绩。公将驰之。刿曰："未可。"下，视其辙，登，轼而望之，曰："可矣。"遂逐齐师。

既克，公问其故。对曰："夫战，勇气也。一鼓作气，再而衰，三而竭。彼竭我盈，故克之。夫大国难测也，惧有伏焉。吾视其辙乱，望其旗靡，故逐之。"

夏六月，齐师、宋师次于郎。公子偃曰："宋师不整，可败也。宋败，齐必还，请击之。"公弗许。自雩门窃出，蒙皋比而先犯之。公从之。大败宋师于乘丘。齐师乃还。

蔡哀侯娶于陈，息侯亦娶焉。息妫将归，过蔡。蔡侯曰："吾姨也。"止而见之，弗宾。息侯闻之，怒，使谓楚文王曰："伐我，吾求救于蔡而伐之。"楚子从之。秋九月，楚败蔡师于莘，以蔡侯献舞归。

齐侯之出也，过谭，谭不礼焉。及其入也，诸侯皆贺，谭又不至。

冬，齐师灭谭，谭无礼也。谭子奔莒，同盟故也。

庄公十一年

十一年夏，宋为乘丘之役故侵我。公御之，宋师未陈而薄之，败诸鄑。凡师，敌未陈曰败某师，皆陈曰战，大崩曰败绩，得俊曰克，覆而败之曰取某师，京师败曰王师败绩于某。

秋，宋大水。公使吊焉，曰："天作淫雨，害于粢盛，若之何不吊？"对曰："孤实不敬，天降之灾，又以为君忧，拜命之辱。"臧文仲曰："宋其兴乎。禹、汤罪己，其兴也悖焉，桀、纣罪人，其亡也忽焉。且列国有凶称孤，礼也。言惧而名礼，其庶乎。"既而闻之曰："公子御说之辞也。"臧孙达曰："是宜为君，有恤民之心。"

冬，齐侯来逆共姬。

乘丘之役，公以金仆姑射南宫长万，公右歂孙生搏之。宋人请之，宋公靳之，曰："始吾敬子，今子，鲁囚也，吾弗敬子矣。"病之。

庄公十二年

十二年秋，宋万弑闵公于蒙泽。遇仇牧于门，批而杀之。遇大宰督于东宫之西，又杀之。立子游。群公子奔萧。公子御说奔亳。南宫牛、猛获帅师围亳。

冬十月，萧叔大心及戴、武、宣、穆、庄之族以曹师伐之。杀南宫牛于师，杀子游于宋，立桓公。猛获奔卫。南宫万奔陈，以乘车辇其母，一日而至。

宋人请猛获于卫。卫人欲勿与，石祁子曰："不可。天下之恶一也，恶于宋而保于我，保之何补？得一夫而失一国，与恶而弃好，非谋也。"卫人归之。亦请南宫万于陈，以赂。陈人使妇人饮之酒，而以犀革裹之,比及宋,手足皆见。宋人皆醢之。

庄公十三年

十三年春,会于北杏,以平宋乱,遂人不至。夏,齐人灭遂而戍之。

冬,盟于柯,始及齐平也。

宋人背北杏之会。

庄公十四年

十四年春,诸侯伐宋,齐请师于周。夏,单伯会之,取成于宋而还。

郑厉公自栎侵郑,及大陵,获傅瑕。傅瑕曰:“苟舍我,吾请纳君。”与之盟而赦之。六月甲子,傅瑕杀郑子及其二子而纳厉公。

初,内蛇与外蛇斗于郑南门中,内蛇死。六年而厉公入。公闻之,问于申繻曰:“犹有妖乎?”对曰:“人之所忌,其气焰以取之,妖由人兴也。人无衅焉,妖不自作。人弃常则妖兴,故有妖。”

厉公入,遂杀傅瑕。使谓原繁曰:“傅瑕贰,周有常刑,既伏其罪矣。纳我而无二心者,吾皆许之上大夫之事,吾愿与伯父图之。且寡人出,伯父无里言,入,又不念寡人,寡人憾焉。”对曰:“先君桓公命我先人典司宗祏,社稷有主而外其心,其何贰如之?苟主社稷,国内之民其谁不为臣?臣无二心,天之制也。子仪在位十四年矣,而谋召君者,庸非贰乎。庄公之子犹有八人,若皆以官爵行赂、劝贰而可以济事,君其若之何?臣闻命矣。”乃缢而死。

蔡哀侯为莘故,绳息妫以语楚子。楚子如息,以食入享,遂灭息。以息妫归,生堵敖及成王焉,未言。楚子问之,对曰:“吾一妇人而事二夫，纵弗能死，其又奚言？”楚子以蔡侯灭息，遂伐蔡。秋七月，楚入蔡。

君子曰：“《商书》所谓‘恶之易也，如火之燎于原，不可乡迩，其犹可扑灭’者，其如蔡哀侯乎。”

冬，会于鄄，宋服故也。

庄公十五年

十五年春，复会焉，齐始霸也。

秋，诸侯为宋伐郳。郑人间之而侵宋。

庄公十六年

十六年夏，诸侯伐郑，宋故也。

郑伯自栎入，缓告于楚。秋，楚伐郑，及栎，为不礼故也。

郑伯治与于雍纠之乱者。九月，杀公子阏，刖强鉏。公父定叔出奔卫。三年而复之，曰：“不可使共叔无后于郑。”使以十月入，曰：“良月也，就盈数焉。”君子谓：“强鉏不能卫其足”。

冬，同盟于幽，郑成也。

王使虢公命曲沃伯以一军为晋侯。初，晋武公伐夷，执夷诡诸。苏国请而免之。既而弗报，故子国作乱，谓晋人曰：“与我伐夷而取其地。”遂以晋师伐夷，杀夷诡诸。周公忌父出奔虢。惠王立而复之。

庄公十七年

十七年春，齐人执郑詹，郑不朝也。

夏,遂因氏、颌氏、工娄氏、须遂氏飨齐戍,醉而杀之,齐人歼焉。

庄公十八年

十八年春,虢公、晋侯朝王。王飨醴,命之宥,皆赐玉五瑴、马三匹。非礼也。王命诸侯,名位不同,礼亦异数,不以礼假人。

虢公、晋侯、郑伯使原庄公逆王后于陈。陈妫归于京师,实惠后。

夏,公追戎于济西。不言其来,讳之也。

秋,有蜮,为灾也。

初,楚武王克权,使斗缗尹之。以叛,围而杀之。迁权于那处,使阎敖尹之。及文王即位,与巴人伐申而惊其师。巴人叛楚而伐那处,取之,遂门于楚。阎敖游涌而逸,楚子杀之,其族为乱。冬,巴人因之以伐楚。

庄公十九年

十九年春,楚子御之,大败于津。还,鬻拳弗纳。遂伐黄,败黄师于踖陵。还,及湫,有疾。夏六月庚申卒。鬻拳葬诸夕室,亦自杀也,而葬于绖皇。

初,鬻拳强谏楚子,楚子弗从,临之以兵,惧而从之。鬻拳曰:"吾惧君以兵,罪莫大焉。"遂自刖也。楚人以为大阍,谓之大伯,使其后掌之。君子曰:"鬻拳可谓爱君矣,谏以自纳于刑,刑犹不忘纳君于善。"

初,王姚嬖于庄王,生子颓。子颓有宠,𫇭国为之师。及惠王即位,取𫇭国之圃以为囿。边伯之宫近于王宫,王取之。王夺子禽、祝跪与詹父田,而收膳夫之秩,故𫇭国、边伯、石速、詹父、子禽、祝跪作乱,因苏氏。秋,五大夫奉子颓以伐王,不克,出奔温。苏子奉子颓以奔卫。卫师、燕师伐周。冬,立子颓。

庄公二十年

二十年春,郑伯和王室,不克。执燕仲父。夏,郑伯遂以王归,王处于栎。秋,王及郑伯入于邬。遂入成周,取其宝器而还。冬,王子颓享五大夫,乐及遍舞。郑伯闻之,见虢叔,曰:“寡人闻之,哀乐失时,殃咎必至。今王子颓歌舞不倦,乐祸也。夫司寇行戮,君为之不举,而况敢乐祸乎!奸王之位,祸孰大焉?临祸忘忧,忧必及之。盍纳王乎?”虢公曰:“寡人之愿也!”

庄公二十一年

二十一年春,胥命于弭。夏,同伐王城。郑伯将王,自圉门入,虢叔自北门入。杀王子颓及五大夫。郑伯享王于阙西辟,乐备。王与之武公之略,自虎牢以东。原伯曰:“郑伯效尤,其亦将有咎。”五月,郑厉公卒。

王巡虢守。虢公为王宫于玤,王与之酒泉。郑伯之享王也,王以后之鞶鉴予之。虢公请器,王予之爵。郑伯由是始恶于王。冬,王归自虢。

庄公二十二年

二十二年春,陈人杀其大子御寇,陈公子完与颛孙奔齐。颛孙自齐来奔。

齐侯使敬仲为卿。辞曰:“羁旅之臣,幸若获宥,及于宽政,赦其不闲于教训而免于罪戾，弛于负担，君之惠也，所获多矣，敢辱高位，以速官谤。请以死告。《诗》云：‘翘翘车乘，招我以弓，岂不欲往，畏我友朋。’”使为工正。

饮桓公酒，乐。公曰：“以火继之。”辞曰：“臣卜其昼，未卜其夜，不敢。”君子曰：“酒以成礼，不继以淫，义也。以君成礼，弗纳于淫，仁也。”

初，懿氏卜妻敬仲，其妻占之，曰：“吉。是谓‘凤凰于飞，和鸣锵锵，有妫之后，将育于姜。五世其昌，并于正卿。八世之后，莫之于京。’”陈厉公，蔡出也，故蔡人杀五父而立之。生敬仲。其少也，周史有以《周易》见陈侯者，陈侯使筮之，遇《观》☴☷之《否》☰☷。曰：是谓‘观国之光，利用宾于王。’此其代陈有国乎。不在此，其在异国；非此其身，在其子孙。光远而自他有耀者也。《坤》，土也。《巽》，风也。《乾》，天也。风为天于土上，山也。有山之材而照之以天光，于是乎居土上。故曰：‘观国之光，利用宾于王。’庭实旅百，奉之以玉帛，天地之美具焉，故曰：‘利用宾于王。’犹有观焉，故曰：‘其在后乎。’风行而著于土，故曰：‘其在异国乎。’若在异国，必姜姓也。姜，大岳之后也。山岳则配天，物莫能两大。陈衰，此其昌乎。”

及陈之初亡也，陈桓子始大于齐。其后亡也，成子得政。

庄公二十三年

二十三年夏，公如齐观社，非礼也。曹刿谏曰：“不可。夫礼，所以整民也。故会以训上下之则，制财用之节；朝以正班爵之义，帅长幼之序；征伐以讨其不然。诸侯有王，王有巡守，以大习之。非是，君不举矣。君举必书，书而不法，后嗣何观？”

晋桓、庄之族逼，献公患之。士𫇭曰：“去富子，则群公子可谋也已。”公曰：“尔试其事。”士𫇭与群公子谋，谮富子而去之。

秋,丹桓宫之楹。

庄公二十四年

二十四年春,刻其桷,皆非礼也。御孙谏曰:“臣闻之,俭,德之共也;侈,恶之大也。先君有共德而君纳诸大恶,无乃不可乎?”

秋,哀姜至,公使宗妇觌,用币,非礼也。御孙曰:“男贽大者玉帛,小者禽鸟,以章物也。女贽不过榛栗枣脩,以告虔也。今男女同贽,是无别也。男女之别,国之大节也。而由夫人乱之,无乃不可乎?”

晋士芀又与群公子谋,使杀游氏之二子。士芀告晋侯曰:“可矣。不过二年,君必无患。”

庄公二十五年

二十五年春,陈女叔来聘,始结陈好也。嘉之,故不名。

夏六月辛未朔,日有食之。鼓,用牲于社,非常也。唯正月之朔,慝未作,日有食之,于是乎用币于社,伐鼓于朝。

秋,大水。鼓,用牲于社、于门,亦非常也。凡天灾,有币无牲。非日月之眚,不鼓。

晋士芀使群公子尽杀游氏之族,乃城聚而处之。

冬,晋侯围聚,尽杀群公子。

庄公二十六年

二十六年春,晋士芀为大司空。

夏,士芀城绛,以深其宫。

秋，虢人侵晋。冬，虢人又侵晋。

庄公二十七年

二十七年春，公会杞伯姬于洮，非事也。天子非展义不巡守，诸侯非民事不举，卿非君命不越竟。

夏，同盟于幽，陈、郑服也。

秋，公子友如陈，葬原仲，非礼也。原仲，季友之旧也。

冬，杞伯姬来，归宁也。凡诸侯之女，归宁曰来，出曰来归。夫人归宁曰如某，出曰归于某。

晋侯将伐虢，士蒍曰："不可。虢公骄，若骤得胜于我，必弃其民。无众而后伐之，欲御我谁与？夫礼乐慈爱，战所畜也。夫民让事乐和，爱亲哀丧而后可用也。虢弗畜也，亟战将饥。"

王使召伯廖赐齐侯命，且请伐卫，以其立子颓也。

庄公二十八年

二十八年春，齐侯伐卫。战，败卫师。数之以王命，取赂而还。

晋献公娶于贾，无子。烝于齐姜，生秦穆夫人及大子申生。又娶二女于戎，大戎狐姬生重耳，小戎子生夷吾。晋伐骊戎，骊戎男女以骊姬。归生奚齐。其娣生卓子。

骊姬嬖，欲立其子，赂外嬖梁五，与东关嬖五，使言于公曰："曲沃，君之宗也。蒲与二屈，君之疆也。不可以无主。宗邑无主则民不威，疆埸无主则启戎心。戎之生心，民慢其政，国之患也。若使大子主曲沃，而重耳、夷吾主蒲与屈，则可以威民而惧戎，且旌君伐。"使俱曰："狄之广莫，于晋为都。晋之启土，不亦宜乎？"晋侯说之。夏，使大子居曲沃，重耳居蒲城，夷吾居屈。群公子皆鄙，唯二姬之子在绛。二五卒与骊姬谮群公子而立奚齐，晋人谓之“二五耦”。

楚令尹子元欲蛊文夫人，为馆于其宫侧而振万焉。夫人闻之，泣曰：“先君以是舞也，习戎备也。今令君不寻诸仇雠，而于未亡人之侧，不亦异乎！”御人以告子元，子元曰：“妇人不忘袭仇，我反忘之！”

秋，子元以车六百乘伐郑，入于桔柣之门。子元、斗御强、斗梧、耿之不比为旆，斗班、王孙游、王孙喜殿。众车入自纯门，及逵市。县门不发，楚言而出。子元曰：“郑有人焉。”诸侯救郑，楚师夜遁。郑人将奔桐丘，谍告曰：“楚幕有乌。”乃止。

冬，饥。臧孙辰告籴于齐，礼也。

筑郿，非都也。凡邑有宗庙先君之主曰都，无曰邑。邑曰筑，都曰城。

庄公二十九年

二十九年春，新作延厩。书，不时也。凡马日中而出，日中而入。

夏，郑人侵许。凡师有钟鼓曰伐，无曰侵，轻曰袭。

秋，有蜚。为灾也。凡物不为灾不书。

冬十二月，城诸及防，书，时也。凡土功，龙见而毕务，戒事也。火见而致用，水昏正而栽，日至而毕。

樊皮叛王。

庄公三十年

三十年春，王命虢公讨樊皮。夏四月丙辰，虢公入樊，执樊仲皮，归于京师。

楚公子元归自伐郑，而处王宫，斗射师谏，则执而梏之。秋，申公斗班杀子元。斗穀于菟为令尹，自毁其家以纾楚国之难。

冬，遇于鲁济，谋山戎也，以其病燕故也。

庄公三十一年

三十一年夏六月，齐侯来献戎捷，非礼也。凡诸侯有四夷之功，则献于王，王以警于夷。中国则否。诸侯不相遗俘。

庄公三十二年

三十二年春，城小穀，为管仲也。

齐侯为楚伐郑之故，请会于诸侯。宋公请先见于齐侯。夏，遇于梁丘。

秋七月，有神降于莘。惠王问诸内史过曰："是何故也?"对曰："国之将兴，明神降之，监其德也；将亡，神又降之，观其恶也。故有得神以兴，亦有以亡。虞、夏、商、周皆有之。"王曰："若之何?"对曰："以其物享焉，其至之日，亦其物也。"王从之。内史过往，闻虢请命，反曰："虢必亡矣，虐而听于神。"

神居莘六月。虢公使祝应、宗区、史嚚享焉。神赐之土田。史嚚曰："虢其亡乎！吾闻之，国将兴，听于民；将亡，听于神。神，聪明正直而壹者也，依人而行。虢多凉德，其何土之能得!"

初，公筑台临党氏，见孟任，从之。閟，而以夫人言许之。割臂盟公，生子般焉。雩，讲于梁氏，女公子观之。圉人荦自墙外与之戏。子般怒，使鞭之。公曰："不如杀之，是不可鞭。荦有力焉，能投盖于稷门。"

公疾，问后于叔牙，对曰："庆父材。"问于季友，对曰："臣以死奉般。”公曰:“乡者牙曰庆父材。”成季使以君命命僖叔待于鍼巫氏,使鍼季鸩之,曰:“饮此则有后于鲁国,不然,死且无后。”饮之,归及逵泉而卒。立叔孙氏。

八月癸亥,公薨于路寝。子般即位,次于党氏。冬十月己未,共仲使圉人荦贼子般于党氏。成季奔陈。立闵公。

卷四　闵公

闵公元年

元年春，不书即位，乱故也。

狄人伐邢。管敬仲言于齐侯曰："戎狄豺狼，不可厌也。诸夏亲昵，不可弃也。宴安鸩毒，不可怀也。《诗》云：'岂不怀归，畏此简书。'简书，同恶相恤之谓也。请救邢以从简书。"齐人救邢。

夏六月，葬庄公，乱故，是以缓。

秋八月，公及齐侯盟于落姑，请复季友也。齐侯许之，使召诸陈，公次于郎以待之。"季子来归"，嘉之也。

冬，齐仲孙湫来省难。书曰"仲孙"，亦嘉之也。仲孙归曰："不去庆父，鲁难未已。"公曰："若之何而去之？"对曰："难不已，将自毙，君其待之。"公曰："鲁可取乎？"对曰："不可，犹秉周礼。周礼，所以本也。臣闻之，国将亡，本必先颠，而后枝叶从之。鲁不弃周礼，未可动也。君其务宁鲁难而亲之，亲有礼，因重固，间携贰，覆昏乱，霸王之器也。"

晋侯作二军，公将上军，大子申生将下军。赵夙御戎，毕万为右，以灭耿、灭霍、灭魏。

还，为大子城曲沃。赐赵夙耿，赐毕万魏，以为大夫。士芳曰："大子不得立矣，分之都城而位以卿，先为之极，又焉得立？不如逃之，无使罪至。为吴大伯，不亦可乎？犹有令名，与其及也。且谚曰：'心苟无瑕，何恤乎无家。'天若祚大子，其无晋乎。"

卜偃曰："毕万之后必大。万，盈数也；魏，大名也；以是始赏，天启之矣。天子曰兆民，诸侯曰万民。今名之大，以从盈数，其必有众。”

初，毕万筮仕于晋，遇《屯》䷂之《比》䷇。辛廖占之，曰：“吉。《屯》固《比》入，吉孰大焉？其必蕃昌。《震》为土，车从马，足居之，兄长之，母覆之，众归之，六体不易，合而能固，安而能杀，公侯之卦也。公侯之子孙，必复其始。

闵公二年

二年春，虢公败犬戎于渭汭。舟之侨曰：“无德而禄，殃也。殃将至矣。”遂奔晋。

夏，吉禘于庄公，速也。

初，公傅夺卜齮田，公不禁。

秋八月辛丑，共仲使卜齮贼公于武闱。成季以僖公适邾。共仲奔莒，乃入，立之。以赂求共仲于莒，莒人归之。及密，使公子鱼请，不许。哭而往，共仲曰：“奚斯之声也。”乃缢。闵公，哀姜之娣叔姜之子也，故齐人立之。共仲通于哀姜，哀姜欲立之。闵公之死也，哀姜与知之，故孙于邾。齐人取而杀之于夷，以其尸归，僖公请而葬之。

成季之将生也，桓公使卜楚丘之父卜之。曰：“男也。其名曰友，在公之右。间于两社，为公室辅。季氏亡，则鲁不昌。”又筮之，遇《大有》䷍之《乾》䷀，曰：“同复于父，敬如君所。”及生，有文在其手曰“友”，遂以命之。

冬十二月，狄人伐卫。卫懿公好鹤，鹤有乘轩者。将战，国人受甲者皆曰：“使鹤，鹤实有禄位，余焉能战！”公与石祁子玦，与宁庄子矢，使守，曰：“以此赞国，择利而为之。”与夫人绣衣，曰：“听于二子。”渠孔御戎，子伯为右，黄夷前驱，孔婴齐殿。及狄人战于荥泽，卫师败绩，遂灭卫。卫侯不去其旗，是以甚败。狄人囚史华龙滑与礼孔以逐卫人。二人曰："我，大史也，实掌其祭。不先，国不可得也。"乃先之。至则告守曰："不可待也。"夜与国人出。狄入卫，遂从之，又败诸河。

初，惠公之即位也少，齐人使昭伯烝于宣姜。不可，强之。生齐子、戴公、文公、宋桓夫人、许穆夫人。文公为卫之多患也，先适齐。及败，宋桓公逆诸河，宵济。卫之遗民男女七百有三十人，益之以共、滕之民为五千人，立戴公以庐于曹。许穆夫人赋《载驰》。齐侯使公子无亏帅车三百乘、甲士三千人以戍曹。归公乘马，祭服五称，牛羊豕鸡狗皆三百，与门材。归夫人鱼轩，重锦三十两。

郑人恶高克，使帅师次于河上，久而弗召，师溃而归。高克奔陈。郑人为之赋《清人》。

晋侯使大子申生伐东山皋落氏。里克谏曰："大子奉冢祀社稷之粢盛，以朝夕视君膳者也，故曰冢子。君行则守，有守则从。从曰抚军，守曰监国，古之制也。夫帅师，专行谋，誓军旅，君与国政之所图也，非大子之事也。师在制命而已。禀命则不威，专命则不孝。故君之嗣适不可以帅师。君失其官，帅师不威，将焉用之。且臣闻皋落氏将战，君其舍之。"公曰："寡人有子，未知其谁立焉。"不对而退。见大子，大子曰："吾其废乎？"对曰："告之以临民，教之以军旅，不共是惧，何故废乎？且子惧不孝，无惧弗得立，修己而不责人，则免于难。"

大子帅师，公衣之偏衣，佩之金玦。狐突御戎，先友为右。梁馀子养御罕夷，先丹木为右。羊舌大夫为尉。先友曰："衣身之偏，握兵之要，在此行也，子其勉之。偏躬无慝，兵要远灾，亲以无灾，又何患焉！"狐突叹曰："时，事之征也。衣，身之章也。佩，衷之旗也。故敬其事则命以始，服其身则衣之纯，用其衷则佩之度。今命以时卒，閟其事也；衣之尨服，远其躬也；佩以金玦，弃其衷也。服以远之，时以阏之,尨凉冬杀,金寒玦离,胡可恃也?虽欲勉之,狄可尽乎?”梁馀子养曰:“帅师者受命于庙,受脤于社,有常服矣。不获而尨,命可知也。死而不孝,不如逃之。”罕夷曰:“尨奇无常,金玦不复,虽复何为,君有心矣。”先丹木曰:“是服也,狂夫阻之。曰‘尽敌而反’。敌可尽乎!虽尽敌,犹有内谗,不如违之。”狐突欲行。羊舌大夫曰:“不可。违命不孝,弃事不忠。虽知其寒,恶不可取,子其死之。”大子将战,狐突谏曰:“不可。昔辛伯谂周桓公云:‘内宠并后,外宠二政,嬖子配適,大都耦国,乱之本也。’周公弗从,故及于难。今乱本成矣,立可必乎?孝而安民,子其图之,与其危身以速罪也。”

成风闻成季之繇,乃事之,而属僖公焉,故成季立之。

僖之元年,齐桓公迁邢于夷仪。二年,封卫于楚丘。邢迁如归,卫国忘亡。

卫文公大布之衣,大帛之冠,务材训农,通商惠工,敬教劝学,授方任能。元年革车三十乘,季年乃三百乘。

卷五　僖公

僖公元年

元年春，不称即位，公出故也。公出复入，不书，讳之也。讳国恶，礼也。

诸侯救邢。邢人溃，出奔师。师遂逐狄人，具邢器用而迁之，师无私焉。

夏，邢迁于夷仪，诸侯城之，救患也。凡侯伯救患分灾讨罪，礼也。

秋，楚人伐郑，郑即齐故也。盟于荦，谋救郑也。

九月，公败邾师于偃，虚丘之戍将归者也。

冬，莒人来求赂。公子友败诸郦，获莒子之弟挐。非卿也，嘉获之也。公赐季友汶阳之田及费。

夫人氏之丧至自齐。君子以齐人之杀哀姜也为已甚矣，女子，从人者也。

僖公二年

二年春，诸侯城楚丘而封卫焉。不书所会，后也。

晋荀息请以屈产之乘与垂棘之璧，假道于虞以伐虢。公曰："是吾宝也。"对曰："若得道于虞，犹外府也。"公曰："宫之奇存焉。"对曰："宫之奇之为人也，懦而不能强谏，且少长于君，君昵之，虽谏，将不听。"乃使荀息假道于虞，曰："冀为不道，入自颠軨，伐鄍三门。冀之既病，则亦唯君故。今虢为不道，保于逆旅，以侵敝邑之南鄙。敢请假道以请罪于虢。”虞公许之，且请先伐虢。宫之奇谏，不听，遂起师。夏，晋里克、荀息帅师会虞师伐虢，灭下阳。先书虞，贿故也。

秋，盟于贯，服江、黄也。

齐寺人貂始漏师于多鱼。

虢公败戎于桑田。晋卜偃曰：“虢必亡矣。亡下阳不惧，而又有功，是天夺之鉴，而益其疾也。必易晋而不抚其民矣，不可以五稔。”

冬，楚人伐郑，斗章囚郑聃伯。

僖公三年

三年春，不雨。夏六月，雨。自十月不雨至于五月，不曰旱，不为灾也。

秋，会于阳穀，谋伐楚也。

齐侯为阳穀之会，来寻盟。冬，公子友如齐莅盟。

楚人伐郑，郑伯欲成，孔叔不可。曰：“齐方勤我，弃德不祥。”

齐侯与蔡姬乘舟于囿，荡公。公惧，变色。禁之，不可。公怒，归之，未绝之也。蔡人嫁之。

僖公四年

四年春，齐侯以诸侯之师侵蔡。蔡溃，遂伐楚。楚子使与师言曰：“君处北海，寡人处南海，唯是风马牛不相及也。不虞君之涉吾地也，何故？”管仲对曰：“昔召康公命我先君大公曰：‘五侯九伯，女实征之，以夹辅周室。’赐我先君履，东至于海，西至于河，南至于穆陵，北至于无棣。尔贡包茅不入，王祭不共，无以缩酒，寡人是征。昭王南征而不复，寡人是问。”对曰：“贡之不入，寡君之罪也，敢不供给。昭王之不复,君其问诸水滨。"师进,次于陉。

夏,楚子使屈完如师。师退,次于召陵。齐侯陈诸侯之师,与屈完乘而观之。齐侯曰:"岂不穀是为?先君之好是继。与不穀同好,如何?"对曰:"君惠徼福于敝邑之社稷,辱收寡君,寡君之愿也。"齐侯曰:"以此众战,谁能御之?以此攻城,何城不克?"对曰:"君若以德绥诸侯,谁敢不服?君若以力,楚国方城以为城,汉水以为池,虽众,无所用之。"屈完及诸侯盟。

陈辕涛涂谓郑申侯曰:"师出于陈、郑之间,国必甚病。若出于东方,观兵于东夷,循海而归,其可也。"申侯曰:"善。"涛涂以告,齐侯许之。申侯见,曰:"师老矣,若出于东方而遇敌,惧不可用也。若出于陈、郑之间,共其资粮屝屦,其可也。"齐侯说,与之虎牢。执辕涛涂。秋,伐陈,讨不忠也。

许穆公卒于师,葬之以侯,礼也。凡诸侯薨于朝会,加一等;死王事,加二等。于是有以衮敛。

冬,叔孙戴伯帅师,会诸侯之师侵陈。陈成。归辕涛涂。

初,晋献公欲以骊姬为夫人,卜之,不吉;筮之,吉。公曰:"从筮。"卜人曰:"筮短龟长,不如从长。且其繇曰:'专之渝,攘公之羭。一薰一莸,十年尚犹有臭。'必不可。"弗听。立之,生奚齐。其娣生卓子。及将立奚齐,既与中大夫成谋,姬谓大子曰:"君梦齐姜,必速祭之。"大子祭于曲沃,归胙于公。公田,姬置诸宫六日。公至,毒而献之。公祭之地,地坟;与犬,犬毙;与小臣,小臣亦毙。姬泣曰:"贼由大子。"大子奔新城。公杀其傅杜原款。或谓大子:"子辞,君必辩焉。"大子曰:"君非姬氏,居不安,食不饱。我辞,姬必有罪。君老矣,吾又不乐。"曰:"子其行乎!"大子曰:"君实不察其罪,被此名也以出,人谁纳我?"十二月戊申,缢于新城。姬遂谮二公子曰:"皆知之。"重耳奔蒲,夷吾奔屈。

僖公五年

五年春,王正月辛亥朔,日南至。公既视朔,遂登观台以望。而书,礼也。凡分、至、启、闭,必书云物,为备故也。

晋侯使以杀大子申生之故来告。初,晋侯使士苏为二公子筑蒲与屈,不慎,置薪焉。夷吾诉之。公使让之。士苏稽首而对曰:“臣闻之,无丧而戚,忧必仇焉。无戎而城,仇必保焉。寇仇之保,又何慎焉!守官废命不敬,固仇之保不忠,失忠与敬何以事君?《诗》云:‘怀德惟宁,宗子惟城。’君其修德而固宗子,何城如之?三年将寻师焉,焉用慎?”退而赋曰:“狐裘龙茸,一国三公,吾谁适从?”及难,公使寺人披伐蒲。重耳曰:“君父之命不校。”乃徇曰:“校者吾仇也。”逾垣而走。披斩其祛,遂出奔翟。

夏,公孙兹如牟,娶焉。

会于首止,会王大子郑,谋宁周也。

陈辕宣仲怨郑申侯之反己于召陵,故劝之城其赐邑,曰:“美城之,大名也,子孙不忘。吾助子请。”乃为之请于诸侯而城之,美。遂谮诸郑伯曰:“美城其赐邑,将以叛也。”申侯由是得罪。

秋,诸侯盟。王使周公召郑伯,曰:“吾抚女以从楚,辅之以晋,可以少安。”郑伯喜于王命而惧其不朝于齐也,故逃归不盟。孔叔止之曰:“国君不可以轻,轻则失亲。失亲患必至,病而乞盟,所丧多矣,君必悔之。”弗听,逃其师而归。

楚斗榖于菟灭弦,弦子奔黄。于是江、黄、道、柏方睦于齐,皆弦姻也。弦子恃之而不事楚,又不设备,故亡。

晋侯复假道于虞以伐虢。宫之奇谏曰:“虢,虞之表也。虢亡,虞必从之。晋不可启,寇不可玩,一之谓甚,其可再乎?谚所谓‘辅车相依,唇亡齿寒’者,其虞、虢之谓也。”公曰:“晋,吾宗也,岂害我哉?”对曰:“大伯、虞仲,大王之昭也。大伯不从,是以不嗣。虢仲、虢叔,王季之穆也,为文王卿士,勋在王室,藏于盟府。将虢是灭,何爱于虞?且虞能亲于桓、庄乎,其爱之也?桓、庄之族何罪,而以为戮,不唯逼乎?亲以宠逼,犹尚害之,况以国乎?”公曰:“吾享祀丰洁,神必据我。”对曰:“臣闻之,鬼神非人实亲,惟德是依。故《周书》曰:‘皇天无亲,惟德是辅。’又曰:‘黍稷非馨,明德惟馨。’又曰:‘民不易物,惟德繄物。’如是,则非德,民不和,神不享矣。神所冯依,将在德矣。若晋取虞而明德以荐馨香,神其吐之乎?”弗听,许晋使。宫之奇以其族行,曰:“虞不腊矣,在此行也,晋不更举矣。”

八月甲午,晋侯围上阳。问于卜偃曰:“吾其济乎?”对曰:“克之。”公曰:“何时?”对曰:“童谣云:‘丙之晨,龙尾伏辰,均服振振,取虢之旂。鹑之贲贲,天策焞焞,火中成军,虢公其奔。’其九月、十月之交乎。丙子旦,日在尾,月在策,鹑火中,必是时也。”

冬十二月丙子朔,晋灭虢,虢公丑奔京师。师还,馆于虞,遂袭虞,灭之,执虞公及其大夫井伯,以媵秦穆姬。而修虞祀,且归其职贡于王。

故书曰:“晋人执虞公。”罪虞,且言易也。

僖公六年

六年春,晋侯使贾华伐屈。夷吾不能守,盟而行。将奔狄,郤芮曰:“后出同走,罪也。不如之梁。梁近秦而幸焉。”乃之梁。

夏,诸侯伐郑,以其逃首止之盟故也。围新密,郑所以不时城也。

秋,楚子围许以救郑。诸侯救许,乃还。冬,蔡穆侯将许僖公以见楚子于武城。许男面缚衔璧,大夫衰绖,士舆榇。楚子问诸逢伯,对曰:“昔武王克殷,微子启如是。武王亲释其缚,受其璧而祓之。

焚其榇，礼而命之，使复其所。”楚子从之。

僖公七年

七年春，齐人伐郑。孔叔言于郑伯曰：“谚有之曰：‘心则不竞，何惮于病。’既不能强，又不能弱，所以毙也。国危矣，请下齐以救国。”公曰：“吾知其所由来矣。姑少待我。”对曰：“朝不及夕，何以待君？”夏，郑杀申侯以说于齐，且用陈辕涛涂之谮也。

初，申侯，申出也，有宠于楚文王。文王将死，与之璧，使行，曰，“唯我知女，女专利而不厌，予取予求，不女疵瑕也。后之人将求多于女，女必不免。我死，女必速行。无适小国，将不女容焉。”既葬，出奔郑，又有宠于厉公。子文闻其死也，曰：“古人有言曰：‘知臣莫若君。’弗可改也已。”

秋，盟于宁母，谋郑故也。管仲言于齐侯曰：“臣闻之，招携以礼，怀远以德，德礼不易，无人不怀。”齐侯修礼于诸侯，诸侯官受方物。

郑伯使大子华听命于会。言于齐侯曰：“泄氏、孔氏、子人氏三族，实违君命。若君去之以为成，我以郑为内臣，君亦无所不利焉。”齐侯将许之。管仲曰：“君以礼与信属诸侯，而以奸终之，无乃不可乎？子父不奸之谓礼，守命共时之谓信。违此二者，奸莫大焉。”公曰：“诸侯有讨于郑，未捷。今苟有衅，从之，不亦可乎？”对曰：“君若绥之以德，加之以训辞，而帅诸侯以讨郑，郑将覆亡之不暇，岂敢不惧？若总其罪人以临之，郑有辞矣，何惧？且夫合诸侯以崇德也，会而列奸，何以示后嗣？夫诸侯之会，其德刑礼义，无国不记。记奸之位，君盟替矣。作而不记，非盛德也。君其勿许，郑必受盟。夫子华既为大子而求介于大国，以弱其国，亦必不免。郑有叔詹、堵叔、师叔三良为政，未可间也。”齐侯辞焉。子华由是得罪于郑。

冬，郑伯请盟于齐。

闰月，惠王崩。襄王恶大叔带之难。惧不立，不发丧而告难于齐。

僖公八年

八年春，盟于洮，谋王室也。郑伯乞盟，请服也。襄王定位而后发丧。

晋里克帅师，梁由靡御，虢射为右，以败狄于采桑。梁由靡曰："狄无耻，从之必大克。"里克曰："惧之而已，无速众狄。"虢射曰："期年，狄必至，示之弱矣。"

夏，狄伐晋，报采桑之役也。复期月。

秋，禘而致哀姜焉，非礼也。凡夫人不薨于寝，不殡于庙，不赴于同，不祔于姑，则弗致也。

冬，王人来告丧，难故也，是以缓。

宋公疾，大子兹父固请曰："目夷长，且仁，君其立之。"公命子鱼，子鱼辞，曰："能以国让，仁孰大焉？臣不及也，且又不顺。"遂走而退。

僖公九年

九年春，宋桓公卒，未葬而襄公会诸侯，故曰子。凡在丧，王曰小童，公侯曰子。

夏，会于葵丘，寻盟，且修好，礼也。王使宰孔赐齐侯胙，曰："天子有事于文武，使孔赐伯舅胙。"齐侯将下拜。孔曰："且有后命。天子使孔曰：'以伯舅耋老，加劳，赐一级，无下拜。'"对曰："天威不违颜咫尺，小白余敢贪天子之命无下拜？恐陨越于下，以遗天子羞。

敢不下拜?”下,拜,登,受。

秋,齐侯盟诸侯于葵丘,曰:“凡我同盟之人,既盟之后,言归于好。”宰孔先归,遇晋侯曰:“可无会也。齐侯不务德而勤远略,故北伐山戎,南伐楚,西为此会也。东略之不知,西则否矣。其在乱乎。君务靖乱,无勤于行。”晋侯乃还。

九月,晋献公卒,里克、平郑欲纳文公,故以三公子之徒作乱。

初,献公使荀息傅奚齐,公疾,召之,曰:“以是藐诸孤,辱在大夫,其若之何?”稽首而对曰:“臣竭其股肱之力,加之以忠贞。其济,君之灵也;不济,则以死继之。”公曰:“何谓忠贞?”对曰:“公家之利,知无不为,忠也。送往事居,耦俱无猜,贞也。”及里克将杀奚齐,先告荀息曰:“三怨将作,秦、晋辅之,子将何如?”荀息曰:“将死之。”里克曰:“无益也。”荀叔曰:“吾与先君言矣,不可以贰。能欲复言而爱身乎?虽无益也,将焉辟之?且人之欲善,谁不如我?我欲无贰而能谓人已乎。”

冬十月,里克杀奚齐于次。书曰:“杀其君之子。”未葬也。荀息将死之,人曰:“不如立卓子而辅之。”荀息立公子卓以葬。

十一月,里克杀公子卓于朝,荀息死之。君子曰:“诗所谓‘白圭之玷,尚可磨也;斯言之玷,不可为也’,荀息有焉。”

齐侯以诸侯之师伐晋,及高梁而还,讨晋乱也。令不及鲁,故不书。

晋郤芮使夷吾重赂秦以求入,曰:“人实有国,我何爱焉。入而能民,土于何有。”从之。齐隰朋帅师会秦师,纳晋惠公。秦伯谓郤芮曰:“公子谁恃?”对曰:“臣闻亡人无党,有党必有仇。夷吾弱不好弄,能斗不过,长亦不改,不识其他。”

公谓公孙枝曰:“夷吾其定乎?”对曰:“臣闻之,唯则定国。《诗》曰:‘不识不知,顺帝之则。’文王之谓也。又曰:‘不僭不贼,鲜不为则。’无好无恶,不忌不克之谓也。今其言多忌克,难哉!”公曰:

“忌则多怨，又焉能克？是吾利也。”

宋襄公即位，以公子目夷为仁，使为左师以听政。于是宋治。故鱼氏世为左师。

僖公十年

十年春，狄灭温，苏子无信也。苏子叛王即狄，又不能于狄，狄人伐之，王不救，故灭。苏子奔卫。

夏四月，周公忌父、王子党会齐隰朋立晋侯。晋侯杀里克以说。将杀里克，公使谓之曰：“微子则不及此。虽然，子弑二君与一大夫，为子君者不亦难乎？”对曰：“不有废也，君何以兴？欲加之罪，其无辞乎？臣闻命矣。”伏剑而死。于是丕郑聘于秦，且谢缓赂，故不及。

晋侯改葬共大子。秋，狐突适下国，遇大子，大子使登，仆，而告之曰：“夷吾无礼，余得请于帝矣。将以晋畀秦，秦将祀余。”对曰：“臣闻之，神不歆非类，民不祀非族。君祀无乃殄乎？且民何罪？失刑乏祀，君其图之。”君曰：“诺。吾将复请。七日新城西偏，将有巫者而见我焉。”许之，遂不见。及期而往，告之曰：“帝许我罚有罪矣，敝于韩。”

丕郑之如秦也，言于秦伯曰：“吕甥、郤称、冀芮实为不从，若重问以召之，臣出晋君，君纳重耳，蔑不济矣。”

冬，秦伯使泠至报问，且召三子。郤芮曰：“币重而言甘，诱我也。”遂杀丕郑、祁举及七舆大夫：左行共华、右行贾华、叔坚、骓歂、累虎、特宫、山祁，皆里、丕之党也。丕豹奔秦，言于秦伯曰：“晋侯背大主而忌小怨，民弗与也，伐之必出。”公曰：“失众，焉能杀。违祸，谁能出君。”

僖公十一年

十一年春，晋侯使以丕郑之乱来告。天王使召武公、内史过赐晋侯命。受玉惰。过归，告王曰："晋侯其无后乎。王赐之命而惰于受瑞，先自弃也已，而何继之有？礼，国之干也。敬，礼之舆也。不敬则礼不行，礼不行则上下昏，何以长世？"

夏，扬、拒、泉、皋、伊、洛之戎同伐京师，入王城，焚东门。王子带召之也。秦、晋伐戎以救周。秋，晋侯平戎于王。

黄人不归楚贡。冬，楚人伐黄。

僖公十二年

十二年春，诸侯城卫楚丘之郛，惧狄难也。

黄人恃诸侯之睦于齐也，不共楚职，曰："自郢及我九百里，焉能害我？"夏，楚灭黄。

王以戎难故，讨王子带。

秋，王子带奔齐。冬，齐侯使管夷吾平戎于王，使隰朋平戎于晋。

王以上卿之礼飨管仲，管仲辞曰："臣，贱有司也，有天子之二守国、高在。若节春秋来承王命，何以礼焉？陪臣敢辞。"王曰："舅氏，余嘉乃勋，应乃懿德，谓督不忘。往践乃职，无逆朕命。"管仲受下卿之礼而还。

君子曰："管氏之世祀也宜哉！让不忘其上。《诗》曰：'恺悌君子，神所劳矣。'"

僖公十三年

十三年春,齐侯使仲孙湫聘于周,且言王子带。事毕,不与王言。归,复命曰:"未可。王怒未怠,其十年乎。不十年,王弗召也。"

夏,会于咸,淮夷病杞故,且谋王室也。

秋,为戎难故,诸侯戍周,齐仲孙湫致之。

冬,晋荐饥,使乞籴于秦。秦伯谓子桑:"与诸乎?"对曰:"重施而报,君将何求?重施而不报,其民必携,携而讨焉,无众必败。"谓百里:"与诸乎?"对曰:"天灾流行,国家代有,救灾恤邻,道也。行道有福。"

丕郑之子豹在秦,请伐晋。秦伯曰:"其君是恶,其民何罪?"秦于是乎输粟于晋,自雍及绛相继。命之曰"泛舟之役"。

僖公十四年

十四年春,诸侯城缘陵而迁杞焉。不书其人,有阙也。

鄫季姬来宁,公怒,止之,以鄫子之不朝也。夏,遇于防,而使来朝。

秋八月辛卯,沙鹿崩。晋卜偃曰:"期年将有大咎,几亡国。"

冬,秦饥,使乞籴于晋,晋人弗与。庆郑曰:"背施无亲,幸灾不仁,贪爱不祥,怒邻不义。四德皆失,何以守国?"虢射曰:"皮之不存,毛将安傅?"庆郑曰:"弃信背邻,患孰恤之?无信患作,失援必毙,是则然矣。"虢射曰:"无损于怨而厚于寇,不如勿与。"庆郑曰:"背施幸灾,民所弃也。近犹仇之,况怨敌乎。"弗听。退曰:"君其悔是哉!"

僖公十五年

十五年春，楚人伐徐，徐即诸夏故也。三月，盟于牡丘，寻葵丘之盟，且救徐也。孟穆伯帅师及诸侯之师救徐，诸侯次于匡以待之。

夏五月，日有食之。不书朔与日，官失之也。

秋，伐厉，以救徐也。

晋侯之入也，秦穆姬属贾君焉，且曰："尽纳群公子。"晋侯烝于贾君，又不纳群公子，是以穆姬怨之。晋侯许赂中大夫，既而皆背之。赂秦伯以河外列城五，东尽虢略，南及华山，内及解梁城，既而不与。晋饥，秦输之粟；秦饥，晋闭之籴，故秦伯伐晋。

卜徒父筮之，吉。涉河，侯车败。诘之，对曰："乃大吉也，三败必获晋君。其卦遇《蛊》䷑，曰："千乘三去，三去之余，获其雄狐。"夫狐蛊，必其君也。《蛊》之贞，风也；其悔，山也。岁云秋矣，我落其实而取其材，所以克也。实落材亡，不败何待？"

三败及韩。晋侯谓庆郑曰："寇深矣，若之何？"对曰："君实深之，可若何？"公曰："不孙。"卜右，庆郑吉，弗使。步扬御戎，家仆徒为右，乘小驷，郑入也。庆郑曰："古者大事，必乘其产，生其水土而知其人心，安其教训而服习其道，唯所纳之，无不如志。今乘异产以从戎事，及惧而变，将与人易。乱气狡愤，阴血周作，张脉偾兴，外强中干。进退不可，周旋不能，君必悔之。"弗听。

九月，晋侯逆秦师，使韩简视师，复曰："师少于我，斗士倍我。"公曰："何故？"对曰："出因其资，入用其宠，饥食其粟，三施而无报，是以来也。今又击之，我怠秦奋，倍犹未也。"公曰："一夫不可狃，况国乎。"遂使请战，曰："寡人不佞，能合其众而不能离也，君若不还，无所逃命。"秦伯使公孙枝对曰："君之未入，寡人惧之；入而未定列，犹吾忧也；苟列定矣，敢不承命。"韩简退曰："吾幸而得囚。"

壬戌，战于韩原，晋戎马还泞而止。公号庆郑。庆郑曰："愎谏违卜，固败是求，又何逃焉。"遂去之。梁由靡御韩简，虢射为右，辂秦伯，将止之。郑以救公误之，遂失秦伯。秦获晋侯以归。晋大夫反首拔舍从之。秦伯使辞焉，曰："二三子何其戚也？寡人之从君而西也，亦晋之妖梦是践，岂敢以至。"晋大夫三拜稽首曰："君履后土而戴皇天，皇天后土实闻君之言，群臣敢在下风。"

穆姬闻晋侯将至，以大子䓨、弘与女简、璧登台而履薪焉，使以免服衰绖逆，且告曰："上天降灾，使我两君匪以玉帛相见，而以兴戎。若晋君朝以入，则婢子夕以死；夕以入，则朝以死。唯君裁之。"乃舍诸灵台。

大夫请以入。公曰："获晋侯，以厚归也。既而丧归，焉用之？大夫其何有焉？且晋人戚忧以重我，天地以要我。不图晋忧，重其怒也；我食吾言，背天地也。重怒难任，背天不祥，必归晋君。"公子絷曰："不如杀之，无聚慝焉。"子桑曰："归之而质其大子，必得大成。晋未可灭而杀其君，只以成恶。且史佚有言曰：'无始祸，无怙乱，无重怒。'重怒难任，陵人不祥。"乃许晋平。

晋侯使郤乞告瑕吕饴甥，且召之。子金教之言曰："朝国人而以君命赏，且告之曰：'孤虽归，辱社稷矣。其卜贰圉也。'"众皆哭。晋于是乎作爰田。吕甥曰："君亡之不恤，而群臣是忧，惠之至也。将若君何？"众曰："何为而可？"对曰："征缮以辅孺子，诸侯闻之，丧君有君，群臣辑睦，甲兵益多，好我者劝，恶我者惧，庶有益乎！"众说。晋于是乎作州兵。

初，晋献公筮嫁伯姬于秦，遇《归妹》䷵之《睽》䷥。史苏占之曰："不吉。其繇曰：'士刲羊，亦无衁也。女承筐，亦无贶也。西邻责言，不可偿也。《归妹》之《睽》，犹无相也。'《震》之《离》，亦《离》之《震》，为雷为火，为嬴败姬，车说其輹，火焚其旗，不利行师，败于宗丘。《归妹》《睽》孤，寇张之弧，侄其从姑，六年其逋，逃归其国，而弃其家,明年其死于高梁之虚。”

及惠公在秦,曰:“先君若从史苏之占,吾不及此夫。”韩简侍,曰:“龟,象也;筮,数也。物生而后有象,象而后有滋,滋而后有数。先君之败德,及可数乎?史苏是占,勿从何益?《诗》曰:‘下民之孽,匪降自天,僔沓背憎,职竞由人。’”

震夷伯之庙,罪之也,于是展氏有隐慝焉。

冬,宋人伐曹,讨旧怨也。

楚败徐于娄林,徐恃救也。

十月,晋阴饴甥会秦伯,盟于王城。秦伯曰:“晋国和乎?”对曰:“不和。小人耻失其君而悼丧其亲,不惮征缮以立圉也,曰:‘必报仇,宁事戎狄。’君子爱其君而知其罪,不惮征缮以待秦命,曰:‘必报德,有死无二。’以此不和。”秦伯曰:“国谓君何?”对曰:“小人戚,谓之不免。君子恕,以为必归。小人曰:‘我毒秦,秦岂归君?’君子曰:‘我知罪矣,秦必归君。贰而执之,服而舍之,德莫厚焉,刑莫威焉。服者怀德,贰者畏刑。此一役也,秦可以霸。纳而不定,废而不立,以德为怨,秦不其然。’”秦伯曰:“是吾心也。”改馆晋侯,馈七牢焉。

蛾析谓庆郑曰:“盍行乎?”对曰:“陷君于败,败而不死,又使失刑,非人臣也。臣而不臣,行将焉入?”十一月,晋侯归。丁丑,杀庆郑而后入。

是岁,晋又饥,秦伯又饩之粟,曰:“吾怨其君而矜其民。且吾闻唐叔之封也,箕子曰:‘其后必大。’晋其庸可冀乎!姑树德焉以待能者。”于是秦始征晋河东,置官司焉。

僖公十六年

十六年春,陨石于宋五,陨星也。六鹢退飞过宋都,风也。周内史叔兴聘于宋,宋襄公问焉,曰:“是何祥也?吉凶焉在?”对曰:“今兹鲁多大丧，明年齐有乱，君将得诸侯而不终。”退而告人曰：“君失问。是阴阳之事，非吉凶所生也。吉凶由人，吾不敢逆君故也。”

夏，齐伐厉不克，救徐而还。

秋，狄侵晋，取狐厨、受铎，涉汾，及昆都，因晋败也。

王以戎难告于齐，齐征诸侯而戍周。

冬，十一月乙卯，郑杀子华。

十二月会于淮，谋鄫，且东略也。城鄫，役人病。有夜登丘而呼曰：“齐有乱。”不果城而还。

僖公十七年

十七年春，齐人为徐伐英氏，以报娄林之役也。

夏，晋大子圉为质于秦，秦归河东而妻之。惠公之在梁也，梁伯妻之。梁嬴孕，过期，卜招父与其子卜之。其子曰：“将生一男一女。”招曰：“然。男为人臣，女为人妾。”故名男曰圉，女曰妾。及子圉西质，妾为宦女焉。

师灭项。淮之会，公有诸侯之事未归而取项。齐人以为讨，而止公。

秋，声姜以公故，会齐侯于卞。九月，公至。书曰：“至自会。”犹有诸侯之事焉，且讳之也。

齐侯之夫人三：王姬，徐嬴，蔡姬，皆无子。齐侯好内，多内宠，内嬖如夫人者六人：长卫姬，生武孟，少卫姬，生惠公，郑姬，生孝公，葛嬴，生昭公，密姬，生懿公，宋华子，生公子雍。公与管仲属孝公于宋襄公，以为大子。

雍巫有宠于卫共姬，因寺人貂以荐羞于公，亦有宠，公许之立武孟。

管仲卒，五公子皆求立。冬十月乙亥，齐桓公卒。易牙入，与寺人貂因内宠以杀群吏，而立公子无亏。孝公奔宋。十二月乙亥赴，辛巳夜殡。

僖公十八年

十八年春，宋襄公以诸侯伐齐。三月，齐人杀无亏。

郑伯始朝于楚，楚子赐之金，既而悔之，与之盟曰："无以铸兵。"故以铸三钟。

齐人将立孝公，不胜，四公子之徒遂与宋人战。夏五月，宋败齐师于甗，立孝公而还。

秋八月，葬齐桓公。

冬，邢人、狄人伐卫，围菟圃。卫侯以国让父兄子弟及朝众曰："苟能治之，毁，请从焉。"众不可，而从师于訾娄。狄师还。

梁伯益其国而不能实也，命曰新里，秦取之。

僖公十九年

十九年春，遂城而居之。

宋人执滕宣公。

夏，宋公使邾文公用鄫子于次睢之社，欲以属东夷。司马子鱼曰："古者六畜不相为用，小事不用大牲，而况敢用人乎？祭祀以为人也。民，神之主也。用人，其谁飨之？齐桓公存三亡国以属诸侯，义士犹曰薄德。今一会而虐二国之君，又用诸淫昏之鬼，将以求霸，不亦难乎？得死为幸！"

秋，卫人伐邢，以报菟圃之役。于是卫大旱，卜有事于山川，不吉。宁庄子曰："昔周饥，克殷而年丰。今邢方无道，诸侯无伯，天其或者欲使卫讨邢乎？"从之，师兴而雨。

宋人围曹，讨不服也。子鱼言于宋公曰：“文王闻崇德乱而伐之，军三旬而不降，退修教而复伐之，因垒而降。《诗》曰：‘刑于寡妻，至于兄弟，以御于家邦。’今君德无乃犹有所阙，而以伐人，若之何？盍姑内省德乎？无阙而后动。”

陈穆公请修好于诸侯以无忘齐桓之德。冬，盟于齐，修桓公之好也。

梁亡。不书其主，自取之也。初，梁伯好土功，亟城而弗处，民罢而弗堪，则曰：“某寇将至。”乃沟公宫，曰：“秦将袭我。”民惧而溃，秦遂取梁。

僖公二十年

二十年春，新作南门。书，不时也。凡启塞从时。

滑人叛郑而服于卫。夏，郑公子士、泄堵寇帅师入滑。

秋，齐、狄盟于邢，为邢谋卫难也。于是卫方病邢。

随以汉东诸侯叛楚。冬，楚斗穀于菟帅师伐随，取成而还。君子曰：“随之见伐，不量力也。量力而动，其过鲜矣。善败由己，而由人乎哉？《诗》曰：‘岂不夙夜，谓行多露。’”

宋襄公欲合诸侯，臧文仲闻之，曰：“以欲从人则可，以人从欲鲜济。”

僖公二十一年

二十一年春，宋人为鹿上之盟，以求诸侯于楚。楚人许之。公子目夷曰：“小国争盟，祸也。宋其亡乎，幸而后败。”

夏，大旱。公欲焚巫尪。臧文仲曰：“非旱备也。修城郭，贬食省用，务穑劝分，此其务也。巫尪何为？天欲杀之，则如勿生，若能为旱,焚之滋甚。”公从之。是岁也,饥而不害。

秋,诸侯会宋公于盂。子鱼曰:“祸其在此乎!君欲已甚,其何以堪之?”于是楚执宋公以伐宋。冬,会于薄以释之。子鱼曰:“祸犹未也,未足以惩君。”任、宿、须句、颛臾,风姓也。实司大皞与有济之祀,以服事诸夏。邾人灭须句,须句子来奔,因成风也。成风为之言于公曰:“崇明祀,保小寡,周礼也。蛮夷猾夏,周祸也。若封须句,是崇皞、济而修祀纾祸也。”

僖公二十二年

二十二年春,伐邾,取须句,反其君焉,礼也。

三月,郑伯如楚。夏,宋公伐郑。子鱼曰:“所谓祸在此矣。”

初,平王之东迁也,辛有适伊川,见被发而祭于野者,曰:“不及百年,此其戎乎!其礼先亡矣。”

秋,秦、晋迁陆浑之戎于伊川。

晋大子圉为质于秦,将逃归,谓嬴氏曰:“与子归乎?”对曰:“子,晋大子,而辱于秦,子之欲归,不亦宜乎?寡君之使婢子侍执巾栉,以固子也。从子而归,弃君命也。不敢从,亦不敢言。”遂逃归。

富辰言于王曰:“请召大叔。《诗》曰:‘协比其邻,昏姻孔云。’吾兄弟之不协,焉能怨诸侯之不睦?”王说。王子带自齐复归于京师,王召之也。

邾人以须句故出师。公卑邾,不设备而御之。臧文仲曰:“国无小,不可易也。无备,虽众不可恃也。《诗》曰:‘战战兢兢,如临深渊,如履薄冰。’又曰:‘敬之敬之,天惟显思,命不易哉!’先王之明德,犹无不难也,无不惧也,况我小国乎!君其无谓邾小。蜂虿有毒,而况国乎?”弗听。八月丁未,公及邾师战于升陉,我师败绩。邾人获公胄,县诸鱼门。

楚人伐宋以救郑。宋公将战，大司马固谏曰："天之弃商久矣，君将兴之，弗可赦也已。"弗听。冬十一月己巳朔，宋公及楚人战于泓。宋人既成列，楚人未既济。司马曰："彼众我寡，及其未既济也请击之。"公曰："不可。"既济而未成列，又以告。公曰："未可。"既陈而后击之，宋师败绩。公伤股，门官歼焉。

国人皆咎公。公曰："君子不重伤，不禽二毛。古之为军也，不以阻隘也。寡人虽亡国之余，不鼓不成列。"子鱼曰："君未知战。勍敌之人隘而不列，天赞我也。阻而鼓之，不亦可乎？犹有惧焉。且今之勍者，皆吾敌也。虽及胡耇，获则取之，何有于二毛？明耻教战，求杀敌也，伤未及死，如何勿重？若爱重伤，则如勿伤；爱其二毛，则如服焉。三军以利用也，金鼓以声气也，利而用之，阻隘可也，声盛致志，鼓儳可也。"

丙子晨，郑文夫人芈氏、姜氏劳楚子于柯泽。楚子使师缙示之俘馘。君子曰："非礼也。妇人送迎不出门，见兄弟不逾阈，戎事不迩女器。"

丁丑，楚子入飨于郑，九献，庭实旅百，加笾豆六品。飨毕，夜出，文芈送于军，取郑二姬以归。叔詹曰："楚王其不没乎！为礼卒于无别，无别不可谓礼，将何以没？"诸侯是以知其不遂霸也。

僖公二十三年

二十三年春，齐侯伐宋，围缗，以讨其不与盟于齐也。

夏五月，宋襄公卒，伤于泓故也。

秋，楚成得臣帅师伐陈，讨其贰于宋也。遂取焦、夷，城顿而还。子文以为之功，使为令尹。叔伯曰："子若国何？"对曰："吾以靖国也。夫有大功而无贵仕，其人能靖者与有几？"

九月，晋惠公卒。怀公命无从亡人。期，期而不至，无赦。狐突之子毛及偃从重耳在秦，弗召。冬，怀公执狐突曰："子来则免。"对曰："子之能仕，父教之忠，古之制也。策名委质，贰乃辟也。今臣之子，名在重耳，有年数矣。若又召之，教之贰也。父教子贰，何以事君？刑之不滥，君之明也，臣之愿也。淫刑以逞，谁则无罪？臣闻命矣。"乃杀之。卜偃称疾不出，曰："《周书》有之：'乃大明服。'己则不明而杀人以逞，不亦难乎？民不见德而唯戮是闻，其何后之有？"

十一月，杞成公卒。书曰"子"。杞，夷也。不书名，未同盟也。凡诸侯同盟，死则赴以名，礼也。赴以名，则亦书之，不然则否，辟不敏也。

晋公子重耳之及于难也，晋人伐诸蒲城。蒲城人欲战，重耳不可，曰："保君父之命而享其生禄，于是乎得人。有人而校，罪莫大焉。吾其奔也。"遂奔狄。从者狐偃、赵衰、颠颉、魏武子、司空季子。狄人伐廧咎如，获其二女：叔隗、季隗，纳诸公子。公子取季隗，生伯儵、叔刘；以叔隗妻赵衰，生盾。将适齐，谓季隗曰："待我二十五年，不来而后嫁。"对曰："我二十五年矣，又如是而嫁，则就木焉。请待子。"处狄十二年而行。

过卫，卫文公不礼焉。出于五鹿，乞食于野人，野人与之块，公子怒，欲鞭之。子犯曰："天赐也。"稽首，受而载之。

及齐，齐桓公妻之，有马二十乘，公子安之。从者以为不可。将行，谋于桑下。蚕妾在其上，以告姜氏。姜氏杀之，而谓公子曰："子有四方之志，其闻之者吾杀之矣。"公子曰："无之。"姜曰："行也。怀与安，实败名。"公子不可。姜与子犯谋，醉而遣之。醒，以戈逐子犯。

及曹，曹共公闻其骈胁，欲观其裸。浴，薄而观之。僖负羁之妻曰："吾观晋公子之从者，皆足以相国。若以相，夫子必反其国。反其国，必得志于诸侯。得志于诸侯而诛无礼，曹其首也。子盍蚤自贰焉。"乃馈盘飧，置璧焉。公子受飧反璧。

及宋，宋襄公赠之以马二十乘。

及郑，郑文公亦不礼焉。叔詹谏曰："臣闻天之所启，人弗及也。晋公子有三焉，天其或者将建诸！君其礼焉。男女同姓，其生不蕃。晋公子，姬出也，而至于今，一也。离外之患，而天不靖晋国，殆将启之，二也。有三士足以上人而从之，三也。晋、郑同侪，其过子弟，固将礼焉，况天之所启乎？"弗听。

及楚，楚子飨之，曰："公子若反晋国，则何以报不穀？"对曰："子女玉帛则君有之，羽毛齿革则君地生焉。其波及晋国者，君之余也，其何以报君？"曰："虽然，何以报我？"对曰："若以君之灵，得反晋国，晋、楚治兵，遇于中原，其辟君三舍。若不获命，其左执鞭弭、右属櫜鞬，以与君周旋。"子玉请杀之。楚子曰："晋公子广而俭，文而有礼。其从者肃而宽，忠而能力。晋侯无亲，外内恶之。吾闻姬姓，唐叔之后，其后衰者也，其将由晋公子乎。天将兴之，谁能废之。违天必有大咎。"乃送诸秦。

秦伯纳女五人，怀嬴与焉。奉匜沃盥，既而挥之。怒曰："秦、晋匹也，何以卑我！"公子惧，降服而囚。他日，公享之。子犯曰："吾不如衰之文也。请使衰从。"公子赋《河水》，公赋《六月》。赵衰曰："重耳拜赐。"公子降，拜，稽首，公降一级而辞焉。衰曰："君称所以佐天子者命重耳，重耳敢不拜。"

僖公二十四年

二十四年春，王正月，秦伯纳之，不书，不告入也。及河，子犯以璧授公子，曰："臣负羁绁从君巡于天下，臣之罪甚多矣。臣犹知之，而况君乎？请由此亡。"公子曰："所不与舅氏同心者，有如白水。"投其璧于河。济河，围令狐，入桑泉，取臼衰。二月甲午，晋师军于庐柳。秦伯使公子絷如晋师，师退，军于郇。辛丑，狐偃及秦、晋之大夫盟于郇。壬寅，公子入于晋师。丙午，入于曲沃。丁未，朝于武宫。戊申，使杀怀公于高梁。不书，亦不告也。

吕、郤畏逼，将焚公宫而弑晋侯。寺人披请见，公使让之，且辞焉，曰："蒲城之役，君命一宿，女即至。其后余从狄君以田渭滨，女为惠公来求杀余，命女三宿，女中宿至。虽有君命，何其速也。夫祛犹在，女其行乎。"对曰："臣谓君之入也，其知之矣。若犹未也，又将及难。君命无二，古之制也。除君之恶，唯力是视。蒲人、狄人，余何有焉。今君即位，其无蒲、狄乎？齐桓公置射钩而使管仲相，君若易之，何辱命焉？行者甚众，岂唯刑臣。"公见之，以难告。三月，晋侯潜会秦伯于王城。己丑晦，公宫火，瑕甥、郤芮不获公，乃如河上，秦伯诱而杀之。晋侯逆夫人嬴氏以归。秦伯送卫于晋三千人，实纪纲之仆。

初，晋侯之竖头须，守藏者也。其出也，窃藏以逃，尽用以求纳之。及入，求见，公辞焉以沐。谓仆人曰："沐则心覆，心覆则图反，宜吾不得见也。居者为社稷之守，行者为羁绁之仆，其亦可也，何必罪居者？国君而仇匹夫，惧者甚众矣。"仆人以告，公遽见之。

狄人归季隗于晋而请其二子。文公妻赵衰，生原同、屏括、楼婴。赵姬请逆盾与其母，子馀辞。姬曰："得宠而忘旧，何以使人？必逆之。"固请，许之，来，以盾为才，固请于公以为嫡子，而使其三子下之，以叔隗为内子而己下之。

晋侯赏从亡者，介之推不言禄，禄亦弗及。推曰："献公之子九人，唯君在矣。惠、怀无亲，外内弃之。天未绝晋，必将有主。主晋祀者，非君而谁？天实置之，而二三子以为己力，不亦诬乎？窃人之财，犹谓之盗，况贪天之功以为己力乎？下义其罪，上赏其奸，上下相蒙，难与处矣！"其母曰："盍亦求之，以死谁怼？"对曰："尤而效之，罪又甚焉，且出怨言，不食其食。"其母曰："亦使知之若何？"对曰："言，身之文也。身将隐，焉用文之？是求显也。"其母曰："能如是乎？与女偕隐。”遂隐而死。晋侯求之，不获，以绵上为之田，曰：“以志吾过，且旌善人。”

郑之入滑也，滑人听命。师还，又即卫。郑公子士泄、堵俞弥帅师伐滑。王使伯服、游孙伯如郑请滑。郑伯怨惠王之入而不与厉公爵也，又怨襄王之与卫、滑也，故不听王命而执二子。王怒，将以狄伐郑。富辰谏曰：“不可。臣闻之，大上以德抚民，其次亲亲以相及也。昔周公吊二叔之不咸，故封建亲戚以蕃屏周。管蔡郕霍，鲁卫毛聃，郜雍曹滕，毕原酆郇，文之昭也。邘晋应韩，武之穆也。凡蒋邢茅胙祭，周公之胤也。召穆公思周德之不类，故纠合宗族于成周而作诗，曰：‘常棣之华，鄂不韡韡，凡今之人，莫如兄弟。’其四章曰：‘兄弟阋于墙，外御其侮。’如是，则兄弟虽有小忿，不废懿亲。今天子不忍小忿以弃郑亲，其若之何？庸勋亲亲，昵近尊贤，德之大者也。即聋从昧，与顽用嚚，奸之大者也。弃德崇奸，祸之大者也。郑有平、惠之勋，又有厉、宣之亲，弃嬖宠而用三良，于诸姬为近，四德具矣。耳不听五声之和为聋，目不别五色之章为昧，心不则德义之经为顽，口不道忠信之言为嚚，狄皆则之，四奸具矣。周之有懿德也，犹曰‘莫如兄弟’，故封建之。其怀柔天下也，犹惧有外侮，扞御侮者莫如亲亲，故以亲屏周。召穆公亦云。今周德既衰，于是乎又渝周、召以从诸奸，无乃不可乎？民未忘祸，王又兴之，其若文、武何？”王弗听，使颓叔、桃子出狄师。夏，狄伐郑，取栎。王德狄人，将以其女为后。富辰谏曰：“不可。臣闻之曰：‘报者倦矣，施者未厌。’狄固贪惏，王又启之，女德无极，妇怨无终，狄必为患。”王又弗听。

初，甘昭公有宠于惠后，惠后将立之，未及而卒。昭公奔齐，王复之，又通于隗氏。王替隗氏。颓叔、桃子曰：“我实使狄，狄其怨我。”遂奉大叔，以狄师攻王。王御士将御之。王曰：“先后其谓我何？宁使诸侯图之。”王遂出。及坎欿，国人纳之。秋，颓叔、桃子奉大叔，以狄师伐周，大败周师，获周公忌父、原伯、毛伯、富辰。王出适郑,处于氾。大叔以隗氏居于温。

郑子华之弟子臧出奔宋,好聚鹬冠。郑伯闻而恶之,使盗诱之。八月,盗杀之于陈、宋之间。君子曰:"服之不衷,身之灾也。《诗》曰:'彼己之子,不称其服。'子臧之服,不称也夫。《诗》曰'自诒伊戚',其子臧之谓矣。《夏书》曰,'地平天成',称也。"

宋及楚平。宋成公如楚,还入于郑。郑伯将享之,问礼于皇武子。对曰:"宋,先代之后也,于周为客,天子有事膰焉,有丧拜焉,丰厚可也。"郑伯从之,享宋公有加,礼也。

冬,王使来告难曰:"不穀不德,得罪于母弟之宠子带,鄙在郑地氾,敢告叔父。"臧文仲对曰:"天子蒙尘于外,敢不奔问官守。"王使简师父告于晋,使左鄢父告于秦。天子无出,书曰"天王出居于郑",辟母弟之难也。天子凶服降名,礼也。郑伯与孔将鉏、石甲父、侯宣多省视官具于氾,而后听其私政,礼也。

卫人将伐邢,礼至曰:"不得其守,国不可得也。我请昆弟仕焉。"乃往,得仕。

僖公二十五年

二十五年春,卫人伐邢,二礼从国子巡城,掖以赴外,杀之。正月丙午,卫侯毁灭邢,同姓也,故名。礼至为铭曰:"余掖杀国子,莫余敢止。"

秦伯师于河上,将纳王。狐偃言于晋侯曰:"求诸侯,莫如勤王。诸侯信之,且大义也。继文之业而信宣于诸侯,今为可矣。"使卜偃卜之,曰:"吉。遇黄帝战于阪泉之兆。"公曰:"吾不堪也。"对曰:"周礼未改。今之王,古之帝也。"公曰:"筮之。"筮之,遇《大有》䷍之《睽》䷥,曰:"吉。遇'公用享于天子'之卦。战克而王飨,吉孰大焉。且是卦也,天为泽以当日,天子降心以逆公,不亦可乎?《大有》

去《睽》而复，亦其所也。”晋侯辞秦师而下。三月甲辰，次于阳樊。右师围温，左师逆王。夏四月丁巳，王入于王城，取大叔于温，杀之于隰城。

戊午，晋侯朝王，王飨醴，命之宥。请隧，弗许，曰：“王章也。未有代德而有二王，亦叔父之所恶也。”与之阳樊、温、原、欑茅之田。晋于是始启南阳。

阳樊不服，围之。苍葛呼曰：“德以柔中国，刑以威四夷，宜吾不敢服也。此谁非王之亲姻，其俘之也！”乃出其民。

秋，秦、晋伐鄀楚斗克、屈御寇以申、息之师戍商密。秦人过析隈，入而系舆人以围商密，昏而傅焉。宵，坎血加书，伪与子仪、子边盟者。商密人惧曰：“秦取析矣，戍人反矣。”乃降秦师。囚申公子仪、息公子边以归。楚令尹子玉追秦师，弗及，遂围陈，纳顿子于顿。

冬，晋侯围原，命三日之粮。原不降，命去之。谍出，曰：“原将降矣。”军吏曰：“请待之。”公曰：“信，国之宝也，民之所庇也，得原失信，何以庇之？所亡滋多。”退一舍而原降。迁原伯贯于冀。赵衰为原大夫，狐溱为温大夫。

卫人平莒于我。十二月。盟于洮，修卫文公之好，且及莒平也。

晋侯问原守于寺人勃鞮。对曰：“昔赵衰以壶飧从径，馁而弗食。”故使处原。

僖公二十六年

二十六年春，王正月，公会莒兹丕公、宁庄子盟于向，寻洮之盟也。齐师侵我西鄙，讨是二盟也。夏，齐孝公伐我北鄙。卫人伐齐，洮之盟故也。公使展喜犒师，使受命于展禽。

齐侯未入竟，展喜从之，曰：“寡君闻君亲举玉趾，将辱于敝邑，使下臣犒执事。”齐侯曰：“鲁人恐乎？”对曰：“小人恐矣，君子则否。”齐侯曰：“室如县罄，野无青草，何恃而不恐？”对曰：“恃先王之命。昔周公、大公股肱周室，夹辅成王。成王劳之而赐之盟，曰：‘世世子孙，无相害也。’载在盟府，大师职之。桓公是以纠合诸侯而谋其不协，弥缝其阙而匡救其灾，昭旧职也。及君即位，诸侯之望曰：‘其率桓之功。’我敝邑用不敢保聚，曰：‘岂其嗣世九年而弃命废职，其若先君何？’君必不然。恃此以不恐。”齐侯乃还。

东门襄仲、臧文仲如楚乞师，臧孙见子玉而道之伐齐、宋，以其不臣也。

夔子不祀祝融与鬻熊，楚人让之，对曰：“我先王熊挚有疾，鬼神弗赦而自窜于夔。吾是以失楚，又何祀焉？”秋，楚成得臣、斗宜申帅师灭夔，以夔子归。

宋以其善于晋侯也，叛楚即晋。冬，楚令尹子玉、司马子西帅师伐宋，围缗。

公以楚师伐齐，取穀。凡师能左右之曰“以”。置桓公子雍于穀，易牙奉之以为鲁援。楚申公叔侯戍之。桓公之子七人，为七大夫于楚。

僖公二十七年

二十七年春，杞桓公来朝，用夷礼，故曰子。公卑杞，杞不共也。

夏，齐孝公卒。有齐怨，不废丧纪，礼也。

秋，入杞，责无礼也。

楚子将围宋，使子文治兵于睽，终朝而毕，不戮一人。子玉复治兵于蒍，终日而毕，鞭七人，贯三人耳。国老皆贺子文，子文饮之酒。蒍贾尚幼，后至，不贺。子文问之，对曰：“不知所贺。子之传政于子玉，曰：‘以靖国也。’靖诸内而败诸外，所获几何？子玉之败，子之举也。举以败国，将何贺焉？子玉刚而无礼，不可以治民。过三百乘，其不能以入矣。苟入而贺,何后之有?"

冬,楚子及诸侯围宋,宋公孙固如晋告急。先轸曰:"报施救患,取威定霸,于是乎在矣。"狐偃曰:"楚始得曹而新昏于卫,若伐曹、卫,楚必救之,则齐、宋免矣。"于是乎蒐于被庐,作三军,谋元帅。赵衰曰:"郤縠可。臣亟闻其言矣。说礼乐而敦诗书。诗书,义之府也。礼乐,德之则也。德义,利之本也。《夏书》曰:'赋纳以言,明试以功,车服以庸。'君其试之。"乃使郤縠将中军,郤溱佐之;使狐偃将上军,让于狐毛,而佐之;命赵衰为卿,让于栾枝、先轸。使栾枝将下军,先轸佐之。荀林父御戎,魏犨为右。

晋侯始入而教其民,二年,欲用之。子犯曰:"民未知义,未安其居。"于是乎出定襄王,入务利民,民怀生矣,将用之。子犯曰:"民未知信,未宣其用。"于是乎伐原以示之信。民易资者不求丰焉,明征其辞。公曰:"可矣乎?"子犯曰:"民未知礼,未生其共。"于是乎大蒐以示之礼,作执秩以正其官,民听不惑而后用之。出穀戍,释宋围,一战而霸,文之教也。

僖公二十八年

二十八年春,晋侯将伐曹,假道于卫,卫人弗许。还,自南河济。侵曹伐卫。正月戊申,取五鹿。

二月,晋郤縠卒。原轸将中军,胥臣佐下军,上德也。

晋侯、齐侯盟于敛盂。卫侯请盟,晋人弗许。卫侯欲与楚,国人不欲,故出其君以说于晋。卫侯出居于襄牛。

公子买戍卫,楚人救卫,不克。公惧于晋,杀子丛以说焉。谓楚人曰:"不卒戍也。"

晋侯围曹,门焉,多死,曹人尸诸城上,晋侯患之,听舆人之谋曰:"称舍于墓。"师迁焉,曹人凶惧,为其所得者棺而出之。因其凶也而攻之。三月丙午，入曹。数之，以其不用僖负羁而乘轩者三百人也，且曰："献状。"令无入僖负羁之宫而免其族，报施也。魏犫、颠颉怒曰："劳之不图，报于何有！"爇僖负羁氏。魏犫伤于胸，公欲杀之而爱其材，使问，且视之。病，将杀之。魏犫束胸见使者曰："以君之灵，不有宁也。"距跃三百，曲踊三百。乃舍之。杀颠颉以徇于师，立舟之侨以为戎右。

宋人使门尹般如晋师告急。公曰："宋人告急，舍之则绝，告楚不许。我欲战矣，齐、秦未可，若之何？"先轸曰："使宋舍我而赂齐、秦，借之告楚。我执曹君而分曹、卫之田以赐宋人。楚爱曹、卫，必不许也。喜赂怒顽，能无战乎？"公说，执曹伯，分曹、卫之田以畀宋人。

楚子入居于申，使申叔去穀，使子玉去宋，曰："无从晋师。晋侯在外十九年矣，而果得晋国。险阻艰难，备尝之矣；民之情伪，尽知之矣。天假之年，而除其害。天之所置，其可废乎？《军志》曰：'允当则归。'又曰：'知难而退。'又曰：'有德不可敌。'此三志者，晋之谓矣。"

子玉使伯棼请战，曰："非敢必有功也，愿以间执谗慝之口。"王怒，少与之师，唯西广、东宫与若敖之六卒实从之。

子玉使宛春告于晋师曰："请复卫侯而封曹，臣亦释宋之围。"子犯曰："子玉无礼哉！君取一，臣取二，不可失矣。"先轸曰："子与之。定人之谓礼，楚一言而定三国，我一言而亡之。我则无礼，何以战乎？不许楚言，是弃宋也，救而弃之，谓诸侯何？楚有三施，我有三怨，怨仇已多，将何以战？不如私许复曹、卫以携之，执宛春以怒楚，既战而后图之。"公说，乃拘宛春于卫，且私许复曹、卫。曹、卫告绝于楚。

子玉怒，从晋师。晋师退。军吏曰："以君辟臣，辱也。且楚师老矣，何故退？"子犯曰："师直为壮，曲为老。岂在久乎？微楚之惠不及此,退三舍辟之,所以报也。背惠食言,以亢其仇,我曲楚直。其众素饱,不可谓老。我退而楚还,我将何求?若其不还,君退臣犯,曲在彼矣。"退三舍。楚众欲止,子玉不可。夏四月戊辰,晋侯、宋公、齐国归父崔夭、秦小子慭次于城濮。楚师背酅而舍,晋侯患之,听舆人之诵,曰:"原田每每,舍其旧而新是谋。"公疑焉。子犯曰:"战也。战而捷,必得诸侯。若其不捷,表里山河,必无害也。"公曰:"若楚惠何?"栾贞子曰:"汉阳诸姬,楚实尽之。思小惠而忘大耻,不如战也。"晋侯梦与楚子搏,楚子伏己而盬其脑,是以惧。子犯曰:"吉。我得天,楚伏其罪,吾且柔之矣。"

子玉使斗勃请战,曰:"请与君之士戏,君冯轼而观之,得臣与寓目焉。"晋侯使栾枝对曰:"寡君闻命矣。楚君之惠未之敢忘,是以在此。为大夫退,其敢当君乎?既不获命矣,敢烦大夫谓二三子,戒尔车乘,敬尔君事,诘朝将见。"

晋车七百乘,韅、靷、鞅、靽。晋侯登有莘之虚以观师,曰:"少长有礼,其可用也。"遂伐其木以益其兵。己巳,晋师陈于莘北,胥臣以下军之佐当陈、蔡。子玉以若敖之六卒将中军,曰:"今日必无晋矣。"子西将左,子上将右。胥臣蒙马以虎皮,先犯陈、蔡。陈、蔡奔,楚右师溃。狐毛设二旆而退之。栾枝使舆曳柴而伪遁,楚师驰之。原轸、郤溱以中军公族横击之。狐毛、狐偃以上军夹攻子西,楚左师溃。楚师败绩。子玉收其卒而止,故不败。

晋师三日馆谷,及癸酉而还。甲午,至于衡雍,作王宫于践土。

乡役之三月,郑伯如楚致其师,为楚师既败而惧,使子人九行成于晋。晋栾枝入盟郑伯。五月丙午,晋侯及郑伯盟于衡雍。丁未,献楚俘于王,驷介百乘,徒兵千。郑伯傅王,用平礼也。己酉。王享醴,命晋侯宥。王命尹氏及王子虎、内史叔兴父策命晋侯为侯伯,赐之大辂之服,戎辂之服,彤弓一,彤矢百,玈弓矢千,秬鬯一卣,虎贲三百人。曰:"王谓叔父,敬服王命,以绥四国,纠逖王慝。"晋侯三辞,从命。曰:“重耳敢再拜稽首,奉扬天子之丕显休命。”受策以出,出入三觐。

卫侯闻楚师败,惧,出奔楚,遂适陈,使元咺奉叔武以受盟。癸亥,王子虎盟诸侯于王庭,要言曰:“皆奖王室,无相害也。有渝此盟,明神殛之,俾队其师,无克祚国,及而玄孙,无有老幼。”君子谓是盟也信,谓晋于是役也能以德攻。

初,楚子玉自为琼弁玉缨,未之服也。先战,梦河神谓己曰:“畀余,余赐女孟诸之麋。”弗致也。大心与子西使荣黄谏,弗听。荣季曰:“死而利国,犹或为之,况琼玉乎?是粪土也,而可以济师,将何爱焉?”弗听。出,告二子曰:“非神败令尹,令尹其不勤民,实自败也。”既败,王使谓之曰:“大夫若入,其若申、息之老何?”子西、孙伯曰:“得臣将死。二臣止之曰:‘君其将以为戮。’”及连穀而死。晋闻之而后喜可知也,曰:“莫余毒也已!蒍吕臣实为令尹,奉己而已,不在民矣。”

或诉元咺于卫侯曰:“立叔武矣。”其子角从公,公使杀之。咺不废命,奉夷叔以入守。六月,晋人复卫侯。宁武子与卫人盟于宛濮,曰:“天祸卫国,君臣不协,以及此忧也。今天诱其衷,使皆降心以相从也。不有居者,谁守社稷?不有行者,谁扞牧圉?不协之故,用昭乞盟于尔大神以诱天衷。自今日以往,既盟之后,行者无保其力,居者无惧其罪。有渝此盟,以相及也。明神先君,是纠是殛。”国人闻此盟也,而后不贰。卫侯先期入,宁子先长牂,守门以为使也,与之乘而入。公子歂犬、华仲前驱。叔武将沐,闻君至,喜,捉发走出,前驱射而杀之。公知其无罪也,枕之股而哭之。歂犬走出,公使杀之。元咺出奔晋。

城濮之战,晋中军风于泽,亡大旆之左旃。祁瞒奸命,司马杀之,以徇于诸侯。使茅茷代之。师还。壬午,济河。舟之侨先归,士会摄右。秋七月丙申,振旅,恺以入于晋。献俘授馘,饮至大赏,征会讨贰。杀舟之侨以徇于国。民于是大服。君子谓:“文公其能刑矣,三罪而民服。《诗》云:‘惠此中国,以绥四方。’不失赏刑之谓也。”

冬,会于温,讨不服也。

卫侯与元咺讼,宁武子为辅,鍼庄子为坐,士荣为大士。卫侯不胜,杀士荣,刖鍼庄子,谓宁俞忠而免之。执卫侯,归之于京师,置诸深室。宁子职纳橐饘焉。元咺归于卫,立公子瑕。

是会也,晋侯召王,以诸侯见,且使王狩。仲尼曰:“以臣召君,不可以训。”故书曰:“天王狩于河阳。”言非其地也,且明德也。

壬申,公朝于王所。

丁丑,诸侯围许。

晋侯有疾,曹伯之竖侯獳货筮史,使曰:“以曹为解。齐桓公为会而封异姓,今君为会而灭同姓。曹叔振铎,文之昭也。先君唐叔,武之穆也。且合诸侯而灭兄弟,非礼也。与卫偕命,而不与偕复,非信也。同罪异罚,非刑也。礼以行义,信以守礼,刑以正邪,舍此三者,君将若之何?”公说,复曹伯,遂会诸侯于许。

晋侯作三行以御狄,荀林父将中行,屠击将右行,先蔑将左行。

僖公二十九年

二十九年春,介葛卢来朝,舍于昌衍之上。公在会,馈之刍米,礼也。

夏,公会王子虎、晋狐偃、宋公孙固、齐国归父、陈辕涛涂、秦小子慭,盟于翟泉,寻践土之盟,且谋伐郑也。卿不书,罪之也。在礼,卿不会公、侯,会伯、子、男可也。

秋,大雨雹,为灾也。

冬,介葛卢来,以未见公,故复来朝,礼之,加燕好。介葛卢闻牛鸣。曰:“是生三牺,皆用之矣,其音云。”问之而信。

僖公三十年

三十年春,晋人侵郑,以观其可攻与否。狄间晋之有郑虞也,夏,狄侵齐。

晋侯使医衍鸩卫侯。宁俞货医,使薄其鸩,不死。公为之请,纳玉于王与晋侯,皆十瑴。王许之。秋,乃释卫侯。卫侯使赂周歂、冶廑,曰:“苟能纳我,吾使尔为卿。”周、冶杀元咺及子适、子仪。公入祀先君。周、冶既服将命,周歂先入,及门,遇疾而死。冶廑辞卿。

九月甲午,晋侯、秦伯围郑,以其无礼于晋,且贰于楚也。晋军函陵,秦军氾南。佚之狐言于郑伯曰:“国危矣,若使烛之武见秦君,师必退。”公从之。辞曰:“臣之壮也,犹不如人,今老矣,无能为也已。”公曰:“吾不能早用子,今急而求子,是寡人之过也。然郑亡,子亦有不利焉。”许之,夜缒而出,见秦伯,曰:“秦、晋围郑,郑既知亡矣。若亡郑而有益于君,敢以烦执事。越国以鄙远,君知其难也,焉用亡郑以陪邻。邻之厚,君之薄也。若舍郑以为东道主,行李之往来,共其乏困,君亦无所害。且君尝为晋君赐矣,许君焦、瑕,朝济而夕设版焉,君之所知也。夫晋何厌之有?既东封郑,又欲肆其西封,若不阙秦,将焉取之?阙秦以利晋,惟君图之。”秦伯说,与郑人盟,使杞子、逢孙、扬孙戍之。乃还。

子犯请击之,公曰:“不可。微夫人之力不及此。因人之力而敝之,不仁。失其所与,不知。以乱易整,不武。吾其还也。”亦去之。

初,郑公子兰出奔晋,从于晋侯。伐郑,请无与围郑。许之,使待命于东。郑石甲父、侯宣多逆以为大子,以求成于晋,晋人许之。

冬,王使周公阅来聘,飨有昌歜、白、黑、形盐。辞曰:“国君,文足昭也,武可畏也,则有备物之飨以象其德。荐五味,羞嘉谷,盐虎形,以献其功。吾何以堪之?”

东门襄仲将聘于周,遂初聘于晋。

僖公三十一年

三十一年春,取济西田,分曹地也。使臧文仲往,宿于重馆。重馆人告曰:“晋新得诸侯,必亲其共,不速行,将无及也。”从之。分曹地,自洮以南,东傅于济,尽曹地也。

襄仲如晋,拜曹田也。

夏四月,四卜郊,不从,乃免牲,非礼也。犹三望,亦非礼也。礼不卜常祀,而卜其牲、日,牛卜日曰牲。牲成而卜郊,上怠慢也。望,郊之细也。不郊,亦无望可也。

秋,晋蒐于清原,作五军以御狄。赵衰为卿。

冬,狄围卫,卫迁于帝丘。卜曰三百年。卫成公梦康叔曰:“相夺予享。”公命祀相。宁武子不可,曰:“鬼神非其族类,不歆其祀。杞、鄫何事?相之不享于此,久矣,非卫之罪也,不可以间成王、周公之命祀。请改祀命。”

郑泄驾恶公子瑕,郑伯亦恶之,故公子瑕出奔楚。

僖公三十二年

三十二年春,楚斗章请平于晋,晋阳处父报之。晋、楚始通。

夏,狄有乱。卫人侵狄,狄请平焉。秋,卫人及狄盟。

冬,晋文公卒。庚辰,将殡于曲沃,出绛,柩有声如牛。卜偃使大夫拜,曰:“君命大事。将有西师过轶我,击之,必大捷焉。”杞子自郑使告于秦,曰:“郑人使我掌其北门之管,若潜师以来,国可得也。”穆公访诸蹇叔,蹇叔曰:“劳师以袭远,非所闻也。师劳力竭,远主备之,无乃不可乎!师之所为,郑必知之。勤而无所,必有悖心。且行千里,其谁不知?"公辞焉。召孟明、西乞、白乙,使出师于东门之外。蹇叔哭之,曰:"孟子,吾见师之出而不见其入也。"公使谓之曰:"尔何知?中寿,尔墓之木拱矣。"蹇叔之子与师,哭而送之,曰:"晋人御师必于殽,殽有二陵焉:其南陵,夏后皋之墓也;其北陵,文王之所辟风雨也。必死是间,余收尔骨焉。"秦师遂东。

僖公三十三年

三十三年春,秦师过周北门。左右免胄而下。超乘者三百乘。王孙满尚幼,观之,言于王曰:"秦师轻而无礼,必败。轻则寡谋,无礼则脱。入险而脱,又不能谋,能无败乎?"及滑,郑商人弦高将市于周,遇之。以乘韦先,牛十二犒师,曰:"寡君闻吾子将步师出于敝邑,敢犒从者。不腆敝邑,为从者之淹,居则具一日之积,行则备一夕之卫。"且使遽告于郑。郑穆公使视客馆,则束载、厉兵、秣马矣。使皇武子辞焉。曰:"吾子淹久于敝邑,唯是脯资饩牵竭矣。为吾子之将行也,郑之有原圃,犹秦之有具囿也。吾子取其麋鹿以闲敝邑,若何?"杞子奔齐,逢孙、杨孙奔宋。孟明曰:"郑有备矣,不可冀也。攻之不克,围之不继,吾其还也。"灭滑而还。

齐国庄子来聘,自郊劳至于赠贿,礼成而加之以敏。臧文仲言于公曰:"国子为政,齐犹有礼,君其朝焉。臣闻之,服于有礼,社稷之卫也。"

晋原轸曰:"秦违蹇叔,而以贪勤民,天奉我也。奉不可失,敌不可纵。纵敌患生,违天不祥。必伐秦师。"栾枝曰:"未报秦施而伐其师,其为死君乎。"先轸曰:"秦不哀吾丧而伐吾同姓,秦则无礼,何施之为?吾闻之,一日纵敌,数世之患也。谋及子孙,可谓死君乎?"遂发命,遽兴姜戎。子墨衰绖,梁弘御戎,莱驹为右。夏四月辛巳,败秦师于殽，获百里孟明视、西乞术、白乙丙以归。遂墨以葬文公。晋于是始墨。

文嬴请三帅，曰："彼实构吾二君，寡君若得而食之，不厌，君何辱讨焉！使归就戮于秦，以逞寡君之志，若何？"公许之。先轸朝，问秦囚。公曰："夫人请之，吾舍之矣。"先轸怒曰："武夫力而拘诸原，妇人暂而免诸国。堕军实而长寇仇，亡无日矣。"不顾而唾。公使阳处父追之，及诸河，则在舟中矣。释左骖，以公命赠孟明。孟明稽首曰："君之惠，不以累臣衅鼓，使归就戮于秦，寡君之以为戮，死且不朽。若从君惠而免之，三年将拜君赐。"

秦伯素服郊次，乡师而哭曰："孤违蹇叔以辱二三子，孤之罪也。不替孟明，孤之过也。大夫何罪？且吾不以一眚掩大德。"

狄侵齐，因晋丧也。

公伐邾，取訾娄，以报升陉之役。邾人不设备。秋，襄仲复伐邾。

狄伐晋，及箕。八月戊子，晋侯败狄于箕。郤缺获白狄子。先轸曰："匹夫逞志于君而无讨，敢不自讨乎？"免胄入狄师，死焉。狄人归其元，面如生。

初，臼季使过冀，见冀缺耨，其妻馌之。敬，相待如宾。与之归，言诸文公曰："敬，德之聚也。能敬必有德，德以治民，君请用之。臣闻之，出门如宾，承事如祭，仁之则也。"公曰："其父有罪，可乎？"对曰："舜之罪也殛鲧，其举也兴禹。管敬仲，桓之贼也，实相以济。《康诰》曰：'父不慈，子不祗，兄不友，弟不共，不相及也。'《诗》曰：'采葑采菲，无以下体。'君取节焉可也。"文公以为下军大夫。反自箕，襄公以三命命先且居将中军，以再命命先茅之县赏胥臣曰："举郤缺，子之功也。"以一命命郤缺为卿，复与之冀，亦未有军行。

冬，公如齐，朝，且吊有狄师也。反，薨于小寝，即安也。

晋、陈、郑伐许，讨其贰于楚也。

楚令尹子上侵陈、蔡。陈、蔡成,遂伐郑,将纳公子瑕,门于桔柣之门。瑕覆于周氏之汪。外仆髡屯禽之以献。文夫人敛而葬之郐城之下。

晋阳处父侵蔡,楚子上救之,与晋师夹泜而军。阳子患之,使谓子上曰:“吾闻之,文不犯顺,武不违敌。子若欲战,则吾退舍,子济而陈,迟速唯命。不然纾我。老师费财,亦无益也。”乃驾以待。子上欲涉,大孙伯曰:“不可。晋人无信,半涉而薄我,悔败何及,不如纾之。”乃退舍。阳子宣言曰:“楚师遁矣。”遂归。楚师亦归。大子商臣谮子上曰:“受晋赂而辟之,楚之耻也,罪莫大焉。”王杀子上。

葬僖公缓,作主,非礼也。凡君薨,卒哭而祔,祔而作主,特祀于主,烝尝禘于庙。

卷六　文公

文公元年

元年春，王使内史叔服来会葬。公孙敖闻其能相人也，见其二子焉。叔服曰："穀也食子，难也收子。穀也丰下，必有后于鲁国。"

于是闰三月，非礼也。先王之正时也，履端于始，举正于中，归余于终。履端于始，序则不愆。举正于中，民则不惑。归余于终，事则不悖。

夏四月丁巳，葬僖公。

王使毛伯卫来锡公命，叔孙得臣如周拜。

晋文公之季年，诸侯朝晋。卫成公不朝，使孔达侵郑，伐绵、訾，及匡。晋襄公既祥，使告于诸侯而伐卫，及南阳。先且居曰："效尤，祸也。请君朝王，臣从师。"晋侯朝王于温，先且居、胥臣伐卫。五月辛酉朔，晋师围戚。六月戊戌，取之，获孙昭子。卫人使告于陈。陈共公曰："更伐之，我辞之。"卫孔达帅师伐晋，君子以为古。古者越国而谋。

秋，晋侯疆戚田，故公孙敖会之。

初，楚子将以商臣为大子，访诸令尹子上。子上曰："君之齿未也，而又多爱，黜乃乱也。楚国之举，恒在少者。且是人也，蜂目而豺声，忍人也，不可立也。"弗听。

既又欲立王子职而黜大子商臣。商臣闻之而未察，告其师潘崇曰："若之何而察之？"潘崇曰："享江芈而勿敬也。"从之。江芈怒曰："呼，役夫！宜君王之欲杀女而立职也。"告潘崇曰："信矣。"潘崇曰：

“能事诸乎?”曰:“不能。”“能行乎?”曰:“不能。”“能行大事乎?”曰:“能。”

冬十月,以宫甲围成王。王请食熊蹯而死。弗听。丁未,王缢。谥之曰灵,不瞑;曰成,乃瞑。穆王立,以其为大子之室与潘崇,使为大师,且掌环列之尹。

穆伯如齐,始聘焉,礼也。凡君即位,卿出并聘,践修旧好,要结外援,好事邻国,以卫社稷,忠信卑让之道也。忠,德之正也;信,德之固也;卑让,德之基也。

殽之役,晋人既归秦帅,秦大夫及左右皆言于秦伯曰:“是败也,孟明之罪也,必杀之。”秦伯曰:“是孤之罪也。周芮良夫之诗曰:‘大风有隧,贪人败类,听言则对,诵言如醉,匪用其良,覆俾我悖。’是贪故也,孤之谓矣。孤实贪以祸夫子,夫子何罪?”复使为政。

文公二年

二年春,秦孟明视帅师伐晋,以报殽之役。二月,晋侯御之。先且居将中军,赵衰佐之。王官无地御戎,狐鞫居为右。甲子,及秦师战于彭衙。秦师败绩。晋人谓秦“拜赐之师”。

战于殽也,晋梁弘御戎,莱驹为右。战之明日,晋襄公缚秦囚,使莱驹以戈斩之。囚呼,莱驹失戈,狼瞫取戈以斩囚,禽之以从公乘,遂以为右。箕之役,先轸黜之而立续简伯。狼瞫怒。其友曰:“盍死之?”瞫曰:“吾未获死所。”其友曰:“吾与女为难。”瞫曰:“《周志》有之,勇则害上,不登于明堂。死而不义,非勇也。共用之谓勇。吾以勇求右,无勇而黜,亦其所也。谓上不我知,黜而宜,乃知我矣。子姑待之。”及彭衙,既陈,以其属驰秦师,死焉。晋师从之,大败秦师。君子谓:“狼瞫于是乎君子。诗曰:‘君子如怒,乱庶遄沮。’又曰:‘王赫斯怒,爰整其旅。’怒不作乱而以从师,可谓君子矣。”

秦伯犹用孟明。孟明增修国政，重施于民。赵成子言于诸大夫曰："秦师又至，将必辟之，惧而增德，不可当也。诗曰：'毋念尔祖，聿修厥德。'孟明念之矣。念德不怠，其可敌乎。"

丁丑，作僖公主，书，不时也。

晋人以公不朝来讨。公如晋。夏四月己巳，晋人使阳处父盟公以耻之。书曰："及晋处父盟。"以厌之也。适晋不书，讳之也。公未至，六月，穆伯会诸侯及晋司空士縠盟于垂陇，晋讨卫故也。书士縠，堪其事也。陈侯为卫请成于晋，执孔达以说。

秋八月丁卯，大事于大庙，跻僖公，逆祀也。于是夏父弗忌为宗伯，尊僖公，且明见曰："吾见新鬼大，故鬼小。先大后小，顺也。跻圣贤，明也。明、顺，礼也。"

君子以为失礼。礼无不顺。祀，国之大事也，而逆之，可谓礼乎？子虽齐圣，不先父食久矣。故禹不先鲧，汤不先契，文、武不先不窋。宋祖帝乙，郑祖厉王，犹上祖也。是以《鲁颂》曰："春秋匪解，享祀不忒，皇皇后帝，皇祖后稷。"君子曰礼，谓其后稷亲而先帝也。《诗》曰："问我诸姑，遂及伯姊。"君子曰礼，谓其姊亲而先姑也。仲尼曰："臧文仲，其不仁者三，不知者三。下展禽，废六关，妾织蒲，三不仁也。作虚器，纵逆祀，祀爰居，三不知也。"

冬，晋先且居、宋公子成、陈辕选、郑公子归生伐秦，取汪，及彭衙而还，以报彭衙之役。卿不书，为穆公故，尊秦也，谓之崇德。

襄仲如齐纳币，礼也。凡君即位，好舅甥，修昏姻，娶元妃以奉粢盛，孝也。孝，礼之始也。

文公三年

三年春，庄叔会诸侯之师伐沈，以其服于楚也。沈溃。凡民逃其上曰溃，在上曰逃。

卫侯如陈,拜晋成也。

夏四月乙亥,王叔文公卒,来赴吊如同盟,礼也。

秦伯伐晋,济河焚舟,取王官,及郊。晋人不出,遂自茅津济,封殽尸而还。遂霸西戎,用孟明也。

君子是以知秦穆公之为君也,举人之周也,与人之壹也;孟明之臣也,其不解也,能惧思也;子桑之忠也,其知人也,能举善也。《诗》曰,“于以采蘩,于沼于沚,于以用之,公侯之事”,秦穆有焉。“夙夜匪解,以事一人”,孟明有焉。“诒厥孙谋,以燕翼子”,子桑有焉。

秋,雨螽于宋,队而死也。

楚师围江。晋先仆伐楚以救江。冬,晋以江故告于周。王叔桓公、晋阳处父伐楚以救江,门于方城,遇息公子朱而还。

晋人惧其无礼于公也,请改盟。公如晋,及晋侯盟。晋侯飨公,赋《菁菁者莪》。庄叔以公降,拜,曰:“小国受命于大国,敢不慎仪。君贶之以大礼,何乐如之。抑小国之乐,大国之惠也。”晋侯降,辞,登,成拜。公赋《嘉乐》。

文公四年

四年春,晋人归孔达于卫,以为卫之良也,故免之。

夏,卫侯如晋拜。曹伯如晋,会正。

逆妇姜于齐,卿不行,非礼也。君子是以知出姜之不允于鲁也。曰:“贵聘而贱逆之,君而卑之,立而废之,弃信而坏其主,在国必乱,在家必亡。不允宜哉。《诗》曰:‘畏天之威,于时保之。’敬主之谓也。”

秋,晋侯伐秦,围邧、新城,以报王官之役。

楚人灭江,秦伯为之降服、出次、不举、过数。大夫谏,公曰:“同盟灭,虽不能救,敢不矜乎!吾自惧也。”君子曰:“《诗》云:‘惟彼二国,其政不获,惟此四国,爰究爰度。'其秦穆之谓矣。"

卫宁武子来聘,公与之宴,为赋《湛露》及《彤弓》。不辞,又不答赋。使行人私焉。对曰:"臣以为肄业及之也。昔诸侯朝正于王,王宴乐之,于是乎赋《湛露》,则天子当阳,诸侯用命也。诸侯敌王所忾而献其功,王于是乎赐之彤弓一,彤矢百,玈弓矢千,以觉报宴。今陪臣来继旧好,君辱贶之,其敢干大礼以自取戾。"

冬,成风薨。

文公五年

五年春,王使荣叔来含且赗,召昭公来会葬,礼也。

初,鄀叛楚即秦,又贰于楚。夏,秦人入鄀。

六人叛楚即东夷。秋,楚成大心、仲归帅师灭六。冬,楚子燮灭蓼,臧文仲闻六与蓼灭,曰:"皋陶庭坚不祀忽诸。德之不建,民之无援,哀哉!"

晋阳处父聘于卫,反过宁,宁嬴从之。及温而还,其妻问之,嬴曰:"以刚。《商书》曰:'沉渐刚克,高明柔克。'夫子壹之,其不没乎。天为刚德,犹不干时,况在人乎?且华而不实,怨之所聚也,犯而聚怨,不可以定身。余惧不获其利而离其难,是以去之。"

晋赵成子、栾贞子、霍伯、臼季皆卒。

文公六年

六年春,晋蒐于夷,舍二军。使狐射姑将中军,赵盾佐之,阳处父至自温,改蒐于董,易中军。阳子,成季之属也,故党于赵氏,且谓赵盾能,曰:"使能,国之利也。"是以上之。宣子于是乎始为国政,制事典,正法罪,辟狱刑,董逋逃,由质要,治旧洿,本秩礼,续常职,出滞淹。既成，以授大傅阳子与大师贾佗，使行诸晋国，以为常法。

臧文仲以陈、卫之睦也，欲求好于陈。夏，季文子聘于陈，且娶焉。

秦伯任好卒。以子车氏之三子奄息、仲行、鍼虎为殉，皆秦之良也。国人哀之，为之赋《黄鸟》。君子曰："秦穆之不为盟主也，宜哉。死而弃民。先王违世，犹诒之法，而况夺之善人乎！《诗》曰：'人之云亡，邦国殄瘁。'无善人之谓。若之何夺之？"

古之王者知命之不长，是以并建圣哲，树之风声，分之采物，著之话言，为之律度，陈之艺极，引之表仪，予之法制，告之训典，教之防利，委之常秩，道之礼则，使无失其土宜，众隶赖之，而后即命。圣王同之。今纵无法以遗后嗣，而又收其良以死，难以在上矣。君子是以知秦之不复东征也。

秋，季文子将聘于晋，使求遭丧之礼以行。其人曰："将焉用之？"文子曰："备豫不虞，古之善教也。求而无之，实难。过求何害？"

八月乙亥，晋襄公卒。灵公少，晋人以难故，欲立长君。赵孟曰："立公子雍。好善而长，先君爱之，且近于秦。秦，旧好也。置善则固，事长则顺，立爱则孝，结旧则安。为难故，故欲立长君，有此四德者，难必抒矣。"贾季曰："不如立公子乐。辰嬴嬖于二君，立其子，民必安之。"赵孟曰："辰嬴贱，班在九人，其子何震之有？且为二嬖，淫也。为先君子，不能求大而出在小国，辟也。母淫子辟，无威。陈小而远，无援。将何安焉？杜祁以君故，让偪姞而上之，以狄故，让季隗而己次之，故班在四。先君是以爱其子而仕诸秦，为亚卿焉。秦大而近，足以为援，母义子爱，足以威民，立之不亦可乎？"使先蔑、士会如秦，逆公子雍。贾季亦使召公子乐于陈。赵孟使杀诸郫。贾季怨阳子之易其班也，而知其无援于晋也。九月，贾季使续鞫居杀阳处父。书曰："晋杀其大夫。"侵官也。

冬十月,襄仲如晋,葬襄公。

十一月丙寅,晋杀续简伯。贾季奔狄。宣子使臾骈送其帑。夷之蒐,贾季戮臾骈,臾骈之人欲尽杀贾氏以报焉。臾骈曰:“不可。吾闻《前志》有之曰:‘敌惠敌怨,不在后嗣’,忠之道也。夫子礼于贾季。我以其宠报私怨,无乃不可乎?介人之宠,非勇也。损怨益仇,非知也。以私害公,非忠也。释此三者,何以事夫子?”尽具其帑,与其器用财贿,亲帅扞之,送致诸竟。

闰月不告朔,非礼也。闰以正时,时以作事,事以厚生,生民之道,于是乎在矣。不告闰朔,弃时政也,何以为民?

文公七年

七年春,公伐邾,间晋难也。三月甲戌,取须句,置文公子焉,非礼也。

夏四月,宋成公卒。于是公子成为右师,公孙友为左师,乐豫为司马,鳞矔为司徒,公子荡为司城,华御事为司寇。

昭公将去群公子,乐豫曰:“不可。公族,公室之枝叶也,若去之则本根无所庇荫矣。葛藟犹能庇其本根,故君子以为比,况国君乎?此谚所谓庇焉而纵寻斧焉者也。必不可,君其图之。亲之以德,皆股肱也,谁敢携贰?若之何去之?”不听。

穆、襄之族率国人以攻公,杀公孙固、公孙郑于公宫。六卿和公室,乐豫舍司马以让公子卬,昭公即位而葬。书曰:“宋人杀其大夫。”不称名,众也,且言非其罪也。

秦康公送公子雍于晋,曰:“文公之入也无卫,故有吕、郤之难。”乃多与之徒卫。穆嬴日抱大子以啼于朝,曰:“先君何罪?其嗣亦何罪?舍適嗣不立而外求君,将焉置此?”出朝,则抱以适赵氏,顿首于宣子曰:“先君奉此子也而属诸子,曰:‘此子也才,吾受子之赐;不才，吾唯子之怨。'今君虽终，言犹在耳，而弃之，若何？"宣子与诸大夫皆患穆嬴，且畏逼，乃背先蔑而立灵公，以御秦师。

箕郑居守。赵盾将中军，先克佐之。荀林父佐上军。先蔑将下军，先都佐之。步招御戎，戎津为右。及堇阴，宣子曰："我若受秦，秦则宾也；不受，寇也。既不受矣，而复缓师，秦将生心。先人有夺人之心，军之善谋也。逐寇如追逃，军之善政也。"训卒利兵，秣马蓐食，潜师夜起。戊子，败秦师于令狐，至于刳首。己丑，先蔑奔秦，士会从之。

先蔑之使也，荀林父止之，曰："夫人、大子犹在，而外求君，此必不行。子以疾辞，若何？不然将及。摄卿以往可也，何必子？同官为寮，吾尝同寮，敢不尽心乎！"弗听。为赋《板》之三章。又弗听。及亡，荀伯尽送其帑及其器用财贿于秦，曰："为同寮故也。"

士会在秦三年，不见士伯。其人曰："能亡人与国，不能见于此，焉用之？"士季曰："吾与之同罪，非义之也，将何见焉？"及归，遂不见。

狄侵我西鄙，公使告于晋。赵宣子使因贾季问酆舒，且让之。酆舒问于贾季曰："赵衰、赵盾孰贤？"对曰："赵衰，冬日之日也。赵盾，夏日之日也。"

秋八月，齐侯、宋公、卫侯、郑伯、许男、曹伯会晋赵盾盟于扈，晋侯立故也。公后至，故不书所会。凡会诸侯，不书所会，后也。后至，不书其国，辟不敏也。

穆伯娶于莒，曰戴己，生文伯，其娣声己生惠叔。戴己卒，又聘于莒，莒人以声己辞，则为襄仲聘焉。冬，徐伐莒。莒人来请盟。穆伯如莒莅盟，且为仲逆。及鄢陵，登城见之，美，自为娶之。仲请攻之，公将许之。叔仲惠伯谏曰："臣闻之，兵作于内为乱，于外为寇，寇犹及人，乱自及也。今臣作乱而君不禁，以启寇仇，若之何？"公止之，惠伯成之。使仲舍之，公孙敖反之，复为兄弟如初。从之。

晋郤缺言于赵宣子曰:“日卫不睦,故取其地,今已睦矣,可以归之。叛而不讨,何以示威?服而不柔,何以示怀?非威非怀,何以示德?无德,何以主盟?子为正卿,以主诸侯,而不务德,将若之何?《夏书》曰:‘戒之用休,董之用威,劝之以《九歌》,勿使坏。’九功之德皆可歌也,谓之九歌。六府、三事,谓之九功。水、火、金、木、土、谷,谓之六府。正德、利用、厚生,谓之三事。义而行之,谓之德、礼。无礼不乐,所由叛也。若吾子之德莫可歌也,其谁来之?盍使睦者歌吾子乎?”宣子说之。

文公八年

八年春,晋侯使解扬归匡、戚之田于卫,且复致公婿池之封,自申至于虎牢之境。

夏,秦人伐晋,取武城,以报令狐之役。

秋,襄王崩。

晋人以扈之盟来讨。

冬,襄仲会晋赵孟,盟于衡雍,报扈之盟也,遂会伊、洛之戎。书曰“公子遂”,珍之也。

穆伯如周吊丧,不至,以币奔莒,从己氏焉。

宋襄夫人,襄王之姊也,昭公不礼焉。夫人因戴氏之族,以杀襄公之孙孔叔、公孙钟离及大司马公子卬,皆昭公之党也。司马握节以死,故书以官。司城荡意诸来奔,効节于府人而出。公以其官逆之,皆复之,亦书以官,皆贵之也。

夷之蒐,晋侯将登箕郑父、先都,而使士縠、梁益耳将中军。先克曰:“狐、赵之勋,不可废也。”从之。先克夺蒯得田于堇阴。故箕郑父、先都、士縠、梁益耳、蒯得作乱。

文公九年

九年春，王正月己酉，使贼杀先克。乙丑，晋人杀先都、梁益耳。

毛伯卫来求金，非礼也。不书王命，未葬也。

二月，庄叔如周。葬襄王。

三月甲戌，晋人杀箕郑父、士縠、蒯得。

范山言于楚子曰："晋君少，不在诸侯，北方可图也。"楚子师于狼渊以伐郑。囚公子坚、公子尨及乐耳。郑及楚平。公子遂会晋赵盾、宋华耦、卫孔达、许大夫救郑，不及楚师。卿不书，缓也，以惩不恪。

夏，楚侵陈，克壶丘，以其服于晋也。秋，楚公子朱自东夷伐陈，陈人败之，获公子茷。陈惧，乃及楚平。

冬，楚子越椒来聘，执币傲。叔仲惠伯曰："是必灭若敖氏之宗。傲其先君，神弗福也。"

秦人来归僖公、成风之襚，礼也。诸侯相吊贺也，虽不当事，苟有礼焉，书也，以无忘旧好。

文公十年

十年春，晋人伐秦，取少梁。夏，秦伯伐晋，取北徵。

初，楚范巫矞似谓成王与子玉、子西曰："三君皆将强死。"城濮之役，王思之，故使止子玉曰："毋死。"不及。止子西，子西缢而县绝，王使适至，遂止之，使为商公。沿汉溯江，将入郢。王在渚宫，下，见之。惧而辞曰："臣免于死，又有谗言，谓臣将逃，臣归死于司败也。"王使为工尹，又与子家谋弑穆王。穆王闻之。五月，杀斗宜申及仲归。

秋七月，及苏子盟于女栗，顷王立故也。

陈侯、郑伯会楚子于息。冬，遂及蔡侯次于厥貉。将以伐宋。宋华御事曰："楚欲弱我也。先为之弱乎，何必使诱我？我实不能，民何罪？"乃逆楚子，劳，且听命。遂道以田孟诸。宋公为右盂，郑伯为左盂。期思公复遂为右司马，子朱及文之无畏为左司马。命夙驾载燧，宋公违命，无畏抶其仆以徇。或谓子舟曰："国君不可戮也。"子舟曰："当官而行，何强之有？《诗》曰：'刚亦不吐，柔亦不茹。''毋纵诡随，以谨罔极。'是亦非辟强也，敢爱死以乱官乎！"

厥貉之会，麇子逃归。

文公十一年

十一年春，楚子伐麇，成大心败麇师于防渚。潘崇复伐麇，至于锡穴。

夏，叔仲惠伯会晋郤缺于承筐，谋诸侯之从于楚者。

秋，曹文公来朝，即位而来见也。

襄仲聘于宋，且言司城荡意诸而复之，因贺楚师之不害也。

鄋瞒侵齐。遂伐我。公卜使叔孙得臣追之，吉。侯叔夏御庄叔，绵房甥为右，富父终甥驷乘。冬十月甲午，败狄于咸，获长狄侨如。富父终甥摏其喉，以戈杀之，埋其首于子驹之门，以命宣伯。

初，宋武公之世，鄋瞒伐宋，司徒皇父帅师御之，耏班御皇父充石，公子穀甥为右，司寇牛父驷乘，以败狄于长丘，获长狄缘斯，皇父之二子死焉。宋公于是以门赏耏班，使食其征，谓之耏门。晋之灭潞也，获侨如之弟焚如。齐襄公之二年，鄋瞒伐齐，齐王子成父获其弟荣如，埋其首于周首之北门。卫人获其季弟简如，鄋瞒由是遂亡。

郕大子朱儒自安于夫钟，国人弗徇。

文公十二年

十二年春,郕伯卒,郕人立君。大子以夫钟与郕邽来奔。公以诸侯逆之,非礼也。故书曰:“郕伯来奔。”不书地,尊诸侯也。

杞桓公来朝,始朝公也。且请绝叔姬而无绝昏,公许之。二月,叔姬卒,不言杞,绝也。书叔姬,言非女也。

楚令尹大孙伯卒,成嘉为令尹。群舒叛楚。夏,子孔执舒子平及宗子,遂围巢。

秋,滕昭公来朝,亦始朝公也。

秦伯使西乞术来聘,且言将伐晋。襄仲辞玉曰:“君不忘先君之好,照临鲁国,镇抚其社稷,重之以大器,寡君敢辞玉。”对曰:“不腆敝器,不足辞也。”主人三辞。宾答曰:“寡君愿徼福于周公、鲁公以事君,不腆先君之敝器,使下臣致诸执事以为瑞节,要结好命,所以藉寡君之命,结二国之好,是以敢致之。”襄仲曰:“不有君子,其能国乎? 国无陋矣。”厚贿之。

秦为令狐之役故,冬,秦伯伐晋,取羁马。晋人御之。赵盾将中军,荀林父佐之。郤缺将上军,臾骈佐之。栾盾将下军,胥甲佐之。范无恤御戎,以从秦师于河曲。臾骈曰:“秦不能久,请深垒固军以待之。”从之。

秦人欲战,秦伯谓士会曰:“若何而战?”对曰:“赵氏新出其属曰臾骈,必实为此谋,将以老我师也,赵有侧室曰穿,晋君之婿也,有宠而弱,不在军事,好勇而狂,且恶臾骈之佐上军也,若使轻者肆焉,其可。”秦伯以璧祈战于河。

十二月戊午,秦军掩晋上军,赵穿追之,不及。反,怒曰:“裹粮坐甲,固敌是求,敌至不击,将何俟焉?”军吏曰:“将有待也。”穿曰:“我不知谋,将独出。”乃以其属出。宣子曰:“秦获穿也,获一卿矣。

秦以胜归,我何以报?”乃皆出战,交绥。秦行人夜戒晋师曰:“两君之士皆未憖也,明日请相见也。”臾骈曰:“使者目动而言肆,惧我也,将遁矣。薄诸河,必败之。”胥甲、赵穿当军门呼曰:“死伤未收而弃之,不惠也;不待期而薄人于险,无勇也。”乃止。秦师夜遁。复侵晋,入瑕。

城诸及郓,书,时也。

文公十三年

十三年春,晋侯使詹嘉处瑕,以守桃林之塞。

晋人患秦之用士会也,夏,六卿相见于诸浮。赵宣子曰:“随会在秦,贾季在狄,难日至矣,若之何?”中行桓子曰:“请复贾季,能外事,且由旧勋。”郤成子曰:“贾季乱,且罪大,不如随会,能贱而有耻,柔而不犯,其知足使也,且无罪。”乃使魏寿馀伪以魏叛者以诱士会,执其帑于晋,使夜逸。请自归于秦,秦伯许之。履士会之足于朝。秦伯师于河西,魏人在东。寿馀曰:“请东人之能与夫二三有司言者,吾与之先。”使士会。士会辞曰:“晋人,虎狼也,若背其言,臣死,妻子为戮,无益于君,不可悔也。”秦伯曰:“若背其言,所不归尔帑者,有如河。”乃行。绕朝赠之以策,曰:“子无谓秦无人,吾谋适不用也。”既济,魏人噪而还。秦人归其帑。其处者为刘氏。

邾文公卜迁于绎。史曰:“利于民而不利于君。”邾子曰:“苟利于民,孤之利也。天生民而树之君,以利之也。民既利矣,孤必与焉。”左右曰:“命可长也,君何弗为?”邾子曰:“命在养民。死之短长,时也。民苟利矣,迁也,吉莫如之!”遂迁于绎。五月,邾文公卒。君子曰:“知命。”

秋七月,大室之屋坏,书,不共也。

冬,公如晋,朝,且寻盟。卫侯会公于沓,请平于晋。公还,郑伯会公于棐，亦请平于晋。公皆成之。郑伯与公宴于棐。子家赋《鸿雁》。季文子曰："寡君未免于此。"文子赋《四月》。子家赋《载驰》之四章，文子赋《采薇》之四章。郑伯拜，公答拜。

文公十四年

十四年春，顷王崩。周公阅与王孙苏争政，故不赴。凡崩、薨，不赴则不书。祸、福，不告亦不书。惩不敬也。

邾文公之卒也，公使吊焉，不敬。邾人来讨，伐我南鄙，故惠伯伐邾。

子叔姬妃齐昭公，生舍。叔姬无宠，舍无威。公子商人骤施于国，而多聚士，尽其家，贷于公，有司以继之。夏五月，昭公卒，舍即位。

邾文公元妃齐姜生定公，二妃晋姬生捷菑。文公卒，邾人立定公，捷菑奔晋。

六月，同盟于新城，从于楚者服，且谋邾也。

秋七月乙卯夜，齐商人弑舍而让元。元曰："尔求之久矣。我能事尔，尔不可使多蓄憾。将免我乎，尔为之。"

有星孛入于北斗，周内史叔服曰："不出七年，宋、齐、晋之君皆将死乱。"

晋赵盾以诸侯之师八百乘纳捷菑于邾。邾人辞曰："齐出貜且长。"宣子曰："辞顺而弗从，不祥。"乃还。

周公将与王孙苏讼于晋，王叛王孙苏，而使尹氏与聃启讼周公于晋。赵宣子平王室而复之。

楚庄王立，子孔、潘崇将袭群舒，使公子燮与子仪守而伐舒蓼。二子作乱，城郢而使贼杀子孔，不克而还。八月，二子以楚子出，将如商密。庐戢梨及叔麇诱之，遂杀斗克及公子燮。

初,斗克囚于秦,秦有殽之败,而使归求成。成而不得志,公子燮求令尹而不得,故二子作乱。

穆伯之从己氏也,鲁人立文伯。穆伯生二子于莒而求复,文伯以为请。襄仲使无朝。听命,复而不出,二年而尽室以复适莒。文伯疾而请曰:"穀之子弱,请立难也。"许之。文伯卒,立惠叔。穆伯请重赂以求复,惠叔以为请,许之。将来,九月卒于齐,告丧,请葬,弗许。

宋高哀为萧封人,以为卿,不义宋公而出,遂来奔。书曰:"宋子哀来奔。"贵之也。

齐人定懿公,使来告难,故书以九月。齐公子元不顺懿公之为政也,终不曰"公",曰"夫己氏"。

襄仲使告于王,请以王宠求昭姬于齐。曰:"杀其子,焉用其母?请受而罪之。"冬,单伯如齐,请子叔姬,齐人执之。又执子叔姬。

文公十五年

十五年春,季文子如晋,为单伯与子叔姬故也。

三月,宋华耦来盟,其官皆从之。书曰:"宋司马华孙",贵之也。公与之宴,辞曰:"君之先臣督,得罪于宋殇公,名在诸侯之策。臣承其祀,其敢辱君,请承命于亚旅。"鲁人以为敏。

夏,曹伯来朝,礼也。诸侯五年再相朝,以修王命,古之制也。

齐人或为孟氏谋,曰:"鲁,尔亲也。饰棺置诸堂阜,鲁必取之。"从之。卞人以告。惠叔犹毁以为请,立于朝以待命。许之,取而殡之。齐人送之。书曰:"齐人归公孙敖之丧。"为孟氏,且国故也。葬视共仲。

声己不视,帷堂而哭。襄仲欲勿哭,惠伯曰:"丧,亲之终也。虽不能始,善终可也。史佚有言曰:'兄弟致美。'救乏、贺善、吊灾、祭敬、丧哀，情虽不同，毋绝其爱，亲之道也。子无失道，何怨于人?”襄仲说，帅兄弟以哭之。

他年，其二子来，孟献子爱之，闻于国。或谮之曰：“将杀子。”献子以告季文子。二子曰：“夫子以爱我闻，我以将杀子闻，不亦远于礼乎？远礼不如死。”一人门于句鼆，一人门于戾丘，皆死。

六月辛丑朔，日有食之，鼓、用牲于社，非礼也。日有食之，天子不举，伐鼓于社，诸侯用币于社，伐鼓于朝，以昭事神、训民、事君，示有等威，古之道也。

齐人许单伯请而赦之，使来致命。书曰：“单伯至自齐。”贵之也。

新城之盟，蔡人不与。晋郤缺以上军、下军伐蔡，曰：“君弱，不可以怠。”戊申，入蔡，以城下之盟而还。凡胜国，曰“灭之”；获大城焉，曰“入之”。

秋，齐人侵我西鄙，故季文子告于晋。

冬十一月，晋侯、宋公、卫侯、蔡侯、郑伯、许男、曹伯盟于扈，寻新城之盟，且谋伐齐也。齐人赂晋侯，故不克而还。于是有齐难，是以公不会。书曰：“诸侯盟于扈。”无能为故也。凡诸侯会，公不与，不书，讳君恶也。与而不书，后也。

齐人来归子叔姬，王故也。

齐侯侵我西鄙，谓诸侯不能也。遂伐曹，入其郛，讨其来朝也。季文子曰：“齐侯其不免乎。己则无礼，而讨于有礼者，曰：‘女何故行礼！’礼以顺天，天之道也，己则反天，而又以讨人，难以免矣。诗曰：‘胡不相畏，不畏于天？’君子之不虐幼贱，畏于天也。在周颂曰：‘畏天之威，于时保之。’不畏于天，将何能保？以乱取国，奉礼以守，犹惧不终，多行无礼，弗能在矣！”

文公十六年

十六年春,王正月,及齐平。公有疾,使季文子会齐侯于阳穀。请盟,齐侯不肯,曰:“请俟君间。”

夏五月,公四不视朔,疾也。公使襄仲纳赂于齐侯,故盟于郪丘。

有蛇自泉宫出,入于国,如先君之数。

秋八月辛未,声姜薨,毁泉台。

楚大饥,戎伐其西南,至于阜山,师于大林。又伐其东南,至于阳丘,以侵訾枝。庸人帅群蛮以叛楚。麇人率百濮聚于选,将伐楚。于是申、息之北门不启。

楚人谋徙于阪高。蒍贾曰:“不可。我能往,寇亦能往。不如伐庸。夫麇与百濮,谓我饥不能师,故伐我也。若我出师,必惧而归。百濮离居,将各走其邑,谁暇谋人?”乃出师。旬有五日,百濮乃罢。自庐以往,振廪同食。次于句澨。使庐戢梨侵庸,及庸方城。庸人逐之,囚子扬窗。三宿而逸,曰:“庸师众,群蛮聚焉,不如复大师,且起王卒,合而后进。”师叔曰:“不可。姑又与之遇以骄之。彼骄我怒,而后可克,先君蚡冒所以服陉隰也。”又与之遇,七遇皆北,唯裨、儵、鱼人实逐之。庸人曰:“楚不足与战矣。”遂不设备。

楚子乘驲,会师于临品,分为二队:子越自石溪,子贝自仞,以伐庸。秦人、巴人从楚师,群蛮从楚子盟。遂灭庸。

宋公子鲍礼于国人,宋饥,竭其粟而贷之。年自七十以上,无不馈诒也,时加羞珍异。无日不数于六卿之门,国之材人,无不事也,亲自桓以下,无不恤也。公子鲍美而艳,襄夫人欲通之,而不可,夫人助之施。昭公无道,国人奉公子鲍以因夫人。

于是,华元为右师,公孙友为左师,华耦为司马,鳞鱹为司徒,荡意诸为司城,公子朝为司寇。初,司城荡卒,公孙寿辞司城,请使意诸为之。既而告人曰:“君无道,吾官近,惧及焉。弃官则族无所庇。子,身之贰也,姑纾死焉。虽亡子,犹不亡族。”既,夫人将使公田孟诸而杀之。公知之,尽以宝行。荡意诸曰:“盍适诸侯?”公曰:“不能其大夫至于君祖母以及国人,诸侯谁纳我?且既为人君,而又为人臣,不如死。”尽以其宝赐左右而使行。夫人使谓司城去公,对曰:“臣之而逃其难,若后君何?”冬十一月甲寅,宋昭公将田孟诸,未至,夫人王姬使帅甸攻而杀之。荡意诸死之。书曰:“宋人弑其君杵臼。”君无道也。

文公即位,使母弟须为司城。华耦卒,而使荡虺为司马。

文公十七年

十七年春,晋荀林父、卫孔达、陈公孙宁、郑石楚伐宋。讨曰:“何故弑君!”犹立文公而还,卿不书,失其所也。

夏四月癸亥,葬声姜。有齐难,是以缓。

齐侯伐我北鄙。襄仲请盟。六月,盟于穀。

晋侯蒐于黄父,遂复合诸侯于扈,平宋也。公不与会,齐难故也。书曰“诸侯”,无功也。

于是,晋侯不见郑伯,以为贰于楚也。

郑子家使执讯而与之书,以告赵宣子,曰:“寡君即位三年,召蔡侯而与之事君。九月,蔡侯入于敝邑以行。敝邑以侯宣多之难,寡君是以不得与蔡侯偕。十一月,克减侯宣多而随蔡侯以朝于执事。十二年六月,归生佐寡君之嫡夷,以请陈侯于楚而朝诸君。十四年七月,寡君又朝,以蒇陈事。十五年五月,陈侯自敝邑往朝于君。往年正月,烛之武往朝夷也。八月,寡君又往朝。以陈、蔡之密迩于楚而不敢贰焉,则敝邑之故也。虽敝邑之事君,何以不免?在位之中,一朝于襄，而再见于君。夷与孤之二三臣相及于绛，虽我小国，则蔑以过之矣。今大国曰：'尔未逞吾志。'敝邑有亡，无以加焉。古人有言曰：'畏首畏尾，身其余几。'又曰：'鹿死不择音。'小国之事大国也，德，则其人也，不德，则其鹿也，铤而走险，急何能择？命之罔极，亦知亡矣。将悉敝赋以待于儵，唯执事命之。文公二年六月壬申，朝于齐。四年二月壬戌，为齐侵蔡，亦获成于楚。居大国之间而从于强令，岂其罪也。大国若弗图，无所逃命。"

晋巩朔行成于郑，赵穿、公婿池为质焉。

秋，周甘歜败戎于邥垂，乘其饮酒也。

冬十月，郑大子夷、石楚为质于晋。

襄仲如齐，拜穀之盟。复曰："臣闻齐人将食鲁之麦。以臣观之，将不能。齐君之语偷。臧文仲有言曰：'民主偷必死。'"

文公十八年

十八年春，齐侯戒师期，而有疾，医曰："不及秋，将死。"公闻之，卜曰："尚无及期。"惠伯令龟，卜楚丘占之曰："齐侯不及期，非疾也。君亦不闻。令龟有咎。"二月丁丑，公薨。

齐懿公之为公子也，与邴歜之父争田，弗胜。及即位，乃掘而刖之，而使歜仆。纳阎职之妻，而使职骖乘。夏五月，公游于申池。二人浴于池，歜以扑抶职。职怒。歜曰："人夺女妻而不怒，一抶女庸何伤！"职曰："与刖其父而弗能病者何如？"乃谋弑懿公，纳诸竹中。归，舍爵而行。齐人立公子元。

六月，葬文公。

秋，襄仲、庄叔如齐，惠公立故，且拜葬也。

文公二妃敬嬴生宣公。敬嬴嬖而私事襄仲。宣公长而属诸襄仲，襄仲欲立之，叔仲不可。仲见于齐侯而请之。齐侯新立而欲亲鲁,许之。冬十月,仲杀恶及视而立宣公。书曰"子卒",讳之也。仲以君命召惠伯。其宰公冉务人止之,曰:"入必死。"叔仲曰:"死君命可也。"公冉务人曰:"若君命可死,非君命何听?"弗听,乃入,杀而埋之马矢之中。公冉务人奉其帑以奔蔡,既而复叔仲氏。

夫人姜氏归于齐,大归也。将行,哭而过市曰:"天乎,仲为不道,杀適立庶。"市人皆哭,鲁人谓之哀姜。

莒纪公生大子仆,又生季佗,爱季佗而黜仆,且多行无礼于国。仆因国人以弑纪公,以其宝玉来奔,纳诸宣公。公命与之邑,曰:"今日必授。"季文子使司寇出诸竟,曰:"今日必达。"公问其故。季文子使大史克对曰:"先大夫臧文仲教行父事君之礼,行父奉以周旋,弗敢失队。曰:'见有礼于其君者,事之如孝子之养父母也。见无礼于其君者,诛之如鹰鹯之逐鸟雀也。'先君周公制《周礼》曰:'则以观德,德以处事,事以度功,功以食民。'作《誓命》曰:'毁则为贼,掩贼为藏,窃贿为盗,盗器为奸。主藏之名,赖奸之用,为大凶德,有常无赦,在《九刑》不忘。'行父还观莒仆,莫可则也。孝敬忠信为吉德,盗贼藏奸为凶德。夫莒仆,则其孝敬,则弑君父矣;则其忠信,则窃宝玉矣。其人,则盗贼也;其器,则奸兆也,保而利之,则主藏也。以训则昏,民无则焉。不度于善,而皆在于凶德,是以去之。

"昔高阳氏有才子八人:苍舒、陨敳、梼戭、大临、尨降、庭坚、仲容、叔达,齐圣广渊,明允笃诚,天下之民谓之'八恺'。高辛氏有才子八人:伯奋、仲堪、叔献、季仲、伯虎、仲熊、叔豹、季狸,忠肃共懿,宣慈惠和,天下之民谓之'八元'。此十六族也,世济其美,不陨其名,以至于尧,尧不能举。舜臣尧,举八恺,使主后土,以揆百事,莫不时序,地平天成;举八元,使布五教于四方,父义、母慈、兄友、弟共、子孝,内平外成。昔帝鸿氏有不才子,掩义隐贼,好行凶德,丑类恶物,顽嚚不友,是与比周,天下之民谓之'浑敦'。少皞氏有不才子,毁信废忠,崇饰恶言,靖谮庸回,服谗蒐慝,以诬盛德,天下之民谓之‘穷奇’。颛顼氏有不才子,不可教训,不知话言,告之则顽,舍之则嚚,傲很明德,以乱天常,天下之民谓之‘梼杌’。此三族也,世济其凶,增其恶名,以至于尧,尧不能去。缙云氏有不才子,贪于饮食,冒于货贿,侵欲崇侈,不可盈厌,聚敛积实,不知纪极,不分孤寡,不恤穷匮,天下之民以比三凶,谓之‘饕餮’。舜臣尧,宾于四门,流四凶族浑敦、穷奇、梼杌、饕餮,投诸四裔,以御螭魅。是以尧崩而天下如一,同心戴舜以为天子,以其举十六相,去四凶也。故《虞书》数舜之功曰‘慎徽五典,五典克从’,无违教也;曰‘纳于百揆,百揆时序’,无废事也;曰‘宾于四门,四门穆穆’,无凶人也。舜有大功二十而为天子。今行父虽未获一吉人,去一凶矣,于舜之功,二十之一也,庶几免于戾乎!”

宋武氏之族道昭公子,将奉司城须以作乱。十二月,宋公杀母弟须及昭公子,使戴、庄、桓之族攻武氏于司马子伯之馆。遂出武、穆之族,使公孙师为司城,公子朝卒,使乐吕为司寇,以靖国人。

卷七 宣公

宣公元年

元年春,王正月,公子遂如齐逆女,尊君命也。三月,遂以夫人妇姜至自齐,尊夫人也。

夏,季文子如齐,纳赂以请会。

晋人讨不用命者,放胥甲父于卫,而立胥克。先辛奔齐。

会于平州,以定公位。东门襄仲如齐拜成。六月,齐人取济西之田,为立公故,以赂齐也。

宋人之弑昭公也,晋荀林父以诸侯之师伐宋,宋及晋平。宋文公受盟于晋,又会诸侯于扈,将为鲁讨齐,皆取赂而还。

郑穆公曰:"晋不足与也。"遂受盟于楚。陈共公之卒,楚人不礼焉。陈灵公受盟于晋。秋,楚子侵陈,遂侵宋。晋赵盾帅师救陈、宋。会于棐林,以伐郑也。楚蒍贾救郑,遇于北林。囚晋解扬,晋人乃还。

晋欲求成于秦,赵穿曰:"我侵崇,秦急崇,必救之。吾以求成焉。"冬,赵穿侵崇,秦弗与成。晋人伐郑,以报北林之役。

于是,晋侯侈,赵宣子为政,骤谏而不入,故不竞于楚。

宣公二年

二年春,郑公子归生受命于楚,伐宋。宋华元、乐吕御之。二月壬子,战于大棘,宋师败绩,囚华元,获乐吕,及甲车四百六十乘,俘二百五十人,馘百人。狂狡辂郑人,郑人入于井,倒戟而出之,获狂狡。君子曰:“失礼违命,宜其为禽也。戎,昭果毅以听之之谓礼,杀敌为果,致果为毅。易之,戮也。”

将战,华元杀羊食士,其御羊斟不与。及战,曰:“畴昔之羊,子为政,今日之事,我为政。”与入郑师,故败。君子谓:“羊斟非人也,以其私憾,败国殄民。于是刑孰大焉。《诗》所谓‘人之无良’者,其羊斟之谓乎,残民以逞。”

宋人以兵车百乘、文马百驷以赎华元于郑。半入,华元逃归,立于门外,告而入。见叔牂,曰:“子之马然也。”对曰:“非马也,其人也。”既合而来奔。

宋城,华元为植,巡功。城者讴曰:“睅其目,皤其腹,弃甲而复。于思于思,弃甲复来。”使其骖乘谓之曰:“牛则有皮,犀兕尚多,弃甲则那?”役人曰:“从其有皮,丹漆若何?”华元曰:“去之,夫其口众我寡。”

秦师伐晋,以报崇也,遂围焦。夏,晋赵盾救焦,遂自阴地,及诸侯之师侵郑,以报大棘之役楚斗椒救郑,曰:“能欲诸侯而恶其难乎?”遂次于郑以待晋师。赵盾曰:“彼宗竞于楚,殆将毙矣。姑益其疾。”乃去之。

晋灵公不君,厚敛以雕墙,从台上弹人而观其辟丸也。宰夫胹熊蹯不熟,杀之,置诸畚,使妇人载以过朝。赵盾、士季见其手,问其故,而患之。将谏。士季曰:“谏而不入,则莫之继也。会请先,不入则子继之。”三进,及溜,而后视之。曰:“吾知所过矣,将改之。”稽首而对曰:“人谁无过?过而能改,善莫大焉。《诗》曰:‘靡不有初,鲜克有终。’夫如是,则能补过者鲜矣。君能有终,则社稷之固也,岂唯群臣赖之。又曰:‘衮职有阙,惟仲山甫补之。’能补过也。君能补过,衮不废矣。”犹不改。宣子骤谏,公患之,使鉏麑贼之。晨往,寝门辟矣,盛服将朝,尚早,坐而假寐。麑退,叹而言曰:“不忘恭敬,民之主也。贼民之主,不忠。弃君之命,不信。有一于此,不如死也。”触槐而死。

秋九月,晋侯饮赵盾酒,伏甲将攻之。其右提弥明知之,趋登曰:“臣侍君宴,过三爵,非礼也。”遂扶以下,公嗾夫獒焉。明搏而杀之。盾曰:“弃人用犬,虽猛何为。”斗且出,提弥明死之。

初,宣子田于首山,舍于翳桑,见灵辄饿,问其病。曰:“不食三日矣。”食之,舍其半。问之,曰:“宦三年矣,未知母之存否,今近焉,请以遗之。”使尽之,而为之箪食与肉,置诸橐以与之。既而与为公介,倒戟以御公徒,而免之。问何故。对曰:“翳桑之饿人也。”问其名居,不告而退,遂自亡也。

乙丑,赵穿攻灵公于桃园。宣子未出山而复。太史书曰:“赵盾弑其君。”以示于朝。宣子曰:“不然。”对曰:“子为正卿,亡不越竟,反不讨贼,非子而谁?”宣子曰:“乌呼,‘我之怀矣,自诒伊戚’,其我之谓矣!”孔子曰:“董狐,古之良史也,书法不隐。赵宣子,古之良大夫也,为法受恶。惜也,越竟乃免。”

宣子使赵穿逆公子黑臀于周而立之。壬申,朝于武宫。

初,丽姬之乱,诅无畜群公子,自是晋无公族。及成公即位,乃宦卿之適子而为之田,以为公族,又宦其余子亦为余子,其庶子为公行。晋于是有公族、余子、公行。赵盾请以括为公族。曰:“君姬氏之爱子也。微君姬氏,则臣狄人也。”公许之。冬,赵盾为旄车之族。使屏季以其故族为公族大夫。

宣公三年

三年春,不郊而望,皆非礼也。望,郊之属也。不郊亦无望,可也。

晋侯伐郑,及郔。郑及晋平,士会入盟。

楚子伐陆浑之戎，遂至于洛，观兵于周疆。定王使王孙满劳楚子。楚子问鼎之大小轻重焉。对曰："在德不在鼎。昔夏之方有德也，远方图物，贡金九牧，铸鼎象物，百物而为之备，使民知神、奸。故民入川泽山林，不逢不若。螭魅罔两，莫能逢之，用能协于上下以承天休。桀有昏德，鼎迁于商，载祀六百。商纣暴虐，鼎迁于周。德之休明，虽小，重也。其奸回昏乱，虽大，轻也。天祚明德，有所厎止。成王定鼎于郏鄏，卜世三十，卜年七百，天所命也。周德虽衰，天命未改，鼎之轻重，未可问也。"

夏，楚人侵郑，郑即晋故也。

宋文公即位，三年，杀母弟须及昭公子，武氏之谋也。使戴、桓之族攻武氏于司马子伯之馆。尽逐武、穆之族。武、穆之族以曹师伐宋。秋，宋师围曹，报武氏之乱也。

冬，郑穆公卒。初，郑文公有贱妾曰燕姞，梦天使与己兰，曰："余为伯鯈。余，而祖也，以是为而子。以兰有国香，人服媚之如是。"既而文公见之，与之兰而御之。辞曰："妾不才，幸而有子，将不信，敢征兰乎？"公曰："诺。"生穆公，名之曰兰。

文公报郑子之妃，曰陈妫，生子华、子臧。子臧得罪而出。诱子华而杀之南里，使盗杀子臧于陈、宋之间。又娶于江，生公子士。朝于楚，楚人鸩之，及叶而死。又娶于苏，生子瑕、子俞弥。俞弥早卒。泄驾恶瑕，文公亦恶之，故不立也。公逐群公子，公子兰奔晋，从晋文公伐郑。石癸曰："吾闻姬、姞耦，其子孙必蕃。姞，吉人也，后稷之元妃也，今公子兰，姞甥也。天或启之，必将为君，其后必蕃，先纳之可以亢宠。"与孔将钼、侯宣多纳之，盟于大宫而立之。以与晋平。

穆公有疾，曰："兰死，吾其死乎，吾所以生也。"刈兰而卒。

宣公四年

四年春，公及齐侯平莒及郯，莒人不肯。公伐莒，取向，非礼也。平国以礼不以乱，伐而不治，乱也。以乱平乱，何治之有？无治，何以行礼？

楚人献鼋于郑灵公。公子宋与子家将见。子公之食指动，以示子家，曰："他日我如此，必尝异味。"及入，宰夫将解鼋，相视而笑。公问之，子家以告。及食大夫鼋，召子公而弗与也。子公怒，染指于鼎，尝之而出。公怒，欲杀子公。

子公与子家谋先。子家曰："畜老，犹惮杀之，而况君乎？"反谮子家，子家惧而从之。夏，弑灵公。书曰："郑公子归生弑其君夷。"权不足也。君子曰："仁而不武，无能达也。"凡弑君：称君，君无道也；称臣，臣之罪也。

郑人立子良，辞曰："以贤则去疾不足，以顺则公子坚长。"乃立襄公。襄公将去穆氏，而舍子良。子良不可，曰："穆氏宜存，则固愿也。若将亡之，则亦皆亡，去疾何为？"乃舍之，皆为大夫。

初，楚司马子良生子越椒。子文曰："必杀之。是子也，熊虎之状，而豺狼之声，弗杀，必灭若敖氏矣。谚曰：'狼子野心。'是乃狼也，其可畜乎？"子良不可。子文以为大戚，及将死，聚其族，曰："椒也知政，乃速行矣，无及于难。"且泣曰："鬼犹求食，若敖氏之鬼，不其馁而？"及令尹子文卒，斗般为令尹，子越为司马，蒍贾为工正，谮子扬而杀之，子越为令尹，己为司马。子越又恶之，乃以若敖氏之族圄伯嬴于轑阳而杀之，遂处烝野，将攻王。王以三王之子为质焉，弗受，师于漳澨。

秋七月戊戌，楚子与若敖氏战于皋浒。伯棼射王，汰辀，及鼓跗，著于丁宁。又射汰辀，以贯笠毂。师惧，退。王使巡师曰："吾先君文王克息,获三矢焉。伯棼窃其二,尽于是矣。”鼓而进之,遂灭若敖氏。

初,若敖娶于邔,生斗伯比。若敖卒,从其母畜于邔,淫于邔子之女,生子文焉。邔夫人使弃诸梦中,虎乳之。邔子田,见之,惧而归,夫人以告,遂使收之。楚人谓乳穀,谓虎于菟,故命之曰斗穀于菟。以其女妻伯比,实为令尹子文。其孙箴尹克黄使于齐,还,及宋,闻乱。其人曰:“不可以入矣。”箴尹曰:“弃君之命,独谁受之?君,天也,天可逃乎?”遂归,复命而自拘于司败。王思子文之治楚国也,曰:“子文无后,何以劝善?”使复其所,改命曰生。

冬,楚子伐郑,郑未服也。

宣公五年

五年春,公如齐,高固使齐侯止公,请叔姬焉。

夏,公至自齐,书,过也。

秋九月,齐高固来逆女,自为也。故书曰:“逆叔姬。”卿自逆也。

冬,来,反马也。

楚子伐郑,陈及楚平。晋荀林父救郑,伐陈。

宣公六年

六年春,晋、卫侵陈,陈即楚故也。

夏,定王使子服求后于齐。

秋,赤狄伐晋。围怀,及邢丘。晋侯欲伐之。中行桓子曰:“使疾其民。以盈其贯,将可殪也。《周书》曰:‘殪戎殷。’此类之谓也。”

冬,召桓公逆王后于齐。

楚人伐郑,取成而还。

郑公子曼、满与王子伯廖语，欲为卿。伯廖告人曰："无德而贪，其在《周易》《丰》䷶之《离》䷝，弗过之矣。"间一岁，郑人杀之。

宣公七年

七年春，卫孙桓子来盟，始通，且谋会晋也。

夏，公会齐侯伐莱，不与谋也。凡师出，与谋曰及，不与谋曰会。

赤狄侵晋，取向阴之禾。

郑及晋平，公子宋之谋也，故相郑伯以会。冬，盟于黑壤，王叔桓公临之，以谋不睦。

晋侯之立也，公不朝焉，又不使大夫聘，晋人止公于会，盟于黄父。公不与盟，以赂免。故黑壤之盟不书，讳之也。

宣公八年

八年春，白狄及晋平。夏，会晋伐秦。晋人获秦谍，杀诸绛市，六日而苏。

有事于大庙，襄仲卒而绎，非礼也。

楚为众舒叛故，伐舒、蓼，灭之。楚子疆之，及滑汭。盟吴、越而还。

晋胥克有蛊疾，郤缺为政。秋，废胥克。使赵朔佐下军。

冬，葬敬嬴。旱，无麻，始用葛茀。雨，不克葬，礼也。礼，卜葬，先远日，辟不怀也。

城平阳，书，时也。

陈及晋平。楚师伐陈，取成而还。

宣公九年

九年春,王使来征聘。夏,孟献子聘于周,王以为有礼,厚贿之。

秋,取根牟,言易也。

滕昭公卒。

会于扈,讨不睦也。陈侯不会。晋荀林父以诸侯之师伐陈。晋侯卒于扈,乃还。

冬,宋人围滕,因其丧也。

陈灵公与孔宁、仪行父通于夏姬,皆衷其衵服以戏于朝。泄冶谏曰:"公卿宣淫,民无效焉,且闻不令,君其纳之。"公曰:"吾能改矣。"公告二子,二子请杀之,公弗禁,遂杀泄冶。孔子曰:"《诗》云:'民之多辟,无自立辟。'其泄冶之谓乎。"

楚子为厉之役故,伐郑。

晋郤缺救郑,郑伯败楚师于柳棼。国人皆喜,唯子良忧曰:"是国之灾也,吾死无日矣。"

宣公十年

十年春,公如齐。齐侯以我服故,归济西之田。

夏,齐惠公卒。崔杼有宠于惠公,高、国畏其逼也,公卒而逐之,奔卫。书曰"崔氏",非其罪也,且告以族,不以名。凡诸侯之大夫违,告于诸侯曰:"某氏之守臣某,失守宗庙,敢告。"所有玉帛之使者,则告,不然,则否。

公如齐奔丧。

陈灵公与孔宁、仪行父饮酒于夏氏。公谓行父曰:"征舒似女。"对曰:"亦似君。"征舒病之。公出,自其厩射而杀之。二子奔楚。

滕人恃晋而不事宋，六月，宋师伐滕。

郑及楚平。诸侯之师伐郑，取成而还。

秋，刘康公来报聘。

师伐邾，取绎。

季文子初聘于齐。

冬，子家如齐，伐邾故也。

国武子来报聘。

楚子伐郑。晋士会救郑，逐楚师于颍北。诸侯之师戍郑。郑子家卒。郑人讨幽公之乱，斫子家之棺而逐其族。改葬幽公，谥之曰灵。

宣公十一年

十一年春，楚子伐郑，及栎。子良曰："晋、楚不务德而兵争，与其来者可也。晋、楚无信，我焉得有信。"乃从楚。夏，楚盟于辰陵，陈、郑服也。

楚左尹子重侵宋，王待诸郔。令尹蒍艾猎城沂，使封人虑事，以授司徒。量功命日，分财用，平板干，称畚筑，程土物，议远迩，略基趾，具糇粮，度有司，事三旬而成，不愆于素。

晋郤成子求成于众狄，众狄疾赤狄之役，遂服于晋。秋，会于欑函，众狄服也。是行也。诸大夫欲召狄。郤成子曰："吾闻之，非德，莫如勤，非勤，何以求人？能勤有继，其从之也。《诗》曰：'文王既勤止。'文王犹勤，况寡德乎？"

冬，楚子为陈夏氏乱故，伐陈。谓陈人无动，将讨于少西氏。遂入陈，杀夏征舒，轘诸栗门，因县陈。陈侯在晋。

申叔时使于齐，反，复命而退。王使让之曰："夏征舒为不道，弑其君，寡人以诸侯讨而戮之，诸侯县公皆庆寡人，女独不庆寡人，何故?”对曰:“犹可辞乎?”王曰:“可哉!”曰:“夏征舒弑其君,其罪大矣,讨而戮之,君之义也。抑人亦有言曰:‘牵牛以蹊人之田,而夺之牛。’牵牛以蹊者,信有罪矣;而夺之牛,罚已重矣。诸侯之从也,曰讨有罪也。今县陈,贪其富也。以讨召诸侯,而以贪归之,无乃不可乎?”王曰:“善哉!吾未之闻也。反之,可乎?”对曰:“可哉!吾侪小人所谓取诸其怀而与之也。”乃复封陈,乡取一人焉以归,谓之夏州。故书曰:“楚子入陈,纳公孙宁、仪行父于陈。”书有礼也。

厉之役,郑伯逃归,自是楚未得志焉。郑既受盟于辰陵,又徼事于晋。

宣公十二年

十二年春,楚子围郑。旬有七日,郑人卜行成,不吉。卜临于大宫,且巷出车,吉。国人大临,守陴者皆哭。楚子退师,郑人修城,进复围之,三月克之。入自皇门,至于逵路。郑伯肉袒牵羊以逆,曰:“孤不天,不能事君,使君怀怒以及敝邑,孤之罪也。敢不唯命是听。其俘诸江南以实海滨,亦唯命。其翦以赐诸侯,使臣妾之,亦唯命。若惠顾前好,徼福于厉、宣、桓、武,不泯其社稷,使改事君,夷于九县,君之惠也,孤之愿也,非所敢望也。敢布腹心,君实图之。”左右曰:“不可许也,得国无赦。”王曰:“其君能下人,必能信用其民矣,庸可几乎?”退三十里而许之平。潘尪入盟,子良出质。

夏六月,晋师救郑。荀林父将中军,先縠佐之。士会将上军,郤克佐之。赵朔将下军,栾书佐之。赵括、赵婴齐为中军大夫。巩朔、韩穿为上军大夫。荀首、赵同为下军大夫。韩厥为司马。

及河,闻郑既及楚平,桓子欲还,曰:“无及于郑而剿民,焉用之?楚归而动,不后。”随武子曰:“善。会闻用师,观衅而动。德刑政事典礼不易,不可敌也,不为是征。楚军讨郑,怒其贰而哀其卑,叛而伐之,服而舍之,德刑成矣。伐叛,刑也;柔服,德也。二者立矣。昔岁入陈,今兹入郑,民不罢劳,君无怨讟,政有经矣。荆尸而举,商农工贾不败其业,而卒乘辑睦,事不奸矣。蒍敖为宰,择楚国之令典,军行,右辕,左追蓐,前茅虑无,中权,后劲,百官象物而动,军政不戒而备,能用典矣。其君之举也,内姓选于亲,外姓选于旧;举不失德,赏不失劳;老有加惠,旅有施舍;君子小人,物有服章;贵有常尊,贱有等威;礼不逆矣。德立,刑行,政成,事时,典从,礼顺,若之何敌之?见可而进,知难而退,军之善政也。兼弱攻昧,武之善经也。子姑整军而经武乎,犹有弱而昧者,何必楚?仲虺有言曰:'取乱侮亡。'兼弱也。《汋》曰:'于铄王师,遵养时晦。'耆昧也。《武》曰:'无竞惟烈。'抚弱耆昧以务烈所,可也。"彘子曰:"不可。晋所以霸,师武臣力也。今失诸侯,不可谓力。有敌而不从,不可谓武。由我失霸,不如死。且成师以出,闻敌强而退,非夫也。命为军帅,而卒以非夫,唯群子能,我弗为也。"以中军佐济。

知庄子曰:"此师殆哉。《周易》有之,在《师》䷆之《临》䷒,曰:'师出以律,否臧凶。'执事顺成为臧,逆为否,众散为弱,川壅为泽,有律以如己也,故曰律。否臧,且律竭也。盈而以竭,夭且不整,所以凶也。不行之谓《临》,有帅而不从,临孰甚焉!此之谓矣。果遇,必败,彘子尸之。虽免而归,必有大咎。"韩献子谓桓子曰:"彘子以偏师陷,子罪大矣。子为元帅,师不用命,谁之罪也?失属亡师,为罪已重,不如进也。事之不捷,恶有所分,与其专罪,六人同之,不犹愈乎?"师遂济。楚子北,师次于郔。沈尹将中军,子重将左,子反将右,将饮马于河而归。闻晋师既济,王欲还,嬖人伍参欲战。令尹孙叔敖弗欲,曰:"昔岁入陈,今兹入郑,不无事矣。战而不捷,参之肉其足食乎?"参曰:"若事之捷,孙叔为无谋矣。不捷,参之肉将在晋军,可得食乎?"令尹南辕反旆,伍参言于王曰:"晋之从政者新,未能行令。其佐先縠刚愎不仁,未肯用命。其三帅者专行不获,听而无上,众谁适从?此行也,晋师必败。且君而逃臣,若社稷何?”王病之,告令尹,改乘辕而北之,次于管以待之。

晋师在敖、鄗之间。郑皇戌使如晋师,曰:“郑之从楚,社稷之故也,未有贰心。楚师骤胜而骄,其师老矣,而不设备,子击之,郑师为承,楚师必败。”彘子曰:“败楚服郑,于此在矣,必许之。”栾武子曰:“楚自克庸以来,其君无日不讨国人而训之,于民生之不易,祸至之无日,戒惧之不可以怠。在军,无日不讨军实而申儆之,于胜之不可保,纣之百克,而卒无后。训之以若敖、蚡冒,筚路蓝缕,以启山林。箴之曰:‘民生在勤,勤则不匮。’不可谓骄。先大夫子犯有言曰:‘师直为壮,曲为老。’我则不德,而徼怨于楚,我曲楚直,不可谓老。其君之戎,分为二广,广有一卒,卒偏之两。右广初驾,数及日中;左则受之,以至于昏。内官序当其夜,以待不虞,不可谓无备。子良,郑之良也。师叔,楚之崇也。师叔入盟,子良在楚,楚、郑亲矣。来劝我战,我克则来,不克遂往,以我卜也,郑不可从。”赵括、赵同曰:“率师以来,唯敌是求。克师得属,又何俟?必从彘子。”知季曰:“原、屏,咎之徒也。”赵庄子曰:“栾伯善哉,实其言,必长晋国。”

楚少宰如晋师,曰:“寡君少遭闵凶,不能文。闻二先君之出入此行也,将郑是训定,岂敢求罪于晋?二三子无淹久。”随季对曰:“昔平王命我先君文侯曰:‘与郑夹辅周室,毋废王命。’今郑不率,寡君使群臣问诸郑,岂敢辱候人?敢拜君命之辱。”彘子以为谄,使赵括从而更之,曰:“行人失辞。寡君使群臣迁大国之迹于郑,曰:‘无辟敌。’群臣无所逃命。”

楚子又使求成于晋,晋人许之,盟有日矣。楚许伯御乐伯,摄叔为右,以致晋师。许伯曰:“吾闻致师者,御靡旌摩垒而还。”乐伯曰:“吾闻致师者,左射以菆,代御执辔,御下两马,掉鞅而还。”摄叔曰:“吾闻致师者,右入垒,折馘、执俘而还。”皆行其所闻而复。晋人逐之,左右角之。乐伯左射马而右射人,角不能进。矢一而已。麋兴于前，射麋丽龟。晋鲍癸当其后，使摄叔奉麋献焉，曰：“以岁之非时，献禽之未至，敢膳诸从者。”鲍癸止之，曰：“其左善射，其右有辞，君子也。”既免。

晋魏锜求公族未得，而怒，欲败晋师。请致师，弗许。请使，许之。遂往，请战而还。楚潘党逐之，及荧泽，见六麋，射一麋以顾献曰：“子有军事，兽人无乃不给于鲜，敢献于从者。”叔党命去之。赵旃求卿未得，且怒于失楚之致师者。请挑战，弗许。请召盟，许之。与魏锜皆命而往。郤献子曰：“二憾往矣，弗备必败。”彘子曰：“郑人劝战，弗敢从也。楚人求成，弗能好也。师无成命，多备何为。”士季曰：“备之善。若二子怒楚，楚人乘我，丧师无日矣。不如备之。楚之无恶，除备而盟，何损于好？若以恶来，有备不败。且虽诸侯相见，军卫不彻，警也。”彘子不可。士季使巩朔、韩穿帅七覆于敖前，故上军不败。赵婴齐使其徒先具舟于河，故败而先济。

潘党既逐魏锜，赵旃夜至于楚军，席于军门之外，使其徒入之。楚子为乘广三十乘，分为左右。右广鸡鸣而驾，日中而说。左则受之，日入而说。许偃御右广，养由基为右。彭名御左广，屈荡为右。乙卯，王乘左广以逐赵旃。赵旃弃车而走林，屈荡搏之，得其甲裳。晋人惧二子之怒楚师也，使軘车逆之。潘党望其尘，使骋而告曰：“晋师至矣。”楚人亦惧王之入晋军也，遂出陈。孙叔曰：“进之。宁我薄人，无人薄我。《诗》云：‘元戎十乘，以先启行。’先人也。《军志》曰：‘先人有夺人之心’，薄之也。”遂疾进师，车驰卒奔，乘晋军。桓子不知所为，鼓于军中曰：“先济者有赏。”中军、下军争舟，舟中之指可掬也。

晋师右移，上军未动。工尹齐将右拒卒以逐下军。楚子使唐狡与蔡鸠居告唐惠侯曰：“不穀不德而贪，以遇大敌，不穀之罪也。然楚不克，君之羞也，敢借君灵以济楚师。”使潘党率游阙四十乘，从唐侯以为左拒，以从上军。驹伯曰：“待诸乎？”随季曰：“楚师方壮，若萃于我，吾师必尽，不如收而去之。分谤生民，不亦可乎？”殿其卒而退，不败。王见右广，将从之乘。屈荡户之，曰：“君以此始，亦必以终。”自是楚之乘广先左。

晋人或以广队不能进，楚人惎之脱扃，少进，马还，又惎之拔旆投衡，乃出。顾曰：“吾不如大国之数奔也。”

赵旃以其良马二，济其兄与叔父，以他马反，遇敌不能去，弃车而走林。逢大夫与其二子乘，谓其二子无顾。顾曰：“赵傁在后。”怒之，使下，指木曰：“尸女于是。”授赵旃绥，以免。明日以表尸之，皆重获在木下。

楚熊负羁囚知罃。知庄子以其族反之，厨武子御，下军之士多从之。每射，抽矢，菆，纳诸厨子之房。厨子怒曰：“非子之求而蒲之爱，董泽之蒲，可胜既乎？”知季曰：“不以人子，吾子其可得乎？吾不可以苟射故也。”射连尹襄老，获之，遂载其尸。射公子穀臣，囚之。以二者还。

及昏，楚师军于邲，晋之余师不能军，宵济，亦终夜有声。

丙辰，楚重至于邲，遂次于衡雍。潘党曰：“君盍筑武军，而收晋尸以为京观。臣闻克敌必示子孙，以无忘武功。”楚子曰：“非尔所知也。夫文，止戈为武。武王克商，作《颂》曰：‘载戢干戈，载櫜弓矢。我求懿德，肆于时夏，允王保之。’又作《武》，其卒章曰：‘耆定尔功。’其三曰：‘铺时绎思，我徂惟求定。’其六曰：‘绥万邦，屡丰年。’夫武，禁暴、戢兵、保大、定功、安民、和众、丰财者也。故使子孙无忘其章。今我使二国暴骨，暴矣；观兵以威诸侯，兵不戢矣。暴而不戢，安能保大？犹有晋在，焉得定功？所违民欲犹多，民何安焉？无德而强争诸侯，何以和众？利人之几，而安人之乱，以为己荣，何以丰财？武有七德，我无一焉，何以示子孙？其为先君宫，告成事而已。武非吾功也。古者明王伐不敬，取其鲸鲵而封之，以为大戮，于是乎有京观，以惩淫慝。今罪无所，而民皆尽忠以死君命，又何以为京观乎?”祀于河,作先君宫,告成事而还。

是役也,郑石制实入楚师,将以分郑而立公子鱼臣。辛未,郑杀仆叔及子服。君子曰:“史佚所谓毋怙乱者,谓是类也。《诗》曰:‘乱离瘼矣,爰其适归?’归于怙乱者也夫。”

郑伯、许男如楚。

秋,晋师归,桓子请死,晋侯欲许之。士贞子谏曰:“不可。城濮之役,晋师三日谷,文公犹有忧色。左右曰:‘有喜而忧,如有忧而喜乎?’公曰:‘得臣犹在,忧未歇也。困兽犹斗,况国相乎!’及楚杀子玉,公喜而后可知也,曰:‘莫余毒也已。’是晋再克而楚再败也。楚是以再世不竞。今天或者大警晋也,而又杀林父以重楚胜,其无乃久不竞乎?林父之事君也,进思尽忠,退思补过,社稷之卫也,若之何杀之?夫其败也,如日月之食焉,何损于明?”晋侯使复其位。

冬,楚子伐萧,宋华椒以蔡人救萧。萧人囚熊相宜僚及公子丙。王曰:“勿杀,吾退。”萧人杀之。王怒,遂围萧。萧溃。申公巫臣曰:“师人多寒。”王巡三军,拊而勉之。三军之士,皆如挟纩。遂傅于萧。还无社与司马卯言,号申叔展。叔展曰:“有麦麹乎?”曰:“无。”“有山鞠穷乎?”曰:“无。”“河鱼腹疾奈何?”曰:“目于眢井而拯之。”“若为茅绖,哭井则己。”明日萧溃,申叔视其井,则茅绖存焉,号而出之。

晋原縠、宋华椒、卫孔达、曹人同盟于清丘。曰:“恤病讨贰。”于是卿不书,不实其言也。宋为盟故,伐陈。卫人救之。孔达曰:“先君有约言焉,若大国讨,我则死之。”

宣公十三年

十三年春,齐师伐莒,莒恃晋而不事齐故也。

夏,楚子伐宋,以其救萧也。君子曰:“清丘之盟,唯宋可以免焉。”

秋,赤狄伐晋,及清,先縠召之也。

冬,晋人讨邲之败,与清之师,归罪于先縠而杀之,尽灭其族。君子曰:“恶之来也,己则取之,其先縠之谓乎。”

清丘之盟,晋以卫之救陈也讨焉。使人弗去,曰:“罪无所归,将加而师。”孔达曰:“苟利社稷,请以我说。罪我之由。我则为政而亢大国之讨,将以谁任?我则死之。”

宣公十四年

十四年春,孔达缢而死。卫人以说于晋而免。遂告于诸侯曰:“寡君有不令之臣达,构我敝邑于大国,既伏其罪矣,敢告。”卫人以为成劳,复室其子,使复其位。

夏,晋侯伐郑,为邲故也。告于诸侯,蒐焉而还。中行桓子之谋也。曰:“示之以整,使谋而来。”郑人惧,使子张代子良于楚。郑伯如楚,谋晋故也。郑以子良为有礼,故召之。

楚子使申舟聘于齐,曰:“无假道于宋。”亦使公子冯聘于晋,不假道于郑。申舟以孟诸之役恶宋,曰:“郑昭宋聋,晋使不害,我则必死。”王曰:“杀女,我伐之。”见犀而行。及宋,宋人止之,华元曰:“过我而不假道,鄙我也。鄙我,亡也。杀其使者必伐我,伐我亦亡也。亡一也。”乃杀之。楚子闻之,投袂而起,屦及于窒皇,剑及于寝门之外,车及于蒲胥之市。秋九月,楚子围宋。

冬,公孙归父会齐侯于穀。见晏桓子,与之言鲁乐。桓子告高宣子曰:“子家其亡乎,怀于鲁矣。怀必贪,贪必谋人。谋人,人亦谋己。一国谋之,何以不亡?”

孟献子言于公曰:“臣闻小国之免于大国也,聘而献物,于是有庭实旅百。朝而献功,于是有容貌采章嘉淑,而有加货。谋其不免也。诛而荐贿,则无及也。今楚在宋,君其图之。”公说。

宣公十五年

十五年春,公孙归父会楚子于宋。宋人使乐婴齐告急于晋。晋侯欲救之。伯宗曰:“不可。古人有言曰:‘虽鞭之长,不及马腹。’天方授楚,未可与争。虽晋之强,能违天乎?谚曰:‘高下在心,川泽纳污,山薮藏疾,瑾瑜匿瑕。’国君含垢,天之道也,君其待之。”乃止。使解扬如宋,使无降楚,曰:“晋师悉起,将至矣。”郑人囚而献诸楚,楚子厚赂之,使反其言,不许,三而许之。登诸楼车,使呼宋人而告之。遂致其君命。楚子将杀之,使与之言曰:“尔既许不穀而反之,何故?非我无信,女则弃之,速即尔刑。”对曰:“臣闻之,君能制命为义,臣能承命为信,信载义而行之为利。谋不失利,以卫社稷,民之主也。义无二信,信无二命。君之赂臣,不知命也。受命以出,有死无贯,又可赂乎?臣之许君,以成命也。死而成命,臣之禄也。寡君有信臣,下臣获考死,又何求?”楚子舍之以归。

夏五月,楚师将去宋。申犀稽首于王之马前,曰:“毋畏知死而不敢废王命。王弃言焉。”王不能答。申叔时仆,曰:“筑室反耕者,宋必听命。”从之。宋人惧,使华元夜入楚师,登子反之床,起之曰:“寡君使元以病告,曰:敝邑易子而食,析骸以爨。虽然,城下之盟,有以国毙,不能从也。去我三十里,唯命是听。”子反惧,与之盟而告王。退三十里。宋及楚平,华元为质。盟曰:“我无尔诈,尔无我虞。”

潞子婴儿之夫人,晋景公之姊也。酆舒为政而杀之,又伤潞子之目。晋侯将伐之,诸大夫皆曰:“不可。酆舒有三俊才,不如待后之人。”伯宗曰:“必伐之。狄有五罪,俊才虽多,何补焉?不祀,一也。耆酒,二也。弃仲章而夺黎氏地,三也。虐我伯姬,四也。伤其君目,五也。怙其俊才,而不以茂德,滋益罪也。后之人或者将敬奉德义以事神人,而申固其命,若之何待之?不讨有罪,曰'将待后',后有辞而讨焉,毋乃不可乎?夫恃才与众,亡之道也。商纣由之,故灭。天反时为灾,地反物为妖,民反德为乱,乱则妖灾生。故文反正为乏,尽在狄矣。"晋侯从之。六月癸卯,晋荀林父败赤狄于曲梁。辛亥,灭潞。酆舒奔卫,卫人归诸晋,晋人杀之。

王孙苏与召氏、毛氏争政,使王子捷杀召戴公及毛伯卫。卒立召襄。

秋七月,秦桓公伐晋,次于辅氏。壬午,晋侯治兵于稷以略狄土,立黎侯而还。及洛,魏颗败秦师于辅氏。获杜回,秦之力人也。

初,魏武子有嬖妾,无子。武子疾,命颗曰:"必嫁是。"疾病,则曰:"必以为殉。"及卒,颗嫁之,曰:"疾病则乱,吾从其治也。"及辅氏之役,颗见老人结草以亢杜回,杜回踬而颠,故获之。夜梦之曰:"余,而所嫁妇人之父也。尔用先人之治命,余是以报。"

晋侯赏桓子狄臣千室,亦赏士伯以瓜衍之县。曰:"吾获狄土,子之功也。微子,吾丧伯氏矣。"羊舌职说是赏也,曰:"《周书》所谓'庸庸祗祗'者,谓此物也夫。士伯庸中行伯,君信之,亦庸士伯,此之谓明德矣。文王所以造周,不是过也。故《诗》曰:'陈锡载周。'能施也。率是道也,其何不济?"

晋侯使赵同献狄俘于周,不敬。刘康公曰:"不及十年,原叔必有大咎,天夺之魄矣。"

初税亩,非礼也。谷出不过藉,以丰财也。

冬,蝝生,饥。幸之也。

宣公十六年

十六年春,晋士会帅师灭赤狄甲氏及留吁、铎辰。三月,献狄俘。晋侯请于王。戊申，以黻冕命士会将中军，且为大傅。于是晋国之盗逃奔于秦。羊舌职曰："吾闻之，禹称善人，不善人远。此之谓也夫。《诗》曰：'战战兢兢，如临深渊，如履薄冰。'善人在上也。善人在上，则国无幸民。谚曰：'民之多幸，国之不幸也。'是无善人之谓也。"

夏，成周宣榭火，人火之也。凡火，人火曰火，天火曰灾。

秋，郯伯姬来归，出也。

为毛、召之难故，王室复乱。王孙苏奔晋，晋人复之。

冬，晋侯使士会平王室，定王享之，原襄公相礼，殽烝。武子私问其故。王闻之，召武子曰："季氏，而弗闻乎？王享有体荐，宴有折俎。公当享，卿当宴，王室之礼也。"武子归而讲求典礼，以修晋国之法。

宣公十七年

十七年春，晋侯使郤克征会于齐。齐顷公帷妇人，使观之。郤子登，妇人笑于房。献子怒，出而誓曰："所不此报，无能涉河。"献子先归，使栾京庐待命于齐，曰："不得齐事，无复命矣。"郤子至，请伐齐，晋侯弗许；请以其私属，又弗许。

齐侯使高固、晏弱、蔡朝、南郭偃会。及敛盂，高固逃归。夏，会于断道，讨贰也。盟于卷楚，辞齐人。晋人执晏弱于野王，执蔡朝于原，执南郭偃于温。苗贲皇使，见晏桓子，归，言于晋侯曰："夫晏子何罪？昔者诸侯事吾先君，皆如不逮，举言群臣不信，诸侯皆有贰志。齐君恐不得礼，故不出，而使四子来。左右或沮之，曰："君不出，必执吾使。'故高子及敛盂而逃。夫三子者曰：'若绝君好，宁归死焉。'为是犯难而来，吾若善逆彼，以怀来者，吾又执之，以信齐沮，吾不既过矣乎？过而不改，而又久之，以成其悔，何利之有焉？使反者得辞，而害来者，以惧诸侯，将焉用之？”晋人缓之，逸。

秋八月，晋师还。

范武子将老，召文子曰：“燮乎！吾闻之，喜怒以类者鲜，易者实多。《诗》曰：‘君子如怒，乱庶遄沮；君子如祉，乱庶遄已。’君子之喜怒，以已乱也。弗已者，必益之。郤子其或者欲已乱于齐乎？不然，余惧其益之也。余将老，使郤子逞其志，庶有豸乎？尔从二三子唯敬。”乃请老，郤献子为政。

冬，公弟叔肸卒。公母弟也。凡大子之母弟，公在曰公子，不在曰弟。凡称弟，皆母弟也。

宣公十八年

十八年春，晋侯、卫大子臧伐齐，至于阳穀。齐侯会晋侯盟于缯，以公子强为质于晋。晋师还，蔡朝、南郭偃逃归。

夏，公使如楚乞师，欲以伐齐。

秋，邾人戕鄫子于鄫。凡自虐其君曰弑，自外曰戕。

楚庄王卒。楚师不出，既而用晋师，楚于是乎有蜀之役。

公孙归父以襄仲之立公也，有宠，欲去三桓以张公室。与公谋而聘于晋，欲以晋人去之。冬，公薨。季文子言于朝曰：“使我杀適立庶以失大援者，仲也夫。”臧宣叔怒曰：“当其时不能治也，后之人何罪？子欲去之，许请去之。”遂逐东门氏。子家还，及笙，坛帷，复命于介。既复命，袒、括发，即位哭，三踊而出。遂奔齐。书曰：“归父还自晋。”善之也。

卷八　成公

成公元年

元年春,晋侯使瑕嘉平戎于王,单襄公如晋拜成。刘康公徼戎,将遂伐之。叔服曰:“背盟而欺大国,此必败。背盟不祥,欺大国不义,神人弗助,将何以胜?”不听,遂伐茅戎。三月癸未,败绩于徐吾氏。

为齐难故,作丘甲。

闻齐将出楚师,夏,盟于赤棘。

秋,王人来告败。

冬,臧宣叔令修赋、缮完、具守备,曰:“齐、楚结好,我新与晋盟,晋、楚争盟,齐师必至。虽晋人伐齐,楚必救之,是齐、楚同我也。知难而有备,乃可以逞。

成公二年

二年春,齐侯伐我北鄙,围龙。顷公之嬖人卢蒲就魁门焉,龙人囚之。齐侯曰:“勿杀!吾与而盟,无入而封。”弗听,杀而膊诸城上。齐侯亲鼓,士陵城,三日,取龙,遂南侵及巢丘。

卫侯使孙良夫、石稷、宁相、向禽将侵齐,与齐师遇。石子欲还,孙子曰:“不可。以师伐人,遇其师而还,将谓君何?若知不能,则如无出。今既遇矣,不如战也。”夏,有。

石成子曰:“师败矣。子不少须,众惧尽。子丧师徒,何以复命?”皆不对。又曰:“子,国卿也。陨子,辱矣。子以众退,我此乃止。”且告车来甚众。齐师乃止,次于鞫居。

新筑人仲叔于奚救孙桓子,桓子是以免。既,卫人赏之以邑,辞。请曲县、繁缨以朝,许之。仲尼闻之曰:“惜也,不如多与之邑。唯器与名,不可以假人,君之所司也。名以出信,信以守器,器以藏礼,礼以行义,义以生利,利以平民,政之大节也。若以假人,与人政也。政亡,则国家从之,弗可止也已。”

孙桓子还于新筑,不入,遂如晋乞师。臧宣叔亦如晋乞师。皆主郤献子。晋侯许之七百乘。郤子曰:“此城濮之赋也。有先君之明与先大夫之肃,故捷。克于先大夫,无能为役。”请八百乘,许之。郤克将中军,士燮佐上军,栾书将下军,韩厥为司马,以救鲁、卫。臧宣叔逆晋师,且道之。季文子帅师会之。及卫地,韩献子将斩人,郤献子驰,将救之,至则既斩之矣。郤子使速以徇,告其仆曰:“吾以分谤也。”

师从齐师于莘。六月壬申,师至于靡笄之下。齐侯使请战,曰:“子以君师,辱于敝邑,不腆敝赋,诘朝请见。”对曰:“晋与鲁、卫,兄弟也。来告曰:‘大国朝夕释憾于敝邑之地。’寡君不忍,使群臣请于大国,无令舆师淹于君地。能进不能退,君无所辱命。”齐侯曰:“大夫之许,寡人之愿也;若其不许,亦将见也。”齐高固入晋师,桀石以投人,禽之而乘其车,系桑本焉,以徇齐垒,曰:“欲勇者贾余馀勇。”

癸酉,师陈于鞌。邴夏御齐侯,逢丑父为右。晋解张御郤克,郑丘缓为右。齐侯曰:“余姑翦灭此而朝食。”不介马而驰之。郤克伤于矢,流血及屦,未绝鼓音,曰:“余病矣!”张侯曰:“自始合,而矢贯余手及肘,余折以御,左轮朱殷,岂敢言病。吾子忍之!”缓曰:“自始合,苟有险,余必下推车,子岂识之?然子病矣!”张侯曰:“师之耳目,在吾旗鼓,进退从之。此车一人殿之,可以集事,若之何其以病败君之大事也?擐甲执兵,固即死也。病未及死,吾子勉之!”左并辔,右援枹而鼓,马逸不能止,师从之。齐师败绩。逐之,三周华不注。

韩厥梦子舆谓己曰:“且辟左右。”故中御而从齐侯。邴夏曰:“射其御者,君子也。”公曰:“谓之君子而射之,非礼也。”射其左,越于车下。射其右,毙于车中,綦毋张丧车,从韩厥,曰:“请寓乘。”从左右,皆肘之,使立于后。韩厥俛,定其右。逢丑父与公易位。将及华泉,骖絓于木而止。丑父寝于辗中,蛇出于其下,以肱击之,伤而匿之,故不能推车而及。韩厥执絷马前,再拜稽首,奉觞加璧以进,曰:“寡君使群臣为鲁、卫请曰:‘无令舆师陷入君地。’下臣不幸,属当戎行,无所逃隐。且惧奔辟而忝两君,臣辱戎士,敢告不敏,摄官承乏。”丑父使公下,如华泉取饮。郑周父御佐车,宛茷为右,载齐侯以免。韩厥献丑父,郤献子将戮之。呼曰:“自今无有代其君任患者,有一于此,将为戮乎!”郤子曰:“人不难以死免其君,我戮之不祥,赦之以劝事君者。”乃免之。

齐侯免,求丑父,三入三出。每出,齐师以帅退,入于狄卒。狄卒皆抽戈楯冒之,以入于卫师。卫师免之。遂自徐关入。齐侯见保者,曰:“勉之!齐师败矣。”辟女子,女子曰:“君免乎?”曰:“免矣。”曰:“锐司徒免乎?”曰:“免矣。”曰:“苟君与吾父免矣,可若何!”乃奔。齐侯以为有礼,既而问之,辟司徒之妻也。予之石窌。

晋师从齐师,入自丘舆,击马陉。齐侯使宾媚人赂以纪甗、玉磬与地。不可,则听客之所为。宾媚人致赂,晋人不可,曰:“必以萧同叔子为质,而使齐之封内尽东其亩。”对曰:“萧同叔子非他,寡君之母也。若以匹敌,则亦晋君之母也。吾子布大命于诸侯,而曰:‘必质其母以为信。’其若王命何?且是以不孝令也。《诗》曰:‘孝子不匮,永锡尔类。’若以不孝令于诸侯,其无乃非德类也乎?先王疆理天下物土之宜,而布其利,故《诗》曰:‘我疆我理,南东其亩。’今吾子疆理诸侯,而曰‘尽东其亩’而已,唯吾子戎车是利,无顾土宜,其无乃非先王之命也乎？反先王则不义，何以为盟主？其晋实有阙。四王之王也，树德而济同欲焉。五伯之霸也，勤而抚之，以役王命。今吾子求合诸侯，以逞无疆之欲。《诗》曰：'布政优优，百禄是遒。'子实不优，而弃百禄，诸侯何害焉！不然，寡君之命使臣则有辞矣，曰：'子以君师，辱于敝邑，不腆敝赋，以犒从者。畏君之震，师徒桡败，吾子惠徼齐国之福，不泯其社稷，使继旧好，唯是先君之敝器、土地不敢爱。子又不许。请收合余烬，背城借一。敝邑之幸，亦云从也。况其不幸，敢不唯命是听。'"鲁、卫谏曰："齐疾我矣！其死亡者，皆亲昵也。子若不许，仇我必甚。唯子则又何求？子得其国宝，我亦得地，而纾于难，其荣多矣！齐、晋亦唯天所授，岂必晋？"晋人许之，对曰："群臣帅赋舆以为鲁、卫请，若苟有以借口而复于寡君，君之惠也。敢不唯命是听。"

禽郑自师逆公。秋七月，晋师及齐国佐盟于爰娄，使齐人归我汶阳之田。公会晋师于上鄍，赐三帅先路三命之服，司马、司空、舆帅、候正、亚旅，皆受一命之服。

八月，宋文公卒。始厚葬，用蜃炭，益车马，始用殉。重器备，椁有四阿，棺有翰桧。君子谓："华元、乐举，于是乎不臣。臣治烦去惑者也，是以伏死而争。今二子者，君生则纵其惑，死又益其侈，是弃君于恶也。何臣之为？"

九月，卫穆公卒，晋三子自役吊焉，哭于大门之外。卫人逆之，妇人哭于门内，送亦如之。遂常以葬。

楚之讨陈夏氏也，庄王欲纳夏姬，申公巫臣曰："不可。君召诸侯，以讨罪也。今纳夏姬，贪其色也。贪色为淫，淫为大罚。《周书》曰：'明德慎罚。'文王所以造周也。明德，务崇之之谓也。慎罚，务去之之谓也。若兴诸侯，以取大罚，非慎之也。君其图之！"王乃止。子反欲取之，巫臣曰："是不祥人也！是夭子蛮，杀御叔，杀灵侯，戮夏南，出孔、仪，丧陈国，何不祥如是？人生实难，其有不获死乎？天下多美妇人,何必是?”子反乃止。

王以予连尹襄老。襄老死于邲,不获其尸,其子黑要烝焉。巫臣使道焉,曰:“归!吾聘女。”又使自郑召之,曰:“尸可得也,必来逆之。”姬以告王,王问诸屈巫。对曰:“其信!知罃之父,成公之嬖也,而中行伯之季弟也,新佐中军,而善郑皇戌,甚爱此子。其必因郑而归王子与襄老之尸以求之。郑人惧于邲之役而欲求媚于晋,其必许之。”王遣夏姬归。将行,谓送者曰:“不得尸,吾不反矣。”巫臣聘诸郑,郑伯许之。

及共王即位,将为阳桥之役,使屈巫聘于齐,且告师期。巫臣尽室以行。申叔跪从其父将适郢,遇之,曰:“异哉!夫子有三军之惧,而又有《桑中》之喜,宜将窃妻以逃者也。”及郑,使介反币,而以夏姬行。将奔齐,齐师新败,曰:“吾不处不胜之国。”遂奔晋,而因郤至,以臣于晋。晋人使为邢大夫。

子反请以重币锢之,王曰:“止!其自为谋也,则过矣。其为吾先君谋也,则忠。忠,社稷之固也,所盖多矣。且彼若能利国家,虽重币,晋将可乎?若无益于晋,晋将弃之,何劳锢焉。”

晋师归,范文子后入。武子曰:“无为吾望尔也乎?”对曰:“师有功,国人喜以逆之,先入,必属耳目焉,是代帅受名也,故不敢。”武子曰:“吾知免矣。”郤伯见,公曰:“子之力也夫!”对曰:“君之训也,二三子之力也,臣何力之有焉!”范叔见,劳之如郤伯,对曰:“庚所命也,克之制也,燮何力之有焉!”栾伯见,公亦如之,对曰:“燮之诏也,士用命也,书何力之有焉!”

宣公使求好于楚。庄王卒,宣公薨,不克作好。公即位,受盟于晋。会晋伐齐。卫人不行使于楚,而亦受盟于晋,从于伐齐。故楚令尹子重为阳桥之役以救齐。将起师,子重曰:“君弱,群臣不如先大夫,师众而后可。《诗》曰:‘济济多士,文王以宁。’夫文王犹用众,况吾侪乎?且先君庄王属之曰:‘无德以及远方,莫如惠恤其民,而善其用之。'"乃大户,已责,逮鳏,救乏,赦罪,悉师。王卒尽行,彭名御戎,蔡景公为左,许灵公为右。二君弱,皆强冠之。

冬,楚师侵卫,遂侵我,师于蜀。使臧孙往,辞曰:"楚远而久,固将退矣。无功而受名,臣不敢。"楚侵及阳桥,孟孙请往,赂之以执斫、执针、织纴,皆百人。公衡为质,以请盟,楚人许平。

十一月,公及楚公子婴齐、蔡侯、许男、秦右大夫说、宋华元、陈公孙宁、卫孙良夫、郑公子去疾及齐国之大夫盟于蜀。卿不书,匮盟也。于是乎畏晋而窃与楚盟,故曰匮盟。蔡侯、许男不书,乘楚车也,谓之失位。君子曰:"位其不可不慎也乎!蔡、许之君,一失其位,不得列于诸侯,况其下乎?《诗》曰:'不解于位,民之攸塈。'其是之谓矣。"

楚师及宋,公衡逃归。臧宣叔曰:"衡父不忍数年之不宴,以弃鲁国,国将若之何?谁居?后之人必有任是夫!国弃矣。"

是行也,晋辟楚,畏其众也。君子曰:"众之不可已也。大夫为政,犹以众克,况明君而善用其众乎?《大誓》所谓'商兆民离,周十人同'者,众也。"

晋侯使巩朔献齐捷于周,王弗见,使单襄公辞焉,曰:"蛮夷戎狄,不式王命,淫湎毁常,王命伐之,则有献捷,王亲受而劳之,所以惩不敬,劝有功也。兄弟甥舅,侵败王略,王命伐之,告事而已,不献其功,所以敬亲昵,禁淫慝也。今叔父克遂,有功于齐,而不使命卿镇抚王室,所使来抚余一人,而巩伯实来,未有职司于王室,又奸先王之礼,余虽欲于巩伯,其敢废旧典以忝叔父?夫齐,甥舅之国也,而大师之后也,宁不亦淫从其欲以怒叔父,抑岂不可谏诲?"士庄伯不能对。王使委于三吏,礼之如侯伯克敌使大夫告庆之礼,降于卿礼一等。王以巩伯宴,而私贿之。使相告之曰:"非礼也,勿籍。"

成公三年

三年春，诸侯伐郑，次于伯牛，讨邲之役也，遂东侵郑。郑公子偃帅师御之，使东鄙覆诸鄤，败诸丘舆。皇戌如楚献捷。

夏，公如晋，拜汶阳之田。

许恃楚而不事郑，郑子良伐许。

晋人归公子穀臣与连尹襄老之尸于楚，以求知罃。于是荀首佐中军矣，故楚人许之。王送知罃，曰："子其怨我乎？"对曰："二国治戎，臣不才，不胜其任，以为俘馘。执事不以衅鼓，使归即戮，君之惠也。臣实不才，又谁敢怨？"王曰："然则德我乎？"对曰："二国图其社稷，而求纾其民，各惩其忿以相宥也，两释累囚以成其好。二国有好，臣不与及，其谁敢德？"王曰："子归，何以报我？"对曰："臣不任受怨，君亦不任受德，无怨无德，不知所报。"王曰："虽然，必告不穀。"对曰："以君之灵，累臣得归骨于晋，寡君之以为戮，死且不朽。若从君之惠而免之，以赐君之外臣首；首其请于寡君而以戮于宗，亦死且不朽。若不获命，而使嗣宗职，次及于事，而帅偏师以修封疆，虽遇执事，其弗敢违。其竭力致死，无有二心，以尽臣礼，所以报也。"王曰："晋未可与争。"重为之礼而归之。

秋，叔孙侨如围棘，取汶阳之田。棘不服，故围之。

晋郤克、卫孙良夫伐廧咎如，讨赤狄之余焉。廧咎如溃，上失民也。

冬十一月，晋侯使荀庚来聘，且寻盟。卫侯使孙良夫来聘，且寻盟。公问诸臧宣叔曰："中行伯之于晋也，其位在三。孙子之于卫也，位为上卿，将谁先？"对曰："次国之上卿当大国之中，中当其下，下当其上大夫。小国之上卿当大国之下卿，中当其上大夫，下当其下大夫。上下如是，古之制也。卫在晋，不得为次国。晋为盟主，其将先之。”丙午，盟晋，丁未，盟卫，礼也。

十二年甲戌，晋作六军。韩厥、赵括、巩朔、韩穿、荀骓、赵旃皆为卿，赏鞌之功也。

齐侯朝于晋，将授玉。郤克趋进曰：“此行也，君为妇人之笑辱也，寡君未之敢任。”晋侯享齐侯。齐侯视韩厥，韩厥曰：“君知厥也乎？”齐侯曰：“服改矣。”韩厥登，举爵曰：“臣之不敢爱死，为两君之在此堂也。”

荀罃之在楚也，郑贾人有将寘诸褚中以出。既谋之，未行，而楚人归之。贾人如晋，荀罃善视之，如实出己。贾人曰：“吾无其功，敢有其实乎？吾小人，不可以厚诬君子。”遂适齐。

成公四年

四年春，宋华元来聘，通嗣君也。

杞伯来朝，归叔姬故也。

夏，公如晋，晋侯见公，不敬。季文子曰：“晋侯必不免。《诗》曰：‘敬之敬之！天惟显思，命不易哉！’夫晋侯之命在诸侯矣，可不敬乎？”秋，公至自晋，欲求成于楚而叛晋，季文子曰：“不可。晋虽无道，未可叛也。国大臣睦，而迩于我，诸侯听焉，未可以贰。史佚之《志》有之，曰：‘非我族类，其心必异。’楚虽大，非吾族也。其肯字我乎？”公乃止。

冬十一月，郑公孙申帅师疆许田，许人败诸展陂。郑伯伐许，取鉏任泠敦之田。

晋栾书将中军，荀首佐之。士燮佐上军，以救许伐郑，取氾、祭。楚子反救郑，郑伯与许男讼焉。皇戌摄郑伯之辞，子反不能决也。曰：“君若辱在寡君，寡君与其二三臣共听两君之所欲，成其可知也。不然，侧不足以知二国之成。”

晋赵婴通于赵庄姬。

成公五年

五年春,原、屏放诸齐。婴曰:“我在,故栾氏不作。我亡,吾二昆其忧哉!且人各有能有不能,舍我何害?”弗听。婴梦天使谓己:“祭余,余福女。”使问诸士贞伯,贞伯曰:“不识也。”既而告其人曰:“神福仁而祸淫,淫而无罚,福也。祭,其得亡乎?”祭之,之明日而亡。

孟献子如宋,报华元也。

夏,晋荀首如齐逆女,故宣伯馂诸穀。

梁山崩,晋侯以传召伯宗。伯宗辟重,曰:“辟传!”重人曰:“待我,不如捷之速也。”问其所,曰:“绛人也。”问绛事焉,曰:“梁山崩,将召伯宗谋之。”问:“将若之何?”曰:“山有朽壤而崩,可若何?国主山川。故山崩川竭,君为之不举,降服,乘缦,彻乐,出次,祝币,史辞以礼焉。其如此而已,虽伯宗若之何?”伯宗请见之,不可。遂以告而从之。

许灵公愬郑伯于楚。六月,郑悼公如楚,讼,不胜。楚人执皇戌及子国。故郑伯归,使公子偃请成于晋。秋八月,郑伯及晋赵同盟于垂棘。

宋公子围龟为质于楚而还,华元享之。请鼓噪以出,鼓噪以复入,曰:“习功华氏。”宋公杀之。

冬,同盟于虫牢,郑服也。诸侯谋复会,宋公使向为人辞以子灵之难。

十一月己酉,定王崩。

成公六年

六年春，郑伯如晋拜成，子游相，授玉于东楹之东。士贞伯曰："郑伯其死乎？自弃也已！视流而行速，不安其位，宜不能久。"

二月，季文子以鞌之功立武宫，非礼也。听于人以救其难，不可以立武。立武由己，非由人也。

取鄟，言易也。

三月，晋伯宗、夏阳说，卫孙良夫、宁相，郑人，伊、洛之戎，陆浑蛮氏侵宋，以其辞会也。师于针，卫人不保。说欲袭卫，曰："虽不可入，多俘而归，有罪不及死。"伯宗曰："不可。卫唯信晋，故师在其郊而不设备。若袭之，是弃信也。虽多卫俘，而晋无信，何以求诸侯？"乃止。师还，卫人登陴。

晋人谋去故绛。诸大夫皆曰："必居郇瑕氏之地，沃饶而近盬，国利君乐，不可失也。"韩献子将新中军，且为仆大夫。公揖而入。献子从。公立于寝庭，谓献子曰："何如？"对曰："不可。郇瑕氏土薄水浅，其恶易觏。易觏则民愁，民愁则垫隘，于是乎有沉溺重膇之疾。不如新田，土厚水深，居之不疾，有汾、浍以流其恶，且民从教，十世之利也。夫山、泽、林、盬，国之宝也。国饶则民骄佚，近宝，公室乃贫，不可谓乐。"公说，从之。夏四月丁丑，晋迁于新田。

六月，郑悼公卒。

子叔声伯如晋。命伐宋。秋，孟献子、叔孙宣伯侵宋，晋命也。

楚子重伐郑，郑从晋故也。

冬，季文子如晋，贺迁也。

晋栾书救郑，与楚师遇于绕角。楚师还，晋师遂侵蔡。楚公子申、公子成以申、息之师救蔡，御诸桑隧。赵同、赵括欲战，请于武子，武子将许之。知庄子、范文子、韩献子谏曰："不可。吾来救郑，楚师去我,吾遂至于此,是迁戮也。戮而不已,又怒楚师,战必不克。虽克,不令。成师以出,而败楚之二县,何荣之有焉?若不能败,为辱已甚,不如还也。”乃遂还。

于是,军帅之欲战者众,或谓栾武子曰:“圣人与众同欲,是以济事。子盍从众?子为大政,将酌于民者也。子之佐十一人,其不欲战者,三人而已。欲战者可谓众矣。《商书》曰:‘三人占,从二人。’众故也。”武子曰:“善钧,从众。夫善,众之主也。三卿为主,可谓众矣。从之,不亦可乎?”

成公七年

七年春,吴伐郯,郯成。季文子曰:“中国不振旅,蛮夷入伐,而莫之或恤,无吊者也夫!《诗》曰:‘不吊昊天,乱靡有定。’其此之谓乎!有上不吊,其谁不受乱?吾亡无日矣!”君子曰:“知惧知是,斯不亡矣。”

郑子良相成公以如晋,见,且拜师。

夏,曹宣公来朝。

秋,楚子重伐郑,师于氾。诸侯救郑。郑共仲、侯羽军楚师,囚郧公钟仪,献诸晋。八月,同盟于马陵,寻虫牢之盟,且莒服故也。

晋人以钟仪归,囚诸军府。

楚围宋之役,师还。子重请取于申、吕以为赏田,王许之。申公巫臣曰:“不可。此申、吕所以邑也,是以为赋,以御北方。若取之,是无申、吕也。晋、郑必至于汉。”王乃止。子重是以怨巫臣。子反欲取夏姬,巫臣止之,遂取以行。子反亦怨之。及共王即位,子重、子反杀巫臣之族子阎、子荡及清尹弗忌及襄老之子黑要,而分其室。子重取子阎之室,使沈尹与王子罢分子荡之室,子反取黑要与清尹之室。巫臣自晋遗二子书,曰:“尔以谗慝贪婪事君,而多杀不辜。

余必使尔罢于奔命以死。”

巫臣请使于吴，晋侯许之。吴子寿梦说之。乃通吴于晋。以两之一卒适吴，舍偏两之一焉。与其射御，教吴乘车，教之战陈，教之叛楚。置其子狐庸焉，使为行人于吴。吴始伐楚，伐巢，伐徐。子重奔命。马陵之会，吴入州来。子重自郑奔命。子重、子反于是乎一岁七奔命。蛮夷属于楚者，吴尽取之，是以始大，通吴于上国。

卫定公恶孙林父。冬，孙林父出奔晋。卫侯如晋，晋反戚焉。

成公八年

八年春，晋侯使韩穿来言汶阳之田，归之于齐。季文子饯之，私焉，曰：“大国制义以为盟主，是以诸侯怀德畏讨，无有贰心。谓汶阳之田，敝邑之旧也，而用师于齐，使归诸敝邑。今有二命曰：‘归诸齐。’信以行义，义以成命，小国所望而怀也。信不可知，义无所立，四方诸侯，其谁不解体？《诗》曰：‘女也不爽，士贰其行。士也罔极，二三其德。’七年之中，一与一夺，二三孰甚焉！士之二三，犹丧妃耦，而况霸主？霸主将德是以，而二三之，其何以长有诸侯乎？《诗》曰：‘犹之未远，是用大简。’行父惧晋之不远犹而失诸侯也，是以敢私言之。”

晋栾书侵蔡，遂侵楚，获申骊。楚师之还也，晋侵沈，获沈子揖，初从知、范、韩也。君子曰：“从善如流，宜哉！《诗》曰：‘恺悌君子，遐不作人。’求善也夫！作人，斯有功绩矣。”是行也，郑伯将会晋师，门于许东门，大获焉。

声伯如莒，逆也。

宋华元来聘，聘共姬也。

夏，宋公使公孙寿来纳币，礼也。

晋赵庄姬为赵婴之亡故，谮之于晋侯，曰：“原、屏将为乱。”栾、郤为征。六月,晋讨赵同、赵括。武从姬氏畜于公宫。以其田与祁奚。韩厥言于晋侯曰:“成季之勋,宣孟之忠,而无后,为善者其惧矣。三代之令王,皆数百年保天之禄。夫岂无辟王,赖前哲以免也。《周书》曰:‘不敢侮鳏寡。’所以明德也。”乃立武,而反其田焉。

秋,召桓公来赐公命。

晋侯使申公巫臣如吴,假道于莒。与渠丘公立于池上,曰:“城已恶!”莒子曰:“辟陋在夷,其孰以我为虞?”对曰:“夫狡焉思启封疆以利社稷者,何国蔑有?唯然,故多大国矣,唯或思或纵也。勇夫重闭,况国乎?”

冬,杞叔姬卒。来归自杞,故书。

晋士燮来聘,言伐郯也,以其事吴故。公赂之,请缓师。文子不可,曰:“君命无贰,失信不立。礼无加货,事无二成。君后诸侯,是寡君不得事君也。燮将复之。”季孙惧,使宣伯帅师会伐郯。

卫人来媵共姬,礼也。凡诸侯嫁女,同姓媵之,异姓则否。

成公九年

九年春,杞桓公来逆叔姬之丧,请之也。杞叔姬卒,为杞故也。逆叔姬,为我也。

为归汶阳之田故,诸侯贰于晋。晋人惧,会于蒲,以寻马陵之盟。季文子谓范文子曰:“德则不竞,寻盟何为?”范文子曰:“勤以抚之,宽以待之,坚强以御之,明神以要之,柔服而伐贰,德之次也。”是行也,将始会吴,吴人不至。

二月,伯姬归于宋。

楚人以重赂求郑,郑伯会楚公子成于邓。

夏,季文子如宋致女,复命,公享之。赋《韩奕》之五章,穆姜出于房,再拜,曰:“大夫勤辱,不忘先君以及嗣君,施及未亡人。先君犹有望也！敢拜大夫之重勤。”又赋《绿衣》之卒章而入。

晋人来媵，礼也。

秋，郑伯如晋。晋人讨其贰于楚也，执诸铜鞮。

栾书伐郑，郑人使伯蠲行成，晋人杀之，非礼也。兵交，使在其间可也。楚子重侵陈以救郑。

晋侯观于军府，见钟仪，问之曰："南冠而絷者，谁也？"有司对曰："郑人所献楚囚也。"使税之，召而吊之。再拜稽首。问其族，对曰："泠人也。"公曰："能乐乎？"对曰："先父之职官也，敢有二事？"使与之琴，操南音。公曰："君王何如？"对曰："非小人之所得知也。"固问之，对曰："其为大子也，师保奉之，以朝于婴齐而夕于侧也。不知其他。"

公语范文子，文子曰："楚囚，君子也。言称先职，不背本也。乐操土风，不忘旧也。称大子，抑无私也。名其二卿，尊君也。不背本，仁也。不忘旧，信也。无私，忠也。尊君，敏也。仁以接事，信以守之，忠以成之，敏以行之。事虽大，必济。君盍归之，使合晋、楚之成。"公从之，重为之礼，使归求成。

冬十一月，楚子重自陈伐莒，围渠丘。渠丘城恶，众溃，奔莒。戊申，楚入渠丘。莒人囚楚公子平，楚人曰："勿杀！吾归而俘。"莒人杀之。楚师围莒。莒城亦恶，庚申，莒溃。楚遂入郓。莒无备故也。

君子曰："恃陋而不备，罪之大者也。备豫不虞，善之大者也。莒恃其陋，而不修城郭，浃辰之间，而楚克其三都，无备也夫！《诗》曰：'虽有丝麻，无弃菅蒯。虽有姬、姜，无弃蕉萃。凡百君子，莫不代匮。'言备之不可以已也。"

秦人、白狄伐晋，诸侯贰故也。

郑人围许，示晋不急君也。是则公孙申谋之，曰："我出师以围许，为将改立君者，而纾晋使，晋必归君。"

城中城,书,时也。

十二月,楚子使公子辰如晋,报钟仪之使,请修好结成。

成公十年

十年春,晋侯使籴茷如楚,报大宰子商之使也。

卫子叔黑背侵郑,晋命也。

郑公子班闻叔申之谋。三月,子如立公子繻。夏四月,郑人杀繻,立髡顽。子如奔许。栾武子曰:“郑人立君,我执一人焉,何益?不如伐郑而归其君,以求成焉。”晋侯有疾。五月,晋立大子州蒲以为君,而会诸侯伐郑。郑子罕赂以襄钟,子然盟于修泽,子驷为质。辛巳,郑伯归。

晋侯梦大厉,被发及地,搏膺而踊,曰:“杀余孙,不义。余得请于帝矣!”坏大门及寝门而入。公惧,入于室。又坏户。公觉,召桑田巫。巫言如梦。公曰:“何如?”曰:“不食新矣。”公疾病,求医于秦。秦伯使医缓为之。未至,公梦疾为二竖子,曰:“彼,良医也。惧伤我,焉逃之?”其一曰:“居肓之上,膏之下,若我何?”医至,曰:“疾不可为也。在肓之上,膏之下,攻之不可,达之不及,药不至焉,不可为也。”公曰:“良医也。”厚为之礼而归之。六月丙午,晋侯欲麦,使甸人献麦,馈人为之。召桑田巫,示而杀之。将食,张,如厕,陷而卒。小臣有晨梦负公以登天,及日中,负晋侯出诸厕。遂以为殉。

郑伯讨立君者,戊申,杀申叔、叔禽。君子曰:“忠为令德,非其人犹不可,况不令乎?”

秋,公如晋。晋人止公,使送葬。于是籴茷未反。冬,葬晋景公。公送葬,诸侯莫在。鲁人辱之,故不书,讳之也。

成公十一年

十一年春，王三月，公至自晋。晋人以公为贰于楚，故止公。公请受盟，而后使归。

郤犨来聘，且莅盟。

声伯之母不聘。穆姜曰："吾不以妾为姒。"生声伯而出之，嫁于齐管于奚。生二子而寡，以归声伯。声伯以其外弟为大夫，而嫁其外妹于施孝叔。郤犨来聘，求妇于声伯。声伯夺施氏妇以与之。妇人曰："鸟兽犹不失俪，子将若何？"曰："吾不能死亡。"妇人遂行，生二子于郤氏。郤氏亡，晋人归之施氏，施氏逆诸河，沈其二子。妇人怒曰："已不能庇其伉俪而亡之，又不能字人之孤而杀之，将何以终？"遂誓施氏。

夏，季文子如晋报聘，且莅盟也。

周公楚恶惠、襄之逼也，且与伯舆争政，不胜，怒而出。及阳樊，王使刘子复之，盟于鄄而入。三日，复出奔晋。

秋，宣伯聘于齐，以修前好。

晋郤至与周争鄇田，王命刘康公、单襄公讼诸晋。郤至曰："温，吾故也，故不敢失。"刘子、单子曰："昔周克商，使诸侯抚封，苏忿生以温为司寇，与檀伯达封于河。苏氏即狄，又不能于狄而奔卫。襄王劳文公而赐之温，狐氏、阳氏先处之，而后及子。若治其故，则王官之邑也，子安得之？"晋侯使郤至勿敢争。

宋华元善于令尹子重，又善于栾武子。闻楚人既许晋籴茷成，而使归复命矣。冬，华元如楚，遂如晋，合晋、楚之成。

秦、晋为成，将会于令狐。晋侯先至焉，秦伯不肯涉河，次于王城，使史颗盟晋侯于河东。晋郤犨盟秦伯于河西，范文子曰："是盟也何益？齐盟，所以质信也。会所，信之始也。始之不从，其可质乎?”秦伯归而背晋成。

成公十二年

十二年春,王使以周公之难来告。书曰:“周公出奔晋。”凡自周无出,周公自出故也。

宋华元克合晋、楚之成。夏五月,晋士燮会楚公子罢、许偃。癸亥,盟于宋西门之外,曰:“凡晋、楚无相加戎,好恶同之。同恤菑危,备救凶患。若有害楚,则晋伐之。在晋,楚亦如之。交贽往来,道路无壅,谋其不协,而讨不庭。有渝此盟,明神殛之,俾队其师,无克胙国。”郑伯如晋听成,会于琐泽,成故也。

狄人间宋之盟以侵晋,而不设备。秋、晋人败狄于交刚。

晋郤至如楚聘,且莅盟。楚子享之,子反相,为地室而县焉。郤至将登,金奏作于下,惊而走出。子反曰:“日云莫矣,寡君须矣,吾子其入也!”宾曰:“君不忘先君之好,施及下臣,贶之以大礼,重之以备乐。如天之福,两君相见,何以代此。下臣不敢。”子反曰:“如天之福,两君相见,无亦唯是一矢以相加遗,焉用乐?寡君须矣,吾子其入也!”宾曰:“若让之以一矢,祸之大者,其何福之为?世之治也,诸侯间于天子之事,则相朝也,于是乎有享宴之礼。享以训共俭,宴以示慈惠。共俭以行礼,而慈惠以布政。政以礼成,民是以息。百官承事,朝而不夕,此公侯之所以扞城其民也。故《诗》曰:‘赳赳武夫,公侯干城。’及其乱也,诸侯贪冒,侵欲不忌,争寻常以尽其民,略其武夫,以为己腹心股肱爪牙。故《诗》曰:‘赳赳武夫,公侯腹心。’天下有道,则公侯能为民干城,而制其腹心。乱则反之。今吾子之言,乱之道也,不可以为法。然吾子,主也,至敢不从?”遂入,卒事。归,以语范文子。文子曰:“无礼必食言,吾死无日矣夫!”

冬,楚公子罢如晋聘,且莅盟。十二月,晋侯及楚公子罢盟于赤棘。

成公十三年

十三年春,晋侯使郤锜来乞师,将事不敬。孟献子曰:“郤氏其亡乎!礼,身之干也。敬,身之基也。郤子无基。且先君之嗣卿也,受命以求师,将社稷是卫,而惰,弃君命也。不亡何为?”

三月,公如京师。宣伯欲赐,请先使,王以行人之礼礼焉。孟献子从。王以为介,而重贿之。公及诸侯朝王,遂从刘康公、成肃公会晋侯伐秦。

成子受脤于社,不敬。刘子曰:“吾闻之,民受天地之中以生,所谓命也。是以有动作礼义威仪之则,以定命也。能者养之以福,不能者败以取祸。是故君子勤礼,小人尽力,勤礼莫如致敬,尽力莫如敦笃。敬在养神,笃在守业。国之大事,在祀与戎,祀有执膰,戎有受脤,神之大节也。今成子惰,弃其命矣,其不反乎?”

夏四月戊午,晋侯使吕相绝秦,曰:“昔逮我献公,及穆公相好,戮力同心,申之以盟誓,重之以昏姻。天祸晋国,文公如齐,惠公如秦。无禄,献公即世,穆公不忘旧德,俾我惠公用能奉祀于晋。又不能成大勋,而为韩之师。亦悔于厥心,用集我文公,是穆之成也。

“文公躬擐甲胄,跋履山川,逾越险阻,征东之诸侯,虞、夏、商、周之胤,而朝诸秦,则亦既报旧德矣。郑人怒君之疆埸,我文公帅诸侯及秦围郑。秦大夫不询于我寡君,擅及郑盟。诸侯疾之,将致命于秦。文公恐惧,绥静诸侯,秦师克还无害,则是我有大造于西也。

“无禄,文公即世,穆为不吊,蔑死我君,寡我襄公,迭我殽地,奸绝我好,伐我保城,殄灭我费滑,散离我兄弟,挠乱我同盟,倾覆我国家。我襄公未忘君之旧勋,而惧社稷之陨,是以有殽之师。犹愿赦罪于穆公,穆公弗听,而即楚谋我。天诱其衷,成王殒命,穆公是以不克逞志于我。

"穆、襄即世,康、灵即位。康公,我之自出,又欲阙翦我公室,倾覆我社稷,帅我蝥贼,以来荡摇我边疆。我是以有令狐之役。康犹不悛,入我河曲,伐我涑川,俘我王官,翦我羁马。我是以有河曲之战。东道之不通,则是康公绝我好也。

"及君之嗣也,我君景公引领西望曰:'庶抚我乎!'君亦不惠称盟,利吾有狄难,入我河县,焚我箕、郜,芟夷我农功,虔刘我边陲。我是以有辅氏之聚。

"君亦悔祸之延,而欲徼福于先君献、穆,使伯车来,命我景公曰:'吾与女同好弃恶,复修旧德,以追念前勋。'言誓未就,景公即世。我寡君是以有令狐之会。君又不祥,背弃盟誓。白狄及君同州,君之仇雠,而我之昏姻也。君来赐命曰:'吾与女伐狄。'寡君不敢顾昏姻,畏君之威,而受命于吏。君有二心于狄,曰:'晋将伐女。'狄应且憎,是用告我。楚人恶君之二三其德也,亦来告我曰:'秦背令狐之盟,而来求盟于我,昭告昊天上帝、秦三公、楚三王曰,"余虽与晋出入,余唯利是视。"不穀恶其无成德,是用宣之,以惩不壹。'

"诸侯备闻此言,斯是用痛心疾首,昵就寡人。寡人帅以听命,唯好是求。君若惠顾诸侯,矜哀寡人,而赐之盟,则寡人之愿也。其承宁诸侯以退,岂敢徼乱?君若不施大惠,寡人不佞,其不能以诸侯退矣。敢尽布之执事,俾执事实图利之!"

秦桓公既与晋厉公为令狐之盟,而又召狄与楚,欲道以伐晋,诸侯是以睦于晋。

晋栾书将中军,荀庚佐之。士燮将上军,郤锜佐之。韩厥将下军,荀罃佐之。赵旃将新军,郤至佐之。郤毅御戎,栾鍼为右。孟献子曰:"晋帅乘和,师必有大功。"五月丁亥,晋师以诸侯之师及秦师战于麻隧。秦师败绩,获秦成差及不更女父。曹宣公卒于师。师遂济泾,及侯丽而还。迓晋侯于新楚。

成肃公卒于瑕。

六月丁卯夜，郑公子班自訾求入于大宫，不能，杀子印、子羽。反军于市。己巳，子驷帅国人盟于大宫，遂从而尽焚之，杀子如、子駹、孙叔、孙知。

曹人使公子负刍守，使公子欣时逆曹伯之丧。秋，负刍杀其大子而自立也。诸侯乃请讨之，晋人以其役之劳，请俟他年。冬，葬曹宣公。既葬，子臧将亡，国人皆将从之。成公乃惧，告罪，且请焉。乃反，而致其邑。

成公十四年

十四年春，卫侯如晋，晋侯强见孙林父焉，定公不可。夏，卫侯既归，晋侯使郤犨送孙林父而见之。卫侯欲辞，定姜曰："不可。是先君宗卿之嗣也，大国又以为请，不许，将亡。虽恶之，不犹愈于亡乎？君其忍之！安民而宥宗卿，不亦可乎？"卫侯见而复之。

卫侯飨苦成叔，宁惠子相。苦成叔傲。宁子曰："苦成家其亡乎！古之为享食也，以观威仪、省祸福也。故《诗》曰：'兕觥其觩，旨酒思柔，彼交匪傲，万福来求。'今夫子傲，取祸之道也。"

秋，宣伯如齐逆女。称族，尊君命也。

八月，郑子罕伐许，败焉。戊戌，郑伯复伐许。庚子，入其郛。许人平以叔申之封。

九月，侨如以夫人妇姜氏至自齐。舍族，尊夫人也。故君子曰："《春秋》之称，微而显，志而晦，婉而成章，尽而不污，惩恶而劝善。非圣人谁能修之？"

卫侯有疾，使孔成子、宁惠子立敬姒之子衎以为大子。

冬十月，卫定公卒。夫人姜氏既哭而息，见大子之不哀也，不内酌饮。叹曰："是夫也，将不唯卫国之败，其必始于未亡人！乌呼！

天祸卫国也夫！吾不获鱄也使主社稷。”大夫闻之，无不耸惧。孙文子自是不敢舍其重器于卫，尽置诸戚，而甚善晋大夫。

成公十五年

十五年春，会于戚，讨曹成公也。执而归诸京师。书曰：“晋侯执曹伯。”不及其民也。凡君不道于其民，诸侯讨而执之，则曰某人执某侯。不然，则否。

诸侯将见子臧于王而立之，子臧辞曰：“《前志》有之，曰：‘圣达节，次守节，下失节。’为君，非吾节也。虽不能圣，敢失守乎？”遂逃，奔宋。

夏六月，宋共公卒。

楚将北师。子囊曰：“新与晋盟而背之，无乃不可乎？”子反曰：“敌利则进，何盟之有？”申叔时老矣，在申，闻之，曰：“子反必不免。信以守礼，礼以庇身，信礼之亡，欲免得乎？”楚子侵郑，及暴隧，遂侵卫，及首止。郑子罕侵楚，取新石。栾武子欲报楚，韩献子曰：“无庸。使重其罪，民将叛之。无民，孰战？”

秋八月，葬宋共公。于是华元为右师，鱼石为左师，荡泽为司马，华喜为司徒，公孙师为司城，向为人为大司寇，鳞朱为少司寇，向带为大宰，鱼府为少宰。荡泽弱公室，杀公子肥。华元曰：“我为右师。君臣之训，师所司也。今公室卑而不能正，吾罪大矣。不能治官，敢赖宠乎？”乃出奔晋。二华，戴族也。司城，庄族也。六官者，皆桓族也。

鱼石将止华元，鱼府曰：“右师反，必讨，是无桓氏也。”鱼石曰：“右师苟获反，虽许之讨，必不敢。且多大功，国人与之，不反，惧桓氏之无祀于宋也。右师讨，犹有戌在，桓氏虽亡，必偏。”鱼石自止华元于河上。请讨，许之，乃反。使华喜、公孙师帅国人攻荡氏，杀子山。书曰："宋杀大夫山。"言背其族也。

鱼石、向为人、鳞朱、向带、鱼府出舍于睢上。华元使止之，不可。冬十月，华元自止之，不可。乃反。鱼府曰："今不从，不得入矣。右师视速而言疾，有异志焉。若不我纳，今将驰矣。"登丘而望之，则驰。骋而从之，则决睢澨，闭门登陴矣。左师、二司寇、二宰遂出奔楚。

华元使向戌为左师，老佐为司马，乐裔为司寇，以靖国人。

晋三郤害伯宗，谮而杀之，及栾弗忌。伯州犁奔楚。韩献子曰："郤氏其不免乎！善人，天地之纪也，而骤绝之，不亡何待？"

初，伯宗每朝，其妻必戒之曰："'盗憎主人，民恶其上。'子好直言，必及于难。"

十一月，会吴于钟离，始通吴也。

许灵公畏逼于郑，请迁于楚。辛丑，楚公子申迁许于叶。

成公十六年

十六年春，楚子自武城使公子成以汝阴之田求成于郑。郑叛晋，子驷从楚子盟于武城。

夏四月，滕文公卒。郑子罕伐宋。宋将鉏、乐惧败诸汋陂。退，舍于夫渠，不儆，郑人覆之，败诸汋陵，获将鉏、乐惧。宋恃胜也。

卫侯伐郑，至于鸣雁，为晋故也。

晋侯将伐郑，范文子曰："若逞吾愿，诸侯皆叛，晋可以逞。若唯郑叛，晋国之忧，可立俟也。"栾武子曰："不可以当吾世而失诸侯，必伐郑。"乃兴师。栾书将中军，士燮佐之。郤锜将上军，荀偃佐之。韩厥将下军，郤至佐新军，荀罃居守。郤犨如卫，遂如齐，皆乞师焉。栾黡来乞师，孟献子曰："有胜矣。"戊寅，晋师起。

郑人闻有晋师，使告于楚，姚句耳与往。楚子救郑，司马将中军,令尹将左,右尹子辛将右。过申,子反入见申叔时,曰:“师其何如?”对曰:“德、刑、详、义、礼、信,战之器也。德以施惠,刑以正邪,详以事神,义以建利,礼以顺时,信以守物。民生厚而德正,用利而事节,时顺而物成。上下和睦,周旋不逆,求无不具,各知其极。故《诗》曰:‘立我烝民,莫匪尔极。’是以神降之福,时无灾害,民生敦庬,和同以听,莫不尽力以从上命,致死以补其阙。此战之所由克也。今楚内弃其民,而外绝其好,渎齐盟,而食话言,奸时以动,而疲民以逞。民不知信,进退罪也。人恤所厎,其谁致死?子其勉之!吾不复见子矣。”姚句耳先归,子驷问焉,对曰:“其行速,过险而不整。速则失志,不整,丧列。志失列丧,将何以战?楚惧不可用也。”

五月,晋师济河。闻楚师将至,范文子欲反,曰:“我伪逃楚,可以纾忧。夫合诸侯,非吾所能也,以遗能者。我若群臣辑睦以事君,多矣。”武子曰:“不可。”六月,晋、楚遇于鄢陵。范文子不欲战,郤至曰:“韩之战,惠公不振旅。箕之役,先轸不反命。邲之师,荀伯不复从。皆晋之耻也。子亦见先君之事矣。今我辟楚,又益耻也。”文子曰:“吾先君之亟战也,有故。秦、狄、齐、楚皆强,不尽力,子孙将弱。今三强服矣,敌楚而已。唯圣人能外内无患,自非圣人,外宁必有内忧。盍释楚以为外惧乎?”

甲午晦,楚晨压晋军而陈。军吏患之。范匄趋进,曰:“塞井夷灶,陈于军中,而疏行首。晋、楚唯天所授,何患焉?”文子执戈逐之,曰:“国之存亡,天也。童子何知焉?”栾书曰:“楚师轻窕,固垒而待之,三日必退。退而击之,必获胜焉。”郤至曰:“楚有六间,不可失也:其二卿相恶;王卒以旧;郑陈而不整;蛮军而不陈;陈不违晦;在陈而嚣,合而加嚣,各顾其后,莫有斗心。旧不必良,以犯天忌。我必克之。”

楚子登巢车以望晋军,子重使大宰伯州犁侍于王后。王曰:“骋而左右,何也?”曰:“召军吏也。”“皆聚于军中矣!”曰:“合谋也。”

“张幕矣。”曰：“虔卜于先君也。”“彻幕矣。”曰：“将发命也。”“甚嚣，且尘上矣！”曰：“将塞井夷灶而为行也。”“皆乘矣，左右执兵而下矣！”曰：“听誓也。”“战乎？”曰：“未可知也。”“乘而左右皆下矣！”曰：“战祷也。”伯州犁以公卒告王。苗贲皇在晋侯之侧，亦以王卒告。皆曰：“国士在，且厚，不可当也。”苗贲皇言于晋侯曰：“楚之良，在其中军王族而已。请分良以击其左右，而三军萃于王卒，必大败之。”公筮之，史曰：“吉。其卦遇《复》☷☳，曰：‘南国蹴，射其元王中厥目。’国蹴王伤，不败何待？”公从之。有淖于前，乃皆左右相违于淖。步毅御晋厉公，栾鍼为右。彭名御楚共王，潘党为右。石首御郑成公，唐苟为右。栾、范以其族夹公行，陷于淖。栾书将载晋侯，鍼曰：“书退！国有大任，焉得专之？且侵官，冒也；失官，慢也；离局，奸也。有三罪焉，不可犯也。”乃掀公以出于淖。

癸巳，潘尪之党与养由基蹲甲而射之，彻七札焉。以示王，曰：“君有二臣如此，何忧于战？”王怒曰：“大辱国。诘朝，尔射，死艺。”吕锜梦射月，中之，退入于泥。占之，曰：“姬姓，日也。异姓，月也。必楚王也。射而中之，退入于泥，亦必死矣。”及战，射共王，中目。王召养由基，与之两矢，使射吕锜，中项，伏弢。以一矢复命。

郤至三遇楚子之卒，见楚子，必下，免胄而趋风。楚子使工尹襄问之以弓，曰：“方事之殷也，有韎韦之跗注，君子也。识见不穀而趋，无乃伤乎？”郤至见客，免胄承命，曰：“君之外臣至，从寡君之戎事。以君之灵，间蒙甲胄，不敢拜命。敢告不宁君命之辱，为事之故，敢肃使者。”三肃使者而退。

晋韩厥从郑伯，其御杜溷罗曰：“速从之！其御屡顾，不在马，可及也。”韩厥曰：“不可以再辱国君。”乃止。郤至从郑伯，其右茀翰胡曰：“谍辂之，余从之乘而俘以下。”郤至曰：“伤国君有刑。”亦止。石首曰：“卫懿公唯不去其旗，是以败于荧。”乃内旌于弢中。唐苟谓石首曰：“子在君侧，败者壹大。我不如子，子以君免，我请止。”乃死。

楚师薄于险,叔山冉谓养由基曰:“虽君有命,为国故,子必射!”乃射。再发,尽殪。叔山冉搏人以投,中车,折轼。晋师乃止。囚楚公子筏。

栾鍼见子重之旌,请曰:“楚人谓夫旌,子重之麾也。彼其子重也。日臣之使于楚也,子重问晋国之勇。臣对曰:‘好以众整。’曰:‘又何如?’臣对曰:‘好以暇。’今两国治戎,行人不使,不可谓整。临事而食言,不可谓暇。请摄饮焉。”公许之。使行人执榼承饮,造于子重,曰:“寡君乏使,使鍼御持矛。是以不得犒从者,使某摄饮。”子重曰:“夫子尝与吾言于楚,必是故也,不亦识乎!”受而饮之。免使者而复鼓。

旦而战,见星未已。子反命军吏察夷伤,补卒乘,缮甲兵,展车马,鸡鸣而食,唯命是听。晋人患之。苗贲皇徇曰:“蒐乘补卒,秣马利兵,修陈固列,蓐食申祷,明日复战。”乃逸楚囚。王闻之,召子反谋。榖阳竖献饮于子反,子反醉而不能见。王曰:“天败楚也夫!余不可以待。”乃宵遁。晋入楚军,三日榖。范文子立于戎马之前,曰:“君幼,诸臣不佞,何以及此?君其戒之!《周书》曰:‘惟命不于常’,有德之谓。”

楚师还,及瑕,王使谓子反曰:“先大夫之覆师徒者,君不在。子无以为过,不穀之罪也。”子反再拜稽首曰:“君赐臣死,死且不朽。臣之卒实奔,臣之罪也。”子重使谓子反曰:“初陨师徒者,而亦闻之矣!盍图之?”对曰:“虽微先大夫有之,大夫命侧,侧敢不义?侧亡君师,敢忘其死。”王使止之,弗及而卒。

战之日,齐国佐、高无咎至于师。卫侯出于卫,公出于坏隤。宣伯通于穆姜,欲去季、孟,而取其室。将行,穆姜送公,而使逐二子。公以晋难告,曰:“请反而听命。”姜怒,公子偃、公子钼趋过,指之曰:“女不可,是皆君也。”公待于坏隤,申宫儆备,设守而后行,是以后。使孟献子守于公宫。

秋,会于沙随,谋伐郑也。

宣伯使告郤犨曰:“鲁侯待于坏隤以待胜者。”郤犨将新军,且为公族大夫,以主东诸侯。取货于宣伯而诉公于晋侯,晋侯不见公。

曹人请于晋曰:“自我先君宣公即世,国人曰:‘若之何忧犹未弭?’而又讨我寡君,以亡曹国社稷之镇公子,是大泯曹也。先君无乃有罪乎?若有罪,则君列诸会矣。君唯不遗德刑,以伯诸侯。岂独遗诸敝邑?取私布之。”

七月,公会尹武公及诸侯伐郑。将行,姜又命公如初。公又申守而行。诸侯之师次于郑西。我师次于督扬,不敢过郑。子叔声伯使叔孙豹请逆于晋师,为食于郑郊。师逆以至。声伯四日不食以待之,食使者而后食。

诸侯迁于制田。知武子佐下军。以诸侯之师侵陈,至于鸣鹿。遂侵蔡。未反,诸侯迁于颍上。戊午,郑子罕宵军之,宋、齐、卫皆失军。

曹人复请于晋,晋侯谓子臧:“反,吾归而君。”子臧反,曹伯归。子臧尽致其邑与卿而不出。

宣伯使告郤犨曰:“鲁之有季、孟,犹晋之有栾、范也,政令于是乎成。今其谋曰:‘晋政多门,不可从也。宁事齐、楚,有亡而已,蔑从晋矣。’若欲得志于鲁,请止行父而杀之,我毙蔑也而事晋,蔑有贰矣。鲁不贰,小国必睦。不然,归必叛矣。”

九月,晋人执季文子于苕丘。公还,待于郓。使子叔声伯请季孙于晋,郤犨曰:“苟去仲孙蔑而止季孙行父,吾与子国,亲于公室。”对曰:“侨如之情,子必闻之矣。若去蔑与行父,是大弃鲁国而罪寡君也。若犹不弃,而惠徼周公之福,使寡君得事晋君。则夫二人者,鲁国社稷之臣也。若朝亡之,鲁必夕亡。以鲁之密迩仇雠,亡而为仇,治之何及?”郤犨曰:“吾为子请邑。”对曰:“婴齐,鲁之常隶也,敢介大国以求厚焉!承寡君之命以请,若得所请,吾子之赐多矣。又何求?”

范文子谓栾武子曰:“季孙于鲁,相二君矣。妾不衣帛,马不食粟,可不谓忠乎?信谗慝而弃忠良,若诸侯何?子叔婴齐奉君命无私,谋国家不贰,图其身不忘其君。若虚其请,是弃善人也。子其图之!”乃许鲁平,赦季孙。冬十月,出叔孙侨如而盟之,侨如奔齐。

十二月,季孙及郤犨盟于扈。归,刺公子偃,召叔孙豹于齐而立之。

齐声孟子通侨如,使立于高、国之间。侨如曰:“不可以再罪。”奔卫,亦间于卿。

晋侯使郤至献楚捷于周,与单襄公语,骤称其伐。单子语诸大夫曰:“温季其亡乎!位于七人之下,而求掩其上。怨之所聚,乱之本也。多怨而阶乱,何以在位?《夏书》曰:‘怨岂在明?不见是图。’将慎其细也。今而明之,其可乎?”

成公十七年

十七年春,王正月,郑子驷侵晋虚、滑。卫北宫括救晋,侵郑,至于高氏。

夏五月,郑大子髡顽、侯獳为质于楚,楚公子成、公子寅戍郑。公会尹武公、单襄公及诸侯伐郑,自戏童至于曲洧。

晋范文子反自鄢陵,使其祝宗祈死,曰:“君骄侈而克敌,是天益其疾也。难将作矣!爱我者惟祝我,使我速死,无及于难,范氏之福也。”六月戊辰,士燮卒。

乙酉,同盟于柯陵,寻戚之盟也。

楚子重救郑,师于首止。诸侯还。

齐庆克通于声孟子,与妇人蒙衣乘辇而入于闳。鲍牵见之,以告国武子,武子召庆克而谓之。庆克久不出,而告夫人曰:“国子谪我!”夫人怒。

国子相灵公以会,高、鲍处守。及还,将至,闭门而索客。孟子诉之曰:“高、鲍将不纳君,而立公子角。国子知之。”秋七月壬寅,刖鲍牵而逐高无咎。无咎奔莒,高弱以卢叛。齐人来召鲍国而立之。

初,鲍国去鲍氏而来为施孝叔臣。施氏卜宰,匡句须吉。施氏之宰,有百室之邑。与匡句须邑,使为宰。以让鲍国,而致邑焉。施孝叔曰:“子实吉。”对曰:“能与忠良,吉孰大焉!”鲍国相施氏忠,故齐人取以为鲍氏后。仲尼曰:“鲍庄子之知不如葵,葵犹能卫其足。”

冬,诸侯伐郑。十月庚午,围郑。楚公子申救郑,师于汝上。十一月,诸侯还。

初,声伯梦涉洹,或与己琼瑰,食之,泣而为琼瑰,盈其怀。从而歌之曰:“济洹之水,赠我以琼瑰。归乎!归乎!琼瑰盈吾怀乎!”惧不敢占也。还自郑,壬申,至于狸脤而占之,曰:“余恐死,故不敢占也。今众繁而从余三年矣,无伤也。”言之,之莫而卒。

齐侯使崔杼为大夫,使庆克佐之,帅师围卢。国佐从诸侯围郑,以难请而归。遂如卢师,杀庆克,以穀叛。齐侯与之盟于徐关而复之。十二月,卢降,使国胜告难于晋,待命于清。

晋厉公侈,多外嬖。反自鄢陵,欲尽去群大夫,而立其左右。胥童以胥克之废也,怨郤氏,而嬖于厉公。郤锜夺夷阳五田,五亦嬖于厉公。郤犨与长鱼矫争田,执而梏之,与其父母妻子同一辕。既,矫亦嬖于厉公。栾书怨郤至,以其不从己而败楚师也,欲废之。使楚公子茷告公曰:“此战也,郤至实召寡君。以东师之未至也,与军帅之不具也,曰:‘此必败!吾因奉孙周以事君。’”公告栾书,书曰:“其有焉!不然,岂其死之不恤,而受敌使乎?君盍尝使诸周而察之!”郤至聘于周,栾书使孙周见之。公使觇之,信。遂怨郤至。

厉公田,与妇人先杀而饮酒,后使大夫杀。郤至奉豕,寺人孟张夺之,郤至射而杀之。公曰:“季子欺余。”

厉公将作难，胥童曰："必先三郤，族大多怨。去大族不逼，敌多怨有庸。"公曰："然。"郤氏闻之，郤锜欲攻公，曰："虽死，君必危。"郤至曰："人所以立，信、知、勇也。信不叛君，知不害民，勇不作乱。失兹三者，其谁与我？死而多怨，将安用之？君实有臣而杀之，其谓君何？我之有罪，吾死后矣！若杀不辜，将失其民，欲安，得乎？待命而已！受君之禄，是以聚党。有党而争命，罪孰大焉！"

壬午，胥童、夷羊五帅甲八百，将攻郤氏。长鱼矫请无用众，公使清沸魋助之，抽戈结衽，而伪讼者。三郤将谋于榭。矫以戈杀驹伯、苦成叔于其位。温季曰："逃威也！"遂趋。矫及诸其车，以戈杀之，皆尸诸朝。

胥童以甲劫栾书、中行偃于朝。矫曰："不杀二子，忧必及君。"公曰："一朝而尸三卿，余不忍益也。"对曰："人将忍君。臣闻乱在外为奸，在内为轨。御奸以德，御轨以刑。不施而杀，不可谓德。臣逼而不讨，不可谓刑。德刑不立，奸轨并至。臣请行。"遂出奔狄。公使辞于二子，曰："寡人有讨于郤氏，郤氏既伏其辜矣。大夫无辱，其复职位。"皆再拜稽首曰："君讨有罪，而免臣于死，君之惠也。二臣虽死，敢忘君德。"乃皆归，公使胥童为卿。

公游于匠丽氏，栾书、中行偃遂执公焉。召士匄，士匄辞。召韩厥，韩厥辞，曰："昔吾畜于赵氏、孟姬之谗，吾能违兵。古人有言曰，'杀老牛莫之敢尸'，而况君乎？二三子不能事君，焉用厥也！"

舒庸人以楚师之败也，道吴人围巢，伐驾，围厘、虺，遂恃吴而不设备。楚公子橐师袭舒庸，灭之。

闰月乙卯晦，栾书、中行偃杀胥童。民不与郤氏，胥童道君为乱，故皆书曰："晋杀其大夫。"

成公十八年

十八年春，王正月庚申，晋栾书、中行偃使程滑弑厉公，葬之于翼东门之外，以车一乘。使荀罃、士鲂逆周子于京师而立之，生十四年矣。大夫逆于清原，周子曰："孤始愿不及此。虽及此，岂非天乎！抑人之求君，使出命也，立而不从，将安用君？二三子用我今日，否亦今日，共而从君，神之所福也。"对曰："群臣之愿也，敢不唯命是听。"庚午，盟而入，馆于伯子同氏。辛巳，朝于武宫，逐不臣者七人。周子有兄而无慧，不能辨菽麦，故不可立。

齐为庆氏之难故，甲申晦，齐侯使士华免以戈杀国佐于内宫之朝。师逃于夫人之宫。书曰："齐杀其大夫国佐。"弃命，专杀，以穀叛故也。使清人杀国胜。国弱来奔，王湫奔莱。庆封为大夫，庆佐为司寇。既，齐侯反国弱，使嗣国氏，礼也。

二月乙酉朔，晋悼公即位于朝。始命百官：施舍、已责，逮鳏、寡，振废滞，匡乏困，救灾患，禁淫慝，薄赋敛，宥罪戾，节器用，时用民，欲无犯时。使魏相、士鲂、魏颉、赵武为卿。荀家、荀会、栾黡、韩无忌为公族大夫，使训卿之子弟共俭孝弟。使士渥浊为大傅，使修范武子之法。右行辛为司空，使修士蒍之法。弁纠御戎，校正属焉，使训诸御知义。荀宾为右，司士属焉，使训勇力之士时使。卿无共御，立军尉以摄之。祁奚为中军尉，羊舌职佐之。魏绛为司马。张老为候奄。铎遏寇为上军尉。籍偃为之司马，使训卒乘亲以听命。程郑为乘马御，六驺属焉，使训群驺知礼。凡六官之长，皆民誉也。举不失职，官不易方，爵不逾德，师不陵正，旅不逼师，民无谤言，所以复霸也。

公如晋，朝嗣君也。

夏六月，郑伯侵宋，及曹门外。遂会楚子伐宋，取朝郏。楚子辛、郑皇辰侵城郜，取幽丘，同伐彭城，纳宋鱼石、向为人、鳞朱、向带、鱼府焉。以三百乘戍之而还。书曰："复入。"凡去其国，国逆而立之曰入。复其位曰复归。诸侯纳之曰归。以恶曰复入。宋人患之。西鉏吾曰："何也？若楚人与吾同恶，以德于我，吾固事之也，不敢贰矣。大国无厌，鄙我犹憾。不然，而收吾憎，使赞其政，以间吾衅，亦吾患也。今将崇诸侯之奸，而披其地，以塞夷庚。逞奸而携服，毒诸侯而惧吴、晋。吾庸多矣，非吾忧也。且事晋何为？晋必恤之。"

公至自晋。晋范宣子来聘，且拜朝也。君子谓："晋于是乎有礼。"

秋，杞桓公来朝，劳公，且问晋故。公以晋君语之。杞伯于是骤朝于晋而请为昏。

七月，宋老佐、华喜围彭城，老佐卒焉。

八月，邾宣公来朝，即位而来见也。

筑鹿囿，书，不时也。

己丑，公薨于路寝，言道也。

冬十一月，楚子重救彭城，伐宋，宋华元如晋告急。韩献子为政，曰："欲求得人，必先勤之，成霸安疆，自宋始矣。"晋侯师于台谷以救宋，遇楚师于靡角之谷。楚师还。

晋士鲂来乞师。季文子问师数于臧武仲，对曰："伐郑之役，知伯实来，下军之佐也。今彘季亦佐下军，如伐郑可也。事大国，无失班爵而加敬焉，礼也。"从之。

十二月，孟献子会于虚朾，谋救宋也。宋人辞诸侯而请师以围彭城。

孟献子请于诸侯，而先归会葬。丁未，葬我君成公，书，顺也。

卷九　襄公

襄公元年

元年春己亥,围宋彭城。非宋地,追书也。于是为宋讨鱼石,故称宋,且不登叛人也,谓之宋志。彭城降晋,晋人以宋五大夫在彭城者归,置诸瓠丘。齐人不会彭城,晋人以为讨。二月,齐大子光为质于晋。

夏五月,晋韩厥、荀偃帅诸侯之师伐郑,入其郛,败其徒兵于洧上。于是东诸侯之师次于鄫,以待晋师。晋师自郑以鄫之师侵楚焦夷及陈,晋侯、卫侯次于戚,以为之援。

秋,楚子辛救郑,侵宋吕、留。郑子然侵宋,取犬丘。

九月,邾子来朝,礼也。

冬,卫子叔、晋知武子来聘,礼也。凡诸侯即位,小国朝之,大国聘焉,以继好结信,谋事补阙,礼之大者也。

襄公二年

二年春,郑师侵宋,楚令也。

齐侯伐莱,莱人使正舆子赂夙沙卫以索马牛,皆百匹,齐师乃还。君子是以知齐灵公之为"灵"也。

夏,齐姜薨。初,穆姜使择美檟,以自为榇与颂琴。季文子取以葬。君子曰:"非礼也。礼无所逆,妇,养姑者也,亏姑以成妇,逆莫大焉。《诗》曰:'其惟哲人,告之话言,顺德之行。'季孙于是为不哲矣。且姜氏,君之妣也。《诗》曰:‘为酒为醴,烝畀祖妣,以洽百礼,降福孔偕。’”

齐侯使诸姜宗妇来送葬。召莱子,莱子不会,故晏弱城东阳以逼之。

郑成公疾,子驷请息肩于晋。公曰:“楚君以郑故,亲集矢于其目,非异人任,寡人也。若背之,是弃力与言,其谁昵我?免寡人,唯二三子!”

秋七月庚辰,郑伯睔卒。于是子罕当国,子驷为政,子国为司马。晋师侵郑,诸大夫欲从晋。子驷曰:“官命未改。”

会于戚,谋郑故也。孟献子曰:“请城虎牢以逼郑。”知武子曰:“善。鄫之会,吾子闻崔子之言,今不来矣。滕、薛、小邾之不至。皆齐故也。寡君之忧不唯郑。䓨将复于寡君,而请于齐。得请而告,吾子之功也。若不得请,事将在齐。吾子之请,诸侯之福也,岂唯寡君赖之。”

穆叔聘于宋,通嗣君也。

冬,复会于戚,齐崔武子及滕、薛、小邾之大夫皆会,知武子之言故也。遂城虎牢,郑人乃成。

楚公子申为右司马,多受小国之赂,以逼子重、子辛,楚人杀之。故书曰:“楚杀其大夫公子申。”

襄公三年

三年春,楚子重伐吴,为简之师,克鸠兹,至于衡山。使邓廖帅组甲三百、被练三千以侵吴。吴人要而击之,获邓廖。其能免者,组甲八十、被练三百而已。子重归,既饮至,三日,吴人伐楚,取驾。驾,良邑也。邓廖,亦楚之良也。君子谓:“子重于是役也,所获不如所亡。”楚人以是咎子重。子重病之,遂遇心疾而卒。

公如晋,始朝也。

夏,盟于长樗。孟献子相,公稽首。知武子曰:“天子在,而君辱稽首,寡君惧矣。”孟献子曰:“以敝邑介在东表,密迩仇雠,寡君将君是望,敢不稽首?”

晋为郑服故,且欲修吴好,将合诸侯。使士匄告于齐曰:“寡君使匄,以岁之不易,不虞之不戒,寡君愿与一二兄弟相见,以谋不协,请君临之,使匄乞盟。”齐侯欲勿许,而难为不协,乃盟于耏外。

祁奚请老,晋侯问嗣焉。称解狐,其仇也,将立之而卒。又问焉。对曰:“午也可。”于是羊舌职死矣,晋侯曰:“孰可以代之?”对曰:“赤也可。”于是使祁午为中军尉,羊舌赤佐之,君子谓:“祁奚于是能举善矣。称其仇,不为谄。立其子,不为比。举其偏,不为党。《商书》曰:‘无偏无党,王道荡荡。’其祁奚之谓矣!解狐得举,祁午得位,伯华得官,建一官而三物成,能举善也夫!唯善,故能举其类。《诗》云:‘惟其有之,是以似之。’祁奚有焉。”

六月,公会单顷公及诸侯。己未,同盟于鸡泽。

晋侯使荀会逆吴子于淮上,吴子不至。

楚子辛为令尹,侵欲于小国。陈成公使袁侨如会求成,晋侯使和组父告于诸侯。秋,叔孙豹及诸侯之大夫及陈袁侨盟,陈请服也。

晋侯之弟扬干乱行于曲梁,魏绛戮其仆。晋侯怒,谓羊舌赤曰:“合诸侯以为荣也,扬干为戮,何辱如之?必杀魏绛,无失也!”对曰:“绛无贰志,事君不辟难,有罪不逃刑,其将来辞,何辱命焉?”言终,魏绛至,授仆人书,将伏剑。士鲂、张老止之。公读其书曰:“日君乏使,使臣斯司马。臣闻师众以顺为武,军事有死无犯为敬。君合诸侯,臣敢不敬?君师不武,执事不敬,罪莫大焉。臣惧其死,以及扬干,无所逃罪。不能致训,至于用钺。臣之罪重,敢有不从,以怒君心,请归死于司寇。”公跣而出,曰:“寡人之言,亲爱也。吾子之讨,军礼也。寡人有弟,弗能教训,使干大命,寡人之过也。子无重寡人之过,敢以为请。”

晋侯以魏绛为能以刑佐民矣,反役,与之礼食,使佐新军。张老为中军司马,士富为候奄。

楚司马公子何忌侵陈,陈叛故也。

许灵公事楚,不会于鸡泽。冬,晋知武子帅师伐许。

襄公四年

四年春,楚师为陈叛故,犹在繁阳。韩献子患之,言于朝曰:“文王帅殷之叛国以事纣,唯知时也。今我易之,难哉!”三月,陈成公卒。楚人将伐陈,闻丧乃止。陈人不听命。臧武仲闻之,曰:“陈不服于楚,必亡。大国行礼焉而不服,在大犹有咎,而况小乎?”夏,楚彭名侵陈,陈无礼故也。

穆叔如晋,报知武子之聘也,晋侯享之。金奏《肆夏》之三,不拜。工歌《文王》之三,又不拜。歌《鹿鸣》之三,三拜。韩献子使行人子员问之,曰:“子以君命,辱于敝邑。先君之礼,藉之以乐,以辱吾子。吾子舍其大,而重拜其细,敢问何礼也?”对曰:“三《夏》,天子所以享元侯也,使臣弗敢与闻。《文王》,两君相见之乐也,使臣不敢及。《鹿鸣》,君所以嘉寡君也,敢不拜嘉?《四牡》,君所以劳使臣也,敢不重拜?《皇皇者华》,君教使臣曰:‘必咨于周。’臣闻之:‘访问于善为咨,咨亲为询,咨礼为度,咨事为诹,咨难为谋。’臣获五善,敢不重拜?”

秋,定姒薨。不殡于庙,无榇,不虞。匠庆谓季文子曰:“子为正卿,而小君之丧不成,不终君也。君长,谁受其咎?”

初,季孙为己树六槚于蒲圃东门之外。匠庆请木,季孙曰:“略。”匠庆用蒲圃之槚,季孙不御。君子曰:“《志》所谓‘多行无礼,必自及也’,其是之谓乎!”

冬，公如晋听政，晋侯享公。公请属鄫，晋侯不许。孟献子曰："以寡君之密迩于仇雠，而愿固事君，无失官命。鄫无赋于司马，为执事朝夕之命敝邑，敝邑褊小，阙而为罪，寡君是以愿借助焉！"晋侯许之。

楚人使顿间陈而侵伐之，故陈人围顿。

无终子嘉父使孟乐如晋，因魏庄子纳虎豹之皮，以请和诸戎。晋侯曰："戎狄无亲而贪，不如伐之。"魏绛曰："诸侯新服，陈新来和，将观于我，我德则睦，否则携贰。劳师于戎，而楚伐陈，必弗能救，是弃陈也，诸华必叛。戎，禽兽也，获戎失华，无乃不可乎？《夏训》有之曰：'有穷后羿。'"公曰："后羿何如？"对曰："昔有夏之方衰也，后羿自鉏迁于穷石，因夏民以代夏政。恃其射也，不修民事而淫于原兽。弃武罗、伯因、熊髡、尨圉而用寒浞。寒浞，伯明氏之谗子弟也。伯明后寒弃之，夷羿收之，信而使之，以为己相。浞行媚于内而施赂于外，愚弄其民而虞羿于田，树之诈慝以取其国家，外内咸服。羿犹不悛，将归自田，家众杀而亨之，以食其子。其子不忍食诸，死于穷门。靡奔有鬲氏。浞因羿室，生浇及豷，恃其谗慝诈伪而不德于民。使浇用师，灭斟灌及斟寻氏。处浇于过，处豷于戈。靡自有鬲氏，收二国之烬，以灭浞而立少康。少康灭浇于过，后杼灭豷于戈。有穷由是遂亡，失人故也。昔周辛甲之为大史也，命百官，官箴王阙。于《虞人之箴》曰：'芒芒禹迹，画为九州。经启九道，民有寝庙，兽有茂草，各有攸处，德用不扰。在帝夷羿，冒于原兽，忘其国恤，而思其麀牡。武不可重，用不恢于夏家。兽臣司原，敢告仆夫。'《虞箴》如是，可不惩乎？"于是晋侯好田，故魏绛及之。

公曰："然则莫如和戎乎？"对曰："和戎有五利焉：戎狄荐居，贵货易土，土可贾焉，一也。边鄙不耸，民狎其野，穑人成功，二也。戎狄事晋，四邻振动，诸侯威怀，三也。以德绥戎，师徒不勤，甲兵不顿，四也。鉴于后羿，而用德度，远至迩安，五也。君其图之！"公说，使魏绛盟诸戎,修民事,田以时。

冬十月,邾人、莒人伐鄫。臧纥救鄫,侵邾,败于狐骀。国人逆丧者皆髽。鲁于是乎始髽,国人诵之曰:“臧之狐裘,败我于狐骀。我君小子,朱儒是使。朱儒!朱儒!使我败于邾。”

襄公五年

五年春,公至自晋。

王使王叔陈生愬戎于晋,晋人执之。士鲂如京师,言王叔之贰于戎也。

夏,郑子国来聘,通嗣君也。

穆叔觌鄫大子于晋,以成属鄫。书曰:“叔孙豹、鄫大子巫如晋。”言比诸鲁大夫也。

吴子使寿越如晋,辞不会于鸡泽之故,且请听诸侯之好。晋人将为之合诸侯,使鲁、卫先会吴,且告会期。故孟献子、孙文子会吴于善道。

秋,大雩,旱也。

楚人讨陈叛故,曰:“由令尹子辛实侵欲焉。”乃杀之。书曰:“楚杀其大夫公子壬夫。”贪也。君子谓:“楚共王于是不刑。《诗》曰:‘周道挺挺,我心扃扃,讲事不令,集人来定。’已则无信,而杀人以逞,不亦难乎?《夏书》曰:‘成允成功。’”

九月丙午,盟于戚,会吴,且命戍陈也。穆叔以属鄫为不利,使鄫大夫听命于会。

楚子囊为令尹。范宣子曰:“我丧陈矣!楚人讨贰而立子囊,必改行而疾讨陈。陈近于楚,民朝夕急,能无往乎?有陈,非吾事也,无之而后可。”冬,诸侯戍陈。子囊伐陈。十一月甲午,会于城棣以救之。

季文子卒。大夫入敛，公在位。宰庀家器为葬备，无衣帛之妾，无食粟之马，无藏金玉，无重器备。君子是以知季文子之忠于公室也。相三君矣，而无私积，可不谓忠乎？

襄公六年

六年春，杞桓公卒，始赴以名，同盟故也。

宋华弱与乐辔少相狎，长相优，又相谤也。子荡怒，以弓梏华弱于朝。平公见之，曰："司武而梏于朝，难以胜矣！"遂逐之。夏，宋华弱来奔。司城子罕曰："同罪异罚，非刑也。专戮于朝，罪孰大焉！"亦逐子荡。子荡射子罕之门，曰："几日而不我从？"子罕善之如初。

秋，滕成公来朝，始朝公也。

莒人灭鄫，鄫恃赂也。

冬，穆叔如邾，聘，且修平。

晋人以鄫故来讨，曰："何故亡鄫？"

季武子如晋见，且听命。

十一月，齐侯灭莱，莱恃谋也。于郑子国之来聘也，四月，晏弱城东阳，而遂围莱。甲寅，堙之环城，傅于堞。及杞桓公卒之月，乙未，王湫帅师及正舆子、棠人军齐师，齐师大败之。丁未，入莱。莱共公浮柔奔棠。正舆子、王湫奔莒，莒人杀之。四月，陈无宇献莱宗器于襄宫。晏弱围棠，十一月丙辰，而灭之。迁莱于郳。高厚、崔杼定其田。

襄公七年

七年春，郯子来朝，始朝公也。

夏四月，三卜郊，不从，乃免牲。孟献子曰："吾乃今而后知有卜筮。夫郊，祀后稷以祈农事也。是故启蛰而郊，郊而后耕。今既耕而卜郊，宜其不从也。”

南遗为费宰。叔仲昭伯为隧正，欲善季氏而求媚于南遗，谓遗：“请城费，吾多与而役。”故季氏城费。

小邾穆公来朝，亦始朝公也。

秋，季武子如卫，报子叔之聘，且辞缓报，非贰也。

冬十月，晋韩献子告老。公族穆子有废疾，将立之。辞曰：“《诗》曰：‘岂不夙夜，谓行多露。’又曰：‘弗躬弗亲，庶民弗信。’无忌不才，让，其可乎？请立起也！与田苏游，而曰好仁。《诗》曰：‘靖共尔位，好是正直。神之听之，介尔景福。’恤民为德，正直为正，正曲为直，参和为仁。如是，则神听之，介福降之。立之，不亦可乎？”庚戌，使宣子朝，遂老。晋侯谓韩无忌仁，使掌公族大夫。

卫孙文子来聘，且拜武子之言，而寻孙桓子之盟。公登亦登。叔孙穆子相，趋进曰：“诸侯之会，寡君未尝后卫君。今吾子不后寡君，寡君未知所过。吾子其少安！”孙子无辞，亦无悛容。穆叔曰：“孙子必亡。为臣而君，过而不悛，亡之本也。《诗》曰：‘退食自公，委蛇委蛇。’谓从者也。衡而委蛇必折。”

楚子囊围陈，会于鄬以救之。

郑僖公之为大子也，于成之十六年，与子罕适晋，不礼焉。又与子丰适楚，亦不礼焉。及其元年，朝于晋。子丰欲愬诸晋而废之，子罕止之。及将会于鄬，子驷相，又不礼焉。侍者谏，不听，又谏，杀之。及鄵，子驷使贼夜弑僖公，而以疟疾赴于诸侯，简公生五年，奉而立之。

陈人患楚。庆虎、庆寅谓楚人曰：“吾使公子黄往而执之。”楚人从之。二庆使告陈侯于会，曰：“楚人执公子黄矣！君若不来，群臣不忍社稷宗庙，惧有二图。”陈侯逃归。

襄公八年

八年春，公如晋朝，且听朝聘之数。

郑群公子以僖公之死也，谋子驷。子驷先之。夏四月庚辰，辟杀子狐、子熙、子侯、子丁。孙击、孙恶出奔卫。

庚寅，郑子国、子耳侵蔡，获蔡司马公子燮。郑人皆喜，唯子产不顺，曰："小国无文德，而有武功，祸莫大焉。楚人来讨，能勿从乎？从之，晋师必至。晋、楚伐郑，自今郑国，不四五年，弗得宁矣。"子国怒之曰："尔何知？国有大命，而有正卿。童子言焉，将为戮矣。"

五月甲辰，会于邢丘，以命朝聘之数，使诸侯之大夫听命。季孙宿、齐高厚、宋向戌、卫宁殖、邾大夫会之。郑伯献捷于会，故亲听命。大夫不书，尊晋侯也。

莒人伐我东鄙，以疆鄫田。

秋九月，大雩，旱也。

冬，楚子囊伐郑，讨其侵蔡也。

子驷、子国、子耳欲从楚，子孔、子蟜、子展欲待晋。子驷曰："《周诗》有之曰：'俟河之清，人寿几何？兆云询多，职竞作罗。'谋之多族，民之多违，事滋无成。民急矣，姑从楚以纾吾民。晋师至，吾又从之。敬共币帛，以待来者，小国之道也。牺牲玉帛，待于二竟，以待强者而庇民焉。寇不为害，民不罢病，不亦可乎？"子展曰："小所以事大，信也。小国无信，兵乱日至，亡无日矣。五会之信，今将背之，虽楚救我，将安用之？亲我无成，鄙我是欲，不可从也。不如待晋。晋君方明，四军无阙，八卿和睦，必不弃郑。楚师辽远，粮食将尽，必将速归，何患焉？舍之闻之：'杖莫如信。'完守以老楚，杖信以待晋，不亦可乎？"子驷曰："《诗》云：'谋夫孔多，是用不集。发言盈庭，谁敢执其咎？如匪行迈谋，是用不得于道。'请从楚，騑也受其咎。”乃及楚平。

使王子伯骈告于晋，曰：“君命敝邑：‘修而车赋，儆而师徒，以讨乱略。’蔡人不从，敝邑之人，不敢宁处，悉索敝赋，以讨于蔡，获司马燮，献于邢丘。今楚来讨曰：‘女何故称兵于蔡？’焚我郊保，冯陵我城郭。敝邑之众，夫妇男女，不皇启处，以相救也。翦焉倾覆，无所控告。民死亡者，非其父兄，即其子弟，夫人愁痛，不知所庇。民知穷困，而受盟于楚，孤也与其二三臣不能禁止。不敢不告。”知武子使行人子员对之曰：“君有楚命，亦不使一介行李告于寡君，而即安于楚。君之所欲也，谁敢违君？寡君将帅诸侯以见于城下，唯君图之！”

晋范宣子来聘，且拜公之辱，告将用师于郑。公享之，宣子赋《摽有梅》。季武子曰：“谁敢哉！今譬于草木，寡君在君，君之臭味也。欢以承命，何时之有？”武子赋《角弓》。宾将出，武子赋《彤弓》。宣子曰：“城濮之役，我先君文公献功于衡雍，受《彤弓》于襄王，以为子孙藏。匄也，先君守官之嗣也，敢不承命？”君子以为知礼。

襄公九年

九年春，宋灾。乐喜为司城以为政。使伯氏司里，火所未至，彻小屋，涂大屋；陈畚挶，具绠缶，备水器；量轻重，蓄水潦，积土涂；巡丈城，缮守备，表火道。使华臣具正徒，令隧正纳郊保，奔火所。使华阅讨右官，官庀其司。向戌讨左，亦如之。使乐遄庀刑器，亦如之。使皇郧命校正出马，工正出车，备甲兵，庀武守。使西钼吾庀府守。令司宫、巷伯儆宫。二师令四乡正敬享，祝宗用马于四墉，祀盘庚于西门之外。

晋侯问于士弱曰：“吾闻之，宋灾，于是乎知有天道。何故？”对曰:“古之火正,或食于心,或食于味,以出内火。是故咮为鹑火,心为大火。陶唐氏之火正阏伯居商丘,祀大火,而火纪时焉。相土因之,故商主大火。商人阅其祸败之衅,必始于火,是以日知其有天道也。”公曰:“可必乎?”对曰:“在道。国乱无象,不可知也。”

夏,季武子如晋,报宣子之聘也。

穆姜薨于东宫。始往而筮之,遇《艮》之八☶。史曰:“是谓《艮》之《随》☱。《随》其出也。君必速出。”姜曰:“亡。是于《周易》曰:‘《随》,元亨利贞无咎。’元,体之长也。亨,嘉之会也。利,义之和也。贞,事之干也。体仁足以长人,嘉德足以合礼,利物足以和义,贞固足以干事,然,故不可诬也,是以虽《随》无咎。今我妇人而与于乱。固在下位而有不仁,不可谓元。不靖国家,不可谓亨。作而害身,不可谓利。弃位而姣,不可谓贞。有四德者,《随》而无咎。我皆无之,岂《随》也哉?我则取恶,能无咎乎?必死于此,弗得出矣。”

秦景公使士雃乞师于楚,将以伐晋,楚子许之。子囊曰:“不可。当今吾不能与晋争。晋君类能而使之,举不失选,官不易方。其卿让于善,其大夫不失守,其士竞于教,其庶人力于农穑。商工皂隶,不知迁业。韩厥老矣,知罃禀焉以为政。范匄少于中行偃而上之,使佐中军。韩起少于栾黡,而栾黡、士鲂上之,使佐上军。魏绛多功,以赵武为贤而为之佐。君明臣忠,上让下竞。当是时也,晋不可敌,事之而后可。君其图之!”王曰:“吾既许之矣。虽不及晋,必将出师。”秋,楚子师于武城以为秦援。秦人侵晋,晋饥,弗能报也。

冬十月,诸侯伐郑。庚午,季武子、齐崔杼、宋皇郧从荀罃、士匄门于鄟门。卫北宫括、曹人、邾人从荀偃、韩起门于师之梁。滕人、薛人从栾黡、士鲂门于北门。杞人、郳人从赵武、魏绛斩行栗。甲戌,师于汜,令于诸侯曰:“修器备,盛糇粮,归老幼,居疾于虎牢,肆眚,围郑。”郑人恐,乃行成。中行献子曰:“遂围之,以待楚人之救也而与之战。不然,无成。”知武子曰:“许之盟而还师,以敝楚人。吾三分四军,与诸侯之锐以逆来者,于我未病,楚不能矣,犹愈于战,暴骨以逞,不可以争。大劳未艾,君子劳心,小人劳力,先王之制也。”诸侯皆不欲战,乃许郑成。

十一月己亥,同盟于戏,郑服也。将盟,郑六卿公子骓、公子发、公子嘉、公孙辄、公孙虿、公孙舍之及其大夫、门子皆从郑伯。晋士庄子为载书,曰:“自今日既盟之后,郑国而不唯晋命是听,而或有异志者,有如此盟。”公子骓趋进曰:“天祸郑国,使介居二大国之间。大国不加德音而乱以要之,使其鬼神不获歆其禋祀,其民人不获享其土利,夫妇辛苦垫隘,无所厎告。自今日既盟之后,郑国而不唯有礼与强可以庇民者是从,而敢有异志者,亦如之。”荀偃曰:“改载书。”公孙舍之曰:“昭大神,要言焉。若可改也,大国亦可叛也。”知武子谓献子曰:“我实不德,而要人以盟,岂礼也哉?非礼,何以主盟?姑盟而退,修德息师而来,终必获郑,何必今日?我之不德,民将弃我,岂唯郑?若能休和,远人将至,何恃于郑?”乃盟而还。

晋人不得志于郑,以诸侯复伐之。十二月癸亥,门其三门。闰月戊寅,济于阴阪,侵郑。次于阴口而还。子孔曰:“晋师可击也,师老而劳,且有归志,必大克之。”子展曰:“不可。”

公送晋侯。晋侯以公宴于河上,问公年,季武子对曰:“会于沙随之岁,寡君以生。”晋侯曰:“十二年矣!是谓一终,一星终也。国君十五而生子。冠而生子,礼也,君可以冠矣!大夫盍为冠具?”武子对曰:“君冠:必以祼享之礼行之,以金石之乐节之,以先君之祧处之。今寡君在行,未可具也。请及兄弟之国而假备焉!”晋侯曰:“诺。”公还,及卫,冠于成公之庙,假钟磬焉,礼也。

楚子伐郑,子驷将及楚平。子孔、子蟜曰:“与大国盟,口血未干而背之,可乎?”子驷、子展曰:“吾盟固云:‘唯强是从。’今楚师至,晋不我救,则楚强矣。盟誓之言,岂敢背之?且要盟无质,神弗临也,所临唯信。信者,言之瑞也,善之主也,是故临之。明神不蠲要盟,背之可也。"乃及楚平。公子罢戎入盟,同盟于中分。

楚庄夫人卒,王未能定郑而归。

晋侯归,谋所以息民。魏绛请施舍,输积聚以贷。自公以下,苟有积者,尽出之。国无滞积,亦无困人。公无禁利,亦无贪民。祈以币更,宾以特牲,器用不作,车服从给。行之期年,国乃有节。三驾而楚不能与争。

襄公十年

十年春,会于柤,会吴子寿梦也。三月癸丑,齐高厚相大子光以先会诸侯于钟离,不敬。士庄子曰:"高子相大子以会诸侯,将社稷是卫,而皆不敬,弃社稷也,其将不免乎!"夏四月戊午,会于柤。

晋荀偃、士匄请伐逼阳,而封宋向戌焉。荀罃曰:"城小而固,胜之不武,弗胜为笑。"固请。丙寅,围之,弗克。孟氏之臣秦堇父辇重如役。逼阳人启门,诸侯之士门焉。县门发,郰人纥抉之以出门者。狄虒弥建大车之轮而蒙之以甲以为橹,左执之,右拔戟,以成一队。孟献子曰:"《诗》所谓'有力如虎'者也。"主人县布,堇父登之,及堞而绝之。队则又县之,苏而复上者三。主人辞焉,乃退,带其断以徇于军三日。

诸侯之师久于逼阳,荀偃、士匄请于荀罃曰:"水潦将降,惧不能归,请班师!"知伯怒,投之以机,出于其间,曰:"女成二事而后告余。余恐乱命,以不女违。女既勤君而兴诸侯,牵帅老夫以至于此,既无武守,而又欲易余罪,曰:'是实班师,不然克矣。'余羸老也,可重任乎?七日不克,必尔乎取之!"

五月庚寅,荀偃、士匄帅卒攻逼阳,亲受矢石。甲午,灭之。书曰"遂灭逼阳",言自会也。以与向戌,向戌辞曰:"君若犹辱镇抚宋国,而以逼阳光启寡君,群臣安矣,其何贶如之?若专赐臣,是臣兴诸侯以自封也,其何罪大焉?敢以死请。”乃予宋公。

宋公享晋侯于楚丘,请以《桑林》。荀罃辞。荀偃、士匄曰:“诸侯,宋、鲁于是观礼。鲁有禘乐,宾祭用之。宋以《桑林》享君,不亦可乎?”舞,师题以旌夏,晋侯惧而退入于房。去旌,卒享而还。及著雍,疾。卜,《桑林》见。荀偃、士匄欲奔请祷焉。荀罃不可,曰:“我辞礼矣,彼则以之。犹有鬼神,于彼加之。”晋侯有间,以逼阳子归,献于武宫,谓之夷俘。逼阳,妘姓也。使周内史选其族嗣,纳诸霍人,礼也。

师归,孟献子以秦堇父为右。生秦丕兹,事仲尼。

六月,楚子囊、郑子耳伐宋,师于訾毋。庚午,围宋,门于桐门。

晋荀罃伐秦,报其侵也。

卫侯救宋,师于襄牛。郑子展曰:“必伐卫,不然,是不与楚也。得罪于晋,又得罪于楚,国将若之何?”子驷曰:“国病矣!”子展曰:“得罪于二大国,必亡。病不犹愈于亡乎。”诸大夫皆以为然。故郑皇耳帅师侵卫,楚令也。孙文子卜追之,献兆于定姜。姜氏问《繇》。曰:“兆如山陵,有夫出征,而丧其雄。”姜氏曰:“征者丧雄,御寇之利也。大夫图之!”卫人追之,孙蒯获郑皇耳于犬丘。

秋七月,楚子囊、郑子耳伐我西鄙。还,围萧,八月丙寅,克之。九月,子耳侵宋北鄙。孟献子曰:“郑其有灾乎!师竞已甚。周犹不堪竞,况郑乎?有灾,其执政之三士乎!”

莒人间诸侯之有事也,故伐我东鄙。

诸侯伐郑。齐崔杼使大子光先至于师,故长于滕。己酉,师于牛首。

初,子驷与尉止有争,将御诸侯之师而黜其车。尉止获,又与之争。子驷抑尉止曰:“尔车,非礼也。”遂弗使献。初,子驷为田洫,司氏、堵氏、侯氏、子师氏皆丧田焉。故五族聚群不逞之人,因公子之徒以作乱。于是子驷当国,子国为司马,子耳为司空,子孔为司徒。冬十月戊辰,尉止、司臣、侯晋、堵女父、子师仆帅贼以入,晨攻执政于西宫之朝,杀子驷、子国、子耳,劫郑伯以如北宫。子孔知之,故不死。书曰"盗",言无大夫焉。

子西闻盗,不儆而出,尸而追盗,盗入于北宫,乃归授甲。臣妾多逃,器用多丧。子产闻盗,为门者,庀群司,闭府库,慎闭藏,完守备,成列而后出,兵车十七乘,尸而攻盗于北宫。子蟜帅国人助之,杀尉止、子师仆,盗众尽死。侯晋奔晋。堵女父、司臣、尉翩、司齐奔宋。

子孔当国,为载书,以位序、听政辟。大夫、诸司、门子弗顺。将诛之。子产止之,请为之焚书。子孔不可,曰:"为书以定国,众怒而焚之,是众为政也,国不亦难乎?"子产曰:"众怒难犯,专欲难成,合二难以安国,危之道也。不如焚书以安众,子得所欲,众亦得安,不亦可乎?专欲无成,犯众兴祸,子必从之。"乃焚书于仓门之外,众而后定。

诸侯之师城虎牢而戍之。晋师城梧及制,士鲂、魏绛戍之。书曰"戍郑虎牢",非郑地也,言将归焉。

郑及晋平。楚子囊救郑。十一月,诸侯之师还郑而南,至丁阳陵。楚师不退。知武子欲退,曰:"今我逃楚,楚必骄,骄则可与战矣。"栾黡曰:"逃楚,晋之耻也。合诸侯以益耻,不如死!我将独进。"师遂进。己亥,与楚师夹颍而军。子蟜曰:"诸侯既有成行,必不战矣。从之将退,不从亦退。退,楚必围我。犹将退也。不如从楚,亦以退之。"宵涉颍,与楚人盟。栾黡欲伐郑师,荀罃不可,曰:"我实不能御楚,又不能庇郑,郑何罪?不如致怨焉而还。今伐其师,楚必救之,战而不克,为诸侯笑。克不可命,不如还也!"丁未,诸侯之师还,侵郑北鄙而归。楚人亦还。

王叔陈生与伯舆争政。王右伯舆,王叔陈生怒而出奔。及河,王复之,杀虫狡以说焉。不入,遂处之。晋侯使士匄平王室,王叔与伯舆讼焉。王叔之宰与伯舆之大夫瑕禽坐狱于王庭,士匄听之。王叔之宰曰:“筚门闺窦之人而皆陵其上,其难为上矣!”瑕禽曰:“昔平王东迁,吾七姓从王,牲用备具。王赖之,而赐之骍旄之盟,曰:‘世世无失职。’若筚门闺窦,其能来东底乎?且王何赖焉?今自王叔之相也,政以贿成,而刑放于宠,官之师旅,不胜其富。吾能无筚门闺窦乎?唯大国图之!下而无直,则何谓正矣?”范宣子曰:“天子所右,寡君亦右之。所左,亦左之。”使王叔氏与伯舆合要,王叔氏不能举其契。王叔奔晋。不书,不告也。单靖公为卿士,以相王室。

襄公十一年

十一年春,季武子将作三军,告叔孙穆子曰:“请为三军,各征其军。”穆子曰:“政将及子,子必不能。”武子固请之,穆子曰:“然则盟诸?”乃盟诸僖闳,诅诸五父之衢。正月,作三军,三分公室而各有其一。三子各毁其乘。季氏使其乘之人,以其役邑入者,无征;不入者,倍征。孟氏使半为臣,若子若弟。叔孙氏使尽为臣,不然,不舍。

郑人患晋、楚之故,诸大夫曰:“不从晋,国几亡。楚弱于晋,晋不吾疾也。晋疾,楚将辟之。何为而使晋师致死于我,楚弗敢敌,而后可固与也。”子展曰:“与宋为恶,诸侯必至,吾从之盟。楚师至,吾又从之,则晋怒甚矣。晋能骤来,楚将不能,吾乃固与晋。”大夫说之,使疆埸之司恶于宋。宋向戌侵郑,大获。子展曰:“师而伐宋可矣。若我伐宋,诸侯之伐我必疾,吾乃听命焉,且告于楚。楚师至,吾又与之盟,而重赂晋师,乃免矣。”夏,郑子展侵宋。

四月,诸侯伐郑。己亥,齐大子光、宋向戌先至于郑,门于东门。其莫,晋荀罃至于西郊,东侵旧许。卫孙林父侵其北鄙。六月,诸侯会于北林,师于向,右还,次于琐,围郑。观兵于南门,西济于济隧。

郑人惧,乃行成。

秋七月,同盟于亳。范宣子曰:“不慎,必失诸侯。诸侯道敝而无成,能无贰乎?”乃盟,载书曰:“凡我同盟,毋蕴年,毋壅利,毋保奸,毋留慝,救灾患,恤祸乱,同好恶,奖王室。或间兹命,司慎司盟,名山名川,群神群祀,先王先公,七姓十二国之祖,明神殛之,俾失其民,队命亡氏,踣其国家。”

楚子囊乞旅于秦,秦右大夫詹帅师从楚子,将以伐郑。郑伯逆之。丙子,伐宋。

九月,诸侯悉师以复伐郑。郑人使良霄、大宰石臭如楚,告将服于晋,曰:“孤以社稷之故,不能怀君。君若能以玉帛绥晋,不然则武震以摄威之,孤之愿也。”楚人执之,书曰“行人”,言使人也。诸侯之师观兵于郑东门,郑人使王子伯骈行成。甲戌,晋赵武入盟郑伯。冬十月丁亥,郑子展出盟晋侯。十二月戊寅,会于萧鱼。庚辰,赦郑囚,皆礼而归之。纳斥候,禁侵掠。晋侯使叔肸告于诸侯。公使臧孙纥对曰:“凡我同盟,小国有罪,大国致讨,苟有以借手,鲜不赦宥。寡君闻命矣。”郑人赂晋侯以师悝、师触、师蠲,广车、軘车淳十五乘,甲兵备。凡兵车百乘,歌钟二肆,及其镈磬,女乐二八。

晋侯以乐之半赐魏绛,曰:“子教寡人和诸戎狄,以正诸华。八年之中,九合诸侯,如乐之和,无所不谐。请与子乐之。”辞曰:“夫和戎狄,国之福也。八年之中,九合诸侯,诸侯无慝,君之灵也,二三子之劳也,臣何力之有焉?抑臣愿君安其乐而思其终也!《诗》曰:‘乐只君子,殿天子之邦。乐只君子,福禄攸同,便蕃左右,亦是帅从。’夫乐以安德,义以处之,礼以行之,信以守之,仁以厉之,而后可以殿邦国,同福禄,来远人,所谓乐也。《书》曰:‘居安思危。’思则有备,有备无患,敢以此规。”公曰:“子之教,敢不承命。抑微子,寡人无以待戎,不能济河。夫赏,国之典也,藏在盟府,不可废也,子其受之!”魏绛于是乎始有金石之乐,礼也。

秦庶长鲍、庶长武帅师伐晋以救郑。鲍先入晋地，士鲂御之，少秦师而弗设备。壬午，武济自辅氏，与鲍交伐晋师。己丑，秦、晋战于栎，晋师败绩，易秦故也。

襄公十二年

十二年春，莒人伐我东鄙，围台。季武子救台，遂入郓，取其钟以为公盘。

夏，晋士鲂来聘，且拜师。

秋，吴子寿梦卒。临于周庙，礼也。凡诸侯之丧，异姓临于外，同姓于宗庙，同宗于祖庙，同族于祢庙。是故鲁为诸姬，临于周庙，为邢、凡、蒋、茅、胙、祭临于周公之庙。

冬，楚子囊、秦庶长无地伐宋，师于扬梁，以报晋之取郑也。

灵王求后于齐。齐侯问对于晏桓子，桓子对曰："先王之礼辞有之，天子求后于诸侯，诸侯对曰：'夫妇所生若而人。妾妇之子若而人。'无女而有姊妹及姑姊妹，则曰：'先守某公之遗女若而人。'"齐侯许昏，王使阴里结之。

公如晋，朝，且拜士鲂之辱，礼也。

秦嬴归于楚。楚司马子庚聘于秦，为夫人宁，礼也。

襄公十三年

十三年春，公至自晋，孟献子书劳于庙，礼也。

夏，邿乱，分为三。师救邿，遂取之。凡书"取"，言易也。用大师焉曰"灭"。弗地曰"入"。

荀罃、士鲂卒。晋侯蒐于绵上以治兵，使士匄将中军，辞曰："伯游长。昔臣习于知伯，是以佐之，非能贤也。请从伯游。"荀偃将中军,士匄佐之。使韩起将上军,辞以赵武。又使栾黡,辞曰:“臣不如韩起。韩起愿上赵武,君其听之!”使赵武将上军,韩起佐之。栾黡将下军,魏绛佐之。新军无帅,晋侯难其人,使其什吏,率其卒乘官属,以从于下军,礼也。晋国之民,是以大和,诸侯遂睦。君子曰:“让,礼之主也。范宣子让,其下皆让。栾黡为汏,弗敢违也。晋国以平,数世赖之。刑善也夫!一人刑善,百姓休和,可不务乎?《书》曰:‘一人有庆,兆民赖之,其宁惟永。’其是之谓乎?周之兴也,其《诗》曰:‘仪刑文王,万邦作孚。’言刑善也。及其衰也,其《诗》曰:‘大夫不均,我从事独贤。’言不让也。世之治也,君子尚能而让其下,小人农力以事其上,是以上下有礼,而谗慝黜远,由不争也。谓之懿德。及其乱也,君子称其功以加小人,小人伐其技以冯君子,是以上下无礼,乱虐并生,由争善也。谓之昏德。国家之敝,恒必由之。”

楚子疾,告大夫曰:“不榖不德,少主社稷,生十年而丧先君,未及习师保之教训,而应受多福。是以不德,而亡师于鄢,以辱社稷,为大夫忧,其弘多矣。若以大夫之灵,获保首领以殁于地,唯是春秋窀穸之事,所以从先君于祢庙者,请为‘灵’若‘厉’。大夫择焉!”莫对。及五命乃许。秋,楚共王卒。子囊谋谥。大夫曰:“君有命矣。”子囊曰:“君命以共,若之何毁之?赫赫楚国,而君临之,抚有蛮夷,奄征南海,以属诸夏,而知其过,可不谓共乎?请谥之‘共’。”大夫从之。

吴侵楚,养由基奔命,子庚以师继之。养叔曰:“吴乘我丧,谓我不能师也,必易我而不戒。子为三覆以待我,我请诱之。”子庚从之。战于庸浦,大败吴师,获公子党。君子以吴为不吊。《诗》曰:“不吊昊天,乱靡有定。”

冬,城防,书事,时也。于是将早城,臧武仲请俟毕农事,礼也。

郑良霄、大宰石㚟犹在楚。石㚟言于子囊曰:“先王卜征五年,而岁习其祥，祥习则行，不习则增修德而改卜。今楚实不竞，行人何罪？止郑一卿，以除其逼，使睦而疾楚，以固于晋，焉用之？使归而废其使，怨其君以疾其大夫，而相牵引也，不犹愈乎？”楚人归之。

襄公十四年

十四年春，吴告败于晋。会于向，为吴谋楚故也。范宣子数吴之不德也，以退吴人。执莒公子务娄，以其通楚使也。

将执戎子驹支。范宣子亲数诸朝，曰：“来！姜戎氏，昔秦人迫逐乃祖吾离于瓜州，乃祖吾离被苫盖，蒙荆棘，以来归我先君。我先君惠公有不腆之田，与女剖分而食之。今诸侯之事我寡君不如昔者，盖言语漏泄，则职女之由。诘朝之事，尔无与焉！与将执女！”对曰：“昔秦人负恃其众，贪于土地，逐我诸戎。惠公蠲其大德，谓我诸戎是四岳之裔胄也，毋是翦弃。赐我南鄙之田，狐狸所居，豺狼所嗥。我诸戎除翦其荆棘，驱其狐狸豺狼，以为先君不侵不叛之臣，至于今不贰。昔文公与秦伐郑，秦人窃与郑盟而舍戍焉，于是乎有殽之师。晋御其上，戎亢其下，秦师不复，我诸戎实然。譬如捕鹿，晋人角之，诸戎掎之，与晋踣之，戎何以不免？自是以来，晋之百役，与我诸戎相继于时，以从执政，犹殽志也。岂敢离逖？今官之师旅，无乃实有所阙，以携诸侯，而罪我诸戎！我诸戎饮食衣服，不与华同，贽币不通，言语不达，何恶之能为？不与于会，亦无瞢焉！”赋《青蝇》而退。宣子辞焉，使即事于会，成恺悌也。于是，子叔齐子为季武子介以会，自是晋人轻鲁币，而益敬其使。

吴子诸樊既除丧，将立季札。季札辞曰：“曹宣公之卒也，诸侯与曹人不义曹君，将立子臧。子臧去之，遂弗为也，以成曹君。君子曰：‘能守节。’君，义嗣也，谁敢奸君？有国，非吾节也。札虽不才，愿附于子臧，以无失节。”固立之。弃其室而耕。乃舍之。

夏，诸侯之大夫从晋侯伐秦，以报栎之役也。晋侯待于竟，使六卿帅诸侯之师以进。及泾，不济。叔向见叔孙穆子，穆子赋《匏有苦叶》。叔向退而具舟，鲁人、莒人先济。郑子蟜见卫北宫懿子曰："与人而不固，取恶莫甚焉！若社稷何？"懿子说。二子见诸侯之师而劝之济，济泾而次。秦人毒泾上流，师人多死。郑司马子蟜帅郑师以进，师皆从之，至于棫林，不获成焉。荀偃令曰："鸡鸣而驾，塞井夷灶，唯余马首是瞻！"栾黡曰："晋国之命，未是有也。余马首欲东。"乃归。下军从之。左史谓魏庄子曰："不待中行伯乎？"庄子曰："夫子命从帅。栾伯，吾帅也，吾将从之。从帅，所以待夫子也。"伯游曰："吾令实过，悔之何及，多遗秦禽。"乃命大还。晋人谓之迁延之役。

栾鍼曰："此役也，报栎之败也。役又无功，晋之耻也。吾有二位于戎路，敢不耻乎？"与士鞅驰秦师，死焉。士鞅反，栾黡谓士匄曰："余弟不欲往，而子召之。余弟死，而子来，是而子杀余之弟也。弗逐，余亦将杀之。"士鞅奔秦。

于是，齐崔杼、宋华阅、仲江会伐秦，不书，惰也。向之会亦如之。卫北宫括不书于向，书于伐秦，摄也。

秦伯问于士鞅曰："晋大夫其谁先亡？"对曰："其栾氏乎！"秦伯曰："以其汰乎？"对曰："然。栾黡汰虐已甚，犹可以免。其在盈乎！"秦伯曰："何故？"对曰："武子之德在民，如周人之思召公焉，爱其甘棠，况其子乎？栾黡死，盈之善未能及人，武子所施没矣，而黡之怨实章，将于是乎在。"秦伯以为知言，为之请于晋而复之。

卫献公戒孙文子、宁惠子食，皆服而朝。日旰不召，而射鸿于囿。二子从之，不释皮冠而与之言，二子怒。孙文子如戚，孙蒯入使。公饮之酒，使大师歌《巧言》之卒章。大师辞，师曹请为之。初，公有嬖妾，使师曹诲之琴，师曹鞭之。公怒，鞭师曹三百。故师曹欲歌之，以怒孙子以报公。公使歌之，遂诵之。

蒯惧，告文子。文子曰："君忌我矣，弗先，必死。"并帑于戚而入，见蘧伯玉曰："君之暴虐，子所知也。大惧社稷之倾覆，将若之何？"对曰："君制其国，臣敢奸之？虽奸之，庸知愈乎？"遂行，从近关出。公使子蟜、子伯、子皮与孙子盟于丘宫，孙子皆杀之。

四月己未，子展奔齐。公如鄄，使子行请于孙子，孙子又杀之。公出奔齐，孙氏追之，败公徒于阿泽。鄄人执之。初，尹公佗学射于庾公差，庾公差学射于公孙丁。二子追公，公孙丁御公。子鱼曰："射为背师，不射为戮，射为礼乎。"射两軥而还。尹公佗曰："子为师，我则远矣。"乃反之。公孙丁授公辔而射之，贯臂。

子鲜从公，及竟，公使祝宗告亡，且告无罪。定姜曰："无神何告？若有，不可诬也。有罪，若何告无？舍大臣而与小臣谋，一罪也。先君有冢卿以为师保，而蔑之，二罪也。余以巾栉事先君，而暴妾使余，三罪也。告亡而已，无告无罪。"

公使厚成叔吊于卫，曰："寡君使瘠，闻君不抚社稷，而越在他竟，若之何不吊？以同盟之故，使瘠敢私于执事曰：'有君不吊，有臣不敏，君不赦宥，臣亦不帅职，增淫发泄，其若之何？'"卫人使大叔仪对曰："群臣不佞，得罪于寡君。寡君不以即刑而悼弃之，以为君忧。君不忘先君之好，辱吊群臣，又重恤之。敢拜君命之辱，重拜大贶。"厚孙归，复命，语臧武仲曰："卫君其必归乎！有大叔仪以守，有母弟鱄以出，或抚其内，或营其外，能无归乎？"

齐人以郲寄卫侯。及其复也，以郲粮归。右宰穀从而逃归，卫人将杀之。辞曰："余不说初矣，余狐裘而羔袖。"乃赦之。卫人立公孙剽，孙林父、宁殖相之，以听命于诸侯。

卫侯在郲。臧纥如齐，唁卫侯。与之言，虐。退而告其人曰："卫侯其不得入矣！其言粪土也，亡而不变，何以复国？"子展、子鲜闻之，见臧纥，与之言，道。臧孙说，谓其人曰："卫君必入。夫二子者，或挽之，或推之，欲无入，得乎？"

师归自伐秦，晋侯舍新军，礼也。成国不过半天子之军，周为六军，诸侯之大者，三军可也。于是知朔生盈而死，盈生六年而武子卒，彘裘亦幼，皆未可立也。新军无帅，故舍之。

师旷侍于晋侯。晋侯曰："卫人出其君，不亦甚乎？"对曰："或者其君实甚。良君将赏善而刑淫，养民如子，盖之如天，容之如地。民奉其君，爱之如父母，仰之如日月，敬之如神明，畏之如雷霆，其可出乎？夫君，神之主而民之望也。若困民之主，匮神乏祀，百姓绝望，社稷无主，将安用之？弗去何为？天生民而立之君，使司牧之，勿使失性。有君而为之贰，使师保之，勿使过度。是故天子有公，诸侯有卿，卿置侧室，大夫有贰宗，士有朋友，庶人、工、商、皂、隶、牧、圉皆有亲昵，以相辅佐也。善则赏之，过则匡之，患则救之，失则革之。自王以下，各有父兄子弟，以补察其政。史为书，瞽为诗，工诵箴谏，大夫规诲，士传言，庶人谤，商旅于市，百工献艺。故《夏书》曰：'遒人以木铎徇于路。官师相规，工执艺事以谏。'正月孟春，于是乎有之，谏失常也。天之爱民甚矣。岂其使一人肆于民上，以从其淫，而弃天地之性？必不然矣。"

秋，楚子为庸浦之役故，子囊师于棠以伐吴，吴不出而还。子囊殿，以吴为不能而弗儆。吴人自皋舟之隘要而击之，楚人不能相救。吴人败之，获楚公子宜穀。

王使刘定公赐齐侯命，曰："昔伯舅大公，右我先王，股肱周室，师保万民，世胙大师，以表东海。王室之不坏，繄伯舅是赖。今余命女环！兹率舅氏之典，纂乃祖考，无忝乃旧。敬之哉，无废朕命！"

晋侯问卫故于中行献子，对曰："不如因而定之。卫有君矣，伐之，未可以得志而勤诸侯。史佚有言曰：'因重而抚之。'仲虺有言曰：'亡者侮之，乱者取之，推亡固存，国之道也。'君其定卫以待时乎！"冬，会于戚，谋定卫也。

范宣子假羽毛于齐而弗归，齐人始贰。

楚子囊还自伐吴，卒。将死，遗言谓子庚："必城郢。"君子谓："子囊忠。君薨不忘增其名，将死不忘卫社稷，可不谓忠乎？忠，民之望也。《诗》曰：'行归于周，万民所望。'忠也。"

襄公十五年

十五年春，宋向戌来聘，且寻盟。见孟献子，尤其室，曰："子有令闻，而美其室，非所望也！"对曰："我在晋，吾兄为之，毁之重劳，且不敢间。"

官师从单靖公逆王后于齐。卿不行，非礼也。

楚公子午为令尹，公子罢戎为右尹，𫇭子冯为大司马，公子橐师为右司马，公子成为左司马，屈到为莫敖，公子追舒为箴尹，屈荡为连尹，养由基为宫厩尹，以靖国人。君子谓："楚于是乎能官人。官人，国之急也。能官人，则民无觎心。《诗》云：'嗟我怀人，置彼周行。'能官人也。王及公、侯、伯、子、男、甸、采、卫、大夫，各居其列，所谓周行也。"

郑尉氏、司氏之乱，其余盗在宋。郑人以子西、伯有、子产之故，纳赂于宋，以马四十乘与师茷、师慧。三月，公孙黑为质焉。司城子罕以堵女父、尉翩、司齐与之。良司臣而逸之，托诸季武子，武子置诸卞。郑人醢之，三人也。

师慧过宋朝，将私焉。其相曰："朝也。"慧曰："无人焉。"相曰："朝也，何故无人？"慧曰："必无人焉。若犹有人，岂其以千乘之相易淫乐之矇？必无人焉故也。"子罕闻之，固请而归之。

夏，齐侯围成，贰于晋故也。于是乎城成郛。

秋，邾人伐我南鄙。使告于晋，晋将为会以讨邾、莒。晋侯有疾，乃止。冬，晋悼公卒，遂不克会。

郑公孙夏如晋奔丧，子蟜送葬。

宋人或得玉，献诸子罕。子罕弗受。献玉者曰："以示玉人，玉人以为宝也，故敢献之。"子罕曰："我以不贪为宝，尔以玉为宝，若以与我，皆丧宝也。不若人有其宝。"稽首而告曰："小人怀璧，不可以越乡。纳此以请死也。"子罕置诸其里，使玉人为之攻之，富而后使复其所。

十二月，郑人夺堵狗之妻，而归诸范氏。

襄公十六年

十六年春，葬晋悼公。平公即位。羊舌肸为傅，张君臣为中军司马，祁奚、韩襄、栾盈、士鞅为公族大夫，虞丘书为乘马御。改服修官，烝于曲沃。警守而下，会于溴梁。命归侵田。以我故，执邾宣公、莒犁比公，且曰："通齐、楚之使。"

晋侯与诸侯宴于温，使诸大夫舞，曰："歌诗必类！"齐高厚之诗不类。荀偃怒，且曰："诸侯有异志矣！"使诸大夫盟高厚，高厚逃归。于是，叔孙豹、晋荀偃、宋向戌、卫宁殖、郑公孙虿、小邾之大夫盟曰："同讨不庭。"

许男请迁于晋。诸侯遂迁许，许大夫不可。晋人归诸侯。郑子蟜闻将伐许，遂相郑伯以从诸侯之师。穆叔从公。齐子帅师会晋荀偃。书曰："会郑伯。"为夷故也。

夏六月，次于棫林。庚寅，伐许，次于函氏。晋荀偃、栾黡帅师伐楚，以报宋扬梁之役。楚公子格帅师及晋师战于湛阪，楚师败绩。晋师遂侵方城之外，复伐许而还。

秋，齐侯围成，孟孺子速徼之。齐侯曰："是好勇，去之以为之名。"速遂塞海陉而还。

冬，穆叔如晋聘，且言齐故。晋人曰："以寡君之未禘祀，与民之未息。不然，不敢忘。"穆叔曰："以齐人之朝夕释憾于敝邑之地，是以大请！敝邑之急，朝不及夕，引领西望曰：‘庶几乎！’比执事之间，恐无及也！”见中行献子，赋《圻父》。献子曰：“偃知罪矣！敢不从执事以同恤社稷，而使鲁及此。”见范宣子，赋《鸿雁》之卒章。宣子曰：“匄在此，敢使鲁无鸠乎？”

襄公十七年

十七年春，宋庄朝伐陈，获司徒卬，卑宋也。

卫孙蒯田于曹隧，饮马于重丘，毁其瓶。重丘人闭门而询之，曰：“亲逐而君，尔父为厉。是之不忧，而何以田为？”夏卫石买、孙蒯伐曹，取重丘。曹人愬于晋。

齐人以其未得志于我故，秋，齐侯伐我北鄙，围桃。高厚围臧纥于防。师自阳关逆臧孙，至于旅松。郰叔纥、臧畴、臧贾帅甲三百，宵犯齐师，送之而复。齐师去之。

齐人获臧坚。齐侯使夙沙卫唁之，且曰：“无死！”坚稽首曰：“拜命之辱！抑君赐不终，姑又使其刑臣礼于士。”以杙抉其伤而死。

冬，邾人伐我南鄙，为齐故也。

宋华阅卒。华臣弱皋比之室，使贼杀其宰华吴。贼六人以铍杀诸卢门合左师之后。左师惧曰：“老夫无罪。”贼曰：“皋比私有讨于吴。”遂幽其妻，曰：“畀余而大璧！”宋公闻之，曰：“臣也，不唯其宗室是暴，大乱宋国之政，必逐之！”左师曰：“臣也，亦卿也。大臣不顺，国之耻也。不如盖之。”乃舍之。左师为己短策，苟过华臣之门，必骋。十一月甲午，国人逐瘈狗，瘈狗入于华臣氏，国人从之。华臣惧，遂奔陈。

宋皇国父为大宰，为平公筑台，妨于农收。子罕请俟农功之毕，公弗许。筑者讴曰：“泽门之晳，实兴我役。邑中之黔，实慰我心。”子罕闻之，亲执扑，以行筑者，而抶其不勉者，曰：“吾侪小人，皆有阖庐以辟燥湿寒暑。今君为一台而不速成,何以为役?”讴者乃止。或问其故,子罕曰:“宋国区区,而有诅有祝,祸之本也。”

齐晏桓子卒。晏婴粗缞斩,苴绖、带、杖,菅屦,食鬻,居倚庐,寝苫,枕草。其老曰:“非大夫之礼也。”曰:“唯卿为大夫。”

襄公十八年

十八年春,白狄始来。

夏,晋人执卫行人石买于长子,执孙蒯于纯留,为曹故也。

秋,齐侯伐我北鄙。中行献子将伐齐,梦与厉公讼,弗胜;公以戈击之,首队于前,跪而戴之,奉之以走,见梗阳之巫皋。他日,见诸道,与之言,同。巫曰:“今兹主必死,若有事于东方,则可以逞。”献子许诺。

晋侯伐齐,将济河。献子以朱丝系玉二珏,而祷曰:“齐环怙恃其险,负其众庶,弃好背盟,陵虐神主。曾臣彪将率诸侯以讨焉,其官臣偃实先后之。苟捷有功,无作神羞,官臣偃无敢复济。唯尔有神裁之!”沉玉而济。

冬十月,会于鲁济,寻湨梁之言,同伐齐。齐侯御诸平阴,堑防门而守之,广里。夙沙卫曰:“不能战,莫如守险。”弗听。诸侯之士门焉,齐人多死。范宣子告析文子曰:“吾知子,敢匿情乎?鲁人、莒人皆请以车千乘自其乡入,既许之矣。若入,君必失国。子盍图之?”子家以告公,公恐。晏婴闻之曰:“君固无勇,而又闻是,弗能久矣。”齐侯登巫山以望晋师。晋人使司马斥山泽之险,虽所不至,必旆而疏陈之。使乘车者左实右伪,以旆先,舆曳柴而从之。齐侯见之,畏其众也,乃脱归。

丙寅晦,齐师夜遁。师旷告晋侯曰:“乌乌之声乐,齐师其遁。”邢伯告中行伯曰:“有班马之声,齐师其遁。”叔向告晋侯曰:“城上有乌,齐师其遁。”十一月丁卯朔,入平阴,遂从齐师。

夙沙卫连大车以塞隧而殿。殖绰、郭最曰:“子殿国师,齐之辱也。子姑先乎!”乃代之殿。卫杀马于隘以塞道。晋州绰及之,射殖绰,中肩,两矢夹脰,曰:“止,将为三军获。不止,将取其衷。”顾曰:“为私誓。”州绰曰:“有如日!”乃弛弓而自后缚之。其右具丙亦舍兵而缚郭最。皆衿甲面缚,坐于中军之鼓下。

晋人欲逐归者,鲁、卫请攻险。己卯,荀偃、士匄以中军克京兹。乙酉,魏绛、栾盈以下军克邿。赵武、韩起以上军围卢,弗克。十二月戊戌,及秦周,伐雍门之萩。范鞅门于雍门,其御追喜以戈杀犬于门中。孟庄子斩其橁以为公琴。己亥,焚雍门及西郭、南郭。刘难、士弱率诸侯之师焚申池之竹木。壬寅,焚东郭、北郭。范鞅门于扬门。州绰门于东闾,左骖迫,还于门中,以枚数阖。

齐侯驾,将走邮棠。大子与郭荣扣马,曰:“师速而疾,略也。将退矣,君何惧焉!且社稷之主,不可以轻,轻则失众。君必待之。”将犯之,大子抽剑断鞅,乃止。甲辰,东侵及潍,南及沂。

郑子孔欲去诸大夫,将叛晋而起楚师以去之。使告子庚,子庚弗许。楚子闻之,使杨豚尹宜告子庚曰:“国人谓不穀主社稷,而不出师,死不从礼。不穀即位,于今五年,师徒不出,人其以不穀为自逸,而忘先君之业矣。大夫图之!其若之何?”子庚叹曰:“君王其谓午怀安乎!吾以利社稷也。”见使者,稽首而对曰:“诸侯方睦于晋,臣请尝之。若可,君而继之。不可,收师而退,可以无害,君亦无辱。”子庚帅师治兵于汾。于是子蟜、伯有、子张从郑伯伐齐。子孔、子展、子西守。二子知子孔之谋,完守入保。子孔不敢会楚师。

楚师伐郑,次于鱼陵。右师城上棘,遂涉颍,次于旃然。芀子冯、公子格率锐师侵费滑、胥靡、献于、雍梁,右回梅山,侵郑东北,至于虫牢而反。子庚门于纯门,信于城下而还。涉于鱼齿之下,甚雨及之,楚师多冻,役徒几尽。

晋人闻有楚师,师旷曰:“不害。吾骤歌北风,又歌南风。南风不竞,多死声。楚必无功。”董叔曰:“天道多在西北,南师不时,必无功。”叔向曰:“在其君之德也。”

襄公十九年

十九年春,诸侯还自沂上,盟于督扬,曰:“大毋侵小。”执邾悼公,以其伐我故。遂次于泗上,疆我田。取邾田,自漷水归之于我。晋侯先归。公享晋六卿于蒲圃,赐之三命之服。军尉、司马、司空、舆尉、候奄,皆受一命之服。贿荀偃束锦,加璧,乘马,先吴寿梦之鼎。

荀偃瘅疽,生疡于头。济河,及著雍,病,目出。大夫先归者皆反。士匄请见,弗内。请后,曰:“郑甥可。”二月甲寅,卒,而视,不可含。宣子盥而抚之,曰:“事吴,敢不如事主!”犹视。栾怀子曰:“其为未卒事于齐故也乎?”乃复抚之曰:“主苟终,所不嗣事于齐者,有如河!”乃瞑,受含。宣子出,曰:“吾浅之为丈夫也。”

晋栾鲂帅师从卫孙文子伐齐。季武子如晋拜师,晋侯享之。范宣子为政,赋《黍苗》。季武子兴,再拜稽首曰:“小国之仰大国也,如百谷之仰膏雨焉!若常膏之,其天下辑睦,岂唯敝邑?”赋《六月》。

季武子以所得于齐之兵,作林钟而铭鲁功焉。臧武仲谓季孙曰:“非礼也。夫铭,天子令德,诸侯言时计功,大夫称伐。今称伐则下等也,计功则借人也,言时则妨民多矣,何以为铭?且夫大伐小,取其所得以作彝器,铭其功烈以示子孙,昭明德而惩无礼也。今将借人之力以救其死,若之何铭之?小国幸于大国,而昭所获焉以怒之,亡之道也。”

齐侯娶于鲁,曰颜懿姬,无子。其侄鬷声姬,生光,以为大子。诸子:仲子,戎子。戎子嬖。仲子生牙,属诸戎子。戎子请以为大子,许之。仲子曰:“不可。废常,不祥,间诸侯,难。光之立也,列于诸侯矣。今无故而废之,是专黜诸侯,而以难犯不祥也。君必悔之。”公曰:“在我而已。”遂东大子光,使高厚傅牙以为大子。夙沙卫为少傅。

齐侯疾,崔杼微逆光。疾病,而立之。光杀戎子,尸诸朝,非礼也。妇人无刑。虽有刑,不在朝市。夏五月壬辰晦,齐灵公卒。庄公即位,执公子牙于句渎之丘。以夙沙卫易己,卫奔高唐以叛。

晋士匄侵齐及穀,闻丧而还,礼也。

于四月丁未,郑公孙虿卒,赴于晋大夫。范宣子言于晋侯,以其善于伐秦也。六月,晋侯请于王,王追赐之大路,使以行,礼也。

秋八月,齐崔杼杀高厚于洒蓝而兼其室。书曰:“齐杀其大夫。”从君于昏也。

郑子孔之为政也专。国人患之,乃讨西宫之难,与纯门之师。子孔当罪,以其甲及子革、子良氏之甲守。甲辰,子展、子西率国人伐之,杀子孔而分其室。书曰:“郑杀其大夫。”专也。子然、子孔,宋子之子也。士子孔,圭妫之子也。圭妫之班,亚宋子而相亲也。二子孔亦相亲也。僖之四年,子然卒。简之元年,士子孔卒。司徒孔实相子革、子良之室。三室如一,故及于难。子革、子良出奔楚,子革为右尹。郑人使子展当国,子西听政,立子产为卿。

齐庆封围高唐,弗克。冬十一月,齐侯围之,见卫在城上,号之,乃下。问守备焉,以无备告。揖之,乃登。闻师将傅,食高唐人。殖绰、工偻会夜缒纳师,醢卫于军。

城西郛,惧齐也。

齐及晋平,盟于大隧。故穆叔会范宣子于柯。穆叔见叔向,赋《载驰》之四章。叔向曰:“肸敢不承命。”穆叔归曰:“齐犹未也,不可以不惧。”乃城武城。

卫石共子卒,悼子不哀。孔成子曰:“是谓蹶其本,必不有其宗。”

襄公二十年

二十年春，及莒平。孟庄子会莒人，盟于向，督扬之盟故也。

夏，盟于澶渊，齐成故也。

邾人骤至，以诸侯之事，弗能报也。秋，孟庄子伐邾以报之。

蔡公子燮欲以蔡之晋，蔡人杀之。公子履，其母弟也。故出奔楚。

陈庆虎、庆寅畏公子黄之逼，愬诸楚曰：“与蔡司马同谋。”楚人以为讨。公子黄出奔楚。初，蔡文侯欲事晋，曰：“先君与于践土之盟，晋不可弃，且兄弟也。”畏楚，不能行而卒。楚人使蔡无常，公子燮求从先君以利蔡，不能而死。书曰：“蔡杀其大夫公子燮”，言不与民同欲也。“陈侯之弟黄出奔楚”，言非其罪也。公子黄将出奔，呼于国曰：“庆氏无道，求专陈国，暴蔑其君，而去其亲，五年不灭，是无天也。”

齐子初聘于齐，礼也。

冬，季武子如宋，报向戌之聘也。褚师段逆之以受享，赋《常棣》之七章以卒。宋人重贿之。归，复命，公享之，赋《鱼丽》之卒章。公赋《南山有台》。武子去所，曰：“臣不堪也。”

卫宁惠子疾，召悼子曰：“吾得罪于君，悔而无及也。名藏在诸侯之策，曰：‘孙林父，宁殖出其君。’君入则掩之。若能掩之，则吾子也。若不能，犹有鬼神，吾有馁而已，不来食矣。”悼子许诺，惠子遂卒。

襄公二十一年

二十一年春,公如晋,拜师及取邾田也。

邾庶其以漆、闾丘来奔。季武子以公姑姊妻之,皆有赐于其从者。

于是鲁多盗。季孙谓臧武仲曰:“子盍诘盗?”武仲曰:“不可诘也,纥又不能。”季孙曰:“我有四封,而诘其盗,何故不可?子为司寇,将盗是务去,若之何不能?”武仲曰:“子召外盗而大礼焉,何以止吾盗?子为正卿而来外盗,使纥去之,将何以能?庶其窃邑于邾以来,子以姬氏妻之,而与之邑,其从者皆有赐焉。若大盗,礼焉以君之姑姊与其大邑,其次皂牧舆马,其小者衣裳剑带,是赏盗也。赏而去之,其或难焉。纥也闻之,在上位者,洒濯其心,壹以待人,轨度其信,可明征也,而后可以治人。夫上之所为,民之归也。上所不为而民或为之,是以加刑罚焉,而莫敢不惩。若上之所为而民亦为之,乃其所也,又可禁乎?《夏书》曰:‘念兹在兹,释兹在兹,名言兹在兹,允出兹在兹,惟帝念功。’将谓由己壹也。信由己壹,而后功可念也。”

庶其非卿也,以地来,虽贱必书,重地也。

齐侯使庆佐为大夫,复讨公子牙之党,执公子买于句渎之丘。公子鉏来奔。叔孙还奔燕。

夏,楚子庚卒,楚子使薳子冯为令尹。访于申叔豫,叔豫曰:“国多宠而王弱,国不可为也。”遂以疾辞。方暑,阙地,下冰而床焉。重茧衣裘,鲜食而寝。楚子使医视之,复曰:“瘠则甚矣!而血气未动。”乃使子南为令尹。

栾桓子娶于范宣子,生怀子。范鞅以其亡也,怨栾氏,故与栾盈为公族大夫而不相能。桓子卒,栾祁与其老州宾通,几亡室矣。怀子患之。祁惧其讨也,愬诸宣子曰:"盈将为乱,以范氏为死桓主而专政矣,曰:'吾父逐鞅也,不怒而以宠报之,又与吾同官而专之,吾父死而益富。死吾父而专于国,有死而已！吾蔑从之矣。'其谋如是,惧害于主,吾不敢不言。"范鞅为之征。怀子好施,士多归之。宣子畏其多士也,信之。怀子为下卿,宣子使城著而遂逐之。

秋,栾盈出奔楚。宣子杀箕遗、黄渊、嘉父、司空靖、邴豫、董叔、邴师、申书、羊舌虎、叔罴,囚伯华、叔向、籍偃。人谓叔向曰:"子离于罪,其为不知乎?"叔向曰:"与其死亡若何?《诗》曰:'优哉游哉,聊以卒岁。'知也。"乐王鲋见叔向曰:"吾为子请!"叔向弗应。出,不拜。其人皆咎叔向。叔向曰:"必祁大夫。"室老闻之,曰:"乐王鲋言于君无不行,求赦吾子,吾子不许。祁大夫所不能也,而曰'必由之',何也?"叔向曰:"乐王鲋,从君者也,何能行?祁大夫外举不弃仇,内举不失亲,其独遗我乎?《诗》曰:'有觉德行,四国顺之。'夫子,觉者也。"

晋侯问叔向之罪于乐王鲋,对曰:"不弃其亲,其有焉。"于是祁奚老矣,闻之,乘驲而见宣子,曰:"《诗》曰:'惠我无疆,子孙保之。'《书》曰:'圣有谟勋,明征定保。'夫谋而鲜过,惠训不倦者,叔向有焉,社稷之固也。犹将十世宥之,以劝能者。今壹不免其身,以弃社稷,不亦惑乎?鲧殛而禹兴。伊尹放大甲而相之,卒无怨色。管、蔡为戮,周公右王。若之何其以虎也弃社稷?子为善,谁敢不勉?多杀何为?"宣子说,与之乘,以言诸公而免之。不见叔向而归。叔向亦不告免焉而朝。

初,叔向之母妒叔虎之母美而不使。其子皆谏其母。其母曰:"深山大泽,实生龙蛇。彼美,余惧其生龙蛇以祸女。女,敝族也。国多大宠,不仁人间之,不亦难乎?余何爱焉!"使往视寝,生叔虎。美而有勇力,栾怀子嬖之,故羊舌氏之族及于难。

栾盈过于周,周西鄙掠之。辞于行人,曰:"天子陪臣盈,得罪于王之守臣,将逃罪。罪重于郊甸,无所伏窜,敢布其死。昔陪臣书能输力于王室,王施惠焉。其子黡,不能保任其父之劳。大君若不弃书之力,亡臣犹有所逃。若弃书之力,而思黡之罪,臣,戮余也,将归死于尉氏,不敢还矣。敢布四体,唯大君命焉!”王曰:“尤而效之,其又甚焉!”使司徒禁掠栾氏者,归所取焉。使候出诸轘辕。

冬,曹武公来朝,始见也。

会于商任,锢栾氏也。齐侯、卫侯不敬。叔向曰:“二君者必不免。会朝,礼之经也。礼,政之舆也。政,身之守也。怠礼失政,失政不立,是以乱也。”

知起、中行喜、州绰、邢蒯出奔齐,皆栾氏之党也。乐王鲋谓范宣子曰:“盍反州绰、邢蒯,勇士也。”宣子曰:“彼栾氏之勇也,余何获焉?”王鲋曰:“子为彼栾氏,乃亦子之勇也。”

齐庄公朝,指殖绰、郭最曰:“是寡人之雄也。”州绰曰:“君以为雄,谁敢不雄? 然臣不敏,平阴之役,先二子鸣。”庄公为勇爵。殖绰、郭最欲与焉。州绰曰:“东闾之役,臣左骖迫,还于门中,识其枚数。其可以与于此乎?”公曰:“子为晋君也。”对曰:“臣为隶新。然二子者,譬于禽兽,臣食其肉而寝处其皮矣。”

襄公二十二年

二十二年春,臧武仲如晋,雨,过御叔。御叔在其邑,将饮酒,曰:“焉用圣人! 我将饮酒而已,雨行,何以圣为?”穆叔闻之曰:“不可使也,而傲使人,国之蠹也。”令倍其赋。

夏,晋人征朝于郑。郑人使少正公孙侨对曰:“在晋先君悼公九年,我寡君于是即位。即位八月,而我先大夫子驷从寡君以朝于执事。执事不礼于寡君。寡君惧,因是行也,我二年六月朝于楚,晋是以有戏之役。楚人犹竞,而申礼于敝邑。敝邑欲从执事而惧为大尤，曰晋其谓我不共有礼，是以不敢携贰于楚。我四年三月，先大夫子蟜又从寡君以观衅于楚，晋于是乎有萧鱼之役。谓我敝邑，迩在晋国，譬诸草木，吾臭味也，而何敢差池？楚亦不竞，寡君尽其土实，重之以宗器，以受齐盟。遂帅群臣随于执事以会岁终。贰于楚者，子侯石盂，归而讨之。溴梁之明年，子蟜老矣，公孙夏从寡君以朝于君，见于尝酎，与执燔焉。间二年，闻君将靖东夏，四月又朝，以听事期。不朝之间，无岁不聘，无役不从。以大国政令之无常，国家罢病，不虞荐至，无日不惕，岂敢忘职？大国若安定之，其朝夕在庭，何辱命焉？若不恤其患，而以为口实，其无乃不堪任命，而翦为仇雠，敝邑是惧。其敢忘君命？委诸执事，执事实重图之。"

秋，栾盈自楚适齐。晏平仲言于齐侯曰："商任之会，受命于晋。今纳栾氏，将安用之？小所以事大，信也。失信不立，君其图之。"弗听。退告陈文子曰："君人执信，臣人执共，忠信笃敬，上下同之，天之道也。君自弃也，弗能久矣！"

九月，郑公孙黑肱有疾，归邑于公。召室老、宗人立段，而使黜官、薄祭。祭以特羊，殷以少牢。足以共祀，尽归其余邑。曰："吾闻之，生于乱世，贵而能贫，民无求焉，可以后亡。敬共事君，与二三子。生在敬戒，不在富也。"己巳，伯张卒。君子曰："善戒。《诗》曰：'慎尔侯度，用戒不虞。'郑子张其有焉。"

冬，会于沙随，复锢栾氏也。栾盈犹在齐，晏子曰："祸将作矣！齐将伐晋，不可以不惧。"

楚观起有宠于令尹子南，未益禄，而有马数十乘。楚人患之，王将讨焉。子南之子弃疾为王御士，王每见之，必泣。弃疾曰："君三泣臣矣，敢问谁之罪也？"王曰："令尹之不能，尔所知也。国将讨焉，尔其居乎？"对曰："父戮子居，君焉用之？泄命重刑，臣亦不为。"王遂杀子南于朝，轘观起于四竟。子南之臣谓弃疾，请徙子尸于朝，曰："君臣有礼，唯二三子。"三日，弃疾请尸，王许之。既葬，其徒曰：

"行乎!"曰:"吾与杀吾父,行将焉入?"曰:"然则臣王乎?"曰:"弃父事仇,吾弗忍也。"遂缢而死。

复使薳子冯为令尹,公子齮为司马,屈建为莫敖。有宠于薳子者八人,皆无禄而多马。他日朝,与申叔豫言。弗应而退。从之,入于人中。又从之,遂归。退朝,见之,曰:"子三困我于朝,吾惧,不敢不见。吾过,子姑告我。何疾我也?"对曰:"吾不免是惧,何敢告子?"曰:"何故?"对曰:"昔观起有宠于子南,子南得罪,观起车裂。何故不惧?"自御而归,不能当道。至,谓八人者曰:"吾见申叔,夫子所谓生死而肉骨也。知我者,如夫子则可。不然,请止。"辞八人者,而后王安之。

十二月,郑游眅将归晋,未出竟,遭逆妻者,夺之,以馆于邑。丁巳,其夫攻子明,杀之,以其妻行。子展废良而立大叔,曰:"国卿,君之贰也,民之主也,不可以苟。请舍子明之类。"求亡妻者,使复其所。使游氏勿怨,曰:"无昭恶也。"

襄公二十三年

二十三年春,杞孝公卒,晋悼夫人丧之。平公不彻乐,非礼也。礼,为邻国阙。

陈侯如楚。公子黄愬二庆于楚,楚人召之。使庆乐往。杀之。庆氏以陈叛。夏,屈建从陈侯围陈。陈人城,板队而杀人。役人相命,各杀其长。遂杀庆虎、庆寅。楚人纳公子黄。君子谓:"庆氏不义,不可肆也。故《书》曰:'惟命不于常。'"

晋将嫁女于吴,齐侯使析归父媵之,以藩载栾盈及其士,纳诸曲沃。栾盈夜见胥午而告之,对曰:"不可。天之所废,谁能兴之?子必不免。吾非爱死也,知不集也。"盈曰:"虽然,因子而死,吾无悔矣。我实不天,子无咎焉。"许诺。伏之,而觞曲沃人。乐作。午言曰："今也得栾孺子，何如？"对曰："得主而为之死，犹不死也。"皆叹，有泣者。爵行，又言。皆曰："得主，何贰之有？"盈出，遍拜之。

四月，栾盈帅曲沃之甲，因魏献子，以昼入绛。初，栾盈佐魏庄子于下军，献子私焉，故因之。赵氏以原、屏之难怨栾氏，韩、赵方睦。中行氏以伐秦之役怨栾氏，而固与范氏和亲。知悼子少，而听于中行氏。程郑嬖于公。唯魏氏及七舆大夫与之。

乐王鲋侍坐于范宣子。或告曰："栾氏至矣！"宣子惧。桓子曰："奉君以走固宫，必无害也。且栾氏多怨，子为政；栾氏自外，子在位。其利多矣。既有利权，又执民柄，将何惧焉？栾氏所得，其唯魏氏乎！而可强取也。夫克乱在权，子无懈矣。"公有姻丧，王鲋使宣子墨缞冒绖，二妇人辇以如公，奉公以如固宫。

范鞅逆魏舒，则成列既乘，将逆栾氏矣。趋进，曰："栾氏帅贼以入，鞅之父与二三子在君所矣。使鞅逆吾子。鞅请骖乘持带。"遂超乘，右抚剑，左援带，命驱之出。仆请，鞅曰："之公。"宣子逆诸阶，执其手，赂之以曲沃。

初，斐豹隶也，著于丹书。栾氏之力臣曰督戎，国人惧之。斐豹谓宣子曰："苟焚丹书，我杀督戎。"宣子喜，曰："而杀之，所不请于君焚丹书者，有如日！"乃出豹而闭之，督戎从之。逾隐而待之，督戎逾入，豹自后击而杀之。范氏之徒在台后，栾氏乘公门。宣子谓鞅曰："矢及君屋，死之！"鞅用剑以帅卒，栾氏退。摄车从之，遇栾乐，曰："乐免之，死将讼女于天。"乐射之，不中。又注，则乘槐本而覆。或以戟钩之，断肘而死。栾鲂伤。栾盈奔曲沃，晋人围之。

秋，齐侯伐卫。先驱：穀荣御王孙挥，召扬为右。申驱：成秩御莒恒，申鲜虞之傅挚为右。曹开御戎，晏父戎为右。贰广：上之登御邢公，卢蒲癸为右。启：牢成御襄罢师，狼蘧疏为右。胠：商子车御侯朝，桓跳为右。大殿：商子游御夏之御寇，崔如为右，烛庸之越驷乘。

自卫将遂伐晋。晏平仲曰："君恃勇力以伐盟主，若不济，国之福也。不德而有功，忧必及君。"崔杼谏曰："不可。臣闻之，小国间大国之败而毁焉，必受其咎。君其图之！"弗听。陈文子见崔武子，曰："将如君何？"武子曰："吾言于君，君弗听也。以为盟主，而利其难。群臣若急，君于何有？子姑止之。"文子退，告其人曰："崔子将死乎！谓君甚，而又过之，不得其死。过君以义，犹自抑也，况以恶乎？"

齐侯遂伐晋，取朝歌，为二队，入孟门，登大行，张武军于荧庭。戍郫邵，封少水，以报平阴之役，乃还。赵胜帅东阳之师以追之，获晏氂。八月，叔孙豹帅师救晋，次于雍榆，礼也。

季武子无适子，公弥长，而爱悼子，欲立之。访于申丰，曰："弥与纥，吾皆爱之，欲择才焉而立之。"申丰趋退，归，尽室将行。他日，又访焉，对曰："其然！将具敝车而行。"乃止。访于臧纥，臧纥曰："饮我酒，吾为子立之。"季氏饮大夫酒，臧纥为客。既献，臧孙命北面重席，新樽絜之。召悼子，降，逆之。大夫皆起。及旅，而召公钽，使与之齿，季孙失色。

季氏以公钽为马正，愠而不出。闵子马见之，曰："子无然！祸福无门，唯人所召。为人子者，患不孝，不患无所。敬共父命，何常之有？若能孝敬，富倍季氏可也。奸回不轨，祸倍下民可也。"公钽然之。敬共朝夕，恪居官次。季孙喜，使饮己酒，而以具往，尽舍旃。故公钽氏富，又出为公左宰。

孟孙恶臧孙，季孙爱之。孟氏之御驺丰点好羯也，曰："从余言，必为孟孙。"再三云，羯从之。孟庄子疾，丰点谓公钽："苟立羯，请仇臧氏。"公钽谓季孙曰："孺子秩，固其所也。若羯立，则季氏信有力于臧氏矣。"弗应。己卯，孟孙卒，公钽奉羯立于户侧。季孙至，入，哭，而出，曰："秩焉在？"公钽曰："羯在此矣！"季孙曰："孺子长。"公钽曰："何长之有？唯其才也。且夫子之命也。"遂立羯。秩奔邾。

臧孙入，哭甚哀，多涕。出，其御曰："孟孙之恶子也，而哀如是。季孙若死，其若之何？"臧孙曰："季孙之爱我，疾疢也。孟孙之恶我，药石也。美疢不如恶石。夫石犹生我，疢之美，其毒滋多。孟孙死，吾亡无日矣。"

孟氏闭门，告于季孙曰："臧氏将为乱，不使我葬。"季孙不信。臧孙闻之，戒。冬十月，孟氏将辟，藉除于臧氏。臧孙使正夫助之，除于东门，甲从己而视之。孟氏又告季孙。季孙怒，命攻臧氏。乙亥，臧纥斩鹿门之关以出，奔邾。

初，臧宣叔娶于铸，生贾及为而死。继室以其侄，穆姜之姨子也。生纥，长于公宫。姜氏爱之，故立之。臧贾、臧为出在铸。臧武仲自邾使告臧贾，且致大蔡焉，曰："纥不佞，失守宗祧，敢告不吊。纥之罪，不及不祀。子以大蔡纳请，其可。"贾曰："是家之祸也，非子之过也。贾闻命矣。"再拜受龟。使为以纳请，遂自为也。臧孙如防，使来告曰："纥非能害也，知不足也。非敢私请！苟守先祀，无废二勋，敢不辟邑。"乃立臧为。

臧纥致防而奔齐。其人曰："其盟我乎？"臧孙曰："无辞。"将盟臧氏，季孙召外史掌恶臣，而问盟首焉，对曰："盟东门氏也，曰：'毋或如东门遂，不听公命，杀適立庶。'盟叔孙氏也，曰：'毋或如叔孙侨如，欲废国常，荡覆公室。'"季孙曰："臧孙之罪，皆不及此。"孟椒曰："盍以其犯门斩关？"季孙用之。乃盟臧氏曰："无或如臧孙纥，干国之纪，犯门斩关。"臧孙闻之，曰："国有人焉！谁居？其孟椒乎！"

晋人克栾盈于曲沃，尽杀栾氏之族党。栾鲂出奔宋。书曰："晋人杀栾盈。"不言大夫，言自外也。

齐侯还自晋，不入。遂袭莒，门于且于，伤股而退。明日，将复战，期于寿舒。杞殖、华还载甲，夜入且于之隧，宿于莒郊。明日，先遇莒子于蒲侯氏。莒子重赂之，使无死，曰："请有盟。"华周对曰："贪货弃命，亦君所恶也。昏而受命，日未中而弃之，何以事君？"莒子亲鼓之,从而伐之,获杞梁。莒人行成。齐侯归,遇杞梁之妻于郊,使吊之。辞曰:“殖之有罪,何辱命焉?若免于罪,犹有先人之敝庐在,下妾不得与郊吊。”齐侯吊诸其室。

齐侯将为臧纥田。臧孙闻之,见齐侯。与之言伐晋。对曰:“多则多矣!抑君似鼠。夫鼠昼伏夜动,不穴于寝庙,畏人故也。今君闻晋之乱而后作焉。宁将事之,非鼠如何?”乃弗与田。仲尼曰:“知之难也。有臧武仲之知,而不容于鲁国,抑有由也。作不顺而施不恕也。《夏书》曰:‘念兹在兹。’顺事、恕施也。”

襄公二十四年

二十四年春,穆叔如晋。范宣子逆之,问焉,曰:“古人有言曰,‘死而不朽’,何谓也?”穆叔未对。宣子曰:“昔匄之祖,自虞以上,为陶唐氏,在夏为御龙氏,在商为豕韦氏,在周为唐、杜氏,晋主夏盟为范氏,其是之谓乎?”穆叔曰:“以豹所闻,此之谓世禄,非不朽也。鲁有先大夫曰臧文仲,既没,其言立。其是之谓乎!豹闻之,大上有立德,其次有立功,其次有立言,虽久不废,此之谓不朽。若夫保姓受氏,以守宗祊,世不绝祀,无国无之。禄之大者,不可谓不朽。”

范宣子为政,诸侯之币重。郑人病之。二月,郑伯如晋。子产寓书于子西以告宣子,曰:“子为晋国,四邻诸侯,不闻令德,而闻重币,侨也惑之。侨闻君子长国家者,非无贿之患,而无令名之难。夫诸侯之贿聚于公室,则诸侯贰。若吾子赖之,则晋国贰。诸侯贰,则晋国坏。晋国贰,则子之家坏。何没没也!将焉用贿?夫令名,德之舆也。德,国家之基也。有基无坏,无亦是务乎!有德则乐,乐则能久。《诗》云:‘乐只君子,邦家之基。’有令德也夫!‘上帝临女,无贰尔心。’有令名也夫!恕思以明德,则令名载而行之,是以远至迩安。毋宁使人谓子‘子实生我’,而谓‘子浚我以生’乎?象有齿以焚其身,贿也。”宣子说,乃轻币。是行也,郑伯朝晋,为重币故,且请伐陈也。郑伯稽首,宣子辞。子西相,曰:“以陈国之介恃大国而陵虐于敝邑,寡君是以请罪焉。敢不稽首。”

孟孝伯侵齐,晋故也。

夏,楚子为舟师以伐吴,不为军政,无功而还。

齐侯既伐晋而惧,将欲见楚子。楚子使薳启强如齐聘,且请期。齐社,蒐军实,使客观之。陈文子曰:“齐将有寇。吾闻之,兵不戢,必取其族。”

秋,齐侯闻将有晋师,使陈无宇从薳启强如楚,辞,且乞师。崔杼帅师送之,遂伐莒,侵介根。

会于夷仪,将以伐齐,水,不克。

冬,楚子伐郑以救齐,门于东门,次于棘泽。诸侯还救郑。

晋侯使张骼、辅跞致楚师,求御于郑。郑人卜宛射犬吉。子大叔戒之曰:“大国之人,不可与也。”对曰:“无有众寡,其上一也。”大叔曰:“不然,部娄无松柏。”二子在幄,坐射犬于外,既食而后食之。使御广车而行,已皆乘乘车。将及楚师,而后从之乘,皆踞转而鼓琴。近,不告而驰之。皆取胄于橐而胄,入垒,皆下,搏人以投,收禽挟囚。弗待而出。皆超乘,抽弓而射。既免,复踞转而鼓琴,曰:“公孙!同乘,兄弟也。胡再不谋?”对曰:“曩者志入而已,今则怯也。”皆笑,曰:“公孙之亟也。”

楚子自棘泽还,使薳启强帅师送陈无宇。

吴人为楚舟师之役故,召舒鸠人,舒鸠人叛楚。楚子师于荒浦,使沈尹寿与师祁犁让之。舒鸠子敬逆二子,而告无之,且请受盟。二子复命,王欲伐之。薳子曰:“不可。彼告不叛,且请受盟,而又伐之,伐无罪也。姑归息民,以待其卒。卒而不贰,吾又何求?若犹叛我,无辞有庸。”乃还。

陈人复讨庆氏之党,鍼宜咎出奔楚。

齐人城郏。穆叔如周聘，且贺城。王嘉其有礼也，赐之大路。

晋侯嬖程郑，使佐下军。郑行人公孙挥如晋聘。程郑问焉，曰："敢问降阶何由？"子羽不能对。归以语然明，然明曰："是将死矣。不然将亡。贵而知惧，惧而思降，乃得其阶，下人而已，又何问焉？且夫既登而求降阶者，知人也，不在程郑。其有亡衅乎？不然，其有惑疾，将死而忧也。"

襄公二十五年

二十五年春，齐崔杼帅师伐我北鄙，以报孝伯之师也。公患之，使告于晋。孟公绰曰："崔子将有大志，不在病我，必速归，何患焉！其来也不寇，使民不严，异于他日。"齐师徒归。

齐棠公之妻，东郭偃之姊也。东郭偃臣崔武子。棠公死，偃御武子以吊焉。见棠姜而美之，使偃取之。偃曰："男女辨姓，今君出自丁，臣出自桓，不可。"武子筮之，遇《困》䷮之《大过》䷛。史皆曰："吉。"示陈文子，文子曰："夫从风，风陨，妻不可娶也。且其《繇》曰：'困于石，据于蒺藜，入于其宫，不见其妻，凶。'困于石，往不济也。据于蒺藜，所恃伤也。入于其宫，不见其妻，凶，无所归也。"崔子曰："嫠也何害？先夫当之矣。"遂取之。庄公通焉，骤如崔氏。以崔子之冠赐人，侍者曰："不可。"公曰："不为崔子，其无冠乎？"崔子因是，又以其间伐晋也，曰："晋必将报。"欲弑公以说于晋，而不获间。公鞭侍人贾举而又近之，乃为崔子间公。

夏五月，莒为且于之役故，莒子朝于齐。甲戌，飨诸北郭。崔子称疾不视事。乙亥，公问崔子，遂从姜氏。姜入于室，与崔子自侧户出。公拊楹而歌。侍人贾举止众从者，而入闭门。甲兴。公登台而请，弗许。请盟，弗许。请自刃于庙，弗许。皆曰："君之臣杼疾病，不能听命。近于公宫，陪臣干掫有淫者，不知二命。"公逾墙。又射之，中股，反队。遂弑之。贾举、州绰、邴师、公孙敖、封具、铎父、襄伊、偻堙皆死。祝佗父祭于高唐，至，复命。不说弁而死于崔氏。申蒯侍渔者，退，谓其宰曰："尔以帑免，我将死。"其宰曰："免，是反子之义也。"与之皆死。崔氏杀鬷蔑于平阴。

晏子立于崔氏之门外，其人曰："死乎？"曰："独吾君也乎哉？吾死也。"曰："行乎？"曰："吾罪也乎哉？吾亡也。"曰："归乎？"曰："君死，安归？君民者，岂以陵民？社稷是主。臣君者，岂为其口实？社稷是养。故君为社稷死，则死之；为社稷亡，则亡之。若为己死而为己亡，非其私昵，谁敢任之？且人有君而弑之，吾焉得死之，而焉得亡之？将庸何归？"门启而入，枕尸股而哭，兴，三踊而出。人谓崔子："必杀之！"崔子曰："民之望也！舍之，得民。"卢蒲癸奔晋，王何奔莒。

叔孙宣伯之在齐也，叔孙还纳其女于灵公。嬖，生景公。丁丑，崔杼立而相之。庆封为左相。盟国人于大宫，曰："所不与崔、庆者。"晏子仰天叹曰："婴所不唯忠于君利社稷者是与，有如上帝。"乃歃。辛巳，公与大夫及莒子盟。大史书曰："崔杼弑其君。"崔子杀之。其弟嗣书而死者，二人。其弟又书，乃舍之。南史氏闻大史尽死，执简以往。闻既书矣，乃还。

闾丘婴以帷缚其妻而载之，与申鲜虞乘而出。鲜虞推而下之，曰："君昏不能匡，危不能救，死不能死，而知匿其昵，其谁纳之？"行及弇中，将舍。婴曰："崔、庆其追我！"鲜虞曰："一与一，谁能惧我？"遂舍，枕辔而寝，食马而食。驾而行，出弇中，谓婴曰："速驱之！崔、庆之众，不可当也。"遂来奔。

崔氏侧庄公于北郭。丁亥，葬诸士孙之里，四翣，不跸，下车七乘，不以兵甲。

晋侯济自泮，会于夷仪，伐齐，以报朝歌之役。齐人以庄公说，使隰鉏请成。庆封如师，男女以班。赂晋侯以宗器、乐器。自六正、五吏、三十帅、三军之大夫、百官之正长、师旅及处守者,皆有赂。晋侯许之。使叔向告于诸侯。公使子服惠伯对曰:“君舍有罪,以靖小国,君之惠也。寡君闻命矣!”

晋侯使魏舒、宛没逆卫侯,将使卫与之夷仪。崔子止其帑,以求五鹿。

初,陈侯会楚子伐郑,当陈隧者,井堙木刊。郑人怨之。六月,郑子展、子产帅车七百乘伐陈,宵突陈城,遂入之。陈侯扶其大子偃师奔墓,遇司马桓子,曰:“载余!”曰:“将巡城。”遇贾获,载其母妻,下之,而授公车。公曰:“舍而母!”辞曰:“不祥。”与其妻扶其母以奔墓,亦免。子展命师无入公宫,与子产亲御诸门。陈侯使司马桓子赂以宗器。陈侯免,拥社。使其众,男女别而累,以待于朝。子展执絷而见,再拜稽首,承饮而进献。子美入,数俘而出。祝祓社,司徒致民,司马致节,司空致地,乃还。

秋七月己巳,同盟于重丘,齐成故也。

赵文子为政,令薄诸侯之币而重其礼。穆叔见之。谓穆叔曰:“自今以往,兵其少弭矣!齐崔、庆新得政,将求善于诸侯。武也知楚令尹。若敬行其礼,道之以文辞,以靖诸侯,兵可以弭。”

楚薳子冯卒,屈建为令尹。屈荡为莫敖。舒鸠人卒叛楚。令尹子木伐之,及离城。吴人救之,子木遽以右师先,子强、息桓、子捷、子骈、子盂帅左师以退。吴人居其间七日。子强曰:“久将垫隘,隘乃禽也。不如速战!请以其私卒诱之,简师陈以待我。我克则进,奔则亦视之,乃可以免。不然,必为吴禽。”从之。五人以其私卒先击吴师。吴师奔,登山以望,见楚师不继,复逐之,傅诸其军。简师会之,吴师大败。遂围舒鸠,舒鸠溃。八月,楚灭舒鸠。

卫献公入于夷仪。

郑子产献捷于晋,戎服将事。晋人问陈之罪,对曰:“昔虞阏父为周陶正,以服事我先王。我先王赖其利器用也,与其神明之后也,庸以元女大姬配胡公，而封诸陈，以备三恪。则我周之自出，至于今是赖。桓公之乱，蔡人欲立其出。我先君庄公奉五父而立之，蔡人杀之。我又与蔡人奉戴厉公，至于庄、宣，皆我之自立。夏氏之乱，成公播荡，又我之自入，君所知也。今陈忘周之大德，蔑我大惠，弃我姻亲，介恃楚众，以凭陵我敝邑，不可亿逞。我是以有往年之告。未获成命，则有我东门之役。当陈隧者，井堙木刊。敝邑大惧不竞，而耻大姬。天诱其衷，启敝邑心。陈知其罪，授手于我。用敢献功！”晋人曰：“何故侵小？”对曰：“先王之命，唯罪所在，各致其辟。且昔天子之地一圻，列国一同，自是以衰。今大国多数圻矣，若无侵小，何以至焉？”晋人曰：“何故戎服？”对曰：“我先君武、庄，为平、桓卿士。城濮之役，文公布命，曰：‘各复旧职！’命我文公戎服辅王，以授楚捷，不敢废王命故也。”士庄伯不能诘，复于赵文子。文子曰：“其辞顺，犯顺不祥。”乃受之。

冬十月，子展相郑伯如晋，拜陈之功。子西复伐陈，陈及郑平。仲尼曰：“《志》有之：‘言以足志，文以足言。’不言，谁知其志？言之无文，行而不远。晋为伯，郑入陈，非文辞不为功。慎辞哉！”

楚蒍掩为司马，子木使庀赋，数甲兵。甲午，蒍掩书土田，度山林，鸠薮泽，辨京陵，表淳卤，数疆潦，规偃猪，町原防，牧隰皋，井衍沃，量入修赋。赋车籍马，赋车兵、徒兵、甲楯之数。既成，以授子木，礼也。

十二月，吴子诸樊伐楚，以报舟师之役。门于巢。巢牛臣曰：“吴王勇而轻，若启之，将亲门。我获射之，必殪。是君也死，疆其少安！”从之。吴子门焉，牛臣隐于短墙以射之，卒。

楚子以灭舒鸠赏子木。辞曰：“先大夫蒍子之功也。”以与蒍掩。

晋程郑卒。子产始知然明，问为政焉。对曰：“视民如子。见不仁者诛之，如鹰鹯之逐鸟雀也。”子产喜，以语子大叔，且曰：“他日吾见蔑之面而已，今吾见其心矣。”子大叔问政于子产。子产曰：“政如农功，日夜思之，思其始而成其终。朝夕而行之，行无越思，如农之有畔。其过鲜矣。"

卫献公自夷仪使与宁喜言，宁喜许之。大叔文子闻之，曰："乌乎！《诗》所谓'我躬不说，皇恤我后'者，宁子可谓不恤其后矣。将可乎哉？殆必不可。君子之行，思其终也，思其复也。《书》曰：'慎始而敬终，终以不困。'《诗》曰：'夙夜匪解，以事一人。'今宁子视君不如弈棋，其何以免乎？弈者举棋不定，不胜其耦。而况置君而弗定乎？必不免矣。九世之卿族，一举而灭之。可哀也哉！"

会于夷仪之岁，齐人城郏。其五月，秦、晋为成。晋韩起如秦莅盟，秦伯车如晋莅盟，成而不结。

襄公二十六年

二十六年春，秦伯之弟鍼如晋修成，叔向命召行人子员。行人子朱曰："朱也当御。"三云，叔向不应。子朱怒，曰："班爵同，何以黜朱于朝？"抚剑从之。叔向曰："秦、晋不和久矣！今日之事，幸而集，晋国赖之。不集，三军暴骨。子员道二国之言无私，子常易之。奸以事君者，吾所能御也。"拂衣从之。人救之。平公曰："晋其庶乎！吾臣之所争者大。"师旷曰："公室惧卑，臣不心竞而力争，不务德而争善，私欲已侈，能无卑乎？"

卫献公使子鲜为复，辞。敬姒强命之。对曰："君无信，臣惧不免。"敬姒曰："虽然，以吾故也。"许诺。初，献公使与宁喜言，宁喜曰："必子鲜在，不然必败。"故公使子鲜。子鲜不获命于敬姒，以公命与宁喜言曰："苟反，政由宁氏，祭则寡人。"宁喜告蘧伯玉，伯玉曰："瑗不得闻君之出，敢闻其入？"遂行，从近关出。告右宰穀，右宰穀曰："不可。获罪于两君，天下谁畜之？"悼子曰："吾受命于先人，不可以贰。"穀曰："我请使焉而观之。"遂见公于夷仪。反曰："君淹恤在外十二年矣，而无忧色，亦无宽言，犹夫人也。若不已，死无日矣。”悼子曰：“子鲜在。”右宰穀曰：“子鲜在，何益？多而能亡，于我何为？”悼子曰：“虽然，弗可以已。”孙文子在戚，孙嘉聘于齐，孙襄居守。

二月庚寅，宁喜、右宰穀伐孙氏，不克。伯国伤。宁子出舍于郊。伯国死，孙氏夜哭。国人召宁子，宁子复攻孙氏，克之。辛卯，杀子叔及大子角。书曰：“宁喜弑其君剽。”言罪之在宁氏也。孙林父以戚如晋。书曰：“入于戚以叛。”罪孙氏也。臣之禄，君实有之。义则进，否则奉身而退，专禄以周旋，戮也。甲午，卫侯入。书曰：“复归。”国纳之也。大夫逆于竟者，执其手而与之言。道逆者，自车揖之。逆于门者，颔之而已。

公至，使让大叔文子曰：“寡人淹恤在外，二三子皆使寡人朝夕闻卫国之言，吾子独不在寡人。古人有言曰：‘非所怨勿怨。’寡人怨矣。”对曰：“臣知罪矣！臣不佞，不能负羁绁，以从扞牧圉，臣之罪一也。有出者，有居者。臣不能贰，通外内之言以事君，臣之罪二也。有二罪，敢忘其死？”乃行，从近关出。公使止之。

卫人侵戚东鄙，孙氏愬于晋，晋戍茅氏。殖绰伐茅氏，杀晋戍三百人。孙蒯追之，弗敢击。文子曰：“厉之不如！”遂从卫师，败之圉。雍钼获殖绰。复愬于晋。

郑伯赏入陈之功。三月甲寅朔，享子展，赐之先路、三命之服，先八邑。赐子产次路、再命之服，先六邑。子产辞邑，曰：“自上以下，降杀以两，礼也。臣之位在四，且子展之功也。臣不敢及赏礼，请辞邑。”公固予之，乃受三邑。公孙挥曰：“子产其将知政矣！让不失礼。”

晋人为孙氏故，召诸侯，将以讨卫也。夏，中行穆子来聘，召公也。

楚子、秦人侵吴，及雩娄，闻吴有备而还。遂侵郑，五月，至于城麇。郑皇颉戍之。出,与楚师战,败。穿封戌囚皇颉,公子围与之争之。正于伯州犁。伯州犁曰:“请问于囚。”乃立囚。伯州犁曰:“所争,君子也,其何不知?”上其手,曰:“夫子为王子围,寡君之贵介弟也。”下其手,曰:“此子为穿封戌,方城外之县尹也。谁获子?”囚曰:“颉遇王子,弱焉。”戌怒,抽戈逐王子围,弗及。楚人以皇颉归。

印堇父与皇颉戍城麇,楚人囚之,以献于秦。郑人取货于印氏以请之,子大叔为令正,以为请。子产曰:“不获。受楚之功而取货于郑,不可谓国。秦不其然。若曰:‘拜君之勤郑国,微君之惠,楚师其犹在敝邑之城下。’其可。”弗从,遂行。秦人不予。更币,从子产而后获之。

六月,公会晋赵武、宋向戌、郑良霄、曹人于澶渊以讨卫,疆戚田。取卫西鄙懿氏六十以与孙氏。赵武不书,尊公也。向戌不书,后也。郑先宋,不失所也。于是卫侯会之。晋人执宁喜、北宫遗,使女齐以先归。卫侯如晋,晋人执而囚之于士弱氏。

秋七月,齐侯、郑伯为卫侯故,如晋,晋侯兼享之。晋侯赋《嘉乐》。国景子相齐侯,赋《蓼萧》。子展相郑伯,赋《缁衣》。叔向命晋侯拜二君曰:“寡君敢拜齐君之安我先君之宗祧也,敢拜郑君之不贰也。”

国子使晏平仲私于叔向,曰:“晋君宣其明德于诸侯,恤其患而补其阙,正其违而治其烦,所以为盟主也。今为臣执君,若之何?”叔向告赵文子,文子以告晋侯。晋侯言卫侯之罪,使叔向告二君。国子赋“辔之柔矣”,子展赋“将仲子兮”,晋侯乃许归卫侯。叔向曰:“郑七穆,罕氏其后亡者也。子展俭而壹。”

初,宋芮司徒生女子,赤而毛,弃诸堤下。共姬之妾取以入,名之曰弃。长而美。平公入夕,共姬与之食。公见弃也,而视之,尤。姬纳诸御,嬖,生佐。恶而婉。大子痤美而很,合左师畏而恶之。寺人惠墙伊戾为大子内师而无宠。

秋，楚客聘于晋，过宋。大子知之，请野享之。公使往，伊戾请从之。公曰："夫不恶女乎？"对曰："小人之事君子也，恶之不敢远，好之不敢近。敬以待命，敢有贰心乎？纵有共其外，莫共其内。臣请往也。"遣之，至，则欿，用牲，加书，征之，而骋告公曰："大子将为乱，既与楚客盟矣。"公曰："为我子，又何求？"对曰："欲速。"公使视之，则信有焉。问诸夫人与左师，则皆曰："固闻之。"公囚大子。大子曰："唯佐也，能免我。"召而使请，曰："日中不来，吾知死矣。"左师闻之，聒而与之语。过期，乃缢而死。佐为大子。公徐闻其无罪也，乃亨伊戾。

左师见夫人之步马者，问之，对曰："君夫人氏也。"左师曰："谁为君夫人？余胡弗知？"圉人归，以告夫人。夫人使馈之锦与马，先之以玉，曰："君之妾弃使某献。"左师改命曰："君夫人。"而后再拜稽首受之。

郑伯归自晋，使子西如晋聘，辞曰："寡君来烦执事，惧不免于戾。使夏谢不敏。"君子曰："善事大国。"

初，楚伍参与蔡太师子朝友，其子伍举与声子相善也。伍举娶于王子牟，王子牟为申公而亡，楚人曰："伍举实送之。"伍举奔郑，将遂奔晋。声子将如晋，遇之于郑郊，班荆相与食，而言复故。声子曰："子行也！吾必复子。"及宋向戌将平晋、楚，声子通使于晋。还如楚，令尹子木与之语，问晋故焉。且曰："晋大夫与楚孰贤？"对曰："晋卿不如楚，其大夫则贤，皆卿材也。如杞、梓、皮革，自楚往也。虽楚有材，晋实用之。"子木曰："夫独无族姻乎？"对曰："虽有，而用楚材实多。归生闻之：'善为国者，赏不僭而刑不滥。'赏僭，则惧及淫人；刑滥，则惧及善人。若不幸而过，宁僭无滥。与其失善，宁其利淫。无善人，则国从之。《诗》曰：'人之云亡，邦国殄瘁。'无善人之谓也。故《夏书》曰：'与其杀不辜，宁失不经。'惧失善也。《商颂》有之曰：'不僭不滥，不敢怠皇，命于下国，封建厥福。'此汤所以获天福也。古之治民者,劝赏而畏刑,恤民不倦。赏以春夏,刑以秋冬。是以将赏,为之加膳,加膳则饫赐,此以知其劝赏也。将刑,为之不举,不举则彻乐,此以知其畏刑也。夙兴夜寐,朝夕临政,此以知其恤民也。三者,礼之大节也。有礼无败。今楚多淫刑,其大夫逃死于四方,而为之谋主,以害楚国,不可救疗,所谓不能也。

"子仪之乱,析公奔晋。晋人置诸戎车之殿,以为谋主。绕角之役,晋将遁矣,析公曰:'楚师轻窕,易震荡也。若多鼓钧声,以夜军之,楚师必遁。'晋人从之,楚师宵溃。晋遂侵蔡,袭沈,获其君;败申、息之师于桑隧,获申丽而还。郑于是不敢南面。楚失华夏,则析公之为也。

"雍子之父兄谮雍子,君与大夫不善是也。雍子奔晋。晋人与之鄐,以为谋主。彭城之役,晋、楚遇于靡角之谷。晋将遁矣。雍子发命于军曰:'归老幼,反孤疾,二人役,归一人,简兵蒐乘,秣马蓐食,师陈焚次,明日将战。'行归者而逸楚囚,楚师宵溃。晋降彭城而归诸宋,以鱼石归。楚失东夷,子辛死之,则雍子之为也。

"子反与子灵争夏姬,而雍害其事,子灵奔晋。晋人与之邢,以为谋主。扞御北狄,通吴于晋,教吴叛楚,教之乘车、射御驱侵,使其子狐庸为吴行人焉。吴于是伐巢、取驾,克棘,入州来。楚罢于奔命,至今为患,则子灵之为也。

"若敖之乱,伯贲之子贲皇奔晋。晋人与之苗,以为谋主。鄢陵之役,楚晨压晋军而陈,晋将遁矣。苗贲皇曰:'楚师之良,在其中军王族而已。若塞井夷灶,成陈以当之,栾、范易行以诱之,中行、二郤必克二穆。吾乃四萃于其王族,必大败之。'晋人从之,楚师大败,王夷师熸,子反死之。郑叛吴兴,楚失诸侯,则苗贲皇之为也。"

子木曰:"是皆然矣。"声子曰:"今又有甚于此。椒举娶于申公子牟,子牟得戾而亡,君大夫谓椒举:'女实遣之!'惧而奔郑,引领南望曰:'庶几赦余!'亦弗图也。今在晋矣。晋人将与之县,以比叔向。彼若谋害楚国，岂不为患？”子木惧，言诸王，益其禄爵而复之。声子使椒鸣逆之。

许灵公如楚，请伐郑，曰：“师不兴，孤不归矣！”八月，卒于楚。楚子曰：“不伐郑，何以求诸侯？”冬十月，楚子伐郑。郑人将御之，子产曰：“晋、楚将平，诸侯将和，楚王是故昧于一来。不如使逞而归，乃易成也。夫小人之性，衅于勇、啬于祸，以足其性而求名焉者，非国家之利也。若何从之？”子展说，不御寇。十二月乙酉，入南里，堕其城。涉于乐氏，门于师之梁。县门发，获九人焉。涉于氾而归，而后葬许灵公。

卫人归卫姬于晋，乃释卫侯。君子是以知平公之失政也。

晋韩宣子聘于周。王使请事。对曰：“晋士起将归时事于宰旅，无他事矣。”王闻之曰：“韩氏其昌阜于晋乎！辞不失旧。”

齐人城郏之岁，其夏，齐乌馀以廪丘奔晋。袭卫羊角，取之。遂袭我高鱼，有大雨，自其窦入，介于其库，以登其城，克而取之。又取邑于宋。于是范宣子卒，诸侯弗能治也，及赵文子为政，乃卒治之。文子言于晋侯曰：“晋为盟主。诸侯或相侵也，则讨而使归其地。今乌馀之邑，皆讨类也，而贪之，是无以为盟主也。请归之！”公曰：“诺。孰可使也？”对曰：“胥梁带能无用师。”晋侯使往。

襄公二十七年

二十七年春，胥梁带使诸丧邑者，具车徒以受地，必周。使乌馀具车徒以受封，乌馀以其众出。使诸侯伪效乌馀之封者，而遂执之，尽获之。皆取其邑而归诸侯，诸侯是以睦于晋。

齐庆封来聘，其车美。孟孙谓叔孙曰：“庆季之车，不亦美乎？”叔孙曰：“豹闻之：‘服美不称，必以恶终。’美车何为？”叔孙与庆封食，不敬。为赋《相鼠》，亦不知也。

卫宁喜专，公患之。公孙免馀请杀之。公曰：“微宁子不及此，吾与之言矣。事未可知，只成恶名，止也。”对曰：“臣杀之，君勿与知。”乃与公孙无地、公孙臣谋，使攻宁氏。弗克，皆死。公曰：“臣也无罪，父子死余矣。”夏，免馀复攻宁氏，杀宁喜及右宰縠，尸诸朝。石恶将会宋之盟，受命而出。衣其尸，枕之股而哭之。欲敛以亡，惧不免，且曰：“受命矣。”乃行。

子鲜曰：“逐我者出，纳我者死，赏罚无章，何以沮劝？君失其信，而国无刑，不亦难乎！且鱄实使之。”遂出奔晋。公使止之，不可。及河，又使止之。止使者而盟于河，托于木门，不乡卫国而坐。木门大夫劝之仕。不可。曰：“仕而废其事，罪也。从之，昭吾所以出也。将谁愬乎？吾不可以立于人之朝矣。”终身不仕。公丧之，如税服，终身。

公与免馀邑六十，辞曰：“唯卿备百邑，臣六十矣，下有上禄，乱也。臣弗敢闻。且宁子唯多邑，故死。臣惧死之速及也。”公固与之，受其半。以为少师。公使为卿，辞曰：“大叔仪不贰，能赞大事。君其命之！”乃使文子为卿。

宋向戌善于赵文子，又善于令尹子木，欲弭诸侯之兵以为名。如晋，告赵孟。赵孟谋于诸大夫，韩宣子曰：“兵，民之残也，财用之蠹，小国之大灾也。将或弭之，虽曰不可，必将许之。弗许，楚将许之，以召诸侯，则我失为盟主矣。”晋人许之。如楚，楚亦许之。如齐，齐人难之。陈文子曰：“晋、楚许之，我焉得已。且人曰弭兵，而我弗许，则固携吾民矣！将焉用之？”齐人许之。告于秦，秦亦许之。皆告于小国，为会于宋。

五月甲辰，晋赵武至于宋。丙午，郑良霄至。六月丁未朔，宋人享赵文子，叔向为介。司马置折俎，礼也。仲尼使举是礼也，以为多文辞。戊申，叔孙豹、齐庆封、陈须无、卫石恶至。甲寅，晋荀盈从赵武至。丙辰，邾悼公至。壬戌，楚公子黑肱先至，成言于晋。丁卯，宋向戌如陈,从子木成言于楚。戊辰,滕成公至。子木谓向戌:“请晋、楚之从交相见也。”庚午,向戌复于赵孟。赵孟曰:“晋、楚、齐、秦,匹也。晋之不能于齐,犹楚之不能于秦也。楚君若能使秦君辱于敝邑,寡君敢不固请于齐!”壬申,左师复言于子木。子木使驲谒诸王。王曰:“释齐、秦,他国请相见也。”秋七月戊寅,左师至。是夜也,赵孟及子皙盟,以齐言。庚辰,子木至自陈。陈孔奂、蔡公孙归生至。曹、许之大夫皆至。以藩为军,晋、楚各处其偏。伯夙谓赵孟曰:“楚氛甚恶,惧难。”赵孟曰:“吾左还,入于宋,若我何?”

辛巳,将盟于宋西门之外,楚人衷甲。伯州犁曰:“合诸侯之师,以为不信,无乃不可乎?夫诸侯望信于楚,是以来服。若不信,是弃其所以服诸侯也。”固请释甲。子木曰:“晋、楚无信久矣,事利而已。苟得志焉,焉用有信?”大宰退,告人曰:“令尹将死矣,不及三年。求逞志而弃信,志将逞乎?志以发言,言以出信,信以立志,参以定之。信亡,何以及三?”赵孟患楚衷甲,以告叔向。叔向曰:“何害也。匹夫一为不信,犹不可,单毙其死。若合诸侯之卿,以为不信,必不捷矣。食言者不病,非子之患也。夫以信召人,而以僭济之,必莫之与也,安能害我?且吾因宋以守病,则夫能致死。与宋致死,虽倍楚可也。子何惧焉?又不及是。曰‘弭兵’以召诸侯,而称兵以害我,吾庸多矣,非所患也。”

季武子使谓叔孙以公命,曰:“视邾、滕。”既而齐人请邾,宋人请滕,皆不与盟。叔孙曰:“邾、滕,人之私也。我,列国也,何故视之?宋、卫,吾匹也。”乃盟。故不书其族,言违命也。

晋、楚争先。晋人曰:“晋固为诸侯盟主,未有先晋者也。”楚人曰:“子言晋、楚匹也,若晋常先,是楚弱也。且晋、楚狎主诸侯之盟也久矣!岂专在晋?”叔向谓赵孟曰:“诸侯归晋之德只,非归其尸盟也。子务德,无争先!且诸侯盟,小国固必有尸盟者。楚为晋细,不亦可乎?”乃先楚人。书先晋,晋有信也。

壬午,宋公兼享晋、楚之大夫,赵孟为客。子木与之言,弗能对。使叔向侍言焉,子木亦不能对也。乙酉,宋公及诸侯之大夫盟于蒙门之外。子木问于赵孟曰:“范武子之德何如?”对曰:“夫子之家事治,言于晋国无隐情。其祝史陈信于鬼神,无愧辞。”子木归,以语王。王曰:“尚矣哉!能歆神人,宜其光辅五君以为盟主也。”子木又语王曰:“宜晋之伯也!有叔向以佐其卿,楚无以当之,不可与争。”晋荀盈遂如楚莅盟。

郑伯享赵孟于垂陇,子展、伯有、子西、子产、子大叔、二子石从。赵孟曰:“七子从君,以宠武也。请皆赋以卒君贶,武亦以观七子之志。”子展赋《草虫》,赵孟曰:“善哉!民之主也。抑武也不足以当之。”伯有赋《鹑之贲贲》,赵孟曰:“床第之言不逾阈,况在野乎?非使人之所得闻也。”子西赋《黍苗》之四章,赵孟曰:“寡君在,武何能焉?”子产赋《隰桑》,赵孟曰:“武请受其卒章。”子大叔赋《野有蔓草》,赵孟曰:“吾子之惠也。”印段赋《蟋蟀》,赵孟曰:“善哉!保家之主也。吾有望矣。”公孙段赋《桑扈》,赵孟曰:“匪交匪敖,福将焉往?若保是言也,欲辞福禄,得乎?”卒享。文子告叔向曰:“伯有将为戮矣!诗以言志,志诬其上,而公怨之,以为宾荣,其能久乎?幸而后亡。”叔向曰:“然。已侈!所谓不及五稔者,夫子之谓矣。”文子曰:“其余皆数世之主也。子展其后亡者也,在上不忘降。印氏其次也,乐而不荒。乐以安民,不淫以使之,后亡,不亦可乎?”

宋左师请赏,曰:“请免死之邑。”公与之邑六十。以示子罕,子罕曰:“凡诸侯小国,晋、楚所以兵威之。畏而后上下慈和,慈和而后能安靖其国家,以事大国,所以存也。无威则骄,骄则乱生,乱生必灭,所以亡也。天生五材,民并用之,废一不可,谁能去兵?兵之设久矣,所以威不轨而昭文德也。圣人以兴,乱人以废,废兴存亡昏明之术,皆兵之由也。而子求去之,不亦诬乎?以诬道蔽诸侯,罪莫大焉。纵无大讨,而又求赏,无厌之甚也!”削而投之。左师辞邑。向氏欲攻司城，左师曰："我将亡，夫子存我，德莫大焉，又可攻乎？"君子曰："'彼己之子，邦之司直。'乐喜之谓乎？'何以恤我，我其收之。'向戌之谓乎？"

齐崔杼生成及强而寡。娶东郭姜，生明。东郭姜以孤入，曰棠无咎，与东郭偃相崔氏。崔成有疾，而废之，而立明。成请老于崔，崔子许之。偃与无咎弗予，曰："崔，宗邑也，必在宗主。"成与强怒，将杀之。告庆封曰："夫子之身亦子所知也，唯无咎与偃是从，父兄莫得进矣。大恐害夫子，敢以告。"庆封曰："子姑退，吾图之。"告卢蒲嫳。卢蒲嫳曰："彼，君之仇也。天或者将弃彼矣。彼实家乱，子何病焉？崔之薄，庆之厚也。"他日又告。庆封曰："苟利夫子，必去之！难，吾助女。"

九月庚辰，崔成、崔强杀东郭偃、棠无咎于崔氏之朝。崔子怒而出，其众皆逃，求人使驾，不得。使圉人驾，寺人御而出。且曰："崔氏有福，止余犹可。"遂见庆封。庆封曰："崔、庆一也。是何敢然？请为子讨之。"使卢蒲嫳帅甲以攻崔氏。崔氏堞其宫而守之，弗克。使国人助之，遂灭崔氏，杀成与强，而尽俘其家。其妻缢，嫳复命于崔子，且御而归之。至，则无归矣，乃缢。崔明夜辟诸大墓。辛巳，崔明来奔，庆封当国。

楚薳罢如晋莅盟，晋侯享之。将出，赋《既醉》。叔向曰："薳氏之有后于楚国也，宜哉！承君命，不忘敏。子荡将知政矣。敏以事君，必能养民。政其焉往？"

崔氏之乱，申鲜虞来奔，仆赁于野，以丧庄公。冬，楚人召之，遂如楚为右尹。

十一月乙亥朔，日有食之。辰在申，司历过也，再失闰矣。

襄公二十八年

二十八年春，无冰。梓慎曰："今兹宋、郑其饥乎？岁在星纪，而淫于玄枵，以有时灾，阴不堪阳。蛇乘龙。龙，宋、郑之星也，宋、郑必饥。玄枵，虚中也。枵，耗名也。土虚而民耗，不饥何为？"

夏，齐侯、陈侯、蔡侯、北燕伯、杞伯、胡子、沈子、白狄朝于晋，宋之盟故也。齐侯将行，庆封曰："我不与盟，何为于晋？"陈文子曰："先事后贿，礼也。小事大，未获事焉，从之如志，礼也。虽不与盟，敢叛晋乎？重丘之盟，未可忘也。子其劝行！"

卫人讨宁氏之党，故石恶出奔晋。卫人立其从子圃以守石氏之祀，礼也。

邾悼公来朝，时事也。

秋八月，大雩，旱也。

蔡侯归自晋，入于郑。郑伯享之，不敬。子产曰："蔡侯其不免乎？日其过此也，君使子展廷劳于东门之外，而傲。吾曰：'犹将更之。'今还，受享而惰，乃其心也。君小国事大国，而惰傲以为己心，将得死乎？若不免，必由其子。其为君也，淫而不父。侨闻之，如是者，恒有子祸。"

孟孝伯如晋，告将为宋之盟故如楚也。

蔡侯之如晋也，郑伯使游吉如楚。及汉，楚人还之，曰："宋之盟，君实亲辱。今吾子来，寡君谓吾子姑还！吾将使驲奔问诸晋而以告。"子大叔曰："宋子盟，君命将利小国，而亦使安定其社稷，镇抚其民人，以礼承天之休，此君之宪令，而小国之望也。寡君是故使吉奉其皮币，以岁之不易，聘于下执事，今执事有命曰，女何与政令之有？必使而君弃而封守，跋涉山川，蒙犯霜露，以逞君心。小国将君是望，敢不唯命是听。无乃非盟载之言，以阙君德，而执事有不利焉，小国是惧。不然，其何劳之敢惮？”

子大叔归，复命，告子展曰：“楚子将死矣！不修其政德，而贪昧于诸侯，以逞其愿，欲久，得乎？《周易》有之，在《复》䷗之《颐》䷚，曰：‘迷复，凶。’其楚子之谓乎？欲复其愿，而弃其本，复归无所，是谓迷复。能无凶乎？君其往也！送葬而归，以快楚心。楚不几十年，未能恤诸侯也。吾乃休吾民矣。”裨灶曰：“今兹周王及楚子皆将死。岁弃其次，而旅于明年之次，以害鸟帑。周、楚恶之。”

九月，郑游吉如晋，告将朝于楚，以从宋之盟。子产相郑伯以如楚，舍不为坛。外仆言曰：“昔先大夫相先君，适四国，未尝不为坛。自是至今，亦皆循之。今子草舍，无乃不可乎？”子产曰：“大适小，则为坛。小适大，苟舍而已。焉用坛？侨闻之，大适小有五美：宥其罪戾，赦其过失，救其灾患，赏其德刑，教其不及。小国不困，怀服如归。是故作坛以昭其功，宣告后人，无怠于德。小适大有五恶：说其罪戾，请其不足，行其政事，共其职贡，从其时命。不然，则重其币帛，以贺其福而吊其凶，皆小国之祸也。焉用作坛以昭其祸。所以告子孙，无昭祸焉可也。”

齐庆封好田而耆酒，与庆舍政。则以其内实迁于卢蒲嫳氏，易内而饮酒。数日，国迁朝焉。使诸亡人得贼者，以告而反之。故反卢蒲癸。癸臣子之，有宠，妻之。庆舍之士谓卢蒲癸曰：“男女辨姓。子不辟宗，何也？”曰：“宗不余辟，余独焉辟之？赋诗断章，余取所求焉，恶识宗？”癸言王何而反之，二人皆嬖，使执寝戈，而先后之。

公膳，日双鸡。饔人窃更之以鹜。御者知之，则去其肉而以其洎馈。子雅、子尾怒。庆封告卢蒲嫳。卢蒲嫳曰：“譬之如禽兽，吾寝处之矣。”使析归父告晏平仲。平仲曰：“婴之众不足用也，知无能谋也。言弗敢出，有盟可也。”子家曰：“子之言云，又焉用盟？”告北郭子车。子车曰：“人各有以事君，非佐之所能也。”陈文子谓桓子曰：“祸将作矣！吾其何得？”对曰：“得庆氏之木百车于庄。”文子曰：

“可慎守也已!”

卢蒲癸、王何卜攻庆氏,示子之兆,曰:“或卜攻仇,敢献其兆。”子之曰:“克,见血。”冬十月,庆封田于莱,陈无宇从。丙辰,文子使召之。请曰:“无宇之母疾病,请归。”庆季卜之,示之兆,曰:“死。”奉龟而泣。乃使归。庆嗣闻之,曰:“祸将作矣!”谓子家:“速归!祸作必于尝,归犹可及也。”子家弗听,亦无悛志。子息曰:“亡矣!幸而获在吴、越。”陈无宇济水而戕舟发梁。卢蒲姜谓癸曰:“有事而不告我,必不捷矣。”癸告之。姜曰:“夫子愎,莫之止,将不出,我请止之。”癸曰:“诺。”十一月乙亥,尝于大公之庙,庆舍莅事。卢蒲姜告之,且止之。弗听,曰:“谁敢者。”遂如公。麻婴为尸,庆奊为上献。卢蒲癸、王何执寝戈。庆氏以其甲环公宫。陈氏、鲍氏之圉人为优。庆氏之马善惊,士皆释甲束马而饮酒,且观优,至于鱼里。栾、高、陈、鲍之徒介庆氏之甲。子尾抽桷击扉三,卢蒲癸自后刺子之,王何以戈击之,解其左肩。犹援庙桷,动于甍,以俎壶投,杀人而后死。遂杀庆绳、麻婴。公惧。鲍国曰:“群臣为君故也。”陈须无以公归,税服而如内宫。

庆封归,遇告乱者。丁亥,伐西门,弗克。还伐北门,克之。入,伐内宫,弗克。反,陈于岳,请战,弗许。遂来奔。献车于季武子,美泽可以鉴。展庄叔见之,曰:“车甚泽,人必瘁,宜其亡也。”叔孙穆子食庆封,庆封氾祭。穆子不说,使工为之诵《茅鸱》,亦不知。既而齐人来让,奔吴。吴句馀予之朱方,聚其族焉而居之,富于其旧。子服惠伯谓叔孙曰:“天殆富淫人,庆封又富矣。”穆子曰:“善人富谓之赏。淫人富谓之殃。天其殃之也,其将聚而歼旃?”

癸巳,天王崩。未来赴,亦未书,礼也。

崔氏之乱,丧群公子。故鉏在鲁,叔孙还在燕,贾在句渎之丘。及庆氏亡,皆召之,具其器用而反其邑焉。与晏子邶殿,其鄙六十,弗受。子尾曰:“富,人之所欲也,何独弗欲?”对曰:“庆氏之邑足欲,故亡。吾邑不足欲也。益之以邶殿,乃足欲。足欲,亡无日矣。在外,不得宰吾一邑。不受邶殿,非恶富也,恐失富也。且夫富如布帛之有幅焉,为之制度,使无迁也。夫民生厚而用利,于是乎正德以幅之,使无黜嫚,谓之幅利。利过则为败。吾不敢贪多,所谓幅也。"与北郭佐邑六十,受之。与子雅邑,辞多受少。与子尾邑,受而稍致之。公以为忠,故有宠。

释卢蒲嫳于北竟。求崔杼之尸,将戮之,不得。叔孙穆子曰:"必得之。武王有乱臣十人,崔杼其有乎?不十人,不足以葬。"既,崔氏之臣曰:"与我其拱璧,吾献其柩。"于是得之。十二月乙亥朔,齐人迁庄公,殡于大寝。以其棺尸崔杼于市。国人犹知之,皆曰:"崔子也。"

为宋之盟故,公及宋公、陈侯、郑伯、许男如楚。公过郑,郑伯不在。伯有廷劳于黄崖,不敬。穆叔曰:"伯有无戾于郑,郑必有大咎。敬,民之主也,而弃之,何以承守?郑人不讨,必受其辜。济泽之阿,行潦之苹藻,置诸宗室,季兰尸之,敬也。敬可弃乎?"及汉,楚康王卒。公欲反,叔仲昭伯曰:"我楚国之为,岂为一人?行也!"子服惠伯曰:"君子有远虑,小人从迩。饥寒之不恤,谁遑其后?不如姑归也。"叔孙穆子曰:"叔仲子专之矣,子服子始学者也。"荣成伯曰:"远图者,忠也。"公遂行。宋向戌曰:"我一人之为,非为楚也。饥寒之不恤,谁能恤楚?姑归而息民,待其立君而为之备。"宋公遂反。

楚屈建卒。赵文子丧之如同盟,礼也。

王人来告丧。问崩日,以甲寅告。故书之,以征过也。

襄公二十九年

二十九年春,王正月,公在楚,释不朝正于庙也。楚人使公亲襚,公患之。穆叔曰:"祓殡而襚,则布币也。"乃使巫以桃茢先祓殡。

楚人弗禁，既而悔之。

二月癸卯，齐人葬庄公于北郭。

夏四月，葬楚康王。公及陈侯、郑伯、许男送葬，至于西门之外。诸侯之大夫皆至于墓。楚郏敖即位。王子围为令尹。郑行人子羽曰："是谓不宜，必代之昌。松柏之下，其草不殖。"

公还，及方城。季武子取卞，使公冶问，玺书追而与之，曰："闻守卞者将叛，臣帅徒以讨之，既得之矣，敢告。"公冶致使而退，及舍而后闻取卞。公曰："欲之而言叛，祇见疏也。"公谓公冶曰："吾可以入乎？"对曰："君实有国，谁敢违君！"公与公冶冕服。固辞。强之而后受。公欲无入，荣成伯赋《式微》，乃归。五月，公至自楚。公冶致其邑于季氏，而终不入焉。曰："欺其君，何必使余？"季孙见之，则言季氏如他日。不见，则终不言季氏。及疾，聚其臣，曰："我死，必无以冕服敛，非德赏也。且无使季氏葬我。"

葬灵王。郑上卿有事，子展使印段往。伯有曰："弱，不可。"子展曰："与其莫往，弱不犹愈乎？《诗》云：'王事靡盬，不遑启处。'东西南北，谁敢宁处？坚事晋、楚，以蕃王室也。王事无旷，何常之有？"遂使印段如周。

吴人伐越，获俘焉，以为阍，使守舟。吴子馀祭观舟，阍以刀弑之。

郑子展卒，子皮即位。于是郑饥而未及麦，民病。子皮以子展之命，饩国人粟，户一钟，是以得郑国之民。故罕氏常掌国政，以为上卿。宋司城子罕闻之，曰："邻于善，民之望也。"宋亦饥，请于平公，出公粟以贷。使大夫皆贷。司城氏贷而不书，为大夫之无者贷。宋无饥人。叔向闻之，曰："郑之罕，宋之乐，其后亡者也。二者其皆得国乎！民之归也，施而不德，乐氏加焉，其以宋升降乎？"

晋平公，杞出也，故治杞。六月，知悼子合诸侯之大夫以城杞，孟孝伯会之。郑子大叔与伯石往。子大叔见大叔文子，与之语。文子曰："甚乎！其城杞也。"子大叔曰："若之何哉？晋国不恤周宗之阙，而夏肄是屏。其弃诸姬，亦可知也已。诸姬是弃，其谁归之？吉也闻之，弃同即异，是谓离德。《诗》曰：'协比其邻，昏姻孔云。'晋不邻矣，其谁云之？"

齐高子容与宋司徒见知伯，女齐相礼。宾出。司马侯言于知伯曰："二子皆将不免。子容专，司徒侈，皆亡家之主也。"知伯曰："何如？"对曰："专则速及，侈将以其力毙，专则人实毙之，将及矣。"

范献子来聘，拜城杞也。公享之，展庄叔执币。射者三耦，公臣不足，取于家臣。家臣：展瑕、展玉父为一耦。公臣：公巫召伯、仲颜庄叔为一耦，鄫鼓父、党叔为一耦。

晋侯使司马女叔侯来治杞田，弗尽归也。晋悼夫人愠曰："齐也取货，先君若有知也，不尚取之！"公告叔侯，叔侯曰："虞、虢、焦、滑、霍、扬、韩、魏，皆姬姓也，晋是以大。若非侵小，将何所取？武、献以下，兼国多矣，谁得治之？杞，夏余也，而即东夷。鲁，周公之后也，而睦于晋。以杞封鲁犹可，而何有焉？鲁之于晋也，职贡不乏，玩好时至，公卿大夫相继于朝，史不绝书，府无虚月。如是可矣！何必瘠鲁以肥杞？且先君而有知也，毋宁夫人，而焉用老臣？"

杞文公来盟。书曰"子"，贱之也。

吴公子札来聘，见叔孙穆子，说之。谓穆子曰："子其不得死乎？好善而不能择人。吾闻'君子务在择人'。吾子为鲁宗卿，而任其大政，不慎举，何以堪之？祸必及子！"

请观于周乐。使工为之歌《周南》《召南》，曰："美哉！始基之矣，犹未也。然勤而不怨矣。"为之歌《邶》《鄘》《卫》，曰："美哉，渊乎！忧而不困者也。吾闻卫康叔、武公之德如是，是其《卫风》乎？"为之歌《王》，曰："美哉！思而不惧，其周之东乎？"为之歌《郑》，曰："美哉！其细已甚，民弗堪也，是其先亡乎！"为之歌《齐》，曰："美哉，泱泱乎，大风也哉！表东海者，其大公乎！国未可量也。"为之歌

《豳》,曰:“美哉,荡乎!乐而不淫,其周公之东乎?”为之歌《秦》,曰:“此之谓夏声。夫能夏则大,大之至也,其周之旧乎?”为之歌《魏》,曰:“美哉,沨沨乎!大而婉,险而易行,以德辅此,则明主也。”为之歌《唐》,曰:“思深哉!其有陶唐氏之遗民乎?不然,何忧之远也。非令德之后,谁能若是?”为之歌《陈》,曰:“国无主,其能久乎?”自《郐》以下无讥焉。为之歌《小雅》,曰:“美哉!思而不贰,怨而不言,其周德之衰乎?犹有先王之遗民焉。”为之歌《大雅》,曰:“广哉,熙熙乎!曲而有直体,其文王之德乎?”为之歌《颂》,曰:“至矣哉!直而不倨,曲而不屈,迩而不逼,远而不携,迁而不淫,复而不厌,哀而不愁,乐而不荒,用而不匮,广而不宣,施而不费,取而不贪,处而不底,行而不流,五声和,八风平,节有度,守有序,盛德之所同也。”见舞《象箾》、《南籥》者,曰:“美哉!犹有憾。”见舞《大武》者,曰:“美哉!周之盛也,其若此乎?”见舞《韶濩》者,曰:“圣人之弘也,而犹有惭德,圣人之难也。”见舞《大夏》者,曰:“美哉!勤而不德,非禹其谁能修之?”见舞《韶箾》者,曰:“德至矣哉!大矣,如天之无不帱也,如地之无不载也,虽甚盛德,其蔑以加于此矣。观止矣!若有他乐,吾不敢请已!”

其出聘也,通嗣君也。故遂聘于齐,说晏平仲,谓之曰:“子速纳邑与政!无邑无政,乃免于难。齐国之政,将有所归,未获所归,难未歇也。”故晏子因陈桓子以纳政与邑,是以免于栾、高之难。

聘于郑,见子产,如旧相识,与之缟带,子产献纻衣焉。谓子产曰:“郑之执政侈,难将至矣!政必及子。子为政,慎之以礼。不然,郑国将败。”

适卫,说蘧瑗、史狗、史鳅、公子荆、公叔发、公子朝,曰:“卫多君子,未有患也。”

自卫如晋,将宿于戚。闻钟声焉,曰:“异哉!吾闻之也:‘辩而不德,必加于戮。’夫子获罪于君以在此,惧犹不足,而又何乐?夫子之在此也，犹燕之巢于幕上。君又在殡，而可以乐乎？”遂去之。文子闻之，终身不听琴瑟。

适晋，说赵文子、韩宣子、魏献子，曰：“晋国其萃于三族乎！”说叔向，将行，谓叔向曰：“吾子勉之！君侈而多良，大夫皆富，政将在家。吾子好直，必思自免于难。”

秋九月，齐公孙虿、公孙灶放其大夫高止于北燕。乙未，出。书曰：“出奔。”罪高止也。高止好以事自为功，且专，故难及之。

冬，孟孝伯如晋，报范叔也。

为高氏之难故，高竖以卢叛。十月庚寅，闾丘婴帅师围卢。高竖曰：“苟使高氏有后，请致邑。”齐人立敬仲之曾孙酀，良敬仲也。十一月乙卯，高竖致卢而出奔晋，晋人城绵而置旃。

郑伯有使公孙黑如楚，辞曰：“楚、郑方恶，而使余往，是杀余也。”伯有曰：“世行也。”子皙曰：“可则往，难则已，何世之有？”伯有将强使之。子皙怒，将伐伯有氏，大夫和之。十二月己巳，郑大夫盟于伯有氏。裨谌曰：“是盟也，其与几何？《诗》曰：‘君子屡盟，乱是用长。’今是长乱之道也。祸未歇也，必三年而后能纾。”然明曰：“政将焉往？”裨谌曰：“善之代不善，天命也，其焉辟子产？举不逾等，则位班也。择善而举，则世隆也。天又除之，夺伯有魄。子西即世，将焉辟之？天祸郑久矣，其必使子产息之，乃犹可以戾。不然，将亡矣。”

襄公三十年

三十年春，王正月，楚子使薳罢来聘，通嗣君也。穆叔问：“王子之为政何如？”对曰：“吾侪小人，食而听事，犹惧不给命而不免于戾，焉与知政？”固问焉，不告。穆叔告大夫曰：“楚令尹将有大事，子荡将与焉，助之匿其情矣。”

子产相郑伯以如晋,叔向问郑国之政焉。对曰:“吾得见与否,在此岁也。驷、良方争,未知所成。若有所成,吾得见,乃可知也。”叔向曰:“不既和矣乎?”对曰:“伯有侈而愎,子皙好在人上,莫能相下也。虽其和也,犹相积恶也,恶至无日矣。”

二月癸未,晋悼夫人食舆人之城杞者。绛县人或年长矣,无子,而往与于食。有与疑年,使之年。曰:“臣小人也,不知纪年。臣生之岁,正月甲子朔,四百有四十五甲子矣,其季于今三之一也。”吏走问诸朝,师旷曰:“鲁叔仲惠伯会郤成子于承匡之岁也。是岁也,狄伐鲁。叔孙庄叔于是乎败狄于咸,获长狄侨如及虺也豹也,而皆以名其子。七十三年矣。”史赵曰:“亥有二首六身,下二如身,是其日数也。”士文伯曰:“然则二万六千六百有六旬也。”

赵孟问其县大夫,则其属也。召之,而谢过焉,曰:“武不才,任君之大事,以晋国之多虞,不能由吾子,使吾子辱在泥涂久矣,武之罪也。敢谢不才。”遂仕之,使助为政。辞以老。与之田,使为君复陶,以为绛县师,而废其舆尉。于是,鲁使者在晋,归以语诸大夫。季武子曰:“晋未可媮也。有赵孟以为大夫,有伯瑕以为佐,有史赵、师旷而咨度焉,有叔向、女齐以师保其君。其朝多君子,其庸可媮乎?勉事之而后可。”

夏四月己亥,郑伯及其大夫盟。君子是以知郑难之不已也。

蔡景侯为大子般娶于楚,通焉。大子弑景侯。

初,王儋季卒,其子括将见王,而叹。单公子愆期为灵王御士,过诸廷,闻其叹而言曰:“乌乎!必有此夫!”入以告王,且曰:“必杀之!不戚而愿大,视躁而足高,心在他矣。不杀,必害。”王曰:“童子何知?”及灵王崩,儋括欲立王子佞夫,佞夫弗知。戊子,儋括围蒍,逐成愆。成愆奔平畤。五月癸巳,尹言多、刘毅、单蔑、甘过、巩成杀佞夫。括、瑕、廖奔晋。书曰:“天王杀其弟佞夫。”罪在王也。

或叫于宋大庙,曰:“譆譆,出出!”鸟鸣于亳社,如曰:“譆譆。”甲午，宋大灾。宋伯姬卒，待姆也。君子谓："宋共姬，女而不妇。女待人，妇义事也。"

六月，郑子产如陈莅盟。归，复命。告大夫曰："陈，亡国也，不可与也。聚禾粟，缮城郭，恃此二者，而不抚其民。其君弱植，公子侈，大子卑，大夫敖，政多门，以介于大国，能无亡乎？不过十年矣。"

秋七月，叔弓如宋，葬共姬也。

郑伯有耆酒，为窟室，而夜饮酒，击钟焉，朝至未已。朝者曰："公焉在？"其人曰："吾公在壑谷。"皆自朝布路而罢。既而朝，则又将使子皙如楚，归而饮酒。庚子，子皙以驷氏之甲伐而焚之。伯有奔雍梁，醒而后知之，遂奔许。大夫聚谋。子皮曰："《仲虺之志》云：'乱者取之，亡者侮之。推亡固存，国之利也。'罕、驷、丰同生。伯有汰侈，故不免。"

人谓子产："就直助强！"子产曰："岂为我徒。国之祸难，谁知所敝？或主强直，难乃不生。姑成吾所。"辛丑，子产敛伯有氏之死者而殡之，不及谋而遂行。印段从之。子皮止之。众曰："人不我顺，何止焉？"子皮曰："夫子礼于死者，况生者乎？"遂自止之。壬寅，子产入。癸卯，子石入。皆受盟于子皙氏。

乙巳，郑伯及其大夫盟于大宫。盟国人于师之梁之外。伯有闻郑人之盟己也怒，闻子皮之甲不与攻己也喜，曰："子皮与我矣。"癸丑，晨，自墓门之渎入，因马师颉介于襄库，以伐旧北门。驷带率国人以伐之。皆召子产。子产曰："兄弟而及此，吾从天所与。"伯有死于羊肆，子产襚之，枕之股而哭之，敛而殡诸伯有之臣在市侧者。既而葬诸斗城。子驷氏欲攻子产，子皮怒之曰："礼，国之干也，杀有礼，祸莫大焉。"乃止。

于是游吉如晋还，闻难不入，复命于介。八月甲子，奔晋。驷带追之，及酸枣。与子上盟，用两珪质于河。使公孙肸入盟大夫。己巳，复归。书曰："郑人杀良霄。"不称大夫，言自外入也。

于子蟜之卒也，将葬，公孙挥与裨灶晨会事焉。过伯有氏，其门上生莠。子羽曰："其莠犹在乎？"于是岁在降娄，降娄中而旦。裨灶指之曰："犹可以终岁，岁不及此次也已。"及其亡也，岁在娵訾之口。其明年，乃及降娄。

仆展从伯有，与之皆死。羽颉出奔晋，为任大夫。鸡泽之会，郑乐成奔楚，遂适晋。羽颉因之，与之比，而事赵文子，言伐郑之说焉。以宋之盟故，不可。子皮以公孙鉏为马师。

楚公子围杀大司马蔿掩而取其室。申无宇曰："王子必不免。善人，国之主也。王子相楚国，将善是封殖，而虐之，是祸国也。且司马，令尹之偏，而王之四体也。绝民之主，去身之偏，艾王之体，以祸其国，无不祥大焉！何以得免？"

为宋灾故，诸侯之大夫会，以谋归宋财。冬十月，叔孙豹会晋赵武、齐公孙虿、宋向戌、卫北宫佗、郑罕虎及小邾之大夫，会于澶渊。既而无归于宋，故不书其人。君子曰："信其不可不慎乎！澶渊之会，卿不书，不信也夫。诸侯之上卿，会而不信，宠名皆弃，不信之不可也如是！《诗》曰：'文王陟降，在帝左右。'信之谓也。又曰：'淑慎尔止，无载尔伪。'不信之谓也。"书曰"某人某人会于澶渊，宋灾故"，尤之也。不书鲁大夫，讳之也。

郑子皮授子产政，辞曰："国小而逼，族大宠多，不可为也。"子皮曰："虎帅以听，谁敢犯子？子善相之，国无小，小能事大，国乃宽。"

子产为政，有事伯石，赂与之邑。子大叔曰："国，皆其国也。奚独赂焉？"子产曰："无欲实难。皆得其欲，以从其事，而要其成，非我有成，其在人乎？何爱于邑，邑将焉往？"子大叔曰："若四国何？"子产曰："非相违也，而相从也，四国何尤焉？《郑书》有之曰：'安定国家，必大焉先。'姑先安大，以待其所归。"既，伯石惧而归邑，卒与之。伯有既死，使大史命伯石为卿，辞。大史退，则请命焉。复命之，又辞。如是三，乃受策入拜。子产是以恶其为人也，使次己位。

子产使都鄙有章，上下有服，田有封洫，庐井有伍。大人之忠俭者，从而与之。泰侈者，因而毙之。

丰卷将祭，请田焉。弗许，曰："唯君用鲜，众给而已。"子张怒，退而征役。子产奔晋，子皮止之而逐丰卷。丰卷奔晋。子产请其田里，三年而复之，反其田里及其入焉。

从政一年，舆人诵之，曰："取我衣冠而褚之，取我田畴而伍之。孰杀子产，吾其与之！"及三年，又诵之，曰："我有子弟，子产诲之。我有田畴，子产殖之。子产而死，谁其嗣之？"

襄公三十一年

三十一年春，王正月，穆叔至自会，见孟孝伯，语之曰："赵孟将死矣。其语偷，不似民主。且年未盈五十，而谆谆焉如八九十者，弗能久矣。若赵孟死，为政者其韩子乎！吾子盍与季孙言之，可以树善，君子也。晋君将失政矣。若不树焉，使早备鲁，既而政在大夫，韩子懦弱，大夫多贪，求欲无厌，齐、楚未足与也，鲁其惧哉！"孝伯曰："人生几何，谁能无偷？朝不及夕，将安用树？"穆叔出而告人曰："孟孙将死矣。吾语诸赵孟之偷也，而又甚焉。"又与季孙语晋故，季孙不从。

及赵文子卒，晋公室卑，政在侈家。韩宣子为政，不能图诸侯。鲁不堪晋求，谗慝弘多，是以有平丘之会。

齐子尾害闾丘婴，欲杀之，使帅师以伐阳州。我问师故。夏五月，子尾杀闾丘婴以说于我师。工偻洒、渻灶、孔虺、贾寅出奔莒。出群公子。

公作楚宫。穆叔曰："《大誓》云：'民之所欲，天必从之。'君欲楚也夫！故作其宫。若不复适楚，必死是宫也。"六月辛巳，公薨于楚宫。叔仲带窃其拱璧，以与御人，纳诸其怀而从取之，由是得罪。

立胡女敬归之子子野，次于季氏。秋九月癸巳，卒，毁也。

己亥，孟孝伯卒。

立敬归之娣齐归之子公子裯，穆叔不欲，曰："大子死，有母弟则立之，无则立长。年钧择贤，义钧则卜，古之道也。非適嗣，何必娣之子？且是人也，居丧而不哀，在戚而有嘉容，是谓不度。不度之人，鲜不为患。若果立之，必为季氏忧。"武子不听，卒立之。比及葬，三易衰，衰衽如故衰。于是昭公十九年矣，犹有童心，君子是以知其不能终也。

冬十月，滕成公来会葬，惰而多涕。子服惠伯曰："滕君将死矣！怠于其位，而哀已甚，兆于死所矣。能无从乎？"癸酉，葬襄公。

公薨之月，子产相郑伯以如晋，晋侯以我丧故，未之见也。子产使尽坏其馆之垣而纳车马焉。士文伯让之，曰："敝邑以政刑之不修，寇盗充斥，无若诸侯之属辱在寡君者何？是以令吏人完客所馆，高其闬闳，厚其墙垣，以无忧客使。今吾子坏之，虽从者能戒，其若异客何？以敝邑之为盟主，缮完葺墙，以待宾客，若皆毁之，其何以共命？寡君使匄请命。"对曰："以敝邑褊小，介于大国，诛求无时，是以不敢宁居，悉索敝赋，以来会时事。逢执事之不间，而未得见，又不获闻命，未知见时，不敢输币，亦不敢暴露。其输之，则君之府实也，非荐陈之，不敢输也。其暴露之，则恐燥湿之不时而朽蠹，以重敝邑之罪。侨闻文公之为盟主也，宫室卑庳，无观台榭，以崇大诸侯之馆。馆如公寝，库厩缮修，司空以时平易道路，圬人以时塓馆宫室。诸侯宾至，甸设庭燎，仆人巡宫，车马有所，宾从有代，巾车脂辖，隶人牧圉，各瞻其事，百官之属，各展其物。公不留宾，而亦无废事，忧乐同之，事则巡之，教其不知，而恤其不足。宾至如归，无宁灾患？不畏寇盗，而亦不患燥湿。今铜鞮之宫数里，而诸侯舍于隶人。门不容车，而不可逾越。盗贼公行，而夭厉不戒。宾见无时，命不可知。若又勿坏，是无所藏币，以重罪也。敢请执事，将何所命之？虽君之有鲁丧,亦敝邑之忧也。若获荐币,修垣而行,君之惠也,敢惮勤劳?"

文伯复命,赵文子曰:"信!我实不德,而以隶人之垣以赢诸侯,是吾罪也。"使士文伯谢不敏焉。晋侯见郑伯,有加礼,厚其宴好而归之。乃筑诸侯之馆。

叔向曰:"辞之不可以已也如是夫!子产有辞,诸侯赖之,若之何其释辞也?《诗》曰:'辞之辑矣,民之协矣。辞之绎矣,民之莫矣。'其知之矣。"

郑子皮使印段如楚,以适晋告,礼也。

莒犁比公生去疾及展舆,既立展舆,又废之。犁比公虐,国人患之。十一月,展舆因国人以攻莒子,弑之,乃立。去疾奔齐,齐出也。展舆,吴出也。书曰"莒人弑其君买朱鉏"。言罪之在也。

吴子使屈狐庸聘于晋,通路也。赵文子问焉,曰:"延州来季子其果立乎?巢陨诸樊,阍戕戴吴,天似启之,何如?"对曰:"不立。是二王之命也,非启季子也。若天所启,其在今嗣君乎!甚德而度,德不失民,度不失事,民亲而事有序,其天所启也。有吴国者,必此君之子孙实终之。季子,守节者也,虽有国,不立。"

十二月,北宫文子相卫襄公以如楚,宋之盟故也。过郑,印段廷劳于棐林,如聘礼而以劳辞。文子入聘,子羽为行人,冯简子与子大叔逆客。事毕而出,言于卫侯曰:"郑有礼,其数世之福也。其无大国之讨乎?《诗》云:'谁能执热,逝不以濯。'礼之于政,如热之有濯也。濯以救热,何患之有?"

子产之从政也,择能而使之。冯简子能断大事。子大叔美秀而文。公孙挥能知四国之为,而辨于其大夫之族姓、班位、贵贱、能否,而又善为辞令。裨谌能谋,谋于野则获,谋于邑则否。郑国将有诸侯之事,子产乃问四国之为于子羽,且使多为辞令。与裨谌乘以适野,使谋可否。而告冯简子,使断之。事成,乃授子大叔使行之,以应对宾客。是以鲜有败事。北宫文子所谓有礼也。

郑人游于乡校，以论执政，然明谓子产曰："毁乡校，何如？"子产曰："何为？夫人朝夕退而游焉，以议执政之善否。其所善者，吾则行之。其所恶者，吾则改之。是吾师也。若之何毁之？我闻忠善以损怨，不闻作威以防怨。岂不遽止，然犹防川，大决所犯，伤人必多，吾不克救也。不如小决使道。不如吾闻而药之也。"然明曰："蔑也今而后知吾子之信可事也。小人实不才。若果行此，其郑国实赖之。岂唯二三臣？"仲尼闻是语也，曰："以是观之，人谓子产不仁，吾不信也。"

子皮欲使尹何为邑，子产曰："少，未知可否？"子皮曰："愿。吾爱之，不吾叛也。使夫往而学焉，夫亦愈知治矣。"子产曰："不可。人之爱人，求利之也。今吾子爱人则以政，犹未能操刀而使割也，其伤实多。子之爱人，伤之而已，其谁敢求爱于子？子于郑国，栋也，栋折榱崩，侨将厌焉，敢不尽言？子有美锦，不使人学制焉。大官、大邑，身之所庇也，而使学者制焉。其为美锦，不亦多乎？侨闻学而后入政，未闻以政学者也。若果行此，必有所害。譬如田猎，射御贯则能获禽，若未尝登车射御，则败绩厌覆是惧，何暇思获？"子皮曰："善哉！虎不敏。吾闻君子务知大者远者，小人务知小者近者。我小人也。衣服附在吾身，我知而慎之。大官、大邑所以庇身也，我远而慢之。微子之言，吾不知也。他日我曰：'子为郑国、我为吾家，以庇焉，其可也。'今而后知不足。自今，请虽吾家，听子而行。"子产曰："人心之不同，如其面焉。吾岂敢谓子面如吾面乎？抑心所谓危，亦以告也。"子皮以为忠，故委政焉。子产是以能为郑国。

卫侯在楚，北宫文子见令尹围之威仪，言于卫侯曰："令尹似君矣！将有他志，虽获其志，不能终也。《诗》云：'靡不有初，鲜克有终。'终之实难，令尹其将不免？"公曰："子何以知之？"对曰："《诗》云：'敬慎威仪，惟民之则。'令尹无威仪，民无则焉。民所不则，以在民上,不可以终。”公曰:“善哉!何谓威仪?”对曰:“有威而可畏谓之威,有仪而可象谓之仪。君有君之威仪,其臣畏而爱之,则而象之,故能有其国家,令闻长世。臣有臣之威仪,其下畏而爱之,故能守其官职,保族宜家。顺是以下皆如是,是以上下能相固也。《卫诗》曰:‘威仪棣棣,不可选也。’言君臣、上下、父子、兄弟、内外、大小皆有威仪也。《周诗》曰:‘朋友攸摄,摄以威仪。’言朋友之道,必相教训以威仪也。《周书》数文王之德,曰:‘大国畏其力,小国怀其德。’言畏而爱之也。《诗》云:‘不识不知,顺帝之则。’言则而象之也。纣囚文王七年,诸侯皆从之囚。纣于是乎惧而归之。可谓爱之。文王伐崇,再驾而降为臣,蛮夷帅服。可谓畏之。文王之功,天下诵而歌舞之。可谓则之。文王之行,至今为法。可谓象之。有威仪也。故君子在位可畏,施舍可爱,进退可度,周旋可则,容止可观,作事可法,德行可象,声气可乐,动作有文,言语有章,以临其下,谓之有威仪也。”

卷十 昭公

昭公元年

元年春,楚公子围聘于郑,且娶于公孙段氏,伍举为介,将入馆,郑人恶之。使行人子羽与之言,乃馆于外。既聘,将以众逆。子产患之,使子羽辞,曰:"以敝邑褊小,不足以容从者,请墠听命!"令尹命大宰伯州犁对曰:"君辱贶寡大夫围,谓围:'将使丰氏抚有而室。'围布几筵,告于庄、共之庙而来。若野赐之,是委君贶于草莽也!是寡大夫不得列于诸卿也!不宁唯是,又使围蒙其先君,将不得为寡君老,其蔑以复矣。唯大夫图之!"子羽曰:"小国无罪,恃实其罪。将恃大国之安靖己,而无乃包藏祸心以图之。小国失恃而惩诸侯,使莫不憾者,距违君命,而有所壅塞不行是惧!不然,敝邑,馆人之属也,其敢爱丰氏之祧?"伍举知其有备也,请垂橐而入。许之。

正月乙未,入,逆而出,遂会于虢,寻宋之盟也。

祁午谓赵文子曰:"宋之盟,楚人得志于晋。今令尹之不信,诸侯之所闻也。子弗戒,惧又如宋。子木之信称于诸侯,犹诈晋而驾焉,况不信之尤者乎?楚重得志于晋,晋之耻也。子相晋国以为盟主,于今七年矣!再合诸侯,三合大夫,服齐、狄,宁东夏,平秦乱,城淳于,师徒不顿,国家不罢,民无谤讟,诸侯无怨,天无大灾,子之力也。有令名矣,而终之以耻,午也是惧。吾子其不可以不戒!"文子曰:"武受赐矣!然宋之盟,子木有祸人之心,武有仁人之心,是楚所以驾于晋也。今武犹是心也,楚又行僭,非所害也。武将信以为本,循而行之。譬如农夫,是穮是蓘,虽有饥馑,必有丰年。且吾闻之:

‘能信不为人下。’吾未能也。《诗》曰：‘不僭不贼，鲜不为则。’信也。能为人则者，不为人下矣。吾不能是难，楚不为患。”

楚令尹围请用牲，读旧书，加于牲上而已。晋人许之。三月甲辰，盟，楚公子围设服离卫。叔孙穆子曰：“楚公子美矣，君哉！”郑子皮曰：“二执戈者前矣！”蔡子家曰：“蒲宫有前，不亦可乎？”楚伯州犁曰：“此行也，辞而假之寡君。”郑行人挥曰：“假不反矣！”伯州犁曰：“子姑忧子皙之欲背诞也。”子羽曰：“当璧犹在，假而不反，子其无忧乎？”齐国子曰：“吾代二子愍矣！”陈公子招曰：“不忧何成，二子乐矣。”卫齐子曰：“苟或知之，虽忧何害？”宋合左师曰：“大国令，小国共。吾知共而已。”晋乐王鲋曰：“《小旻》之卒章善矣，吾从之。”

退会，子羽谓子皮曰：“叔孙绞而婉，宋左师简而礼，乐王鲋字而敬，子与子家持之，皆保世之主也。齐、卫、陈大夫其不免乎？国子代人忧，子招乐忧，齐子虽忧弗害。夫弗及而忧，与可忧而乐，与忧而弗害，皆取忧之道也，忧必及之。《大誓》曰：‘民之所欲，天必从之。’三大夫兆忧，忧能无至乎？言以知物，其是之谓矣。”

季武子伐莒，取郓，莒人告于会。楚告于晋曰：“寻盟未退，而鲁伐莒，渎齐盟，请戮其使。”乐桓子相赵文子，欲求货于叔孙而为之请，使请带焉。弗与。梁其踁曰：“货以藩身，子何爱焉？”叔孙曰：“诸侯之会，卫社稷也。我以货免，鲁必受师。是祸之也，何卫之为？人之有墙，以蔽恶也。墙之隙坏，谁之咎也？卫而恶之，吾又甚焉。虽怨季孙，鲁国何罪？叔出季处，有自来矣，吾又谁怨？然鲋也贿，弗与，不已。”召使者，裂裳帛而与之，曰：“带其褊矣。”

赵孟闻之，曰：“临患不忘国，忠也。思难不越官，信也。图国忘死，贞也。谋主三者，义也。有是四者，又可戮乎？”乃请诸楚曰：“鲁虽有罪，其执事不辟难，畏威而敬命矣。子若免之，以劝左右可也。若子之群吏处不辟污，出不逃难，其何患之有？患之所生，污而不治，难而不守，所由来也。能是二者，又何患焉？不靖其能，其谁从之？鲁叔孙豹可谓能矣，请免之以靖能者。子会而赦有罪，又赏其贤，诸侯其谁不欣焉望楚而归之，视远如迩？疆埸之邑，一彼一此，何常之有？王伯之令也，引其封疆，而树之官。举之表旗，而著之制令。过则有刑，犹不可壹。于是乎虞有三苗，夏有观、扈，商有姺、邳，周有徐、奄。自无令王，诸侯逐进，狎主齐盟，其又可壹乎？恤大舍小，足以为盟主，又焉用之？封疆之削，何国蔑有？主齐盟者，谁能辩焉。吴、濮有衅，楚之执事，岂其顾盟？莒之疆事，楚勿与知。诸侯无烦，不亦可乎？莒、鲁争郓，为日久矣，苟无大害于其社稷，可无亢也。去烦宥善，莫不竞劝。子其图之！”固请诸楚，楚人许之，乃免叔孙。

令尹享赵孟，赋《大明》之首章。赵孟赋《小宛》之二章。事毕，赵孟谓叔向曰：“令尹自以为王矣，何如？”对曰：“王弱，令尹强，其可哉！虽可，不终。”赵孟曰：“何故？”对曰：“强以克弱而安之，强不义也。不义而强，其毙必速。《诗》曰：‘赫赫宗周，褒姒灭之。’强不义也。令尹为王，必求诸侯。晋少懦矣，诸侯将往。若获诸侯，其虐滋甚。民弗堪也，将何以终？夫以强取，不义而克，必以为道。道以淫虐，弗可久已矣！”

夏四月，赵孟、叔孙豹、曹大夫入于郑，郑伯兼享之。子皮戒赵孟，礼终，赵孟赋《瓠叶》。子皮遂戒穆叔，且告之。穆叔曰：“赵孟欲一献，子其从之！”子皮曰：“敢乎？”穆叔曰：“夫人之所欲也，又何不敢。”及享，具五献之笾豆于幕下。赵孟辞，私于子产曰：“武请于冢宰矣。”乃用一献。赵孟为客，礼终乃宴。穆叔赋《鹊巢》。赵孟曰：“武不堪也。”又赋《采蘩》，曰：“小国为蘩，大国省穑而用之，其何实非命。”子皮赋《野有死麇》之卒章。赵孟赋《常棣》，且曰：“吾兄弟比以安，尨也可使无吠。”穆叔、子皮及曹大夫兴，拜，举兕爵，曰：“小国赖子，知免于戾矣。”饮酒乐。赵孟出，曰：“吾不复此矣。”

天王使刘定公劳赵孟于颍，馆于洛汭。刘子曰：“美哉禹功，明德远矣。微禹，吾其鱼乎！吾与子弁冕端委，以治民临诸侯，禹之力也。子盍亦远绩禹功，而大庇民乎？”对曰：“老夫罪戾是惧，焉能恤远？吾侪偷食，朝不谋夕，何其长也？”刘子归，以语王曰：“谚所谓老将知而耄及之者，其赵孟之谓乎！为晋正卿，以主诸侯，而侪于隶人，朝不谋夕，弃神人矣。神怒民叛，何以能久？赵孟不复年矣。神怒，不歆其祀；民叛，不即其事。祀事不从，又何以年？”

叔孙归，曾夭御季孙以劳之。旦及日中不出。曾夭谓曾阜，曰：“旦及日中，吾知罪矣。鲁以相忍为国也，忍其外不忍其内，焉用之？”阜曰：“数月于外，一旦于是，庸何伤？贾而欲赢，而恶嚣乎？”阜谓叔孙曰：“可以出矣！”叔孙指楹曰：“虽恶是，其可去乎？”乃出见之。

郑徐吾犯之妹美，公孙楚聘之矣，公孙黑又使强委禽焉。犯惧，告子产。子产曰：“是国无政，非子之患也。唯所欲与。”犯请于二子，请使女择焉。皆许之。子皙盛饰入，布币而出。子南戎服入，左右射，超乘而出。女自房观之，曰：“子皙信美矣，抑子南夫也。夫夫妇妇，所谓顺也。”适子南氏。子皙怒。既而櫜甲以见子南，欲杀之而取其妻。子南知之，执戈逐之。及冲，击之以戈。子皙伤而归，告大夫曰：“我好见之，不知其有异志也，故伤。”

大夫皆谋之。子产曰：“直钧，幼贱有罪。罪在楚也。”乃执子南而数之，曰：“国之大节有五，女皆奸之。畏君之威，听其政，尊其贵，事其长，养其亲，五者所以为国也。今君在国，女用兵焉，不畏威也。奸国之纪，不听政也。子皙，上大夫，女，嬖大夫，而弗下之，不尊贵也。幼而不忌，不事长也。兵其从兄，不养亲也。君曰：‘余不女忍杀，宥女以远。’勉，速行乎，无重而罪！”五月庚辰，郑放游楚于吴，将行子南，子产咨于大叔。大叔曰：“吉不能亢身，焉能亢宗？彼，国政也，非私难也。子图郑国，利则行之，又何疑焉？周公杀管叔而蔡蔡叔，夫岂不爱？王室故也。吉若获戾，子将行之，何有于诸游？”

秦后子有宠于桓,如二君于景。其母曰:“弗去,惧选。”癸卯,鍼适晋,其车千乘。书曰:“秦伯之弟鍼出奔晋。”罪秦伯也。后子享晋侯,造舟于河,十里舍车,自雍及绛。归取酬币,终事八反。司马侯问焉,曰:“子之车,尽于此而已乎?”对曰:“此之谓多矣!若能少此,吾何以得见?”女叔齐以告公,且曰:“秦公子必归。臣闻君子能知其过,必有令图。令图,天所赞也。”

后子见赵孟。赵孟曰:“吾子其曷归?”对曰:“鍼惧选于寡君,是以在此,将待嗣君。”赵孟曰:“秦君何如?”对曰:“无道。”赵孟曰:“亡乎?”对曰:“何为?一世无道,国未艾也。国于天地,有与立焉。不数世淫,弗能毙也。”赵孟曰:“天乎?”对曰:“有焉。”赵孟曰:“其几何?”对曰:“鍼闻之,国无道而年谷和熟,天赞之也。鲜不五稔。”赵孟视荫,曰:“朝夕不相及,谁能待五?”后子出,而告人曰:“赵孟将死矣。主民,玩岁而愒日,其与几何?”

郑为游楚乱故,六月丁巳,郑伯及其大夫盟于公孙段氏,罕虎、公孙侨、公孙段、印段、游吉、驷带私盟于闺门之外,实薰隧。公孙黑强与于盟,使大史书其名,且曰七子。子产弗讨。

晋中行穆子败无终及群狄于大原,崇卒也。将战,魏舒曰:“彼徒我车,所遇又阨,以什共车必克。困诸阨,又克。请皆卒,自我始。”乃毁车以为行,五乘为三伍。荀吴之嬖人不肯即卒,斩以徇。为五陈以相离,两于前,伍于后,专为右角,参为左角,偏为前拒,以诱之。翟人笑之。未陈而薄之,大败之。

莒展舆立,而夺群公子秩。公子召去疾于齐。秋,齐公子鉏纳去疾,展舆奔吴。

叔弓帅师疆郓田,因莒乱也。于是莒务娄、瞀胡及公子灭明以大厖与常仪靡奔齐。君子曰:“莒展之不立,弃人也夫!人可弃乎?《诗》曰:‘无竞维人。’善矣。”

晋侯有疾,郑伯使公孙侨如晋聘,且问疾。叔向问焉,曰:“寡君之疾病，卜人曰：'实沈、台骀为祟。'史莫之知，敢问此何神也？"子产曰："昔高辛氏有二子，伯曰阏伯，季曰实沈，居于旷林，不相能也。日寻干戈，以相征讨。后帝不臧，迁阏伯于商丘，主辰。商人是因，故辰为商星。迁实沈于大夏，主参。唐人是因，以服事夏、商。其季世曰唐叔虞。当武王邑姜方震大叔，梦帝谓己：'余命而子曰虞，将与之唐，属诸参，而蕃育其子孙。'及生，有文在其手曰'虞'，遂以命之。及成王灭唐而封大叔焉，故参为晋星。由是观之，则实沈，参神也。昔金天氏有裔子曰昧，为玄冥师，生允格、台骀。台骀能业其官，宣汾、洮，障大泽，以处大原。帝用嘉之，封诸汾川。沈、姒、蓐、黄，实守其祀。今晋主汾而灭之矣。由是观之，则台骀，汾神也。抑此二者，不及君身。山川之神，则水旱疠疫之灾，于是乎禜之。日月星辰之神，则雪霜风雨之不时，于是乎禜之。若君身，则亦出入饮食哀乐之事也。山川星辰之神，又何为焉？侨闻之，君子有四时：朝以听政，昼以访问，夕以修令，夜以安身。于是乎节宣其气，勿使有所壅闭湫底，以露其体，兹心不爽，而昏乱百度。今无乃壹之，则生疾矣。侨又闻之，内官不及同姓，其生不殖。美先尽矣，则相生疾，君子是以恶之。故《志》曰：'买妾不知其姓，则卜之。'违此二者，古之所慎也。男女辨姓，礼之大司也。今君内实有四姬焉，其无乃是也乎？若由是二者，弗可为也已。四姬有省犹可，无则必生疾矣。"叔向曰："善哉！肸未之闻也。此皆然矣。"

叔向出，行人挥送之。叔向问郑故焉，且问子皙。对曰："其与几何？无礼而好陵人，怙富而卑其上，弗能久矣。"

晋侯闻子产之言，曰："博物君子也。"重贿之。

晋侯求医于秦。秦伯使医和视之，曰："疾不可为也。是谓：'近女室，疾如蛊。非鬼非食，惑以丧志。良臣将死，天命不祐。'"公曰："女不可近乎？"对曰："节之。先王之乐，所以节百事也，故有五节，迟速本末以相及，中声以降，五降之后，不容弹矣。于是有烦手淫声，慆堙心耳，乃忘平和，君子弗听也。物亦如之，至于烦，乃舍也已，无以生疾。君子之近琴瑟，以仪节也，非以慆心也。天有六气，降生五味，发为五色，徵为五声，淫生六疾。六气曰阴、阳、风、雨、晦、明也。分为四时，序为五节。过则为灾，阴淫寒疾，阳淫热疾，风淫末疾，雨淫腹疾，晦淫惑疾，明淫心疾。女，阳物而晦时，淫则生内热惑蛊之疾。今君不节不时，能无及此乎？"

出，告赵孟。赵孟曰："谁当良臣？"对曰："主是谓矣！主相晋国，于今八年，晋国无乱，诸侯无阙，可谓良矣。和闻之，国之大臣，荣其宠禄，任其大节，有灾祸兴而无改焉，必受其咎。今君至于淫以生疾，将不能图恤社稷，祸孰大焉！主不能御，吾是以云也。"赵孟曰："何谓蛊？"对曰："淫溺惑乱之所生也。于文，皿虫为蛊，谷之飞亦为蛊；在《周易》，女惑男，风落山，谓之《蛊》䷑。皆同物也。"赵孟曰："良医也。"厚其礼而归之。

楚公子围使公子黑肱、伯州犁城犨、栎、郏，郑人惧。子产曰："不害。令尹将行大事，而先除二子也。祸不及郑，何患焉？"

冬，楚公子围将聘于郑，伍举为介。未出竟，闻王有疾而还。伍举遂聘。十一月己酉，公子围至，入问王疾，缢而弑之。遂杀其二子幕及平夏。右尹子干出奔晋。宫厩尹子晳出奔郑，杀大宰伯州犁于郏。葬王于郏，谓之郏敖。使赴于郑，伍举问应为后之辞焉。对曰："寡大夫围。"伍举更之曰："共王之子围为长。"

子干奔晋，从车五乘。叔向使与秦公子同食，皆百人之饩。赵文子曰："秦公子富。"叔向曰："底禄以德，德钧以年，年同以尊。公子以国，不闻以富。且夫以千乘去其国，强御已甚。《诗》曰：'不侮鳏寡，不畏强御。'秦、楚，匹也。"使后子与子干齿，辞曰："鍼惧选，楚公子不获，是以皆来，亦唯命。且臣与羁齿，无乃不可乎？史佚有言曰：'非羁何忌？'"

楚灵王即位，薳罢为令尹，薳启强为大宰。郑游吉如楚，葬郏敖,且聘立君。归,谓子产曰:“具行器矣!楚王汏侈而自说其事,必合诸侯。吾往无日矣。”子产曰:“不数年,未能也。”

十二月,晋既烝,赵孟适南阳,将会孟子馀。甲辰朔,烝于温。庚戌,卒。郑伯如晋吊,及雍乃复。

昭公二年

二年春,晋侯使韩宣子来聘,且告为政而来见,礼也。观书于大史氏,见《易》《象》与《鲁春秋》,曰:“周礼尽在鲁矣。吾乃今知周公之德,与周之所以王也。”公享之。季武子赋《绵》之卒章。韩子赋《角弓》。季武子拜,曰:“敢拜子之弥缝敝邑,寡君有望矣。”武子赋《节》之卒章。既享,宴于季氏,有嘉树焉,宣子誉之。武子曰:“宿敢不封殖此树,以无忘《角弓》。”遂赋《甘棠》。宣子曰:“起不堪也,无以及召公。”

宣子遂如齐纳币。见子雅。子雅召子旗,使见宣子。宣子曰:“非保家之主也,不臣。”见子尾。子尾见强。宣子谓之如子旗。大夫多笑之。唯晏子信之,曰:“夫子,君子也。君子有信,其有以知之矣。”自齐聘于卫。卫侯享之,北宫文子赋《淇澳》。宣子赋《木瓜》。

夏四月,韩须如齐逆女。齐陈无宇送女,致少姜。少姜有宠于晋侯,晋侯谓之少齐。谓陈无宇非卿,执诸中都。少姜为之请曰:“送从逆班,畏大国也,犹有所易,是以乱作。”

叔弓聘于晋,报宣子也。晋侯使郊劳。辞曰:“寡君使弓来继旧好,固曰:‘女无敢为宾!’彻命于执事,敝邑弘矣。敢辱郊使?请辞。”致馆。辞曰:“寡君命下臣来继旧好,好合使成,臣之禄也。敢辱大馆?”叔向曰:“子叔子知礼哉!吾闻之曰:‘忠信,礼之器也。卑让,礼之宗也。’辞不忘国,忠信也。先国后己,卑让也。《诗》曰:‘敬慎威仪,以近有德。’夫子近德矣。”

秋，郑公孙黑将作乱，欲去游氏而代其位，伤疾作而不果。驷氏与诸大夫欲杀之。子产在鄙，闻之，惧弗及，乘遽而至。使吏数之，曰："伯有之乱，以大国之事，而未尔讨也。尔有乱心，无厌，国不女堪。专伐伯有，而罪一也。昆弟争室，而罪二也。薰隧之盟，女矫君位，而罪三也。有死罪三，何以堪之？不速死，大刑将至。"再拜稽首，辞曰："死在朝夕，无助天为虐。"子产曰："人谁不死？凶人不终，命也。作凶事，为凶人。不助天，其助凶人乎？"请以印为褚师。子产曰："印也若才，君将任之。不才，将朝夕从女。女罪之不恤，而又何请焉？不速死，司寇将至。"七月壬寅，缢。尸诸周氏之衢，加木焉。

晋少姜卒。公如晋，及河。晋侯使士文伯来辞，曰："非伉俪也。请君无辱！"公还，季孙宿遂致服焉。叔向言陈无宇于晋侯曰："彼何罪？君使公族逆之，齐使上大夫送之。犹曰不共，君求以贪。国则不共，而执其使。君刑已颇，何以为盟主？且少姜有辞。"冬十月，陈无宇归。十一月，郑印段如晋吊。

昭公三年

三年春，王正月，郑游吉如晋，送少姜之葬。梁丙与张趯见之。梁丙曰："甚矣哉！子之为此来也。"子大叔曰："将得已乎？昔文、襄之霸也，其务不烦诸侯。令诸侯三岁而聘，五岁而朝，有事而会，不协而盟。君薨，大夫吊，卿共葬事。夫人，士吊，大夫送葬。足以昭礼命事谋阙而已，无加命矣。今嬖宠之丧，不敢择位，而数于守適，唯惧获戾，岂敢惮烦？少齐有宠而死，齐必继室。今兹吾又将来贺，不唯此行也。"张趯曰："善哉！吾得闻此数也。然自今，子其无事矣。譬如火焉，火中，寒暑乃退。此其极也，能无退乎？晋将失诸侯，诸侯求烦不获。"二大夫退。子大叔告人曰："张趯有知，其犹在君子之后乎!"

丁未,滕子原卒。同盟,故书名。

齐侯使晏婴请继室于晋,曰:"寡君使婴曰:'寡人愿事君,朝夕不倦,将奉质币,以无失时,则国家多难,是以不获。不腆先君之適,以备内官,焜耀寡人之望,则又无禄,早世殒命,寡人失望。君若不忘先君之好,惠顾齐国,辱收寡人,徼福于大公、丁公,照临敝邑,镇抚其社稷,则犹有先君之適及遗姑姊妹若而人。君若不弃敝邑,而辱使董振择之,以备嫔嫱,寡人之望也。'"

韩宣子使叔向对曰:"寡君之愿也。寡君不能独任其社稷之事,未有伉俪。在缞绖之中,是以未敢请。君有辱命,惠莫大焉。若惠顾敝邑,抚有晋国,赐之内主,岂唯寡君,举群臣实受其贶。其自唐叔以下,实宠嘉之。"

既成昏,晏子受礼。叔向从之宴,相与语。叔向曰:"齐其何如?"晏子曰:"此季世也,吾弗知。齐其为陈氏矣!公弃其民,而归于陈氏。齐旧四量,豆、区、釜、钟。四升为豆,各自其四,以登于釜。釜十则钟。陈氏三量,皆登一焉,钟乃大矣。以家量贷,而以公量收之。山木如市,弗加于山。鱼盐蜃蛤,弗加于海。民参其力,二入于公,而衣食其一。公聚朽蠹,而三老冻馁。国之诸市,屦贱踊贵。民人痛疾,而或燠休之,其爱之如父母,而归之如流水,欲无获民,将焉辟之?箕伯、直柄、虞遂、伯戏,其相胡公、大姬,已在齐矣。"

叔向曰:"然。虽吾公室,今亦季世也。戎马不驾,卿无军行。公乘无人,卒列无长。庶民罢敝,而宫室滋侈。道殣相望,而女富溢尤。民闻公命,如逃寇仇。栾、郤、胥、原、狐、续、庆、伯,降在皂隶。政在家门,民无所依。君日不悛,以乐慆忧。公室之卑,其何日之有?谗鼎之铭曰:'昧旦丕显,后世犹怠。'况日不悛,其能久乎?"

晏子曰:"子将若何?"叔向曰:"晋之公族尽矣。肸闻之,公室将卑,其宗族枝叶先落,则公从之。肸之宗十一族,唯羊舌氏在而已。

肸又无子。公室无度,幸而得死,岂其获祀?”

初,景公欲更晏子之宅,曰:“子之宅近市,湫隘嚣尘,不可以居,请更诸爽垲者。”辞曰:“君之先臣容焉,臣不足以嗣之,于臣侈矣。且小人近市,朝夕得所求,小人之利也。敢烦里旅?”公笑曰:“子近市,识贵贱乎?”对曰:“既利之,敢不识乎?”公曰:“何贵何贱?”于是景公繁于刑,有鬻踊者。故对曰:“踊贵屦贱。”既已告于君,故与叔向语而称之。景公为是省于刑。君子曰:“仁人之言,其利博哉。晏子一言而齐侯省刑。《诗》曰:‘君子如祉,乱庶遄已。’其是之谓乎!”

及晏子如晋,公更其宅,反,则成矣。既拜,乃毁之,而为里室,皆如其旧。则使宅人反之。且谚曰:“‘非宅是卜,唯邻是卜。’二三子先卜邻矣,违卜不祥。君子不犯非礼,小人不犯不祥,古之制也。吾敢违诸乎?”卒复其旧宅。公弗许。因陈桓子以请,乃许之。

夏四月,郑伯如晋,公孙段相,甚敬而卑,礼无违者。晋侯嘉焉,授之以策,曰:“子丰有劳于晋国,余闻而弗忘。赐女州田,以胙乃旧勋。”伯石再拜稽首,受策以出。君子曰:“礼,其人之急也乎!伯石之汰也,一为礼于晋,犹荷其禄,况以礼终始乎?《诗》曰:‘人而无礼,胡不遄死。’其是之谓乎!”

初,州县,栾豹之邑也。及栾氏亡,范宣子、赵文子、韩宣子皆欲之。文子曰:“温,吾县也。”二宣子曰:“自郤称以别,三传矣。晋之别县不唯州,谁获治之?”文子病之,乃舍之。二子曰:“吾不可以正议而自与也。”皆舍之。及文子为政,赵获曰:“可以取州矣。”文子曰:“退!二子之言,义也。违义,祸也。余不能治余县,又焉用州?其以徼祸也。君子曰:‘弗知实难。’知而弗从,祸莫大焉。有言州必死。”

丰氏故主韩氏,伯石之获州也,韩宣子为之请之,为其复取之之故。

五月,叔弓如滕,葬滕成公,子服椒为介。及郊,遇懿伯之忌,敬子不入。惠伯曰："公事有公利，无私忌，椒请先入。"乃先受馆。敬子从之。

晋韩起如齐逆女。公孙虿为少姜之有宠也，以其子更公女而嫁公子。人谓宣子："子尾欺晋，晋胡受之？"宣子曰："我欲得齐而远其宠，宠将来乎？"

秋七月，郑罕虎如晋，贺夫人，且告曰："楚人日征敝邑，以不朝立王之故。敝邑之往，则畏执事，其谓寡君，'而固有外心'。其不往，则宋之盟云。进退罪也。寡君使虎布之。"宣子使叔向对曰："君若辱有寡君，在楚何害？修宋盟也。君苟思盟，寡君乃知免于戾矣。君若不有寡君，虽朝夕辱于敝邑，寡君猜焉。君实有心，何辱命焉？君其往也！苟有寡君，在楚犹在晋也。"

张趯使谓大叔曰："自子之归也，小人粪除先人之敝庐，曰：'子其将来！'今子皮实来，小人失望。"大叔曰："吉贱，不获来，畏大国，尊夫人也。且孟曰：'而将无事。'吉庶几焉。"

小邾穆公来朝。季武子欲卑之，穆叔曰："不可。曹、滕、二邾，实不忘我好。敬以逆之，犹惧其贰。又卑一睦，焉逆群好也？其如旧而加敬焉！《志》曰：'能敬无灾。'又曰：'敬逆来者，天所福也。'"季孙从之。

八月，大雩，旱也。

齐侯田于莒，卢蒲嫳见，泣且请曰："余发如此种种，余奚能为？"公曰："诺，吾告二子。"归而告之。子尾欲复之。子雅不可，曰："彼其发短而心甚长，其或寝处我矣。"九月，子雅放卢蒲嫳于北燕。

燕简公多嬖宠，欲去诸大夫而立其宠人。冬，燕大夫比以杀公之外嬖。公惧，奔齐。书曰："北燕伯款出奔齐。"罪之也。

十月，郑伯如楚，子产相。楚子享之，赋《吉日》。既享，子产乃具田备，王以田江南之梦。

齐公孙灶卒。司马灶见晏子，曰："又丧子雅矣。"晏子曰："惜也，子旗不免，殆哉！姜族弱矣，而妫将始昌。二惠竞爽，犹可，又弱一个焉，姜其危哉！”

昭公四年

四年春，王正月，许男如楚，楚子止之，遂止郑伯，复田江南，许男与焉。使椒举如晋求诸侯，二君待之。椒举致命曰：“寡君使举曰，日君有惠，赐盟于宋，曰，晋、楚之从，交相见也，以岁之不易，寡人愿结欢于二三君。使举请间。君若苟无四方之虞，则愿假宠以请于诸侯。”

晋侯欲勿许。司马侯曰：“不可。楚王方侈，天或者欲逞其心，以厚其毒而降之罚，未可知也。其使能终，亦未可知也。晋、楚唯天所相，不可与争。君其许之，而修德以待其归。若归于德，吾犹将事之，况诸侯乎？若适淫虐，楚将弃之，吾又谁与争？”公曰：“晋有三不殆，其何敌之有？国险而多马，齐、楚多难。有是三者，何乡而不济？”对曰：“恃险与马，而虞邻国之难，是三殆也。四岳、三涂、阳城、大室、荆山、中南，九州之险也，是不一姓。冀之北土，马之所生，无兴国焉。恃险与马，不可以为固也，从古以然。是以先王务修德音以亨神人，不闻其务险与马也。邻国之难，不可虞也。或多难以固其国，启其疆土；或无难以丧其国，失其守宇。若何虞难？齐有仲孙之难而获桓公，至今赖之。晋有里、丕之难而获文公，是以为盟主。卫、邢无难，敌亦丧之。故人之难，不可虞也。恃此三者，而不修政德，亡于不暇，又何能济？君其许之！纣作淫虐，文王惠和，殷是以陨，周是以兴，夫岂争诸侯？”乃许楚使。使叔向对曰：“寡君有社稷之事，是以不获春秋时见。诸侯，君实有之，何辱命焉？”椒举遂请昏，晋侯许之。

楚子问于子产曰：“晋其许我诸侯乎？”对曰：“许君。晋君少安，不在诸侯。其大夫多求。莫匡其君。在宋之盟,又曰如一,若不许君,将焉用之?"王曰:"诸侯其来乎?"对曰:"必来。从宋之盟,承君之欢,不畏大国,何故不来?不来者,其鲁、卫、曹、邾乎?曹畏宋,邾畏鲁,鲁、卫逼于齐而亲于晋,唯是不来。其余,君之所及也,谁敢不至?"王曰:"然则吾所求者,无不可乎?"对曰:"求逞于人,不可。与人同欲,尽济。"

大雨雹。季武子问于申丰曰:"雹可御乎?"对曰:"圣人在上,无雹;虽有,不为灾。古者,日在北陆而藏冰;西陆,朝觌而出之。其藏冰也,深山穷谷,固阴冱寒,于是乎取之。其出之也,朝之禄位,宾食丧祭,于是乎用之。其藏之也,黑牡、秬黍,以享司寒。其出之也,桃弧、棘矢,以除其灾。其出入也时,食肉之禄,冰皆与焉。大夫命妇,丧浴用冰。祭寒而藏之,献羔而启之,公始用之。火出而毕赋。自命夫、命妇,至于老疾,无不受冰。山人取之,县人传之,舆人纳之,隶人藏之,夫冰以风壮,而以风出。其藏之也周,其用之也遍,则冬无愆阳,夏无伏阴,春无凄风,秋无苦雨,雷不出震,无灾霜雹,疠疾不降,民不夭札。今藏川池之冰,弃而不用。风不越而杀,雷不发而震。雹之为灾,谁能御之?《七月》之卒章,藏冰之道也。"

夏,诸侯如楚,鲁、卫、曹、邾不会。曹、邾辞以难,公辞以时祭,卫侯辞以疾。郑伯先待于申。六月丙午,楚子合诸侯于申。椒举言于楚子曰:"臣闻诸侯无归,礼以为归。今君始得诸侯,其慎礼矣。霸之济否,在此会也。夏启有钧台之享,商汤有景亳之命,周武有孟津之誓,成有岐阳之蒐,康有酆宫之朝,穆有涂山之会,齐桓有召陵之师,晋文有践土之盟。君其何用?宋向戌、郑公孙侨在,诸侯之良也,君其选焉。"王曰:"吾用齐桓。"

王使问礼于左师与子产。左师曰:"小国习之,大国用之,敢不荐闻?"献公合诸侯之礼六。子产曰:"小国共职,敢不荐守?"献伯、子、男会公之礼六。君子谓合左师善守先代,子产善相小国。王使椒举侍于后,以规过。卒事,不规。王问其故,对曰:“礼,吾所未见者有六焉,又何以规?”

宋大子佐后至,王田于武城,久而弗见。椒举请辞焉。王使往,曰:“属有宗祧之事于武城,寡君将堕币焉,敢谢后见。”徐子,吴出也,以为贰焉,故执诸申。

楚子示诸侯侈,椒举曰:“夫六王二公之事,皆所以示诸侯礼也。诸侯所由用命也。夏桀为仍之会,有缗叛之。商纣为黎之蒐,东夷叛之。周幽为大室之盟,戎狄叛之。皆所以示诸侯汏也,诸侯所由弃命也。今君以汏,无乃不济乎?”王弗听。

子产见左师曰:“吾不患楚矣,汏而愎谏,不过十年。”左师曰:“然。不十年侈,其恶不远,远恶而后弃。善亦如之,德远而后兴。”

秋七月,楚子以诸侯伐吴。宋大子、郑伯先归,宋华费遂、郑大夫从。使屈申围朱方,八月甲申,克之。执齐庆封而尽灭其族。

将戮庆封。椒举曰:“臣闻无瑕者可以戮人。庆封唯逆命,是以在此,其肯从于戮乎?播于诸侯,焉用之?”王弗听,负之斧钺,以徇于诸侯,使言曰:“无或如齐庆封,弑其君,弱其孤,以盟其大夫。”庆封曰:“无或如楚共王之庶子围,弑其君兄之子麇而代之,以盟诸侯。”王使速杀之。

遂以诸侯灭赖。赖子面缚衔璧,士袒,舆榇从之,造于中军。王问诸椒举。对曰:“成王克许,许僖公如是,王亲释其缚,受其璧,焚其榇。”王从之。迁赖于鄢。楚子欲迁许于赖,使斗韦龟与公子弃疾城之而还。申无宇曰:“楚祸之首,将在此矣。召诸侯而来,伐国而克,城竟莫校。王心不违,民其居乎?民之不处,其谁堪之?不堪王命,乃祸乱也。”

九月,取鄫,言易也。莒乱,著丘公立而不抚鄫,鄫叛而来,故曰取。凡克邑不用师徒曰取。

郑子产作丘赋。国人谤之,曰:“其父死于路,己为虿尾。以令于国,国将若之何?”子宽以告。子产曰:“何害?苟利社稷,死生以之。且吾闻为善者不改其度,故能有济也。民不可逞,度不可改。《诗》曰:‘礼义不愆,何恤于人言。’吾不迁矣。”浑罕曰:“国氏其先亡乎!君子作法于凉,其敝犹贪,作法于贪,敝将若之何?姬在列者,蔡及曹、滕其先亡乎!逼而无礼。郑先卫亡,逼而无法。政不率法,而制于心;民各有心,何上之有?”

冬,吴伐楚,入棘、栎、麻,以报朱方之役。楚沈尹射奔命于夏汭,箴尹宜咎城钟离,薳启强城巢,然丹城州来。东国水,不可以城,彭生罢赖之师。

初,穆子去叔孙氏,及庚宗,遇妇人,使私为食而宿焉。问其行,告之故,哭而送之。适齐,娶于国氏,生孟丙、仲壬。梦天压己,弗胜。顾而见人,黑而上偻,深目而豭喙,号之曰:“牛!助余!”乃胜之。旦而皆召其徒,无之。且曰:“志之。”及宣伯奔齐,馈之。宣伯曰:“鲁以先子之故,将存吾宗,必召女。召女,何如?”对曰:“愿之久矣。”鲁人召之,不告而归。既立,所宿庚宗之妇人,献以雉。问其姓。对曰:“余子长矣,能奉雉而从我矣。”召而见之,则所梦也。未问其名,号之曰“牛”,曰:“唯。”皆召其徒,使视之,遂使为竖。有宠,长使为政。公孙明知叔孙于齐,归,未逆国姜,子明取之。故怒,其子长而后使逆之。田于丘莸,遂遇疾焉。竖牛欲乱其室而有之,强与孟盟,不可。叔孙为孟钟,曰:“尔未际,飨大夫以落之。”既具,使竖牛请日。入,弗谒。出,命之日。及宾至,闻钟声。牛曰:“孟有北妇人之客。”怒,将往。牛止之。宾出,使拘而杀诸外。牛又强与仲盟,不可。仲与公御莱书观于公,公与之环,使牛入示之。入,不示。出,命佩之。牛谓叔孙:“见仲而何?”叔孙曰:“何为?”曰:“不见。既自见矣,公与之环而佩之矣。”遂逐之,奔齐。疾急,命召仲,牛许而不召。

杜泄见,告之饥渴,授之戈。对曰:“求之而至,又何去焉?”竖牛曰:“夫子疾病,不欲见人。”使置馈于个而退。牛弗进,则置虚,命彻。十二月癸丑,叔孙不食。乙卯,卒。牛立昭子而相之。

公使杜泄葬叔孙。竖牛赂叔仲昭子与南遗,使恶杜泄于季孙而去之。杜泄将以路葬,且尽卿礼。南遗谓季孙曰:“叔孙未乘路,葬焉用之?且冢卿无路,介卿以葬,不亦左乎?”季孙曰:“然。”使杜泄舍路。不可。曰:“夫子受命于朝,而聘于王。王思旧勋而赐之路。复命而致之君。君不敢逆王命而后赐之,使三官书之。吾子为司徒,实书名。夫子为司马,与工正书服。孟孙为司空,以书勋,今死而弗以,是弃君命也。书在公府而弗以,是废三官也。若命服,生弗敢服,死又不以,将焉用之?”乃使以葬。

季孙谋去中军。竖牛曰:“夫子固欲去之。”

昭公五年

五年春,王正月,舍中军,卑公室也。毁中军于施氏,成诸臧氏。初作中军,三分公室而各有其一。季氏尽征之,叔孙氏臣其子弟,孟氏取其半焉。及其舍之也,四分公室,季氏择二,二子各一。皆尽征之,而贡于公。以书。使杜泄告于殡,曰:“子固欲毁中军,既毁之矣,故告。”杜泄曰:“夫子唯不欲毁也,故盟诸僖闳,诅诸五父之衢。”受其书而投之,帅士而哭之。叔仲子谓季孙曰:“带受命于子叔孙曰,葬鲜者自西门。”季孙命杜泄,杜泄曰:“卿丧自朝,鲁礼也。吾子为国政,未改礼,而又迁之。群臣惧死,不敢自也。”既葬而行。

仲至自齐,季孙欲立之。南遗曰:“叔孙氏厚则季氏薄。彼实家乱,子勿与知,不亦可乎?”南遗使国人助竖牛以攻诸大库之庭。司宫射之,中目而死。竖牛取东鄙三十邑,以与南遗。

昭子即位,朝其家众,曰:“竖牛祸叔孙氏,使乱大从,杀適立庶,又披其邑,将以赦罪,罪莫大焉。必速杀之。”竖牛惧,奔齐。孟仲之子杀诸塞关之外，投其首于宁风之棘上。

仲尼曰："叔孙昭子之不劳，不可能也。周任有言曰：'为政者不赏私劳，不罚私怨。'《诗》云：'有觉德行，四国顺之。'"

初，穆子之生也，庄叔以《周易》筮之，遇《明夷》䷣之《谦》䷎，以示卜楚丘。曰："是将行，而归为子祀。以谗人入，其名曰牛，卒以馁死。《明夷》，日也。日之数十，故有十时，亦当十位。自王已下，其二为公，其三为卿。日上其中，食日为二，旦日为三。《明夷》之《谦》，明而未融，其当旦乎。故曰为子祀。日之《谦》，当鸟，故曰明夷于飞。明而未融，故曰垂其翼。象日之动，故曰君子于行。当三在旦，故曰三日不食。《离》，火也。《艮》，山也。《离》为火，火焚山，山败。于人为言，败言为馋。故曰有攸往。主人有言，言必谗也。纯《离》为牛，世乱谗胜，胜将适《离》，故曰其名曰牛。《谦》不足，飞不翔，垂不峻，翼不广。故曰其为子后乎。吾子，亚卿也，抑少不终。"

楚子以屈申为贰于吴，乃杀之。以屈生为莫敖，使与令尹子荡如晋逆女。过郑，郑伯劳子荡于汜，劳屈生于菟氏。晋侯送女于邢丘。子产相郑伯，会晋侯于邢丘。

公如晋，自郊劳至于赠贿，无失礼。晋侯谓女叔齐曰："鲁侯不亦善于礼乎？"对曰："鲁侯焉知礼？"公曰："何为？自郊劳至于赠贿，礼无违者，何故不知？"对曰："是仪也，不可谓礼。礼所以守其国，行其政令，无失其民者也。今政令在家，不能取也。有子家羁，弗能用也。奸大国之盟，陵虐小国。利人之难，不知其私。公室四分，民食于他。思莫在公，不图其终。为国君，难将及身，不恤其所。礼之本末，将于此乎在，而屑屑焉习仪以亟。言善于礼，不亦远乎？"君子谓："叔侯于是乎知礼。"

晋韩宣子如楚送女，叔向为介。郑子皮、子大叔劳诸索氏。大叔谓叔向曰："楚王汰侈已甚，子其戒之。"叔向曰："汰侈已甚，身之灾也,焉能及人?若奉吾币帛,慎吾威仪,守之以信,行之以礼,敬始而思终,终无不复。从而不失仪,敬而不失威,道之以训辞,奉之以旧法,考之以先王,度之以二国,虽汰侈,若我何?”

及楚,楚子朝其大夫,曰:“晋,吾仇敌也。苟得志焉,无恤其他。今其来者,上卿、上大夫也。若吾以韩起为阍,以羊舌肸为司宫,足以辱晋,吾亦得志矣,可乎?”大夫莫对。薳启强曰:“可。苟有其备,何故不可?耻匹夫不可以无备,况耻国乎!是以圣王务行礼,不求耻人。朝聘有珪,享觌有璋,小有述职,大有巡功,设机而不倚,爵盈而不饮,宴有好货,飧有陪鼎,入有郊劳,出有赠贿,礼之至也。国家之败,失之道也,则祸乱兴。城濮之役,晋无楚备,以败于邲。邲之役,楚无晋备,以败于鄢。自鄢以来,晋不失备,而加之以礼,重之以睦,是以楚弗能报而求亲焉。既获姻亲,又欲耻之,以召寇仇,备之若何?谁其重此?若有其人,耻之可也。若其未有,君亦图之。晋之事君,臣曰可矣。求诸侯而麇至。求昏而荐女,君亲送之,上卿及上大夫致之。犹欲耻之,君其亦有备矣。不然,奈何?韩起之下,赵成、中行吴、魏舒、范鞅、知盈;羊舌肸之下,祁午、张趯、籍谈、女齐、梁丙、张骼、辅跞、苗贲皇,皆诸侯之选也。韩襄为公族大夫,韩须受命而使矣。箕襄、邢带、叔禽、叔椒、子羽,皆大家也。韩赋七邑,皆成县也。羊舌四族,皆强家也。晋人若丧韩起、杨肸,五卿八大夫辅韩须、杨石,因其十家九县,长毂九百,其余四十县,遗守四千,奋其武怒,以报其大耻,伯华谋之,中行伯、魏舒帅之,其蔑不济矣。君将以亲易怨,实无礼以速寇,而未有其备,使群臣往遗之禽,以逞君心,何不可之有?”王曰:“不穀之过也,大夫无辱。”厚为韩子礼。王欲敖叔向以其所不知,而不能。亦厚其礼。

韩起反,郑伯劳诸圉。辞不敢见,礼也。

郑罕虎如齐,娶于子尾氏。晏子骤见之。陈桓子问其故,对曰:“能用善人,民之主也。”

夏,莒牟夷以牟娄及防兹来奔。牟夷非卿而书,尊地也。莒人愬于晋,晋侯欲止公。范献子曰:"不可。人朝而执之,诱也。讨不以师,而诱以成之,惰也。为盟主而犯此二者,无乃不可乎?请归之,间而以师讨焉。"乃归公。秋七月,公至自晋。

莒人来讨,不设备。戊辰,叔弓败诸蚡泉,莒未陈也。

冬十月,楚子以诸侯及东夷伐吴,以报棘、栎、麻之役。薳射以繁扬之师,会于夏汭。越大夫常寿过帅师会楚子于琐。闻吴师出,薳启强帅师从之,遽不设备,吴人败诸鹊岸。

楚子以驲至于罗汭。吴子使其弟蹶由犒师,楚人执之,将以衅鼓。王使问焉,曰:"女卜来吉乎?"对曰:"吉。寡君闻君将治兵于敝邑,卜之以守龟,曰:'余亟使人犒师,请行以观王怒之疾徐,而为之备,尚克知之。'龟兆告吉,曰:'克可知也。'君若欢焉,好逆使臣,滋敝邑休怠,而忘其死,亡无日矣。今君奋焉,震电冯怒,虐执使臣,将以衅鼓,则吴知所备矣。敝邑虽羸,若早修完,其可以息师。难易有备,可谓吉矣。且吴社稷是卜,岂为一人。使臣获衅军鼓,而敝邑知备,以御不虞,其为吉孰大焉。国之守龟,其何事不卜?一臧一否,其谁能常之?城濮之兆,其报在邲。今此行也,其庸有报志?"乃弗杀。

楚师济于罗汭,沈尹赤会楚子,次于莱山。薳射帅繁扬之师,先入南怀,楚师从之。及汝清,吴不可入。楚子遂观兵于坻箕之山。是行也,吴早设备,楚无功而还,以蹶由归。楚子惧吴,使沈尹射待命于巢,薳启强待命于雩娄,礼也。

秦后子复归于秦,景公卒故也。

昭公六年

六年春,王正月,杞文公卒,吊如同盟,礼也。大夫如秦,葬景公,礼也。

三月,郑人铸刑书。叔向使诒子产书,曰:"始吾有虞于子,今则已矣。昔先王议事以制,不为刑辟,惧民之有争心也。犹不可禁御,是故闲之以义,纠之以政,行之以礼,守之以信,奉之以仁,制为禄位以劝其从,严断刑罚以威其淫。惧其未也,故诲之以忠,耸之以行,教之以务,使之以和,临之以敬,莅之以强,断之以刚。犹求圣哲之上,明察之官,忠信之长,慈惠之师,民于是乎可任使也,而不生祸乱。民知有辟,则不忌于上,并有争心,以征于书,而侥幸以成之,弗可为矣。夏有乱政而作《禹刑》,商有乱政而作《汤刑》,周有乱政而作《九刑》,三辟之兴,皆叔世也。今吾子相郑国,作封洫,立谤政,制参辟,铸刑书,将以靖民,不亦难乎?《诗》曰:'仪式刑文王之德,日靖四方。'又曰:'仪刑文王,万邦作孚。'如是,何辟之有?民知争端矣,将弃礼而征于书。锥刀之末,将尽争之。乱狱滋丰,贿赂并行,终子之世,郑其败乎!肸闻之,国将亡,必多制,其此之谓乎!"复书曰:"若吾子之言,侨不才,不能及子孙,吾以救世也。既不承命,敢忘大惠?"

士文伯曰:"火见,郑其火乎。火未出而作火以铸刑器,藏争辟焉。火如象之,不火何为?"

夏,季孙宿如晋,拜莒田也。晋侯享之,有加笾。武子退,使行人告曰:"小国之事大国也,苟免于讨,不敢求贶。得贶不过三献。今豆有加,下臣弗堪,无乃戾也。"韩宣子曰:"寡君以为欢也。"对曰:"寡君犹未敢,况下臣,君之隶也,敢闻加贶?"固请彻加而后卒事。晋人以为知礼,重其好货。

宋寺人柳有宠,大子佐恶之。华合比曰:"我杀之。"柳闻之,乃坎、用牲、埋书,而告公曰:"合比将纳亡人之族,既盟于北郭矣。"公使视之,有焉,遂逐华合比。合比奔卫。于是华亥欲代右师,乃与寺人柳比,从为之征,曰:"闻之久矣。"公使代之,见于左师,左师曰:

"女夫也,必亡!女丧而宗室,于人何有?人亦于女何有?《诗》曰:'宗子维城,毋俾城坏,毋独斯畏。'女其畏哉!"

六月丙戌,郑灾。

楚公子弃疾如晋,报韩子也。过郑,郑罕虎、公孙侨、游吉从郑伯以劳诸柤。辞不敢见。固请见之。见,如见王,以其乘马八匹私面,见子皮如上卿,以马六匹。见子产,以马四匹。见子大叔,以马二匹。禁刍牧采樵,不入田,不樵树,不采刈,不抽屋,不强匄。誓曰:"有犯命者,君子废,小人降。"舍不为暴,主不慁宾。往来如是。郑三卿皆知其将为王也。

韩宣子之适楚也,楚人弗逆。公子弃疾及晋竟,晋侯将亦弗逆。叔向曰:"楚辟我衷,若何效辟。《诗》曰:'尔之教矣,民胥效矣。'从我而已,焉用效人之辟?《书》曰:'圣作则。'无宁以善人为则,而则人之辟乎?匹夫为善,民犹则之,况国君乎?"晋侯说,乃逆之。

秋九月,大雩,旱也。

徐仪楚聘于楚。楚子执之,逃归。惧其叛也,使薳泄伐徐。吴人救之。令尹子荡帅师伐吴,师于豫章,而次于乾谿。吴人败其师于房钟,获宫厩尹弃疾。子荡归罪于薳泄而杀之。

冬,叔弓如楚聘,且吊败也。

十一月,齐侯如晋,请伐北燕也。士匄相士鞅,逆诸河,礼也。晋侯许之。十二月,齐侯遂伐北燕,将纳简公。晏子曰:"不入。燕有君矣,民不贰。吾君贿,左右谄谀,作大事不以信,未尝可也。"

昭公七年

七年春,王正月,暨齐平,齐求之也。癸巳,齐侯次于虢。燕人行成,曰:"敝邑知罪,敢不听命?先君之敝器,请以谢罪。"公孙皙曰:"受服而退,俟衅而动,可也。"二月戊午,盟于濡上。燕人归燕姬，赂以瑶瓮、玉椟、斝耳，不克而还。

楚子之为令尹也，为王旌以田。芋尹无宇断之，曰："一国两君，其谁堪之？"及即位，为章台之宫，纳亡人以实之。无宇之阍入焉。无宇执之，有司弗与，曰："执人于王宫，其罪大矣。"执而谒诸王。王将饮酒，无宇辞曰："天子经略，诸侯正封，古之制也。封略之内，何非君土。食土之毛，谁非君臣。故《诗》曰：'普天之下，莫非王土。率土之滨，莫非王臣。'天有十日，人有十等，下所以事上，上所以共神也。故王臣公，公臣大夫，大夫臣士，士臣皂，皂臣舆，舆臣隶，隶臣僚，僚臣仆，仆臣台，马有圉，牛有牧，以待百事。今有司曰：'女胡执人于王宫？'将焉执之？周文王之法曰，有亡，荒阅，所以得天下也。吾先君文王，作《仆区》之法，曰：'盗所隐器，与盗同罪。'所以封汝也。若从有司，是无所执逃臣也。逃而舍之，是无陪台也。王事无乃阙乎？昔武王数纣之罪，以告诸侯曰'纣为天下逋逃主，萃渊薮'，故夫致死焉。君王始求诸侯而则纣，无乃不可乎？若以二文之法取之，盗有所在矣。"王曰："取而臣以往，盗有宠，未可得也。"遂赦之。

楚子成章华之台，愿与诸侯落之。大宰薳启强曰："臣能得鲁侯。"薳启强来召公，辞曰："昔先君成公，命我先大夫婴齐曰：'吾不忘先君之好，将使衡父照临楚国，镇抚其社稷，以辑宁尔民。'婴齐受命于蜀，奉承以来，弗敢失陨，而致诸宗祧，曰，我先君共王，引领北望，日月以冀。传序相授，于今四王矣。嘉惠未至，唯襄公之辱临我丧。孤与其二三臣，悼心失图，社稷之不皇，况能怀思君德！今君若步玉趾，辱见寡君，宠灵楚国，以信蜀之役，致君之嘉惠，是寡君既受贶矣，何蜀之敢望？其先君鬼神，实嘉赖之，岂唯寡君？君若不来，使臣请问行期，寡君将承质币而见于蜀，以请先君之贶。"

公将往，梦襄公祖。梓慎曰："君不果行。襄公之适楚也，梦周公祖而行。今襄公实祖，君其不行。"子服惠伯曰："行。先君未尝适楚，故周公祖以道之。襄公适楚矣，而祖以道君，不行，何之？”

三月，公如楚，郑伯劳于师之梁。孟僖子为介，不能相仪。及楚，不能答郊劳。

夏四月甲辰朔，日有食之。晋侯问于士文伯曰：“谁将当日食？”对曰：“鲁、卫恶之，卫大鲁小。”公曰：“何故？”对曰：“去卫地，如鲁地。于是有灾，鲁实受之。其大咎，其卫君乎，鲁将上卿。”公曰：“《诗》所谓‘彼日而食，于何不臧’者，何也？”对曰：“不善政之谓也。国无政，不用善，则自取谪于日月之灾，故政不可不慎也。务三而已，一曰择人，二曰因民，三曰从时。”

晋人来治杞田，季孙将以成与之。谢息为孟孙守，不可。曰：“人有言曰：‘虽有挈瓶之知，守不假器，礼也。’夫子从君，而守臣丧邑，虽吾子亦有猜焉。”季孙曰：“君之在楚，于晋罪也。又不听晋，鲁罪重矣。晋师必至，吾无以待之，不如与之，间晋而取诸杞。吾与子桃，成反，谁敢有之，是得二成也。鲁无忧而孟孙益邑，子何病焉。”辞以无山，与之莱、柞，乃迁于桃。晋人为杞取成。

楚子享公于新台，使长鬣者相，好以大屈。既而悔之。薳启强闻之，见公。公语之，拜贺。公曰：“何贺？”对曰：“齐与晋、越欲此久矣。寡君无适与也，而传诸君，君其备御三邻。慎守宝矣，敢不贺乎？”公惧，乃反之。

郑子产聘于晋。晋侯有疾。韩宣子逆客。私焉，曰：“寡君寝疾，于今三月矣，并走群望，有加而无瘳。今梦黄熊入于寝门，其何厉鬼也？”对曰：“以君之明，子为大政，其何厉之有？昔尧殛鲧于羽山，其神化为黄熊，以入于羽渊，实为夏郊，三代祀之。晋为盟主，其或者未之祀也乎？”韩子祀夏郊。晋侯有间，赐子产莒之二方鼎。

子产为丰施归州田于韩宣子，曰：“日君以夫公孙段为能任其事，而赐之州田，今无禄早世，不获久享君德。其子弗敢有，不敢以闻于君，私致诸子。”宣子辞。子产曰：“古人有言曰：‘其父析薪，其子弗克负荷。’施将惧不能任其先人之禄，其况能任大国之赐？纵吾子为政而可，后之人若属有疆埸之言，敝邑获戾，而丰氏受其大讨。吾子取州，是免敝邑于戾，而建置丰氏也。敢以为请。”宣子受之，以告晋侯。晋侯以与宣子。宣子为初言，病有之，以易原县于乐大心。

郑人相惊以伯有，曰“伯有至矣”，则皆走，不知所往。铸刑书之岁二月，或梦伯有介而行，曰：“壬子，余将杀带也。明年壬寅，余又将杀段也。”及壬子，驷带卒。国人益惧。齐、燕平之月壬寅，公孙段卒。国人愈惧。其明月，子产立公孙泄及良止以抚之，乃止。子大叔问其故。子产曰：“鬼有所归，乃不为厉，吾为之归也。”大叔曰：“公孙泄何为？”子产曰：“说也，为身无义而图说，从政有所反之，以取媚也。不媚，不信。不信，民不从也。”

及子产适晋，赵景子问焉，曰：“伯有犹能为鬼乎？”子产曰：“能。人生始化曰魄，既生魄，阳曰魂。用物精多，则魂魄强。是以有精爽，至于神明。匹夫匹妇强死，其魂魄犹能冯依于人，以为淫厉。况良霄，我先君穆公之胄，子良之孙，子耳之子，敝邑之卿，从政三世矣。郑虽无腆，抑谚曰‘蕞尔国’，而三世执其政柄，其用物也弘矣，其取精也多矣。其族又大，所冯厚矣。而强死，能为鬼，不亦宜乎？”

子皮之族饮酒无度，故马师氏与子皮氏有恶。齐师还自燕之月，罕朔杀罕魋。罕朔奔晋。韩宣子问其位于子产。子产曰：“君之羁臣，苟得容以逃死，何位之敢择？卿违，从大夫之位，罪人以其罪降，古之制也。朔于敝邑，亚大夫也，其官，马师也。获戾而逃，唯执政所置之。得免其死，为惠大矣。又敢求位？”宣子为子产之敏也，使从嬖大夫。

秋八月，卫襄公卒。晋大夫言于范献子曰：“卫事晋为睦，晋不礼焉，庇其贼人而取其地，故诸侯贰。《诗》曰：‘鹏鸰在原，兄弟急难。’又曰：‘死丧之威，兄弟孔怀。’兄弟之不睦，于是乎不吊，况远人，谁敢归之？今又不礼于卫之嗣，卫必叛我，是绝诸侯也。”献子以告韩宣子。宣子说，使献子如卫吊，且反戚田。卫齐恶告丧于周，且请命。王使成简公如卫吊。且追命襄公曰："叔父陟恪，在我先王之左右，以佐事上帝。余敢高圉、亚圉？"

九月，公至自楚。孟僖子病不能相礼，乃讲学之，苟能礼者从之。及其将死也，召其大夫，曰："礼，人之干也。无礼，无以立。吾闻将有达者曰孔丘，圣人之后也，而灭于宋。其祖弗父何，以有宋而授厉公。及正考父佐戴、武、宣，三命兹益共。故其鼎铭云：'一命而偻，再命而伛，三命而俯。循墙而走，亦莫余敢侮。饘于是，鬻于是，以糊余口。'其共也如是。臧孙纥有言曰：'圣人有明德者，若不当世，其后必有达人。'今其将在孔丘乎？我若获没，必属说与何忌于夫子，使事之，而学礼焉，以定其位。"故孟懿子与南宫敬叔师事仲尼。仲尼曰："能补过者，君子也。《诗》曰：'君子是则是效。'孟僖子可则效已矣。"

单献公弃亲用羁。

冬十月辛酉，襄、顷之族杀献公而立成公。

十一月，季武子卒。晋侯谓伯瑕曰："吾所问日食，从之，可常乎？"对曰："不可。六物不同，民心不壹，事序不类，官职不则，同始异终，胡可常也？《诗》曰：'或燕燕居息，或憔悴事国。'其异终也如是。"公曰："何谓六物？"对曰："岁、时、日、月、星、辰是谓也。"公曰："多语寡人辰，而莫同，何谓辰？"对曰："日月之会是谓辰，故以配日。"

卫襄公夫人姜氏无子，嬖人婤姶生孟絷。孔成子梦康叔谓己："立元，余使羁之孙圉与史苟相之。"史朝亦梦康叔谓己："余将命而子苟与孔烝钼之曾孙圉相元。"史朝见成子，告之梦，梦协。晋韩宣子为政，聘于诸侯之岁，婤姶生子，名之曰元。孟絷之足不良，能行。孔成子以《周易》筮之，曰："元尚享卫国，主其社稷。"遇《屯》䷂。又曰："余尚立絷，尚克嘉之。"遇《屯》䷂之《比》䷇。以示史朝。史朝曰："元亨，又何疑焉？"成子曰："非长之谓乎？"对曰："康叔名之，可谓长矣。孟非人也，将不列于宗，不可谓长。且其《繇》曰：'利建侯。'嗣吉，何建？建非嗣也。二卦皆云，子其建之。康叔命之，二卦告之。筮袭于梦，武王所用也，弗从何为？弱足者居，侯主社稷，临祭祀，奉民人，事鬼神，从会朝，又焉得居？各以所利，不亦可乎？"故孔成子立灵公。十二月癸亥，葬卫襄公。

昭公八年

八年春，石言于晋魏榆。晋侯问于师旷曰："石何故言？"对曰："石不能言，或冯焉。不然，民听滥也。抑臣又闻之曰：'作事不时，怨讟动于民，则有非言之物而言。'今宫室崇侈，民力凋尽，怨讟并作，莫保其性。石言，不亦宜乎。"于是晋侯方筑虒祁之宫。叔向曰："子野之言，君子哉！君子之言，信而有征，故怨远于其身。小人之言，僭而无征，故怨咎及之。《诗》曰：'哀哉不能言，匪舌是出，唯躬是瘁。哿矣能言，巧言如流，俾躬处休。'其是之谓乎。是宫也成，诸侯必叛，君必有咎，夫子知之矣。"

陈哀公元妃郑姬，生悼大子偃师，二妃生公子留，下妃生公子胜。二妃嬖，留有宠，属诸司徒招与公子过。哀公有废疾。三月甲申，公子招、公子过杀悼大子偃师，而立公子留。夏四月辛亥，哀公缢。干征师赴于楚，且告有立君，公子胜愬之于楚，楚人执而杀之。公子留奔郑。书曰"陈侯之弟招杀陈世子偃师"，罪在招也；"楚人执陈行人干征师杀之"，罪不在行人也。

叔弓如晋，贺虒祁也。游吉相郑伯以如晋，亦贺虒祁也。史赵见子大叔，曰："甚哉，其相蒙也！可吊也，而又贺之？"子大叔曰："若何吊也？其非唯我贺，将天下实贺。"

秋，大蒐于红，自根牟至于商、卫，革车千乘。

七月甲戌,齐子尾卒,子旗欲治其室。丁丑,杀梁婴。八月庚戌,逐子成、子工、子车,皆来奔,而立子良氏之宰。其臣曰:“孺子长矣,而相吾室,欲兼我也。”授甲,将攻之。陈桓子善于子尾,亦授甲,将助之。或告子旗,子旗不信。则数人告。将往,又数人告于道,遂如陈氏。桓子将出矣,闻之而还,游服而逆之,请命。对曰:“闻强氏授甲将攻子,子闻诸?”曰:“弗闻。”“子盍亦授甲?无宇请从。”子旗曰:“子胡然?彼孺子也,吾诲之犹惧其不济,吾又宠秩之。其若先人何?子盍谓之?《周书》曰:‘惠不惠,茂不茂。’康叔所以服弘大也。”桓子稽颡曰:“顷、灵福子,吾犹有望。”遂和之如初。

陈公子招归罪于公子过而杀之。九月,楚公子弃疾帅师奉孙吴围陈,宋戴恶会之。冬十一月壬午,灭陈。舆嬖袁克,杀马毁玉以葬。楚人将杀之,请置之。既又请私,私于幄,加绖于颡而逃。使穿封戌为陈公,曰:城麇之役,不谄。侍饮酒于王。王曰:“城麇之役,女知寡人之及此,女其辟寡人乎?”对曰:“若知君之及此,臣必致死礼,以息楚国。”晋侯问于史赵曰:“陈其遂亡乎?”对曰:“未也。”公曰:“何故?”对曰:“陈,颛顼之族也。岁在鹑火,是以卒灭,陈将如之。今在析木之津,犹将复由。且陈氏得政于齐,而后陈卒亡。自幕至于瞽瞍,无违命。舜重之以明德,置德于遂,遂世守之。及胡公不淫,故周赐之姓,使祀虞帝。臣闻盛德必百世祀。虞之世数未也。继守将在齐,其兆既存矣。”

昭公九年

九年春,叔弓、宋华亥、郑游吉、卫赵黡会楚子于陈。

二月庚申,楚公子弃疾迁许于夷,实城父,取州来淮北之田以益之。伍举授许男田。然丹迁城父人于陈,以夷濮西田益之。迁方城外人于许。

周甘人与晋阎嘉争阎田。晋梁丙、张趯率阴戎伐颍。王使詹桓伯辞于晋，曰："我自夏以后稷，魏、骀、芮、岐、毕，吾西土也。及武王克商，蒲姑、商奄，吾东土也。巴、濮、楚、邓，吾南土也。肃慎、燕、亳，吾北土也。吾何迩封之有？文、武、成、康之建母弟，以蕃屏周，亦其废队是为，岂如弁髦而因以敝之。先王居梼杌于四裔，以御螭魅，故允姓之奸，居于瓜州。伯父惠公归自秦，而诱以来，使逼我诸姬，入我郊甸，则戎焉取之。戎有中国，谁之咎也？后稷封殖天下，今戎制之，不亦难乎？伯父图之。我在伯父，犹衣服之有冠冕，木水之有本原，民人之有谋主也。伯父若裂冠毁冕，拔本塞原，专弃谋主，虽戎狄其何有余一人？"

叔向谓宣子曰："文之伯也，岂能改物？翼戴天子而加之以共。自文以来，世有衰德而暴灭宗周，以宣示其侈，诸侯之贰，不亦宜乎？且王辞直，子其图之。"宣子说。

王有姻丧，使赵成如周吊，且致阎田与襚，反颍俘。王亦使宾滑执甘大夫襄以说于晋，晋人礼而归之。

夏四月，陈灾。郑裨灶曰："五年，陈将复封。封五十二年而遂亡。"子产问其故。对曰："陈，水属也，火，水妃也，而楚所相也。今火出而火陈，逐楚而建陈也。妃以五成，故曰五年。岁五及鹑火，而后陈卒亡，楚克有之，天之道也，故曰五十二年。"

晋荀盈如齐逆女，还，六月，卒于戏阳。殡于绛，未葬。晋侯饮酒，乐。膳宰屠蒯趋入，请佐公使尊。许之。而遂酌以饮工，曰："女为君耳，将司聪也。辰在子卯，谓之疾日。君彻宴乐，学人舍业，为疾故也。君之卿佐，是谓股肱。股肱或亏，何痛如之？女弗闻而乐，是不聪也。"又饮外嬖嬖叔曰："女为君目，将司明也。服以旌礼，礼以行事，事有其物，物有其容。今君之容，非其物也，而女不见，是不明也。"亦自饮也，曰："味以行气，气以实志，志以定言，言以出令。臣实司味，二御失官，而君弗命，臣之罪也。"公说，彻酒。初，公欲废知氏而立其外嬖,为是悛而止。秋八月,使荀跞佐下军以说焉。

孟僖子如齐殷聘,礼也。

冬,筑郎囿,书,时也。季平子欲其速成也,叔孙昭子曰:"《诗》曰:'经始勿亟,庶民子来。'焉用速成?其以剿民也。无囿犹可,无民其可乎?"

昭公十年

十年春,王正月,有星出于婺女。郑裨灶言于子产曰:"七月戊子,晋君将死。今兹岁在颛顼之虚,姜氏、任氏实守其地。居其维首,而有妖星焉,告邑姜也。邑姜,晋之妣也。天以七纪,戊子,逢公以登,星斯于是乎出。吾是以讥之。"

齐惠栾、高氏皆耆酒,信内多怨,强于陈、鲍氏而恶之。夏,有告陈桓子曰:"子旗、子良将攻陈、鲍。"亦告鲍氏。桓子授甲而如鲍氏,遭子良醉而骋,遂见文子,则亦授甲矣。使视二子,则皆将饮酒。桓子曰:"彼虽不信,闻我授甲,则必逐我。及其饮酒也,先伐诸?"陈、鲍方睦,遂伐栾、高氏。

子良曰:"先得公,陈、鲍焉往?"遂伐虎门。晏平仲端委立于虎门之外,四族召之,无所往。其徒曰:"助陈、鲍乎?"曰:"何善焉?""助栾、高乎?"曰:"庸愈乎?""然则归乎?"曰:"君伐焉归?"公召之而后入。公卜使王黑以灵姑钚率,吉。请断三尺焉而用之。五月庚辰,战于稷,栾、高败,又败诸庄。国人追之,又败诸鹿门。栾施、高强来奔。陈、鲍分其室。

晏子谓桓子:"必致诸公。让,德之主也,让之谓懿德。凡有血气,皆有争心,故利不可强,思义为愈。义,利之本也,蕴利生孽。姑使无蕴乎,可以滋长。"桓子尽致诸公,而请老于莒。

桓子召子山,私具幄幕、器用、从者之衣屦,而反棘焉。子商亦如之，而反其邑。子周亦如之，而与之夫于。反子城、子公、公孙捷，而皆益其禄。凡公子、公孙之无禄者，私分之邑。国之贫约孤寡者，私与之粟。曰："《诗》云，'陈锡载周'，能施也。桓公是以霸。"

公与桓子莒之旁邑，辞。穆孟姬为之请高唐，陈氏始大。

秋七月，平子伐莒取郠，献俘，始用人于亳社。臧武仲在齐，闻之，曰："周公其不飨鲁祭乎！周公飨义，鲁无义。《诗》曰：'德音孔昭，视民不佻。'佻之谓甚矣，而壹用之，将谁福哉！"

戊子，晋平公卒。郑伯如晋。及河，晋人辞之。游吉遂如晋。

九月，叔孙婼、齐国弱、宋华定、卫北宫喜、郑罕虎、许人、曹人、莒人、邾人、薛人、杞人、小邾人如晋，葬平公也。郑子皮将以币行。子产曰："丧焉用币？用币必百两，百两必千人，千人至，将不行。不行，必尽用之。几千人而国不亡？"子皮固请以行。既葬，诸侯之大夫欲因见新君。叔孙昭子曰："非礼也。"弗听。叔向辞之，曰："大夫之事毕矣。而又命孤，孤斩焉在衰绖之中。其以嘉服见，则丧礼未毕。其以丧服见，是重受吊也。大夫将若之何？"皆无辞以见。子皮尽用其币，归，谓子羽曰："非知之实难，将在行之。夫子知之矣，我则不足。《书》曰：'欲败度，纵败礼。'我之谓矣。夫子知度与礼矣，我实纵欲而不能自克也。"

昭子至自晋，大夫皆见。高强见而退。昭子语诸大夫曰："为人子，不可不慎也哉！昔庆封亡，子尾多受邑而稍致诸君，君以为忠而甚宠之。将死，疾于公宫，辇而归，君亲推之。其子不能任，是以在此。忠为令德，其子弗能任，罪犹及之，难不慎也？丧夫人之力，弃德旷宗，以及其身，不亦害乎。《诗》曰：'不自我先，不自我后。'其是之谓乎。"

冬十二月，宋平公卒。初，元公恶寺人柳，欲杀之。及丧，柳炽炭于位，将至，则去之。比葬，又有宠。

昭公十一年

十一年春，王二月，叔弓如宋，葬平公也。

景王问于苌弘曰："今兹诸侯，何实吉？何实凶？"对曰："蔡凶。此蔡侯般弑其君之岁也。岁在豕韦，弗过此矣。楚将有之，然壅也。岁及大梁，蔡复，楚凶。天之道也。"

楚子在申，召蔡灵侯。灵侯将往。蔡大夫曰："王贪而无信，唯蔡于感，今币重而言甘，诱我也，不如无往。"蔡侯不可。三月丙申，楚子伏甲而飨蔡侯于申，醉而执之。夏四月丁巳，杀之，刑其士七十人。公子弃疾帅师围蔡。

韩宣子问于叔向曰："楚其克乎？"对曰："克哉！蔡侯获罪于其君，而不能其民，天将假手于楚以毙之，何故不克？然肸闻之：不信以幸，不可再也。楚王奉孙吴以讨于陈，曰'将定而国'。陈人听命，而遂县之。今又诱蔡而杀其君，以围其国，虽幸而克，必受其咎，弗能久矣。桀克有缗以丧其国，纣克东夷而陨其身。楚小位下，而亟暴于二王，能无咎乎？天之假助不善，非祚之也，厚其凶恶而降之罚也。且譬之如天，其有五材而将用之，力尽而敝之，是以无拯，不可没振。"

五月，齐归薨，大蒐于比蒲，非礼也。

孟僖子会邾庄公，盟于祲祥，修好，礼也。泉丘人有女梦以其帷幕孟氏之庙，遂奔僖子，其僚从之。盟于清丘之社，曰："有子，无相弃也！"僖子使助薳氏之簉。反自祲祥，宿于薳氏，生懿子及南宫敬叔于泉丘人。其僚无子，使字敬叔。

楚师在蔡，晋荀吴谓韩宣子曰："不能救陈，又不能救蔡，物以无亲，晋之不能，亦可知也已！为盟主而不恤亡国，将焉用之？"

秋，会于厥慭，谋救蔡也。郑子皮将行。子产曰："行不远，不能救蔡也。蔡小而不顺,楚大而不德,天将弃蔡以壅楚。盈而罚之,蔡必亡矣。且丧君而能守者,鲜矣。三年,王其有咎乎!美恶周必复,王恶周矣。”晋人使狐父请蔡于楚,弗许。

单子会韩宣子于戚,视下言徐。叔向曰:“单子其将死乎。朝有著定,会有表,衣有禬,带有结。会朝之言,必闻于表著之位,所以昭事序也。视不过结、禬之中,所以道容貌也。言以命之,容貌以明之,失则有阙。今单子为王官伯,而命事于会,视不登带,言不过步,貌不道容,而言不昭矣。不道,不共;不昭,不从。无守气矣。”

九月,葬齐归,公不戚。晋士之送葬者,归以语史赵。史赵曰:“必为鲁郊。”侍者曰:“何故?”曰:“归,姓也。不思亲,祖不归也。”叔向曰:“鲁公室其卑乎。君有大丧,国不废蒐。有三年之丧,而无一日之戚。国不恤丧,不忌君也。君无戚容,不顾亲也。国不忌君,君不顾亲,能无卑乎?殆其失国。”

冬十一月,楚子灭蔡,用隐大子于冈山。申无宇曰:“不祥。五牲不相为用,况用诸侯乎?王必悔之。”

十二月,单成公卒。

楚子城陈、蔡、不羹。使弃疾为蔡公。王问于申无宇曰:“弃疾在蔡,何如?”对曰:“择子莫如父,择臣莫如君。郑庄公城栎而置子元焉,使昭公不立。齐桓公城穀而置管仲焉,至于今赖之。臣闻五大不在边,五细不在庭。亲不在外,羁不在内。今弃疾在外,郑丹在内。君其少戒。”王曰:“国有大城,何如?”对曰:“郑京、栎实杀曼伯,宋萧、亳实杀子游,齐渠丘实杀无知,卫蒲、戚实出献公,若由是观之,则害于国。末大必折,尾大不掉,君所知也。”

昭公十二年

十二年春,齐高偃纳北燕伯款于唐,因其众也。

三月,郑简公卒,将为葬除。及游氏之庙,将毁焉。子大叔使其除徒执用以立,而无庸毁。曰:"子产过女,而问何故不毁,乃曰:'不忍庙也!诺,将毁矣!'"既如是,子产乃使辟之。司墓之室,有当道者。毁之,则朝而堋;弗毁,则日中而堋。子大叔请毁之,曰:"无若诸侯之宾何?"子产曰:"诸侯之宾,能来会吾丧,岂惮日中?无损于宾,而民不害,何故不为?"遂弗毁,日中而葬。君子谓:"子产于是乎知礼。礼,无毁人以自成也。"

夏,宋华定来聘,通嗣君也。享之,为赋《蓼萧》,弗知,又不答赋。昭子曰:"必亡。宴语之不怀,宠光之不宣,令德之不知,同福之不受,将何以在?"

齐侯、卫侯、郑伯如晋,朝嗣君也。公如晋,至河乃复。取郠之役,莒人愬于晋,晋有平公之丧,未之治也。故辞公。公子慭遂如晋。晋侯享诸侯,子产相郑伯辞于享,请免丧而后听命。晋人许之,礼也。晋侯以齐侯宴,中行穆子相。投壶,晋侯先。穆子曰:"有酒如淮,有肉如坻。寡君中此。为诸侯师。"中之。齐侯举矢,曰:"有酒如渑,有肉如陵。寡人中此,与君代兴。"亦中之。伯瑕谓穆子曰:"子失辞。吾固师诸侯矣,壶何为焉?其以中俊也。齐君弱吾君,归弗来矣。"穆子曰:"吾军帅强御,卒乘竞劝,今犹古也,齐将何事?"公孙傁趋进曰:"日旰君勤,可以出矣。"以齐侯出。

楚子谓成虎若敖之余也,遂杀之。或谮成虎于楚子,成虎知之而不能行。书曰:"楚杀其大夫成虎。"怀宠也。

六月,葬郑简公。

晋荀吴伪会齐师者,假道于鲜虞,遂入昔阳。秋八月壬午,灭肥,以肥子绵皋归。

周原伯绞虐其舆臣,使曹逃。冬十月壬申朔,原舆人逐绞而立公子跪寻,绞奔郊。

甘简公无子,立其弟过。过将去成、景之族。成、景之族赂刘献公。丙申，杀甘悼公，而立成公之孙鰌。丁酉，杀献大子之傅、庾皮之子过。杀瑕辛于市，及宫嬖绰、王孙没、刘州鸠、阴忌、老阳子。

季平子立，而不礼于南蒯。南蒯谓子仲："吾出季氏，而归其室于公，子更其位，我以费为公臣。"子仲许之。南蒯语叔仲穆子，且告之故。

季悼子之卒也，叔孙昭子以再命为卿。及平子伐莒，克之，更受三命。叔仲子欲构二家，谓平子曰："三命逾父兄，非礼也。"平子曰："然。"故使昭子。昭子曰："叔孙氏有家祸，杀適立庶，故婼也及此。若因祸以毙之，则闻命矣。若不废君命，则固有著矣。"昭子朝，而命吏曰："婼将与季氏讼，书辞无颇。"季孙惧，而归罪于叔仲子。故叔仲小、南蒯、公子慭谋季氏。慭告公，而遂从公如晋。南蒯惧不克，以费叛如齐。子仲还，及卫，闻乱，逃介而先。及郊，闻费叛，遂奔齐。

南蒯之将叛也，其乡人或知之，过之而叹，且言曰："恤恤乎，湫乎，攸乎。深思而浅谋，迩身而远志，家臣而君图，有人矣哉！"

南蒯枚筮之，遇《坤》䷁之《比》䷇，曰：'黄裳元吉。'以为大吉也，示子服惠伯，曰："即欲有事，何如？"惠伯曰："吾尝学此矣，忠信之事则可，不然必败。外强内温，忠也。和以率贞，信也。故曰'黄裳元吉'。黄，中之色也。裳，下之饰也。元，善之长也。中不忠，不得其色。下不共，不得其饰。事不善，不得其极。外内倡和为忠，率事以信为共，供养三德为善，非此三者弗当。且夫《易》，不可以占险，将何事也？且可饰乎？中美能黄，上美为元，下美则裳，参成可筮。犹有阙也，筮虽吉，未也。"

将适费，饮乡人酒。乡人或歌之曰："我有圃，生之杞乎！从我者子乎，去我者鄙乎，倍其邻者耻乎！已乎已乎，非吾党之士乎！"

平子欲使昭子逐叔仲小。小闻之，不敢朝。昭子命吏谓小待政于朝，曰："吾不为怨府。"

楚子狩于州来，次于颍尾，使荡侯、潘子、司马督、嚣尹午、陵尹喜帅师围徐以惧吴。楚子次于乾谿，以为之援。雨雪，王皮冠，秦复陶，翠被，豹舄，执鞭以出，仆析父从。

右尹子革夕，王见之，去冠、被，舍鞭。与之语曰："昔我先王熊绎，与吕级、王孙牟、燮父、禽父，并事康王，四国皆有分，我独无有。今吾使人于周，求鼎以为分，王其与我乎？"对曰："与君王哉。昔我先王熊绎，辟在荆山，筚路蓝缕，以处草莽。跋涉山林，以事天子。唯是桃弧、棘矢，以共御王事。齐，王舅也。晋及鲁、卫，王母弟也。楚是以无分，而彼皆有。今周与四国服事君王，将唯命是从，岂其爱鼎！"王曰："昔我皇祖伯父昆吾，旧许是宅。今郑人贪赖其田，而不我与。我若求之，其与我乎？"对曰："与君王哉。周不爱鼎，郑敢爱田？"王曰："昔诸侯远我而畏晋，今我大城陈、蔡、不羹，赋皆千乘，子与有劳焉。诸侯其畏我乎？"对曰："畏君王哉。是四国者，专足畏也，又加之以楚，敢不畏君王哉？"

工尹路请曰："君王命剥圭以为鏚柲，敢请命。"王入视之。

析父谓子革："吾子，楚国之望也！今与王言如响，国其若之何？"子革曰："摩厉以须，王出，吾刃将斩矣。"

王出，复语。左史倚相趋过。王曰："是良史也，子善视之。是能读《三坟》《五典》《八索》《九丘》。"对曰："臣尝问焉。昔穆王欲肆其心，周行天下，将皆必有车辙马迹焉。祭公谋父作《祈招》之诗，以止王心。王是以获没于祗宫。臣问其诗而不知也。若问远焉，其焉能知之？"王曰："子能乎？"对曰："能。其诗曰：'祈招之愔愔，式昭德音。思我王度，式如玉，式如金。形民之力，而无醉饱之心。'"

王揖而入，馈不食，寝不寐，数日。不能自克，以及于难。仲尼曰："古也有志'克己复礼，仁也'。信善哉！楚灵王若能如是，岂其辱于乾谿？"

晋伐鲜虞，因肥之役也。

昭公十三年

十三年春,叔弓围费,弗克,败焉。平子怒,令见费人执之以为囚俘。冶区夫曰:“非也。若见费人,寒者衣之,饥者食之。为之令主,而共其乏困。费来如归,南氏亡矣。民将叛之,谁与居邑?若惮之以威,惧之以怒,民疾而叛,为之聚也。若诸侯皆然,费人无归,不亲南氏,将焉入矣?”平子从之,费人叛南氏。

楚子之为令尹也,杀大司马薳掩而取其室。及即位,夺薳居田。迁许而质许围。蔡洧有宠于王,王之灭蔡也,其父死焉,王使与于守而行。申之会,越大夫戮焉。王夺斗韦龟中犫,又夺成然邑而使为郊尹。蔓成然故事蔡公。故薳氏之族及薳居、许围、蔡洧、蔓成然,皆王所不礼也。因群丧职之族,启越大夫常寿过作乱,围固城,克息舟,城而居之。

观起之死也,其子从在蔡,事朝吴,曰:“今不封蔡,蔡不封矣。我请试之。”以蔡公之命召子干、子皙,及郊,而告之情,强与之盟,入袭蔡。蔡公将食,见之而逃。观从使子干食,坎,用牲,加书,而速行。己徇于蔡曰:“蔡公召二子,将纳之,与之盟而遣之矣,将师而从之。”蔡人聚,将执之。辞曰:“失贼成军,而杀余,何益?”乃释之。朝吴曰:“二三子若能死亡,则如违之,以待所济。若求安定,则如与之,以济所欲。且违上,何适而可?”众曰:“与之。”乃奉蔡公,召二子而盟于邓,依陈、蔡人以国。楚公子比、公子黑肱、公子弃疾、蔓成然、蔡朝吴帅陈、蔡、不羹、许、叶之师,因四族之徒,以入楚。

及郊,陈、蔡欲为名,故请为武军。蔡公知之曰:“欲速。且役病矣,请藩而已。”乃藩为军。蔡公使须务牟与史猈先入,因正仆人杀大子禄及公子罢敌。公子比为王,公子黑肱为令尹,次于鱼陂。公子弃疾为司马,先除王宫。使观从从师于乾谿,而遂告之。且曰:

“先归复所，后者劓。”师及訾梁而溃。

王闻群公子之死也，自投于车下，曰：“人之爱其子也，亦如余乎？”侍者曰：“甚焉，小人老而无子，知挤于沟壑矣。”王曰：“余杀人子多矣，能无及此乎？”右尹子革曰：“请待于郊，以听国人。”王曰：“众怒不可犯也。”曰：“若入于大都而乞师于诸侯。”王曰：“皆叛矣。”曰：“若亡于诸侯，以听大国之图君也。”王曰：“大福不再，只取辱焉。”然丹乃归于楚。

王沿夏，将欲入鄢。芋尹无宇之子申亥曰：“吾父再奸王命，王弗诛，惠孰大焉？君不可忍，惠不可弃，吾其从王。”乃求王，遇诸棘闱以归。夏五月癸亥，王缢于芋尹申亥氏。申亥以其二女殉而葬之。

观从谓子干曰：“不杀弃疾，虽得国，犹受祸也。”子干曰：“余不忍也。”子玉曰：“人将忍子，吾不忍俟也。”乃行。

国每夜骇曰：“王入矣！”乙卯夜，弃疾使周走而呼曰：“王至矣！”国人大惊。使蔓成然走告子干、子皙曰：“王至矣！国人杀君司马，将来矣！君若早自图也，可以无辱。众怒如水火焉，不可为谋。”又有呼而走至者曰：“众至矣！”二子皆自杀。

丙辰，弃疾即位，名曰熊居。葬子干于訾，实訾敖。杀囚，衣之王服而流诸汉，乃取而葬之，以靖国人。使子旗为令尹。

楚师还自徐，吴人败诸豫章，获其五帅。

平王封陈、蔡，复迁邑，致群赂，施舍宽民，宥罪举职。召观从，王曰：“唯尔所欲。”对曰：“臣之先，佐开卜。”乃使为卜尹。

使枝如子躬聘于郑，且致犨、栎之田。事毕，弗致。郑人请曰：“闻诸道路，将命寡君以犨、栎，敢请命。”对曰：“臣未闻命。”既复，王问犨、栎。降服而对，曰：“臣过失命，未之致也。”王执其手，曰：“子毋勤。姑归，不穀有事，其告子也。”

他年芋尹申亥以王柩告，乃改葬之。

初，灵王卜，曰："余尚得天下。"不吉，投龟，诟天而呼曰："是区区者而不余畀，余必自取之。"民患王之无厌也，故从乱如归。

初，共王无冢適，有宠子五人，无適立焉。乃大有事于群望，而祈曰："请神择于五人者，使主社稷。"乃遍以璧见于群望，曰："当璧而拜者，神所立也，谁敢违之？"既，乃与巴姬密埋璧于大室之庭，使五人齐，而长入拜。康王跨之。灵王肘加焉。子干、子晳皆远之。平王弱，抱而入，再拜，皆厌纽。斗韦龟属成然焉，且曰："弃礼违命，楚其危哉。"

子干归，韩宣子问于叔向曰："子干其济乎？"对曰："难。"宣子曰："同恶相求，如市贾焉，何难？"对曰："无与同好，谁与同恶？取国有五难：有宠而无人，一也；有人而无主，二也；有主而无谋，三也；有谋而无民，四也；有民而无德，五也。子干在晋十三年矣，晋、楚之从，不闻达者，可谓无人。族尽亲叛，可谓无主。无衅而动，可谓无谋。为羁终世，可谓无民。亡无爱征，可谓无德。王虐而不忌，楚君子干，涉五难以弑旧君，谁能济之？有楚国者，其弃疾乎！君陈、蔡，城外属焉。苛慝不作，盗贼伏隐，私欲不违，民无怨心。先神命之，国民信之，芈姓有乱，必季实立，楚之常也。获神，一也。有民，二也。令德，三也。宠贵，四也。居常，五也。有五利以去五难，谁能害之？子干之官，则右尹也。数其贵宠，则庶子也。以神所命，则又远之。其贵亡矣，其宠弃矣，民无怀焉，国无与焉，将何以立？"宣子曰："齐桓、晋文，不亦是乎？"对曰："齐桓，卫姬之子也，有宠于僖。有鲍叔牙、宾须无、隰朋以为辅佐，有莒、卫以为外主，有国、高以为内主。从善如流，下善齐肃，不藏贿，不从欲，施舍不倦，求善不厌，是以有国，不亦宜乎？我先君文公，狐季姬之子也，有宠于献。好学而不贰，生十七年，有士五人。有先大夫子馀、子犯以为腹心，有魏犨、贾佗以为股肱，有齐、宋、秦、楚以为外主，有栾、郤、狐、先以为内主。亡十九年，守志弥笃。惠、怀弃民，民从而与之。献无异亲，民无异望，天方相晋，将何以代文？此二君者，异于子干。共有宠子，国有奥主。无施于民，无援于外，去晋而不送，归楚而不逆，何以冀国？”

晋成虒祁，诸侯朝而归者皆有贰心。为取郠故，晋将以诸侯来讨。叔向曰：“诸侯不可以不示威。”乃并征会，告于吴。秋，晋侯会吴子于良。水道不可，吴子辞，乃还。七月丙寅，治兵于邾南，甲车四千乘，羊舌鲋摄司马，遂合诸侯于平丘。

子产、子大叔相郑伯以会。子产以幄幕九张行。子大叔以四十，既而悔之，每舍，损焉。及会，亦如之。

次于卫地，叔鲋求货于卫，淫刍荛者。卫人使屠伯馈叔向羹，与一箧锦，曰：“诸侯事晋，未敢携贰，况卫在君之宇下，而敢有异志？刍荛者异于他日，敢请之。”叔向受羹反锦，曰：“晋有羊舌鲋者，渎货无厌，亦将及矣，为此役也。子若以君命赐之，其已。”客从之。未退，而禁之。

晋人将寻盟，齐人不可。晋侯使叔向告刘献公曰：“抑齐人不盟，若之何？”对曰：“盟以底信。君苟有信，诸侯不贰，何患焉？告之以文辞，董之以武师，虽齐不许，君庸多矣。天子之老，请帅王赋，‘元戎十乘，以先启行’。迟速唯君。”叔向告于齐，曰：“诸侯求盟，已在此矣。今君弗利，寡君以为请。”对曰：“诸侯讨贰，则有寻盟。若皆用命，何盟之寻？”叔向曰：“国家之败，有事而无业，事则不经。有业而无礼，经则不序。有礼而无威，序则不共。有威而不昭，共则不明。不明弃共，百事不终，所由倾覆也。是故明王之制，使诸侯岁聘以志业，间朝以讲礼，再朝而会以示威，再会而盟以显昭明。志业于好，讲礼于等，示威于众，昭明于神，自古以来，未之或失也。存亡之道，恒由是兴。晋礼主盟，惧有不治，奉承齐牺，而布诸君，求终事也。君曰：‘余必废之，何齐之有？’唯君图之，寡君闻命矣！”齐人惧，对曰：“小国言之，大国制之，敢不听从？既闻命矣，敬共以往，迟速唯君。”

叔向曰：“诸侯有间矣，不可以不示众。”八月辛未，治兵，建而不旆。壬申，复旆之。诸侯畏之。

邾人、莒人愬于晋曰：“鲁朝夕伐我，几亡矣。我之不共，鲁故之以。”晋侯不见公，使叔向来辞曰：“诸侯将以甲戌盟，寡君知不得事君矣，请君无勤。”子服惠伯对曰：“君信蛮夷之诉，以绝兄弟之国，弃周公之后，亦唯君。寡君闻命矣。”叔向曰：“寡君有甲车四千乘在，虽以无道行之，必可畏也。况其率道，其何敌之有？牛虽瘠，偾于豚上，其畏不死？南蒯、子仲之忧，其庸可弃乎？若奉晋之众，用诸侯之师，因邾、莒、杞、鄫之怒，以讨鲁罪，间其二忧，何求而弗克？”鲁人惧，听命。

甲戌，同盟于平丘，齐服也。令诸侯日中造于除。癸酉，退朝。子产命外仆速张于除，子大叔止之，使待明日。及夕，子产闻其未张也，使速往，乃无所张矣。

及盟，子产争承，曰：“昔天子班贡，轻重以列，列尊贡重，周之制也，卑而贡重者，甸服也。郑伯男也，而使从公侯之贡，惧弗给也，敢以为请。诸侯靖兵，好以为事。行理之命，无月不至。贡之无艺，小国有阙，所以得罪也。诸侯修盟，存小国也。贡献无及，亡可待也。存亡之制，将在今矣。”自日中以争，至于昏，晋人许之。

既盟，子大叔咎之曰：“诸侯若讨，其可渎乎？”子产曰：“晋政多门，贰偷之不暇，何暇讨？国不竞亦陵，何国之为？”

公不与盟。晋人执季孙意如，以幕蒙之，使狄人守之。司铎射怀锦，奉壶饮冰，以蒲伏焉。守者御之，乃与之锦而入。晋人以平子归，子服湫从。

子产归，未至，闻子皮卒，哭，且曰：“吾已，无为为善矣，唯夫子知我。”仲尼谓：“子产于是行也，足以为国基矣。《诗》曰：‘乐只君子，邦家之基。’子产，君子之求乐者也。”且曰：“合诸侯，艺贡事，礼也。”

鲜虞人闻晋师之悉起也，而不警边，且不修备。晋荀吴自著雍以上军侵鲜虞，及中人，驱冲竞，大获而归。

楚之灭蔡也，灵王迁许、胡、沈、道、房、申于荆焉。平王即位，既封陈、蔡，而皆复之，礼也。隐大子之子庐归于蔡，礼也。悼大子之子吴归于陈，礼也。

冬十月，葬蔡灵公，礼也。

公如晋。荀吴谓韩宣子曰：“诸侯相朝，讲旧好也。执其卿而朝其君，有不好焉，不如辞之。”乃使士景伯辞公于河。

吴灭州来。令尹子期请伐吴，王弗许，曰：“吾未抚民人，未事鬼神，未修守备，未定国家，而用民力，败不可悔。州来在吴，犹在楚也。子姑待之。”

季孙犹在晋，子服惠伯私于中行穆子曰：“鲁事晋，何以不如夷之小国？鲁，兄弟也，土地犹大，所命能具。若为夷弃之，使事齐、楚，其何瘳于晋？亲亲、与大，赏共、罚否，所以为盟主也。子其图之。谚曰：‘臣一主二。’吾岂无大国？”穆子告韩宣子，且曰：“楚灭陈、蔡，不能救，而为夷执亲，将焉用之？”乃归季孙。惠伯曰：“寡君未知其罪，合诸侯而执其老。若犹有罪，死命可也。若曰无罪而惠免之，诸侯不闻，是逃命也，何免之为？请从君惠于会。”宣子患之，谓叔向曰：“子能归季孙乎？”对曰：“不能。鲋也能。”乃使叔鱼。叔鱼见季孙曰：“昔鲋也得罪于晋君，自归于鲁君。微武子之赐，不至于今。虽获归骨于晋，犹子则肉之，敢不尽情？归子而不归，鲋也闻诸吏，将为子除馆于西河，其若之何？”且泣。平子惧，先归。惠伯待礼。

昭公十四年

十四年春,意如至自晋,尊晋罪己也。尊晋罪己,礼也。

南蒯之将叛也,盟费人。司徒老祁、虑癸伪废疾,使请于南蒯曰:"臣愿受盟而疾兴,若以君灵不死,请待间而盟。"许之。二子因民之欲叛也,请朝众而盟。遂劫南蒯曰:"群臣不忘其君,畏子以及今,三年听命矣。子若弗图,费人不忍其君,将不能畏子矣。子何所不逞欲?请送子。"请期五日。遂奔齐。侍饮酒于景公。公曰:"叛夫!"对曰:"臣欲张公室也。"子韩皙曰:"家臣而欲张公室,罪莫大焉。"司徒老祁、虑癸来归费。齐侯使鲍文子致之。

夏,楚子使然丹简上国之兵于宗丘,且抚其民。分贫振穷,长孤幼,养老疾,收介特,救灾患,宥孤寡,赦罪戾,诘奸慝,举淹滞。礼新叙旧,禄勋合亲,任良物官。使屈罢简东国之兵于召陵,亦如之。好于边疆,息民五年,而后用师,礼也。

秋八月,莒著丘公卒,郊公不戚。国人弗顺,欲立著丘公之弟庚舆。蒲馀侯恶公子意恢而善于庚舆,郊公恶公子铎而善于意恢。公子铎因蒲馀侯而与之谋曰:"尔杀意恢,我出君而纳庚舆。"许之。

楚令尹子旗有德于王,不知度。与养氏比,而求无厌。王患之。九月甲午,楚子杀斗成然,而灭养氏之族。使斗辛居郧,以无忘旧勋。

冬十二月,蒲馀侯兹夫杀莒公子意恢,郊公奔齐。公子铎逆庚舆于齐。齐隰党、公子钽送之,有赂田。

晋邢侯与雍子争鄐田,久而无成。士景伯如楚,叔鱼摄理,韩宣子命断旧狱,罪在雍子。雍子纳其女于叔鱼,叔鱼蔽罪邢侯。邢侯怒,杀叔鱼与雍子于朝。宣子问其罪于叔向。叔向曰:"三人同罪,施生戮死可也。雍子自知其罪而赂以买直,鲋也鬻狱,邢侯专杀,其罪一也。己恶而掠美为昏,贪以败官为墨,杀人不忌为贼。《夏书》曰:'昏、墨、贼,杀。'皋陶之刑也。请从之。"乃施邢侯而尸雍子与叔鱼于市。

仲尼曰:"叔向,古之遗直也。治国制刑,不隐于亲,三数叔鱼之恶,不为末减。曰义也夫,可谓直矣。平丘之会,数其贿也。以宽卫国,晋不为暴。归鲁季孙,称其诈也,以宽鲁国,晋不为虐。邢侯之狱,言其贪也,以正刑书,晋不为颇。三言而除三恶,加三利,杀亲益荣,犹义也夫?"

昭公十五年

十五年春,将禘于武公,戒百官。梓慎曰:"禘之日,其有咎乎。吾见赤黑之祲,非祭祥也,丧氛也。其在莅事乎?"二月癸酉,禘,叔弓莅事,籥入而卒,去乐,卒事,礼也。

楚费无极害朝吴之在蔡也,欲去之。乃谓之曰:"王唯信子,故处子于蔡。子亦长矣,而在下位,辱。必求之,吾助子请。"又谓其上之人曰:"王唯信吴,故处诸蔡,二三子莫之如也。而在其上,不亦难乎?弗图,必及于难。"夏,蔡人逐朝吴。朝吴出奔郑。王怒,曰:"余唯信吴,故置诸蔡。且微吴,吾不及此。女何故去之?"无极对曰:"臣岂不欲吴?然而前知其为人之异也。吴在蔡,蔡必速飞。去吴,所以翦其翼也。"

六月乙丑,王大子寿卒。秋八月戊寅,王穆后崩。

晋荀吴帅师伐鲜虞,围鼓。鼓人或请以城叛,穆子弗许。左右曰:"帅徒不勤,而可以获城。何故不为?"穆子曰:"吾闻诸叔向曰:'好恶不愆,民知所适,事无不济。'或以吾城叛,吾所甚恶也。人以城来,吾独何好焉?赏所甚恶,若所好何?若其弗赏,是失信也,何以庇民?力能则进,否则退,量力而行。吾不可以欲城而迩奸,所丧滋多。”使鼓人杀叛人而缮守备。围鼓三月，鼓人或请降，使其民见，曰：“犹有食色，姑修而城。”军吏曰：“获城而弗取，勤民而顿兵，何以事君？”穆子曰：“吾以事君也。获一邑而教民怠，将焉用邑？邑以贾怠，不如完旧，贾怠无卒，弃旧不祥。鼓人能事其君，我亦能事吾君。率义不爽，好恶不愆，城可获而民知义所。有死命而无二心，不亦可乎！”鼓人告食竭力尽，而后取之。克鼓而反，不戮一人，以鼓子鸢鞮归。

冬，公如晋，平丘之会故也。

十二月，晋荀跞如周，葬穆后，籍谈为介。既葬，除丧，以文伯宴，樽以鲁壶。王曰：“伯氏，诸侯皆有以镇抚王室，晋独无有，何也？”文伯揖籍谈，对曰：“诸侯之封也，皆受明器于王室，以镇抚其社稷，故能荐彝器于王。晋居深山，戎狄之与邻，而远于王室。王灵不及，拜戎不暇，其何以献器？”王曰：“叔氏，而忘诸乎？叔父唐叔，成王之母弟也，其反无分乎？密须之鼓，与其大路，文所以大蒐也。阙巩之甲，武所以克商也。唐叔受之以处参虚，匡有戎狄。其后襄之二路，鏚钺，秬鬯，彤弓，虎贲，文公受之，以有南阳之田，抚征东夏，非分而何？夫有勋而不废，有绩而载，奉之以土田，抚之以彝器，旌之以车服，明之以文章，子孙不忘，所谓福也。福祚之不登，叔父焉在？且昔而高祖孙伯黡，司晋之典籍，以为大政，故曰籍氏。及辛有之二子董之晋，于是乎有董史。女，司典之后也。何故忘之？”籍谈不能对。宾出，王曰：“籍父其无后乎！数典而忘其祖。”

籍谈归，以告叔向。叔向曰：“王其不终乎。吾闻之，所乐必卒焉。今王乐忧，若卒以忧，不可谓终。王一岁而有三年之丧二焉，于是乎以丧宾宴，又求彝器，乐忧甚矣，且非礼也。彝器之来，嘉功之由，非由丧也。三年之丧，虽贵遂服，礼也。王虽弗遂，宴乐以早，亦非礼也。礼，王之大经也。一动而失二礼，无大经矣。言以考典，典以志经，忘经而多言举典，将焉用之？”

昭公十六年

十六年春，王正月，公在晋，晋人止公。不书，讳之也。

齐侯伐徐。楚子闻蛮氏之乱也，与蛮子之无质也，使然丹诱戎蛮子嘉杀之，遂取蛮氏。既而复立其子焉，礼也。

二月丙申，齐师至于蒲隧。徐人行成。徐子及郯人、莒人会齐侯，盟于蒲隧，赂以甲父之鼎。叔孙昭子曰："诸侯之无伯，害哉！齐君之无道也，兴师而伐远方，会之有成而还，莫之亢也。无伯也夫。《诗》曰：'宗周既灭，靡所止戾。正大夫离居，莫知我肄。'其是之谓乎！"

三月，晋韩起聘于郑，郑伯享之。子产戒之曰："苟有位于朝，无有不共恪。"孔张后至。立于客间。执政御之，适客后。又御之，适县间。客从而笑之。

事毕，富子谏曰："夫大国之人，不可不慎也，几为之笑而不陵我？我皆有礼，夫犹鄙我。国而无礼，何以求荣？孔张失位，吾子之耻也。"子产怒曰："发命之不衷，出令之不信，刑之颇类，狱之放纷，会朝之不敬，使命之不听，取陵于大国，罢民而无功，罪及而弗知，侨之耻也。孔张，君之昆孙，子孔之后也，执政之嗣也。为嗣大夫，承命以使，周于诸侯，国人所尊，诸侯所知。立于朝而祀于家，有禄于国，有赋于军，丧祭有职，受脤归脤，其祭在庙，已在著位，在位数世，世守其业，而忘其所，侨焉得耻之？辟邪之人而皆及执政，是先王无刑罚也。子宁以他规我。"

宣子有环，其一在郑商。宣子谒诸郑伯，子产弗与，曰："非官府之守器也，寡君不知。"子大叔、子羽谓子产曰："韩子亦无几求，晋国亦未可以贰。晋国、韩子，不可偷也。若属有谗人交斗其间，鬼神而助之，以兴其凶怒，悔之何及？吾子何爱于一环，其以取憎于大国也,盍求而与之?”子产曰:“吾非偷晋而有二心,将终事之,是以弗与,忠信故也。侨闻君子非无贿之难,立而无令名之患。侨闻为国非不能事大字小之难,无礼以定其位之患。夫大国之人,令于小国,而皆获其求,将何以给之?一共一否,为罪滋大。大国之求,无礼以斥之,何餍之有?吾且为鄙邑,则失位矣。若韩子奉命以使,而求玉焉,贪淫甚矣,独非罪乎?出一玉以起二罪,吾又失位,韩子成贪,将焉用之?且吾以玉贾罪,不亦锐乎?”

韩子买诸贾人,既成贾矣,商人曰:“必告君大夫。”韩子请诸子产曰:“日起请夫环,执政弗义,弗敢复也。今买诸商人,商人曰,必以闻,敢以为请。”子产对曰:“昔我先君桓公,与商人皆出自周。庸次比耦,以艾杀此地,斩之蓬蒿藜藋,而共处之。世有盟誓,以相信也,曰:‘尔无我叛,我毋强贾,毋或匄夺。尔有利市宝贿,我勿与知。’恃此质誓,故能相保,以至于今。今吾子以好来辱,而谓敝邑强夺商人,是教敝邑背盟誓也,毋乃不可乎!吾子得玉而失诸侯,必不为也。若大国令,而共无艺,郑,鄙邑也,亦弗为也。侨若献玉,不知所成,敢私布之。”韩子辞玉,曰:“起不敏,敢求玉以徼二罪?敢辞之。”

夏四月,郑六卿饯宣子于郊。宣子曰:“二三君子请皆赋,起亦以知郑志。”子齹赋《野有蔓草》。宣子曰:“孺子善哉,吾有望矣。”子产赋郑之《羔裘》。宣子曰:“起不堪也。”子大叔赋《褰裳》。宣子曰:“起在此,敢勤子至于他人乎?”子大叔拜。宣子曰:“善哉,子之言是。不有是事,其能终乎?”子游赋《风雨》,子旗赋《有女同车》,子柳赋《萚兮》。宣子喜曰:“郑其庶乎。二三君子以君命贶起,赋不出郑志,皆昵燕好也。二三君子数世之主也,可以无惧矣。”宣子皆献马焉,而赋《我将》。子产拜,使五卿皆拜,曰:“吾子靖乱,敢不拜德?”宣子私觐于子产以玉与马,曰:“子命起舍夫玉,是赐我玉而免吾死也,敢不藉手以拜!”

公至自晋。子服昭伯语季平子曰："晋之公室，其将遂卑矣。君幼弱，六卿强而奢傲，将因是以习。习实为常，能无卑乎？"平子曰："尔幼，恶识国？"

秋八月，晋昭公卒。

九月，大雩，旱也。

郑大旱，使屠击、祝款、竖柎有事于桑山。斩其木，不雨。子产曰："有事于山，蓺山林也，而斩其木，其罪大矣。"夺之官邑。

冬十月，季平子如晋葬昭公。平子曰："子服回之言犹信，子服氏有子哉。"

昭公十七年

十七年春，小邾穆公来朝，公与之燕。季平子赋《采叔》，穆公赋《菁菁者莪》。昭子曰："不有以国，其能久乎？"

夏六月甲戌朔，日有食之。祝史请所用币。昭子曰："日有食之，天子不举，伐鼓于社；诸侯用币于社，伐鼓于朝。礼也。"平子御之，曰："止也。唯正月朔，慝未作，日有食之，于是乎有伐鼓用币，礼也。其余则否。"大史曰："在此月也。日过分而未至，三辰有灾。于是乎百官降物，君不举，辟移时，乐奏鼓，祝用币，史用辞。故《夏书》曰：'辰不集于房，瞽奏鼓，啬夫驰，庶人走。'此月朔之谓也。当夏四月，是谓孟夏。"平子弗从。昭子退曰："夫子将有异志，不君君矣。"

秋，郯子来朝，公与之宴。昭子问焉，曰："少皞氏鸟名官，何故也？"郯子曰："吾祖也，我知之。昔者黄帝氏以云纪，故为云师而云名。炎帝氏以火纪，故为火师而火名。共工氏以水纪，故为水师而水名。大皞氏以龙纪，故为龙师而龙名。我高祖少皞挚之立也，凤鸟适至，故纪于鸟，为鸟师而鸟名。凤鸟氏，历正也。玄鸟氏，司分者也。伯赵氏，司至者也。青鸟氏，司启者也。丹鸟氏，司闭者也。

祝鸠氏，司徒也。鴡鸠氏，司马也。鳲鸠氏，司空也。爽鸠氏，司寇也。鹘鸠氏，司事也。五鸠，鸠民者也。五雉，为五工正，利器用，正度量，夷民者也。九扈，为九农正，扈民无淫者也。自颛顼以来，不能纪远，乃纪于近，为民师而命以民事，则不能故也。”仲尼闻之，见于郯子而学之。既而告人曰：“吾闻之，天子失官，学在四夷，犹信。”

晋侯使屠蒯如周，请有事于洛与三涂。苌弘谓刘子曰：“客容猛，非祭也。其伐戎乎？陆浑氏甚睦于楚，必是故也。君其备之！”乃警戎备。九月丁卯，晋荀吴帅师涉自棘津，使祭史先用牲于洛。陆浑人弗知，师从之。庚午，遂灭陆浑，数之以其贰于楚也。陆浑子奔楚，其众奔甘鹿。周大获。宣子梦文公携荀吴而授之陆浑，故使穆子帅师，献俘于文宫。

冬，有星孛于大辰，西及汉。申须曰：“彗所以除旧布新也。天事恒象，今除于火，火出必布焉。诸侯其有火灾乎?”梓慎曰：“往年吾见之，是其征也，火出而见。今兹火出而章，必火入而伏。其居火也久矣，其与不然乎？火出，于夏为三月，于商为四月，于周为五月。夏数得天，若火作，其四国当之，在宋、卫、陈、郑乎？宋，大辰之虚也，陈，大皞之虚也，郑，祝融之虚也，皆火房也。星孛及汉，汉，水祥也。卫，颛顼之虚也，故为帝丘。其星为大水，水，火之牡也。其以丙子若壬午作乎？水火所以合也。若火入而伏，必以壬午，不过其见之月。”郑裨灶言于子产曰：“宋、卫、陈、郑将同日火，若我用瓘斝玉瓒，郑必不火。”子产弗与。

吴伐楚。阳匄为令尹，卜战，不吉。司马子鱼曰：“我得上流，何故不吉。且楚故，司马令龟，我请改卜。”令曰：“鲂也，以其属死之，楚师继之，尚大克之，吉。”战于长岸。子鱼先死，楚师继之，大败吴师，获其乘舟馀皇。使随人与后至者守之，环而堑之，及泉，盈其隧炭，陈以待命。

吴公子光请于其众，曰：“丧先王之乘舟，岂唯光之罪，众亦有焉。请藉取之,以救死。”众许之。使长鬣者三人,潜伏于舟侧,曰:“我呼馀皇,则对。”师夜从之。三呼,皆迭对。楚人从而杀之。楚师乱,吴人大败之,取馀皇以归。

昭公十八年

十八年春,王二月乙卯,周毛得杀毛伯过而代之。苌弘曰:“毛得必亡,是昆吾稔之日也,侈故之以。而毛得以济侈于王都,不亡何待!”

三月,曹平公卒。

夏五月,火始昏见。丙子,风。梓慎曰:“是谓融风,火之始也。七日,其火作乎!”戊寅,风甚。壬午,大甚。宋、卫、陈、郑皆火。梓慎登大庭氏之库以望之,曰:“宋、卫、陈、郑也。”数日,皆来告火。裨灶曰:“不用吾言,郑又将火。”郑人请用之。子产不可。子大叔曰:“宝,以保民也。若有火,国几亡。可以救亡,子何爱焉?”子产曰:“天道远,人道迩,非所及也,何以知之。灶焉知天道?是亦多言矣,岂不或信?”遂不与,亦不复火。

郑之未灾也,里析告子产曰:“将有大祥,民震动,国几亡。吾身泯焉,弗良及也。国迁其可乎?”子产曰:“虽可,吾不足以定迁矣。”及火,里析死矣,未葬,子产使舆三十人,迁其柩。火作,子产辞晋公子、公孙于东门。使司寇出新客,禁旧客勿出于宫。使子宽、子上巡群屏摄,至于大宫。使公孙登徙大龟。使祝史徙主祏于周庙,告于先君。使府人、库人各儆其事。商成公儆司宫,出旧宫人,置诸火所不及。司马、司寇列居火道,行火所焮。城下之人,伍列登城。明日,使野司寇各保其征。郊人助祝史除于国北,禳火于玄冥、回禄,祈于四鄘。书焚室而宽其征,与之材。三日哭,国不市。使行人告于诸侯。

宋、卫皆如是。陈不救火,许不吊灾,君子是以知陈、许之先亡也。

六月,鄅人藉稻。邾人袭鄅,鄅人将闭门。邾人羊罗摄其首焉,遂入之,尽俘以归。鄅子曰:“余无归矣。”从帑于邾,邾庄公反鄅夫人,而舍其女。

秋,葬曹平公。往者见周原伯鲁焉,与之语,不说学。归以语闵子马。闵子马曰:“周其乱乎?夫必多有是说,而后及其大人。大人患失而惑,又曰:‘可以无学,无学不害。’不害而不学,则苟而可。于是乎下陵上替,能无乱乎?夫学,殖也,不学将落,原氏其亡乎?”

七月,郑子产为火故,大为社,祓禳于四方,振除火灾,礼也。乃简兵大蒐,将为蒐除。子大叔之庙在道南,其寝在道北,其庭小。过期三日,使除徒陈于道南庙北,曰:“子产过女而命速除,乃毁于而乡。”子产朝,过而怒之,除者南毁。子产及冲,使从者止之曰:“毁于北方。”

火之作也,子产授兵登陴。子大叔曰:“晋无乃讨乎。”子产曰:“吾闻之,小国忘守则危,况有灾乎?国之不可小,有备故也。”既,晋之边吏让郑曰:“郑国有灾,晋君、大夫不敢宁居,卜筮走望,不爱牲玉。郑之有灾,寡君之忧也。今执事撊然授兵登陴,将以谁罪?边人恐惧,不敢不告。”子产对曰:“若吾子之言,敝邑之灾,君之忧也。敝邑失政,天降之灾。又惧谗慝之间谋之,以启贪人,荐为敝邑不利,以重君之忧。幸而不亡,犹可说也。不幸而亡,君虽忧之,亦无及也。郑有他竟,望走在晋。既事晋矣,其敢有二心?”

楚左尹王子胜言于楚子曰:“许于郑,仇敌也,而居楚地,以不礼于郑。晋、郑方睦,郑若伐许,而晋助之,楚丧地矣。君盍迁许?许不专于楚。郑方有令政。许曰‘余旧国也’,郑曰‘余俘邑也’,叶在楚国,方城外之蔽也。土不可易,国不可小,许不可俘,仇不可启。君其图之。”楚子说。冬,楚子使王子胜迁许于析,实白羽。

昭公十九年

十九年春，楚工尹赤迁阴于下阴，令尹子瑕城郏。叔孙昭子曰："楚不在诸侯矣！其仅自完也，以持其世而已。"

楚子之在蔡也，郹阳封人之女奔之，生大子建。及即位，使伍奢为之师。费无极为少师，无宠焉，欲谮诸王，曰："建可室矣。"王为之聘于秦，无极与逆，劝王取之。正月，楚夫人嬴氏至自秦。

鄅夫人，宋向戌之女也，故向宁请师。二月，宋公伐邾，围虫。三月，取之。乃尽归鄅俘。

夏，许悼公疟。五月戊辰，饮大子止之药，卒。大子奔晋。书曰："弑其君。"君子曰："尽心力以事君，舍药物可也。"

邾人、郳人、徐人会宋公。乙亥，同盟于虫。

楚子为舟师以伐濮。费无极言于楚子曰："晋之伯也，迩于诸夏。而楚辟陋，故弗能与争。若大城城父而置大子焉，以通北方，王收南方，是得天下也。"王说，从之。故大子建居于城父。

令尹子瑕聘于秦，拜夫人也。

秋，齐高发帅师伐莒。莒子奔纪鄣。使孙书伐之。

初，莒有妇人，莒子杀其夫，已为嫠妇。及老，托于纪鄣，纺焉以度而去之。及师至，则投诸外。或献诸子占。子占使师夜缒而登。登者六十人，缒绝，师鼓噪。城上之人亦噪。莒共公惧，启西门而出。七月丙子，齐师入纪。

是岁也，郑驷偃卒。子游娶于晋大夫，生丝，弱。其父兄立子瑕。子产憎其为人也，且以为不顺，弗许，亦弗止。驷氏耸。

他日，丝以告其舅。冬，晋人使以币如郑，问驷乞之立故。驷氏惧，驷乞欲逃。子产弗遣。请龟以卜，亦弗予。大夫谋对。子产不待而对客曰："郑国不天，寡君之二三臣，札瘥夭昏。今又丧我先大夫偃,其子幼弱,其一二父兄,惧队宗主,私族于谋而立长亲。寡君与其二三老曰:‘抑天实剥乱是,吾何知焉?’谚曰:‘无过乱门。’民有兵乱,犹惮过之,而况敢知天之所乱。今大夫将问其故,抑寡君实不敢知,其谁实知之。平丘之会,君寻旧盟曰:‘无或失职。’若寡君之二三臣,其即世者,晋大夫而专制其位,是晋之县鄙也,何国之为?”辞客币而报其使。晋人舍之。

楚人城州来。沈尹戌曰:“楚人必败。昔吴灭州来,子旗请伐之。王曰:‘吾未抚吾民。’今亦如之,而城州来以挑吴,能无败乎?”侍者曰:“王施舍不倦,息民五年,可谓抚之矣。”戌曰:“吾闻抚民者,节用于内,而树德于外,民乐其性,而无寇仇。今宫室无量,民人日骇,劳罢死转,忘寝与食,非抚之也。”

郑大水,龙斗于时门之外洧渊。国人请为禜焉,子产弗许,曰:“我斗,龙不我觌也。龙斗,我独何觌焉?禳之,则彼其室也。吾无求于龙,龙亦无求于我。”乃止也。

令尹子瑕言蹶由于楚子曰:“彼何罪?谚所谓‘室于怒,市于色’者,楚之谓矣。舍前之忿可也。”乃归蹶由。

昭公二十年

二十年春,王二月己丑,日南至。梓慎望氛曰:“今兹宋有乱,国几亡,三年而后弭。蔡有大丧。”叔孙昭子曰:“然则戴、桓也!汰侈无礼已甚,乱所在也。”

费无极言于楚子曰:“建与伍奢将以方城之外叛。自以为犹宋、郑也,齐、晋又交辅之,将以害楚。其事集矣。”王信之,问伍奢。伍奢对曰:“君一过多矣,何信于谗?”王执伍奢。使城父司马奋扬杀大子,未至,而使遣之。三月,大子建奔宋。王召奋扬。奋扬使城父人执己以至。王曰:“言出于余口,入于尔耳,谁告建也?”对曰:“臣告之。君王命臣曰:‘事建如事余。’臣不佞,不能苟贰。奉初以还,不忍后命,故遣之。既而悔之,亦无及已。”王曰:“而敢来,何也?”对曰:“使而失命,召而不来,是再奸也。逃无所入。”王曰:“归。”从政如他日。

无极曰:“奢之子材,若在吴,必忧楚国,盍以免其父召之。彼仁,必来。不然,将为患。”王使召之,曰:“来,吾免而父。”棠君尚谓其弟员曰:“尔适吴,我将归死。吾知不逮,我能死,尔能报。闻免父之命,不可以莫之奔也。亲戚为戮,不可以莫之报也。奔死免父,孝也。度功而行,仁也。择任而往,知也。知死不辟,勇也。父不可弃,名不可废,尔其勉之,相从为愈。”伍尚归。奢闻员不来,曰:“楚君、大夫其旰食乎!”楚人皆杀之。

员如吴,言伐楚之利于州于。公子光曰:“是宗为戮而欲反其仇,不可从也。”员曰:“彼将有他志。余姑为之求士,而鄙以待之。”乃见鱄设诸焉,而耕于鄙。

宋元公无信多私,而恶华、向。华定、华亥与向宁谋曰:“亡愈于死,先诸?”华亥伪有疾,以诱群公子。公子问之,则执之。夏六月丙申,杀公子寅、公子御戎、公子朱、公子固、公孙援、公孙丁,拘向胜、向行于其廪。公如华氏请焉,弗许,遂劫之。癸卯,取大子栾与母弟辰、公子地以为质。公亦取华亥之子无戚、向宁之子罗、华定之子启,与华氏盟,以为质。

卫公孟絷狎齐豹,夺之司寇与鄄,有役则反之,无则取之。公孟恶北宫喜、褚师圃,欲去之。公子朝通于襄夫人宣姜,惧而欲以作乱。故齐豹、北宫喜、褚师圃、公子朝作乱。

初,齐豹见宗鲁于公孟,为骖乘焉。将作乱,而谓之曰:“公孟之不善,子所知也。勿与乘,吾将杀之。”对曰:“吾由子事公孟,子假吾名焉,故不吾远也。虽其不善,吾亦知之。抑以利故,不能去,是吾过也。今闻难而逃,是僭子也。子行事乎,吾将死之,以周事子,而归死于公孟,其可也。"

丙辰,卫侯在平寿,公孟有事于盖获之门外,齐子氏帷于门外而伏甲焉。使祝蛙置戈于车薪以当门,使一乘从公孟以出。使华齐御公孟,宗鲁骖乘。及闳中,齐氏用戈击公孟,宗鲁以背蔽之,断肱,以中公孟之肩,皆杀之。

公闻乱,乘,驱自阅门入,庆比御公,公南楚骖乘,使华寅乘贰车。及公宫,鸿骝魋驷乘于公,公载宝以出。褚师子申遇公于马路之衢,遂从。过齐氏,使华寅肉袒执盖,以当其阙。齐氏射公,中南楚之背。公遂出。寅闭郭门,逾而从公。公如死鸟,析朱钼宵从窦出,徒行从公。

齐侯使公孙青聘于卫。既出,闻卫乱,使请所聘。公曰:"犹在竟内,则卫君也。"乃将事焉。遂从诸死鸟,请将事。辞曰:"亡人不佞,失守社稷,越在草莽。吾子无所辱君命。"宾曰:"寡君命下臣于朝,曰:'阿下执事。'臣不敢贰。"主人曰:"君若惠顾先君之好,照临敝邑,镇抚其社稷,则有宗祧在。"乃止。卫侯固请见之,不获命,以其良马见,为未致使故也。卫侯以为乘马。宾将掫,主人辞曰:"亡人之忧,不可以及吾子。草莽之中,不足以辱从者。敢辞。"宾曰:"寡君之下臣,君之牧圉也。若不获扞外役,是不有寡君也。臣惧不免于戾,请以除死。"亲执铎,终夕与于燎。

齐氏之宰渠子召北宫子。北宫氏之宰不与闻谋,杀渠子,遂伐齐氏,灭之。丁巳晦,公入。与北宫喜盟于彭水之上。秋七月戊午朔,遂盟国人。八月辛亥,公子朝、褚师圃、子玉霄、子高鲂出奔晋。闰月戊辰,杀宣姜。卫侯赐北宫喜谥曰贞子,赐析朱钼谥曰成子,而以齐氏之墓予之。

卫侯告宁于齐,且言子石。齐侯将饮酒,遍赐大夫曰:"二三子之教也。"苑何忌辞,曰:"与于青之赏,必及于其罚。在《康诰》曰:'父子兄弟,罪不相及。'况在群臣?臣敢贪君赐以干先王?"

琴张闻宗鲁死,将往吊之。仲尼曰:“齐豹之盗,而孟絷之贼,女何吊焉?君子不食奸,不受乱,不为利疚于回,不以回待人,不盖不义,不犯非礼。”

宋华、向之乱,公子城、公孙忌、乐舍、司马强、向宜、向郑、楚建、郳申出奔郑。其徒与华氏战于鬼阎,败子城。子城适晋。华亥与其妻必盥而食所质公子者而后食。公与夫人每日必适华氏,食公子而后归。华亥患之,欲归公子。向宁曰:“唯不信,故质其子。若又归之,死无日矣。”公请于华费遂,将攻华氏。对曰:“臣不敢爱死,无乃求去忧而滋长乎?臣是以惧,敢不听命?”公曰:“子死亡有命,余不忍其询。”

冬十月,公杀华、向之质而攻之。戊辰,华、向奔陈,华登奔吴。向宁欲杀大子。华亥曰:“干君而出,又杀其子,其谁纳我,且归之有庸。”使少司寇牼以归,曰:“子之齿长矣,不能事人,以三公子为质,必免。”公子既入,华牼将自门行。公遽见之,执其手曰:“余知而无罪也,入,复而所。”

齐侯疥,遂痁。期而不瘳,诸侯之宾问疾者多在。梁丘据与裔款言于公曰:“吾事鬼神丰,于先君有加矣。今君疾病,为诸侯忧,是祝史之罪也。诸侯不知,其谓我不敬。君盍诛于祝固、史嚚以辞宾?”

公说,告晏子。晏子曰:“日宋之盟,屈建问范会之德于赵武。赵武曰:‘夫子之家事治,言于晋国,竭情无私。其祝史祭祀,陈信不愧,其家事无猜,其祝史不祈。’建以语康王。康王曰:‘神人无怨,宜夫子之光辅五君,以为诸侯主也。’”公曰:“据与款谓寡人能事鬼神,故欲诛于祝史。子称是语,何故?”对曰:“若有德之君,外内不废,上下无怨,动无违事,其祝史荐信,无愧心矣。是以鬼神用飨,国受其福,祝史与焉。其所以蕃祉老寿者,为信君使也,其言忠信于鬼神。其适遇淫君,外内颇邪,上下怨疾,动作辟违,从欲厌私。高台深池,撞钟舞女，斩刈民力，输掠其聚，以成其违，不恤后人。暴虐淫从，肆行非度，无所还忌，不思谤讟，不惮鬼神，神怒民痛，无悛于心。其祝史荐信，是言罪也。其盖失数美，是矫诬也。进退无辞，则虚以求媚。是以鬼神不飨其国以祸之，祝史与焉。所以夭昏孤疾者，为暴君使也，其言僭嫚于鬼神。”公曰：“然则若之何？”对曰：“不可为也。山林之木，衡鹿守之。泽之萑蒲，舟鲛守之。薮之薪蒸，虞候守之。海之盐蜃，祈望守之。县鄙之人，入从其政。逼介之关，暴征其私。承嗣大夫，强易其贿。布常无艺，征敛无度，宫室日更，淫乐不违。内宠之妾，肆夺于市。外宠之臣，僭令于鄙。私欲养求，不给则应。民人苦病，夫妇皆诅。祝有益也，诅亦有损。聊、摄以东，姑、尤以西，其为人也多矣！虽其善祝，岂能胜亿兆人之诅？君若欲诛于祝史，修德而后可。”公说，使有司宽政，毁关，去禁，薄敛，已责。

十二月，齐侯田于沛，招虞人以弓，不进。公使执之。辞曰：“昔我先君之田也，旃以招大夫，弓以招士，皮冠以招虞人。臣不见皮冠，故不敢进。”乃舍之。仲尼曰：“守道不如守官，君子韪之。”

齐侯至自田，晏子侍于遄台。子犹驰而造焉。公曰：“唯据与我和夫。”晏子对曰：“据亦同也，焉得为和？”公曰：“和与同异乎？”对曰：“异。和如羹焉，水火醯醢盐梅以烹鱼肉，燀之以薪。宰夫和之，齐之以味，济其不及，以泄其过。君子食之，以平其心。君臣亦然。君所谓可而有否焉，臣献其否以成其可。君所谓否而有可焉，臣献其可以去其否。是以政平而不干，民无争心。故《诗》曰：‘亦有和羹，既戒既平。鬷嘏无言，时靡有争。’先王之济五味，和五声也，以平其心，成其政也。声亦如味，一气，二体，三类，四物，五声，六律，七音，八风，九歌，以相成也。清浊，小大，短长，疾徐，哀乐，刚柔，迟速，高下，出入，周疏，以相济也。君子听之，以平其心。心平，德和。故《诗》曰：‘德音不瑕。’今据不然。君所谓可，据亦曰可。君所谓否，据亦曰否。若以水济水，谁能食之？若琴瑟之专一，谁能听之？

同之不可也如是。”

饮酒乐。公曰:“古而无死,其乐若何?”晏子对曰:“古而无死,则古之乐也,君何得焉?昔爽鸠氏始居此地,季萴因之,有逢伯陵因之,蒲姑氏因之,而后大公因之。古若无死,爽鸠氏之乐,非君所愿也。”

郑子产有疾,谓子大叔曰:“我死,子必为政。唯有德者能以宽服民,其次莫如猛。夫火烈,民望而畏之,故鲜死焉。水懦弱,民狎而玩之,则多死焉。故宽难。”疾数月而卒。大叔为政,不忍猛而宽。郑国多盗,取人于萑苻之泽。大叔悔之,曰:“吾早从夫子,不及此。”兴徒兵以攻萑苻之盗,尽杀之。盗少止。

仲尼曰:“善哉,政宽则民慢,慢则纠之以猛。猛则民残,残则施之以宽。宽以济猛,猛以济宽,政是以和。《诗》曰:‘民亦劳止,汔可小康。惠此中国,以绥四方。’施之以宽也。‘毋从诡随,以谨无良。式遏寇虐,惨不畏明。’纠之以猛也。‘柔远能迩,以定我王。’平之以和也。又曰:‘不竞不絿,不刚不柔。布政优优,百禄是遒。’和之至也。”及子产卒,仲尼闻之,出涕曰:“古之遗爱也。”

昭公二十一年

二十一年春,天王将铸无射。泠州鸠曰:“王其以心疾死乎?夫乐,天子之职也。夫音,乐之舆也。而钟,音之器也。天子省风以作乐,器以钟之,舆以行之,小者不窕,大者不槬,则和于物。物和则嘉成。故和声入于耳而藏于心,心亿则乐。窕则不咸,槬则不容,心是以感。感实生疾。今钟槬矣,王心弗堪,其能久乎?”

三月,葬蔡平公。蔡大子朱失位,位在卑。大夫送葬者归,见昭子。昭子问蔡故,以告。昭子叹曰:“蔡其亡乎!若不亡,是君也必不终。《诗》曰:‘不解于位,民之攸塈。’今蔡侯始即位,而适卑,身将从之。”

夏，晋士鞅来聘，叔孙为政。季孙欲恶诸晋，使有司以齐鲍国归费之礼为士鞅。士鞅怒，曰：“鲍国之位下，其国小，而使鞅从其牢礼，是卑敝邑也。将复诸寡君。”鲁人恐，加四牢焉，为十一牢。

宋华费遂生华貙、华多僚、华登。貙为少司马，多僚为御士，与貙相恶，乃谮诸公曰：“貙将纳亡人。”亟言之。公曰：“司马以吾故亡其良子。死亡有命，吾不可以再亡之。”对曰：“君若爱司马，则如亡。死如可逃，何远之有？”公惧，使侍人召司马之侍人宜僚，饮之酒而使告司马。司马叹曰：“必多僚也。吾有谗子而弗能杀，吾又不死，抑君有命，可若何？”乃与公谋逐华貙，将使田孟诸而遣之。公饮之酒，厚酬之，赐及从者。司马亦如之。张匄尤之，曰：“必有故。”使子皮承宜僚以剑而讯之。宜僚尽以告。张匄欲杀多僚。子皮曰：“司马老矣，登之谓甚，吾又重之，不如亡也。”五月丙申，子皮将见司马而行，则遇多僚御司马而朝。张匄不胜其怒，遂与子皮、臼任、郑翩杀多僚，劫司马以叛，而召亡人。壬寅，华、向入。乐大心、丰愆、华牼御诸横。华氏居卢门，以南里叛。六月庚午，宋城旧鄘及桑林之门而守之。

秋七月壬午朔，日有食之。公问于梓慎曰：“是何物也，祸福何为？”对曰：“二至、二分，日有食之，不为灾。日月之行也，分，同道也；至，相过也。其他月则为灾。阳不克也，故常为水。”于是叔辄哭日食。昭子曰：“子叔将死，非所哭也。”八月，叔辄卒。

冬十月，华登以吴师救华氏。齐乌枝鸣戍宋。厨人濮曰：“《军志》有之，先人有夺人之心，后人有待其衰。盍及其劳且未定也伐诸！若入而固，则华氏众矣，悔无及也。”从之。丙寅，齐师、宋师败吴师于鸿口，获其二帅公子苦雂、偃州员。华登帅其余以败宋师。公欲出，厨人濮曰：“吾小人，可藉死而不能送亡，君请待之。”乃徇曰：“扬徽者，公徒也。”众从之。公自扬门见之，下而巡之，曰：“国亡君死,二三子之耻也,岂专孤之罪也?”齐乌枝鸣曰:“用少,莫如齐致死。齐致死,莫如去备。彼多兵矣,请皆用剑。”从之。华氏北,复即之。厨人濮以裳裹首而荷以走,曰:“得华登矣!”遂败华氏于新里。

翟偻新居于新里,既战,说甲于公而归。华妵居于公里,亦如之。

十一月癸未,公子城以晋师至。曹翰胡会晋荀吴、齐苑何忌、卫公子朝救宋。丙戌,与华氏战于赭丘。郑翩愿为鹳,其御愿为鹅。子禄御公子城,庄堇为右。干犨御吕封人华豹,张匄为右。相遇,城还。华豹曰:“城也!”城怒而反之。将注,豹则关矣。曰:“平公之灵尚辅相余。”豹射出其间。将注,则又关矣。曰:“不狎,鄙。”抽矢。城射之,殪。张匄抽殳而下,射之,折股。扶伏而击之,折轸。又射之,死。干犨请一矢。城曰:“余言女于君。”对曰:“不死伍乘,军之大刑也。干刑而从子,君焉用之?子速诸。”乃射之,殪。大败华氏,围诸南里。

华亥搏膺而呼,见华貙,曰:“吾为栾氏矣。”貙曰:“子无我迋,不幸而后亡。”使华登如楚乞师。华貙以车十五乘,徒七十人,犯师而出。食于睢上,哭而送之,乃复入。

楚薳越帅师将逆华氏。大宰犯谏曰:“诸侯唯宋事其君,今又争国,释君而臣是助,无乃不可乎?”王曰:“而告我也后,既许之矣。”

蔡侯朱出奔楚。费无极取货于东国,而谓蔡人曰:“朱不用命于楚,君王将立东国。若不先从王欲,楚必围蔡。”蔡人惧,出朱而立东国。朱愬于楚,楚子将讨蔡。无极曰:“平侯与楚有盟,故封。其子有二心,故废之。灵王杀隐大子,其子与君同恶,德君必甚。又使立之,不亦可乎?且废置在君,蔡无他矣。”

公如晋,及河,鼓叛晋。晋将伐鲜虞,故辞公。

昭公二十二年

二十二年春，王二月甲子，齐北郭启帅师伐莒。莒子将战，苑羊牧之谏曰："齐帅贱，其求不多，不如下之。大国不可怒也。"弗听。败齐师于寿馀。齐侯伐莒，莒子行成，司马灶如莒莅盟。莒子如齐莅盟，盟于稷门之外。莒于是乎大恶其君。

楚薳越使告于宋曰："寡君闻君有不令之臣为君忧，无宁以为宗羞，寡君请受而戮之。"对曰："孤不佞，不能媚于父兄，以为君忧，拜命之辱。抑君臣日战，君曰余必臣是助，亦唯命。人有言曰：'唯乱门之无过。'君若惠保敝邑，无亢不衷，以奖乱人，孤之望也。唯君图之！"楚人患之。诸侯之戍谋曰："若华氏知困而致死，楚耻无功而疾战，非吾利也。不如出之以为楚功，其亦无能为也已。救宋而除其害，又何求？"乃固请出之。宋人从之。己巳，宋华亥、向宁、华定、华貙、华登、皇奄伤、省臧、士平出奔楚。

宋公使公孙忌为大司马，边卬为大司徒，乐祁为司城，仲几为左师，乐大心为右师，乐輓为大司寇，以靖国人。

王子朝、宾起有宠于景王。王与宾孟说之，欲立之。刘献公之庶子伯蚡事单穆公，恶宾孟之为人也，愿杀之。又恶王子朝之言，以为乱，愿去之。宾孟适郊，见雄鸡自断其尾。问之，侍者曰："自惮其牺也。"遽归告王，且曰："鸡其惮为人用乎，人异于是。牺者，实用人，人牺实难，己牺何害。"王弗应。

夏四月，王田北山，使公卿皆从，将杀单子、刘子。王有心疾。乙丑，崩于荣锜氏。戊辰，刘子挚卒，无子，单子立刘蚡。五月庚辰，见王，遂攻宾起，杀之。盟群王子于单氏。

晋之取鼓也，既献，而反鼓子焉，又叛于鲜虞。六月，荀吴略东阳，使师伪籴者负甲以息于昔阳之门外，遂袭鼓，灭之。以鼓子鸢鞮归,使涉佗守之。

丁巳,葬景王。王子朝因旧官、百工之丧职秩者,与灵、景之族以作乱。帅郊、要、饯之甲,以逐刘子。壬戌,刘子奔扬。单子逆悼王于庄宫以归。王子还夜取王以如庄宫。癸亥,单子出。王子还与召庄公谋,曰:“不杀单旗,不捷。与之重盟,必来。背盟而克者多矣。”从之。樊顷子曰:“非言也,必不克。”遂奉王以追单子。及领,大盟而复,杀挚荒以说。刘子如刘。单子亡。乙丑,奔于平畤。群王子追之。单子杀还、姑、发、弱、鬷、延、定、稠,子朝奔京。丙寅,伐之。京人奔山,刘子入于王城。辛未,巩简公败绩于京。乙亥,甘平公亦败焉。叔鞅至自京师,言王室之乱也。闵马父曰:“子朝必不克,其所与者,天所废也。”单子欲告急于晋,秋七月戊寅,以王如平畤,遂如圃车,次于皇。刘子如刘。单子使王子处守于王城,盟百工于平宫。辛卯,鄩肸伐皇,大败,获鄩肸。壬辰,焚诸王城之市。八月辛酉,司徒丑以王师败绩于前城,百工叛。己巳,伐单氏之宫,败焉。庚午,反伐之。辛未,伐东圉。冬十月丁巳,晋籍谈、荀跞帅九州之戎及焦、瑕、温、原之师,以纳王于王城。庚申,单子、刘蚡以王师败绩于郊,前城人败陆浑于社。十一月乙酉,王子猛卒,不成丧也。己丑,敬王即位,馆于子旅氏。十二月庚戌,晋籍谈、荀跞、贾辛、司马督帅师军于阴,于侯氏,于溪泉,次于社。王师军于氾,于解,次于任人。闰月,晋箕遗、乐征、右行诡济师,取前城,军其东南。王师军于京楚。辛丑,伐京,毁其西南。

昭公二十三年

二十三年春,王正月壬寅朔,二师围郊。癸卯,郊、鄩溃。丁未,晋师在平阴,王师在泽邑。王使告间,庚戌,还。

邾人城翼,还,将自离姑。公孙钼曰:“鲁将御我。”欲自武城还,循山而南。徐鉏、丘弱、茅地曰："道下遇雨，将不出，是不归也。"遂自离姑。武城人塞其前，断其后之木而弗殊。邾师过之，乃推而蹶之。遂取邾师，获鉏、弱、地。

邾人诉于晋，晋人来讨。叔孙婼如晋，晋人执之。书曰："晋人执我行人叔孙婼。"言使人也。晋人使与邾大夫坐。叔孙曰："列国之卿，当小国之君，固周制也。邾又夷也。寡君之命介子服回在，请使当之，不敢废周制故也。"乃不果坐。

韩宣子使邾人聚其众，将以叔孙与之。叔孙闻之，去众与兵而朝。士弥牟谓韩宣子曰："子弗良图，而以叔孙与其仇，叔孙必死之。鲁亡叔孙，必亡邾。邾君亡国，将焉归？子虽悔之，何及？所谓盟主，讨违命也。若皆相执，焉用盟主？"乃弗与。使各居一馆。士伯听其辞而诉诸宣子，乃皆执之。

士伯御叔孙，从者四人，过邾馆以如吏。先归邾子。士伯曰："以刍荛之难，从者之病，将馆子于都。"叔孙旦而立，期焉。乃馆诸箕。舍子服昭伯于他邑。范献子求货于叔孙。使请冠焉。取其冠法，而与之两冠，曰："尽矣。"为叔孙故，申丰以货如晋。叔孙曰："见我，吾告女所行货。"见，而不出。吏人之与叔孙居于箕者，请其吠狗，弗与。及将归，杀而与之食之。叔孙所馆者，虽一日必葺其墙屋，去之如始至。

夏四月乙酉，单子取訾，刘子取墙人、直人。六月壬午，王子朝入于尹。癸未，尹圉诱刘佗杀之。丙戌，单子从阪道，刘子从尹道伐尹。单子先至而败，刘子还。己丑，召伯奂、南宫极以成周人戍尹。庚寅，单子、刘子、樊齐以王如刘。甲午，王子朝入于王城，次于左巷。秋七月戊申，鄩罗纳诸庄宫。尹辛败刘师于唐。丙辰，又败诸鄩。甲子，尹辛取西闱。丙寅，攻蒯，蒯溃。

莒子庚舆虐而好剑，苟铸剑，必试诸人。国人患之。又将叛齐。乌存帅国人以逐之。庚舆将出，闻乌存执殳而立于道左，惧，将止死。苑羊牧之曰："君过之，乌存以力闻可矣，何必以弑君成名？"遂来奔。齐人纳郊公。

吴人伐州来，楚薳越帅师及诸侯之师奔命救州来。吴人御诸钟离。子瑕卒，楚师熸。

吴公子光曰："诸侯从于楚者众，而皆小国也。畏楚而不获已，是以来。吾闻之曰：'作事威克其爱，虽小必济。'胡、沈之君幼而狂，陈大夫啮壮而顽，顿与许、蔡疾楚政。楚令尹死，其师熸，帅贱多宠，政令不壹。七国同役而不同心，帅贱而不能整，无大威命，楚可败也。若分师先以犯胡、沈与陈，必先奔。三国败，诸侯之师乃摇心矣。诸侯乖乱，楚必大奔。请先者去备薄威，后者敦陈整旅。"吴子从之。戊辰晦，战于鸡父。吴子以罪人三千，先犯胡、沈与陈。三国争之。吴为三军以系于后：中军从王，光帅右，掩馀帅左。吴之罪人或奔或止，三国乱。吴师击之，三国败，获胡、沈之君及陈大夫。舍胡、沈之囚，使奔许与蔡、顿，曰："吾君死矣！"师噪而从之，三国奔。楚师大奔。书曰："胡子髡、沈子逞灭，获陈夏啮。"君臣之辞也。不言战，楚未陈也。

八月丁酉，南宫极震。苌弘谓刘文公曰："君其勉之，先君之力可济也。周之亡也，其三川震。今西王之大臣亦震，天弃之矣。东王必大克。"

楚大子建之母在郹，召吴人而启之。冬十月甲申，吴大子诸樊入郹，取楚夫人与其宝器以归。楚司马薳越追之，不及。将死，众曰："请遂伐吴以徼之。"薳越曰："再败君师，死且有罪。亡君夫人，不可以莫之死也。"乃缢于薳澨。

公为叔孙故如晋，及河，有疾而复。

楚囊瓦为令尹，城郢。沈尹戌曰："子常必亡郢，苟不能卫，城无益也。古者天子守在四夷。天子卑，守在诸侯。诸侯守在四邻。诸侯卑，守在四竟。慎其四竟，结其四援，民狎其野，三务成功，民无内忧，而又无外惧，国焉用城？今吴是惧而城于郢，守已小矣。卑之不获，能无亡乎？昔梁伯沟其公宫而民溃。民弃其上，不亡何待？夫正其疆埸，修其土田，险其走集，亲其民人，明其伍候，信其邻国，慎其官守，守其交礼，不僭不贪，不懦不耆，完其守备，以待不虞，又何畏矣？《诗》曰：‘无念尔祖，聿修厥德。’无亦监乎若敖、蚡冒至于武、文，土不过同，慎其四竟，犹不城郢。今土数圻，而郢是城，不亦难乎？”

昭公二十四年

二十四年春，王正月辛丑，召简公、南宫嚚以甘桓公见王子朝。刘子谓苌弘曰：“甘氏又往矣。”对曰：“何害？同德度义。《大誓》曰：‘纣有亿兆夷人，亦有离德。余有乱臣十人，同心同德。’此周所以兴也。君其务德，无患无人。”戊午，王子朝入于邬。

晋士弥牟逆叔孙于箕。叔孙使梁其踁待于门内，曰：“余左顾而欬，乃杀之。右顾而笑，乃止。”叔孙见士伯，士伯曰：“寡君以为盟主之故，是以久子。不腆敝邑之礼，将致诸从者。使弥牟逆吾子。”叔孙受礼而归。二月，婼至自晋，尊晋也。

三月庚戌，晋侯使士景伯莅问周故，士伯立于乾祭而问于介众。晋人乃辞王子朝，不纳其使。

夏五月乙未朔，日有食之。梓慎曰：“将水。”昭子曰：“旱也。日过分而阳犹不克，克必甚，能无旱乎？阳不克莫，将积聚也。”

六月壬申，王子朝之师攻瑕及杏，皆溃。

郑伯如晋，子大叔相，见范献子。献子曰：“若王室何？”对曰：“老夫其国家不能恤，敢及王室。抑人亦有言曰：‘嫠不恤其纬，而忧宗周之陨，为将及焉。’今王室实蠢蠢焉，吾小国惧矣。然大国之忧也，吾侪何知焉？吾子其早图之！《诗》曰：‘瓶之罄矣，惟罍之耻。’

王室之不宁，晋之耻也。”献子惧，而与宣子图之。乃征会于诸侯，期以明年。

秋八月，大雩，旱也。

冬十月癸酉，王子朝用成周之宝珪于河。甲戌，津人得诸河上。阴不佞以温人南侵，拘得玉者，取其玉，将卖之，则为石。王定而献之，与之东訾。

楚子为舟师以略吴疆。沈尹戌曰：“此行也，楚必亡邑。不抚民而劳之，吴不动而速之，吴踵楚，而疆场无备，邑能无亡乎？”

越大夫胥犴劳王于豫章之汭，越公子仓归王乘舟，仓及寿梦帅师从王，王及圉阳而还。

吴人踵楚，而边人不备，遂灭巢及钟离而还。沈尹戌曰：“亡郢之始，于此在矣。王一动而亡二姓之帅，几如是而不及郢？《诗》曰：‘谁生厉阶，至今为梗。’其王之谓乎？”

昭公二十五年

二十五年春，叔孙婼聘于宋。桐门右师见之，语，卑宋大夫，而贱司城氏。昭子告其人曰：“右师其亡乎！君子贵其身而后能及人，是以有礼。今夫子卑其大夫而贱其宗，是贱其身也。能有礼乎？无礼必亡。”宋公享昭子，赋《新宫》。昭子赋《车辖》。

明日宴，饮酒，乐。宋公使昭子右坐，语相泣也。乐祁佐，退而告人曰：“今兹君与叔孙，其皆死乎？吾闻之：‘哀乐而乐哀，皆丧心也。’心之精爽，是谓魂魄。魂魄去之，何以能久？”

季公若之姊为小邾夫人，生宋元夫人，生子以妻季平子。昭子如宋聘，且逆之。公若从，谓曹氏勿与，鲁将逐之。曹氏告公，公告乐祁。乐祁曰：“与之。如是，鲁君必出。政在季氏三世矣，鲁君丧政四公矣。无民而能逞其志者，未之有也。国君是以镇抚其民。

《诗》曰:‘人之云亡,心之忧矣。’鲁君失民矣,焉得逞其志?靖以待命犹可,动必忧。”

夏,会于黄父,谋王室也。赵简子令诸侯之大夫,输王粟,具戍人,曰:“明年将纳王。”子大叔见赵简子,简子问揖让周旋之礼焉。对曰:“是仪也,非礼也。”简子曰:“敢问何谓礼?”对曰:“吉也闻诸先大夫子产曰:‘夫礼,天之经也,地之义也,民之行也。天地之经,而民则实之。则天之明,因地之性,生其六气,用其五行。气为五味,发为五色,章为五声,淫则昏乱,民失其性。是故为礼以奉之。为六畜、五牲、三牺,以奉五味。为九文、六采、五章,以奉五色。为九歌、八风、七音、六律,以奉五声。为君臣、上下,以则地义。为夫妇、外内,以经二物。为父子、兄弟、姑姊、甥舅、昏媾、姻亚,以象天明。为政事、庸力、行务,以从四时。为刑罚、威狱,使民畏忌,以类其震曜杀戮。为温慈、惠和,以效天之生殖长育。民有好、恶、喜、怒、哀、乐,生于六气。是故审则宜类,以制六志。哀有哭泣,乐有歌舞,喜有施舍,怒有战斗。喜生于好,怒生于恶。是故审行信令,祸福赏罚,以制死生。生,好物也。死,恶物也。好物,乐也。恶物,哀也。哀乐不失,乃能协于天地之性,是以长久。’”简子曰:“甚哉,礼之大也。”对曰:“礼,上下之纪,天地之经纬也,民之所以生也,是以先王尚之。故人之能自曲直以赴礼者,谓之成人。大,不亦宜乎?”简子曰:“鞅也请终身守此言也。”

宋乐大心曰:“我不输粟,我于周为客。若之何使客?”晋士伯曰:“自践土以来,宋何役之不会,而何盟之不同?曰‘同恤王室’,子焉得辟之?子奉君命,以会大事,而宋背盟,无乃不可乎?”右师不敢对,受牒而退。士伯告简子曰:“宋右师必亡。奉君命以使,而欲背盟以干盟主,无不祥大焉。”

有鸜鹆来巢,书所无也。师己曰:“异哉,吾闻文、成之世,童谣有之,曰:‘鸜之鹆之,公出辱之。鸜鹆之羽,公在外野,往馈之马。鸜鸲趺趺，公在乾侯，征褰与襦。鸜鸲之巢，远哉遥遥。稠父丧劳，宋父以骄。鸜鸲鸜鸲，往歌来哭。’童谣有是，今鸜鸲来巢，其将及乎？”

秋，书再雩，旱甚也。

初，季公鸟娶妻于齐鲍文子，生甲。公鸟死，季公亥与公思展与公鸟之臣申夜姑相其室。及季姒与饔人檀通，而惧，乃使其妾抶己，以示秦遄之妻，曰：“公若欲使余，余不可而抶余。”又诉于公甫，曰：“展与夜姑将要余。”秦姬以告公之，公之与公甫告平子。平子拘展于卞而执夜姑，将杀之。公若泣而哀之，曰：“杀是，是杀余也。”将为之请。平子使竖勿内，日中不得请。有司逆命，公之使速杀之。故公若怨平子。

季、郈之鸡斗。季氏介其鸡，郈氏为之金距。平子怒，益宫于郈氏，且让之。故郈昭伯亦怨平子。臧昭伯之从弟会，为谗于臧氏，而逃于季氏，臧氏执旃。平子怒，拘臧氏老。将禘于襄公，万者二人，其众万于季氏。臧孙曰：“此之谓不能庸先君之庙。”大夫遂怨平子。公若献弓于公为，且与之出射于外，而谋去季氏。公为告公果、公贲。公果、公贲使侍人僚相告公。公寝，将以戈击之，乃走。公曰：“执之。”亦无命也。惧而不出，数月不见，公不怒。又使言，公执戈以惧之，乃走。又使言，公曰：“非小人之所及也。”公果自言。公以告臧孙，臧孙以难。告郈孙，郈孙以可，劝。告子家懿伯，懿伯曰：“谗人以君侥幸，事若不克，君受其名，不可为也。舍民数世，以求克事，不可必也。且政在焉，其难图也。”公退之。辞曰：“臣与闻命矣，言若泄，臣不获死。”乃馆于公。

叔孙昭子如阚，公居于长府。九月戊戌，伐季氏，杀公之于门，遂入之。平子登台而请曰：“君不察臣之罪，使有司讨臣以干戈，臣请待于沂上以察罪。”弗许。请囚于费，弗许。请以五乘亡，弗许。子家子曰：“君其许之！政自之出久矣，隐民多取食焉。为之徒者众矣，日入慝作，弗可知也。众怒不可蓄也。蓄而弗治，将蕴。蕴蓄，民将生心;生心,同求将合。君必悔之。”弗听。郈孙曰:“必杀之。”公使郈孙逆孟懿子。叔孙氏之司马鬷戾言于其众曰:“若之何?”莫对。又曰:“我家臣也,不敢知国。凡有季氏与无,于我孰利?”皆曰:“无季氏,是无叔孙氏也。”鬷戾曰:“然则救诸。”帅徒以往,陷西北隅以入。公徒释甲,执冰而踞。遂逐之。孟氏使登西北隅,以望季氏。见叔孙氏之旌,以告。孟氏执郈昭伯,杀之于南门之西,遂伐公徒。子家子曰:“诸臣伪劫君者,而负罪以出,君止。意如之事君也,不敢不改。”公曰:“余不忍也。”与臧孙如墓谋,遂行。己亥,公孙于齐,次于阳州。齐侯将唁公于平阴,公先至于野井。齐侯曰:“寡人之罪也。”使有司待于平阴,为近故也。书曰:“公孙于齐,次于阳州,齐侯唁公于野井。”礼也。将求于人,则先下之,礼之善物也。齐侯曰:“自莒疆以西,请致千社,以待君命。寡人将帅敝赋以从执事,唯命是听。君之忧,寡人之忧也。”公喜。子家子曰:“天禄不再,天若胙君,不过周公,以鲁足矣。失鲁,而以千社为臣,谁与之立?且齐君无信,不如早之晋。”弗从。臧昭伯率从者将盟,载书曰:“戮力壹心,好恶同之。信罪之有无,缱绻从公,无通外内。”以公命示子家子。子家子曰:“如此,吾不可以盟。羁也不佞,不能与二三子同心,而以为皆有罪。或欲通外内,且欲去君。二三子好亡而恶定,焉可同也?陷君于难,罪孰大焉?通外内而去君,君将速入,弗通何为?而何守焉?”乃不与盟。

昭子自阚归,见平子。平子稽颡,曰:“子若我何?”昭子曰:“人谁不死?子以逐君成名,子孙不忘,不亦伤乎!将若子何?”平子曰:“苟使意如得改事君,所谓生死而肉骨也。”昭子从公于齐,与公言。子家子命适公馆者执之。公与昭子言于幄内,曰:“将安众而纳公。”公徒将杀昭子,伏诸道。左师展告公,公使昭子自铸归。平子有异志。冬十月辛酉,昭子齐于其寝,使祝宗祈死,戊辰,卒。左师展将以公乘马而归,公徒执之。

壬申，尹文公涉于巩，焚东訾，弗克。

十一月，宋元公将为公故如晋。梦大子栾即位于庙，己与平公服而相之。旦，召六卿。公曰："寡人不佞，不能事父兄，以为二三子忧，寡人之罪也。若以群子之灵，获保首领以没，唯是楄柎所以藉干者，请无及先君。"仲几对曰："君若以社稷之故，私降昵宴，群臣弗敢知。若夫宋国之法，死生之度，先君有命矣。群臣以死守之，弗敢失队。臣之失职，常刑不赦。臣不忍其死，君命祇辱。"宋公遂行。己亥，卒于曲棘。

十二月庚辰，齐侯围郓。

初，臧昭伯如晋，臧会窃其宝龟偻句。以卜为信与僭，僭吉。臧氏老将如晋问，会请往。昭伯问家故，尽对。及内子与母弟叔孙，则不对。再三问，不对。归，及郊，会逆，问，又如初。至，次于外而察之，皆无之。执而戮之，逸，奔郈。郈鲂假使为贾正焉。计于季氏。臧氏使五人以戈楯伏诸桐汝之间。会出，逐之，反奔，执诸季氏中门之外。平子怒，曰："何故以兵入吾门？"拘臧氏老。季、臧有恶。及昭伯从公，平子立臧会。会曰："偻句不余欺也。"

楚子使薳射城州屈，复茄人焉。城丘皇，迁訾人焉。使熊相禖郭巢，季然郭卷。子大叔闻之，曰："楚王将死矣，使民不安其土，民必忧。忧将及王，弗能久矣。"

昭公二十六年

二十六年春，王正月庚申，齐侯取郓。

葬宋元公，如先君，礼也。

三月，公至自齐，处于郓，言鲁地也。夏，齐侯将纳公，命无受鲁货。申丰从女贾，以币锦二两，缚一如瑱，适齐师。谓子犹之人高齮："能货子犹，为高氏后，粟五千庾。"高齮以锦示子犹，子犹欲之。

齮曰:“鲁人买之,百两一布,以道之不通,先入币财。”子犹受之,言于齐侯曰:“群臣不尽力于鲁君者,非不能事君也。然据有异焉。宋元公为鲁君如晋,卒于曲棘。叔孙昭子求纳其君,无疾而死。不知天之弃鲁耶,抑鲁君有罪于鬼神,故及此也?君若待于曲棘,使群臣从鲁君以卜焉。若可,师有济也。君而继之,兹无敌矣。若其无成,君无辱焉。”齐侯从之,使公子钽帅师从公。成大夫公孙朝谓平子曰:“有都以卫国也,请我受师。”许之。请纳质,弗许,曰:“信女足矣。”告于齐师曰:“孟氏,鲁之敝室也。用成已甚,弗能忍也,请息肩于齐。”齐师围成。成人伐齐师之饮马于淄者,曰:“将以厌众。”鲁成备而后告曰:“不胜众。”师及齐师战于炊鼻。齐子渊捷从泄声子,射之,中楯瓦。繇朐汰辀,匕入者三寸。声子射其马,斩鞅,殪。改驾,人以为鬷戾也而助之。子车曰:“齐人也。”将击子车。子车射之,殪。其御曰:“又之。”子车曰:“众可惧也,而不可怒也。”子囊带从野泄,叱之。泄曰:“军无私怒,报乃私也,将亢子。”又叱之。亦叱之。冉竖射陈武子,中手,失弓而骂。以告平子,曰:“有君子白皙,鬒须眉,甚口。”平子曰:“必子强也,无乃亢诸?”对曰:“谓之君子,何敢亢之?”林雍羞为颜鸣右,下。苑何忌取其耳。颜鸣去之。苑子之御曰:“视下顾。”苑子剃林雍,断其足。鑋而乘于他车以归。颜鸣三入齐师,呼曰:“林雍乘。”

四月,单子如晋告急。五月戊午,刘人败王城之师于尸氏。戊辰,王城人、刘人战于施谷,刘师败绩。

秋,盟于鄟陵,谋纳公也。

七月己巳,刘子以王出。庚午,次于渠。王城人焚刘。丙子,王宿于褚氏。丁丑,王次于萑谷。庚辰,王入于胥靡。辛巳,王次于滑。晋知跞、赵鞅帅师纳王,使女宽守关塞。

九月,楚平王卒,令尹子常欲立子西,曰:“大子壬弱,其母非適也,王子建实聘之。子西长而好善,立长则顺,建善则治。王顺国治,可不务乎?”子西怒曰:“是乱国而恶君王也。国有外援,不可渎也。王有適嗣,不可乱也。败亲速仇,乱嗣不祥,我受其名。赂吾以天下,吾滋不从也。楚国何为?必杀令尹!”令尹惧,乃立昭王。

冬十月丙申,王起师于滑。辛丑,在郊,遂次于尸。十一月辛酉,晋师克巩。召伯盈逐王子朝。王子朝及召氏之族、毛伯得、尹氏固、南宫嚚奉周之典籍以奔楚。阴忌奔莒以叛。召伯逆王于尸,及刘子、单子盟。遂军圉泽,次于隄上。癸酉,王入于成周。甲戌,盟于襄宫。晋师使成公般戍周而还。十二月癸未,王入于庄宫。

王子朝使告于诸侯曰:“昔武王克殷,成王靖四方,康王息民。并建母弟,以蕃屏周。亦曰:‘吾无专享文、武之功,且为后人之迷败倾覆,而溺入于难,则振救之。’至于夷王,王愆于厥身。诸侯莫不并走其望,以祈王身。至于厉王,王心戾虐,万民弗忍,居王于彘。诸侯释位,以间王政。宣王有志,而后效官。至于幽王,天不吊周,王昏不若,用愆厥位。携王奸命,诸侯替之,而建王嗣,用迁郏鄏。则是兄弟之能用力于王室也。至于惠王,天不靖周,生颓祸心,施于叔带,惠、襄辟难,越去王都。则有晋、郑,咸黜不端,以绥定王家。则是兄弟之能率先王之命也。在定王六年,秦人降妖,曰:‘周其有頿王,亦克能修其职。诸侯服享,二世共职。王室其有间王位,诸侯不图,而受其乱灾。’至于灵王,生而有頿。王甚神圣,无恶于诸侯。灵王、景王,克终其世。今王室乱,单旗、刘狄,剥乱天下,壹行不若。谓先王何常之有?唯余心所命,其谁敢讨之?帅群不吊之人,以行乱于王室。侵欲无厌,规求无度,贯渎鬼神,慢弃刑法,倍奸齐盟,傲很威仪,矫诬先王。晋为不道,是摄是赞,思肆其罔极。兹不穀震荡播越,窜在荆蛮,未有攸底。若我一二兄弟甥舅,奖顺天法,无助狡猾,以从先王之命。毋速天罚,赦图不穀,则所愿也。敢尽布其腹心,及先王之经,而诸侯实深图之!昔先王之命曰:‘王后无適,则择立长。年钧以德,德钧以卜。’王不立爱,公卿无私,古之制也。穆后及大子寿早夭即世，单、刘赞私立少，以间先王，亦唯伯仲叔季图之。”

闵马父闻子朝之辞，曰：“文辞以行礼也。子朝干景之命，远晋之大，以专其志，无礼甚矣。文辞何为？”

齐有彗星，齐侯使禳之。晏子曰：“无益也，只取诬焉。天道不谄，不贰其命，若之何禳之？且天之有彗也，以除秽也。君无秽德，又何禳焉？若德之秽，禳之何损？《诗》曰：‘惟此文王，小心翼翼。昭事上帝，聿怀多福。厥德不回，以受方国。’君无违德，方国将至，何患于彗？《诗》曰：‘我无所监，夏后及商。用乱之故，民卒流亡。’若德回乱，民将流亡，祝史之为，无能补也。”公说，乃止。

齐侯与晏子坐于路寝，公叹曰：“美哉室，其谁有此乎？”晏子曰：“敢问何谓也？”公曰：“吾以为在德。”对曰：“如君之言，其陈氏乎！陈氏虽无大德，而有施于民。豆区釜钟之数，其取之公也薄，其施之民也厚。公厚敛焉，陈氏厚施焉，民归之矣。《诗》曰：‘虽无德与女，式歌且舞。’陈氏之施，民歌舞之矣。后世若少惰，陈氏而不亡，则国其国也已。”公曰：“善哉，是可若何？”对曰：“唯礼可以已之。在礼，家施不及国，民不迁，农不移，工贾不变，士不滥，官不滔，大夫不收公利。”公曰：“善哉，我不能矣。吾今而后知礼之可以为国也。”对曰：“礼之可以为国也久矣，与天地并。君令臣共，父慈子孝，兄爱弟敬，夫和妻柔，姑慈妇听，礼也。君令而不违，臣共而不贰，父慈而教，子孝而箴，兄爱而友，弟敬而顺，夫和而义，妻柔而正，姑慈而从，妇听而婉，礼之善物也。”公曰：“善哉，寡人今而后闻此礼之上也。”对曰：“先王所禀于天地，以为其民也，是以先王上之。”

昭公二十七年

二十七年春，公如齐。公至自齐，处于郓，言在外也。

吴子欲因楚丧而伐之。使公子掩馀、公子烛庸帅师围潜。使延州来季子聘于上国,遂聘于晋,以观诸侯。楚莠尹然、工尹麇帅师救潜。左司马沈尹戌帅都君子与王马之属以济师,与吴师遇于穷。令尹子常以舟师及沙汭而还。左尹郤宛、工尹寿帅师至于潜,吴师不能退。

吴公子光曰:“此时也,弗可失也。”告鱄设诸曰:“上国有言曰:‘不索何获?’我,王嗣也,吾欲求之。事若克,季子虽至,不吾废也。”鱄设诸曰:“王可弑也。母老子弱,是无若我何。”光曰:“我,尔身也。”夏四月,光伏甲于堀室而享王。王使甲坐于道,及其门。门阶户席,皆王亲也,夹之以铍。羞者献体改服于门外。执羞者坐行而入,执铍者夹承之,及体以相授也。光伪足疾,入于堀室。鱄设诸置剑于鱼中以进。抽剑刺王,铍交于胸,遂弑王。阖庐以其子为卿。

季子至,曰:“苟先君无废祀,民人无废主,社稷有奉,国家无倾,乃吾君也。吾谁敢怨?哀死事生,以待天命。非我生乱,立者从之,先人之道也。”复命哭墓,复位而待。吴公子掩馀奔徐,公子烛庸奔钟吾。楚师闻吴乱而还。

郤宛直而和,国人说之。鄢将师为右领,与费无极比而恶之。令尹子常贿而信谗。无极谮郤宛焉,谓子常曰:“子恶欲饮子酒。”又谓子恶:“令尹欲饮酒于子氏。”子恶曰:“我,贱人也,不足以辱令尹。令尹将必来辱,为惠已甚。吾无以酬之,若何?”无极曰:“令尹好甲兵,子出之,吾择焉。”取五甲五兵。曰:“置诸门,令尹至,必观之,而从以酬之。”及飨日,帷诸门左,无极谓令尹曰:“吾几祸子。子恶将为子不利,甲在门矣,子必无往。且此役也,吴可以得志,子恶取赂焉而还,又误群帅,使退其师,曰:‘乘乱不祥。’吴乘我丧,我乘其乱,不亦可乎?”令尹使视郤氏,则有甲焉。不往,召鄢将师而告之。将师退,遂令攻郤氏,且爇之。子恶闻之,遂自杀也。国人弗爇。令曰:“不爇郤氏,与之同罪。”或取一编菅焉,或取一秉秆焉,国人投之，遂弗爇也。令尹炮之。尽灭郤氏之族党，杀阳令终与其弟完及佗与晋陈及其子弟。晋陈之族呼于国曰："鄢氏、费氏自以为王，专祸楚国，弱寡王室，蒙王与令尹以自利也。令尹尽信之矣，国将如何？"令尹病之。

秋，会于扈，令戍周，且谋纳公也。宋、卫皆利纳公，固请之。范献子取货于季孙，谓司城子梁与北宫贞子曰："季孙未知其罪，而君伐之，请囚，请亡，于是乎不获。君又弗克，而自出也。夫岂无备而能出君乎？季氏之复，天救之也。休公徒之怒，而启叔孙氏之心。不然，岂其伐人而说甲执冰以游？叔孙氏惧祸之滥，而自同于季氏，天之道也。鲁君守齐，三年而无成。季氏甚得其民，淮夷与之，有十年之备，有齐、楚之援，有天之赞，有民之助，有坚守之心，有列国之权，而弗敢宣也，事君如在国。故鞅以为难。二子皆图国者也，而欲纳鲁君，鞅之愿也。请从二子以围鲁，无成，死之。"二子惧，皆辞。乃辞小国，而以难复。

孟懿子、阳虎伐郓。郓人将战。子家子曰："天命不慆久矣。使君亡者，必此众也。天既祸之，而自福也，不亦难乎？犹有鬼神，此必败也。乌呼！为无望也夫，其死于此乎！"公使子家子如晋，公徒败于且知。

楚郤宛之难，国言未已，进胙者莫不谤令尹。沈尹戌言于子常曰："夫左尹与中厩尹莫知其罪，而子杀之，以兴谤讟，至于今不已。戌也惑之。仁者杀人以掩谤，犹弗为也。今吾子杀人以兴谤，而弗图，不亦异乎？夫无极，楚之谗人也，民莫不知。去朝吴，出蔡侯朱，丧大子建，杀连尹奢，屏王之耳目，使不聪明。不然，平王之温惠共俭，有过成、庄，无不及焉。所以不获诸侯，迩无极也。今又杀三不辜，以兴大谤，几及子矣。子而不图，将焉用之？夫鄢将师矫子之命，以灭三族，国之良也，而不愆位。吴新有君，疆埸日骇，楚国若有大事，子其危哉！知者除谗以自安也，今子爱谗以自危也，甚矣其惑也!”子常曰:“是瓦之罪,敢不良图。”九月己未,子常杀费无极与鄢将师,尽灭其族,以说于国。谤言乃止。

冬,公如齐,齐侯请飨之。子家子曰:“朝夕立于其朝,又何飨焉?其饮酒也。”乃饮酒,使宰献,而请安。子仲之子曰重,为齐侯夫人,曰:“请使重见。”子家子乃以君出。

十二月,晋籍秦致诸侯之戍于周,鲁人辞以难。

昭公二十八年

二十八年春,公如晋,将如乾侯。子家子曰:“有求于人,而即其安,人孰矜之?其造于竟。”弗听。使请逆于晋。晋人曰:“天祸鲁国,君淹恤在外。君亦不使一个辱在寡人,而即安于甥舅,其亦使逆君?”使公复于竟而后逆之。

晋祁胜与邬臧通室。祁盈将执之,访于司马叔游。叔游曰:“《郑书》有之:‘恶直丑正,实蕃有徒。’无道立矣,子惧不免。《诗》曰:‘民之多辟,无自立辟。’姑已,若何?”盈曰:“祁氏私有讨,国何有焉。”遂执之。祁胜赂荀跞,荀跞为之言于晋侯。晋侯执祁盈。祁盈之臣曰:“钧将皆死,憖使吾君闻胜与臧之死也以为快。”乃杀之。夏六月,晋杀祁盈及杨食我。食我,祁盈之党也,而助乱,故杀之。遂灭祁氏、羊舌氏。

初,叔向欲娶于申公巫臣氏,其母欲娶其党。叔向曰:“吾母多而庶鲜,吾惩舅氏矣。”其母曰:“子灵之妻杀三夫,一君,一子,而亡一国、两卿矣。可无惩乎?吾闻之,甚美必有甚恶,是郑穆少妃姚子之子,子貉之妹也。子貉早死,无后,而天钟美于是,将必以是大有败也。昔有仍氏生女,黰黑而甚美,光可以鉴,名曰玄妻。乐正后夔取之,生伯封,实有豕心,贪惏无餍,忿颣无期,谓之封豕。有穷后羿灭之,夔是以不祀。且三代之亡,共子之废,皆是物也。女何以为哉？夫有尤物，足以移人。苟非德义，则必有祸。”叔向惧，不敢取。平公强使取之，生伯石。伯石始生，子容之母走谒诸姑，曰：“长叔姒生男。”姑视之，及堂，闻其声而还，曰：“是豺狼之声也。狼子野心，非是，莫丧羊舌氏矣。”遂弗视。

秋，晋韩宣子卒，魏献子为政。分祁氏之田以为七县，分羊舌氏之田以为三县。司马弥牟为邬大夫，贾辛为祁大夫，司马乌为平陵大夫，魏戊为梗阳大夫，知徐吾为涂水大夫，韩固为马首大夫，孟丙为盂大夫，乐霄为铜鞮大夫，赵朝为平阳大夫，僚安为杨氏大夫。谓贾辛、司马乌为有力于王室，故举之。谓知徐吾、赵朝、韩固、魏戊，余子之不失职，能守业者也。其四人者，皆受县而后见于魏子，以贤举也。

魏子谓成鱄：“吾与戊也县，人其以我为党乎？”对曰：“何也？戊之为人也，远不忘君，近不逼同，居利思义，在约思纯，有守心而无淫行。虽与之县，不亦可乎？昔武王克商，光有天下。其兄弟之国者十有五人，姬姓之国者四十人，皆举亲也。夫举无他，唯善所在，亲疏一也。《诗》曰：‘唯此文王，帝度其心。莫其德音，其德克明。克明克类，克长克君。王此大国，克顺克比。比于文王，其德靡悔。既受帝祉，施于孙子。’心能制义曰度，德正应和曰莫，照临四方曰明，勤施无私曰类，教诲不倦曰长，赏庆刑威曰君，慈和遍服曰顺，择善而从之曰比，经纬天地曰文。九德不愆，作事无悔，故袭天禄，子孙赖之。主之举也，近文德矣，所及其远哉。”

贾辛将适其县，见于魏子。魏子曰：“辛来，昔叔向适郑，鬷蔑恶，欲观叔向，从使之收器者，而往，立于堂下。一言而善。叔向将饮酒，闻之，曰：‘必鬷明也。’下，执其手以上，曰：‘昔贾大夫恶，娶妻而美，三年不言不笑，御以如皋，射雉，获之。其妻始笑而言。贾大夫曰“才之不可以已，我不能射，女遂不言不笑夫。”今子少不飏，子若无言，吾几失子矣。言之不可以已也如是。’遂如故知。今女有力于王室,吾是以举女。行乎,敬之哉,毋堕乃力。”

仲尼闻魏子之举也,以为义,曰:“近不失亲,远不失举,可谓义矣。”又闻其命贾辛也,以为忠:“《诗》曰:‘永言配命,自求多福’,忠也。魏子之举也义,其命也忠,其长有后于晋国乎。”

冬,梗阳人有狱,魏戊不能断,以狱上。其大宗赂以女乐。魏子将受之。魏戊谓阎没、女宽曰:“主以不贿闻于诸侯,若受梗阳人,贿莫甚焉。吾子必谏。”皆许诺。退朝,待于庭。馈入,召之。比置,三叹。既食,使坐。魏子曰:“吾闻诸伯叔,谚曰:‘唯食忘忧。’吾子置食之间三叹,何也?”同辞而对曰:“或赐二小人酒,不夕食。馈之始至,恐其不足,是以叹。中置,自咎曰:‘岂将军食之,而有不足?’是以再叹。及馈之毕,愿以小人之腹为君子之心,属厌而已。”献子辞梗阳人。

昭公二十九年

二十九年春,公至自乾侯,处于郓。齐侯使高张来唁公,称主君。子家子曰:“齐卑君矣,君祇辱焉。”公如乾侯。

二月己卯,京师杀召伯盈、尹氏固及原伯鲁之子。尹固之复也,有妇人遇之周郊,尤之,曰:“处则劝人为祸,行则数日而反,是夫也,其过三岁乎?”夏五月庚寅,王子赵车入于鄻以叛,阴不佞败之。

平子每岁贾马,具从者之衣屦而归之于乾侯。公执归马者卖之,乃不归马。卫侯来献其乘马曰启服,堑而死,公将为之椟。子家子曰:“从者病矣,请以食之。”乃以帏裹之。

公赐公衍羔裘,使献龙辅于齐侯,遂入羔裘。齐侯喜,与之阳谷。公衍、公为之生也,其母偕出。公衍先生。公为之母曰:“相与偕出,请相与偕告。”三日,公为生,其母先以告,公为为兄。公私喜于阳穀而思于鲁,曰:“务人为此祸也。且后生而为兄,其诬也久矣。”乃黜之,而以公衍为大子。

秋,龙见于绛郊。魏献子问于蔡墨曰:“吾闻之,虫莫知于龙,以其不生得也。谓之知,信乎?”对曰:“人实不知,非龙实知。古者畜龙,故国有豢龙氏,有御龙氏。”献子曰:“是二氏者,吾亦闻之,而不知其故,是何谓也?”对曰:“昔有飂叔安,有裔子曰董父,实甚好龙,能求其耆欲以饮食之,龙多归之。乃扰畜龙,以服事帝舜。帝赐之姓曰董,氏曰豢龙。封诸鬷川,鬷夷氏其后也。故帝舜氏世有畜龙。及有夏孔甲,扰于有帝。帝赐之乘龙,河、汉各二,各有雌雄,孔甲不能食,而未获豢龙氏。有陶唐氏既衰,其后有刘累,学扰龙于豢龙氏,以事孔甲,能饮食之。夏后嘉之,赐氏曰御龙,以更豕韦之后。龙一雌死,潜醢以食夏后。夏后飨之,既而使求之。惧而迁于鲁县,范氏其后也。”献子曰:“今何故无之?”对曰:“夫物,物有其官,官修其方,朝夕思之。一日失职,则死及之。失官不食,官宿其业,其物乃至。若泯弃之,物乃坻伏,郁湮不育。故有五行之官,是为五官。实列受氏姓,封为上公,祀为贵神。社稷五祀,是尊是奉。木正曰句芒,火正曰祝融,金正曰蓐收,水正曰玄冥,土正曰后土。龙,水物也。水官弃矣,故龙不生得。不然,《周易》有之,有《乾》䷀之《姤》䷫,曰:‘潜龙勿用。’其《同人》䷌曰:‘见龙在田。’其《大有》䷍曰:‘飞龙在天。’其《夬》䷪曰:‘亢龙有悔。’其《坤》䷁曰:‘见群龙无首,吉。’《坤》之《剥》䷖曰:‘龙战于野。’若不朝夕见,谁能物之?”献子曰:“社稷五祀,谁氏之五官也?”对曰:“少皞氏有四叔,曰重,曰该,曰修,曰熙,实能金、木及水。使重为句芒,该为蓐收,修及熙为玄冥,世不失职,遂济穷桑,此其三祀也。颛顼氏有子曰犁,为祝融,共工氏有子曰句龙,为后土,此其二祀也。后土为社,稷,田正也。有烈山氏之子曰柱为稷,自夏以上祀之。周弃亦为稷,自商以来祀之。”

冬,晋赵鞅、荀寅帅师城汝滨,遂赋晋国一鼓铁,以铸刑鼎,著范宣子所为刑书焉。仲尼曰:“晋其亡乎,失其度矣。夫晋国将守唐叔之所受法度,以经纬其民,卿大夫以序守之。民是以能尊其贵,贵是以能守其业。贵贱不愆,所谓度也。文公是以作执秩之官,为被庐之法,以为盟主。今弃是度也,而为刑鼎,民在鼎矣,何以尊贵?贵何业之守?贵贱无序,何以为国?且夫宣子之刑,夷之蒐也,晋国之乱制也,若之何以为法?”蔡史墨曰:“范氏、中行氏其亡乎。中行寅为下卿,而干上令,擅作刑器,以为国法,是法奸也。又加范氏焉,易之,亡也。其及赵氏,赵孟与焉;然不得已,若德,可以免。”

昭公三十年

三十年春,王正月,公在乾侯,不先书郓与乾侯,非公,且征过也。

夏六月,晋顷公卒。秋八月,葬。郑游吉吊,且送葬。魏献子使士景伯诘之,曰:“悼公之丧,子西吊,子蟜送葬。今吾子无贰,何故?”对曰:“诸侯所以归晋君,礼也。礼也者,小事大,大字小之谓。事大在共其时命,字小在恤其所无。以敝邑居大国之间,共其职贡,与其备御不虞之患,岂忘共命?先王之制,诸侯之丧,士吊,大夫送葬。唯嘉好、聘享、三军之事,于是乎使卿。晋之丧事,敝邑之间,先君有所助执绋矣。若其不间,虽士大夫有所不获数矣。大国之惠,亦庆其加,而不讨其乏,明厎其情,取备而已,以为礼也。灵王之丧,我先君简公在楚,我先大夫印段实往,敝邑之少卿也。王吏不讨,恤所无也。今大夫曰:‘女盍从旧?’旧有丰有省,不知所从。从其丰,则寡君幼弱,是以不共,从其省,则吉在此矣,唯大夫图之。”晋人不能诘。

吴子使徐人执掩馀,使钟吾人执烛庸。二公子奔楚,楚子大封,而定其徙。使监马尹大心逆吴公子,使居养。莠尹然、左司马沈尹戌城之，取于城父与胡田以与之。将以害吴也。子西谏曰：“吴光新得国，而亲其民。视民如子，辛苦同之，将用之也。若好吴边疆，使柔服焉，犹惧其至。吾又强其仇以重怒之，无乃不可乎。吴，周之胄裔也，而弃在海滨，不与姬通。今而始大，比于诸华，光又甚文，将自同于先王。不知天将以为虐乎，使翦丧吴国而封大异姓乎？其抑亦将卒以祚吴乎？其终不远矣。我盍姑亿吾鬼神，而宁吾族姓，以待其归。将焉用自播扬焉。”王弗听。吴子怒，冬十二月，吴子执钟吾子，遂伐徐，防山以水之。己卯，灭徐。徐子章禹断其发，携其夫人，以逆吴子。吴子唁而送之，使其迩臣从之，遂奔楚。楚沈尹戌帅师救徐，弗及，遂城夷，使徐子处之。

吴子问于伍员曰：“初而言伐楚，余知其可也，而恐其使余往也，又恶人之有余之功也。今余将自有之矣，伐楚何如？”对曰：“楚执政众而乖，莫适任患。若为三师以肄焉，一师至，彼必皆出。彼出则归，彼归则出，楚必道敝。亟肄以罢之，多方以误之，既罢而后以三军继之，必大克之。”阖庐从之。楚于是乎始病。

昭公三十一年

三十一年春，王正月，公在乾侯，言不能外内也。晋侯将以师纳公。范献子曰：“若召季孙而不来，则信不臣矣。然后伐之，若何？”晋人召季孙，献子使私焉，曰：“子必来，我受其无咎。”季孙意如会晋荀跞于适历。荀跞曰：“寡君使跞谓吾子：‘何故出君？有君不事，周有常刑，子其图之！’”季孙练冠麻衣跣行，伏而对曰：“事君，臣之所不得也，敢逃刑命？君若以臣为有罪，请囚于费，以待君之察也，亦唯君。若以先臣之故，不绝季氏，而赐之死。若弗杀弗亡，君之惠也，死且不朽。若得从君而归，则固臣之愿也。敢有异心？”夏四月，季孙从知伯如乾侯。子家子曰：“君与之归，一惭之不忍，而终身惭乎?”公曰:“诺。”众曰:“在一言矣,君必逐之。”荀跞以晋侯之命唁公,且曰:“寡君使跞以君命讨于意如,意如不敢逃死,君其入也!”公曰:“君惠顾先君之好,施及亡人,将使归粪除宗祧以事君,则不能见夫人。己所能见夫人者,有如河!”荀跞掩耳而走,曰:“寡君其罪之恐,敢与知鲁国之难?臣请复于寡君。”退而谓季孙:“君怒未怠,子姑归祭。”子家子曰:“君以一乘入于鲁师,季孙必与君归。”公欲从之,众从者胁公,不得归。

薛伯穀卒,同盟,故书。

秋,吴人侵楚,伐夷,侵潜、六。楚沈尹戌帅师救潜,吴师还。楚师迁潜于南冈而还。吴师围弦。左司马戌、右司马稽帅师救弦,及豫章。吴师还。始用子胥之谋也。

冬,邾黑肱以滥来奔,贱而书名,重地故也。君子曰:“名之不可不慎也如是。夫有所有名,而不如其已。以地叛,虽贱,必书地,以名其人。终为不义,弗可灭已。是故君子动则思礼,行则思义,不为利回,不为义疚。或求名而不得,或欲盖而名章,惩不义也。齐豹为卫司寇,守嗣大夫,作而不义,其书为‘盗’。邾庶其、莒牟夷、邾黑肱以土地出,求食而已,不求其名,贱而必书。此二物者,所以惩肆而去贪也。若艰难其身,以险危大人,而有名章彻,攻难之士,将奔走之。若窃邑叛君,以徼大利而无名,贪冒之民,将置力焉。是以《春秋》书齐豹曰‘盗’,三叛人名,以惩不义,数恶无礼,其善志也。故曰,《春秋》之称:微而显,婉而辨。上之人能使昭明,善人劝焉,淫人惧焉,是以君子贵之。”

十二月辛亥朔,日有食之。是夜也,赵简子梦童子羸而转以歌。旦占诸史墨,曰:“吾梦如是,今而日食,何也?”对曰:“六年及此月也,吴其入郢乎!终亦弗克。入郢,必以庚辰。日月在辰尾,庚午之日,日始有谪。火胜金,故弗克。”

昭公三十二年

三十二年春，王正月，公在乾侯。言不能外内，又不能用其人也。

夏，吴伐越，始用师于越也。史墨曰："不及四十年，越其有吴乎。越得岁而吴伐之，必受其凶。"

秋八月，王使富辛与石张如晋，请城成周。天子曰："天降祸于周，俾我兄弟并有乱心，以为伯父忧。我一二亲昵甥舅，不皇启处，于今十年，勤戍五年。余一人无日忘之，闵闵焉如农夫之望岁，惧以待时。伯父若肆大惠，复二文之业，弛周室之忧，徼文、武之福，以固盟主，宣昭令名，则余一人有大愿矣。昔成王合诸侯，城成周，以为东都，崇文德焉。今我欲徼福假灵于成王，修成周之城，俾戍人无勤，诸侯用宁，蝥贼远屏，晋之力也。其委诸伯父，使伯父实重图之。俾我一人无征怨于百姓，而伯父有荣施，先王庸之。"范献子谓魏献子曰："与其戍周，不如城之，天子实云。虽有后事，晋勿与知可也。从王命以纾诸侯，晋国无忧。是之不务，而又焉从事？"魏献子曰："善。"使伯音对曰："天子有命，敢不奉承，以奔告于诸侯。迟速衰序，于是焉在。"

冬十一月，晋魏舒、韩不信如京师，合诸侯之大夫于狄泉，寻盟，且令城成周。魏子南面。卫彪傒曰："魏子必有大咎，干位以令大事，非其任也。《诗》曰：'敬天之怒，不敢戏豫。敬天之渝，不敢驰驱。'况敢干位以作大事乎？"

己丑，士弥牟营成周，计丈数，揣高卑，度厚薄，仞沟洫，物土方，议远迩，量事期，计徒庸，虑材用，书糇粮，以令役于诸侯，属役赋丈，书以授帅，而效诸刘子。韩简子临之，以为成命。

十二月，公疾，遍赐大夫，大夫不受。赐子家子双琥，一环，一璧,轻服,受之。大夫皆受其赐。己未,公薨。子家子反赐于府人,曰:"吾不敢逆君命也。"大夫皆反其赐。书曰:"公薨于乾侯。"言失其所也。

赵简子问于史墨曰:"季氏出其君,而民服焉,诸侯与之,君死于外,而莫之或罪也。"对曰:"物生有两,有三,有五,有陪贰。故天有三辰,地有五行,体有左右,各有妃耦。王有公,诸侯有卿,皆有贰也。天生季氏,以贰鲁侯,为日久矣。民之服焉,不亦宜乎?鲁君世从其失,季氏世修其勤,民忘君矣。虽死于外,其谁矜之?社稷无常奉,君臣无常位,自古以然。故《诗》曰:'高岸为谷,深谷为陵。'三后之姓,于今为庶,主所知也。在《易》卦,雷乘《乾》曰《大壮》䷡,天之道也。昔成季友,桓之季也,文姜之爱子也,始震而卜,卜人谒之,曰:'生有嘉闻,其名曰友,为公室辅。'及生,如卜人之言,有文在其手曰'友',遂以名之。既而有大功于鲁,受费以为上卿。至于文子、武子,世增其业,不废旧绩。鲁文公薨,而东门遂杀適立庶,鲁君于是乎失国,政在季氏,于此君也,四公矣。民不知君,何以得国?是以为君,慎器与名,不可以假人。"

卷十一 定公

定公元年

元年春,王正月辛巳,晋魏舒合诸侯之大夫于狄泉,将以城成周。魏子莅政。卫彪傒曰:“将建天子,而易位以令,非义也。大事奸义,必有大咎。晋不失诸侯,魏子其不免乎。”是行也,魏献子属役于韩简子及原寿过,而田于大陆,焚焉。还,卒于宁。范献子去其柏椁,以其未复命而田也。

孟懿子会城成周。庚寅,栽。宋仲几不受功,曰:“滕、薛、郳,吾役也。”薛宰曰:“宋为无道,绝我小国于周,以我适楚。故我常从宋。晋文公为践土之盟,曰:‘凡我同盟,各复旧职。’若从践土,若从宋,亦唯命。”仲几曰:“践土固然。”薛宰曰:“薛之皇祖奚仲,居薛以为夏车正。奚仲迁于邳,仲虺居薛,以为汤左相。若复旧职,将承王官,何故以役诸侯。”仲几曰:“三代各异物,薛焉得有旧?为宋役,亦其职也。”士弥牟曰:“晋之从政者新,子姑受功。归,吾视诸故府。”仲几曰:“纵子忘之,山川鬼神其忘诸乎?”士伯怒,谓韩简子曰:“薛征于人,宋征于鬼。宋罪大矣。且己无辞而抑我以神,诬我也。启宠纳侮,其此之谓矣。必以仲几为戮。”乃执仲几以归。三月,归诸京师。

城三旬而毕,乃归诸侯之戍。

齐高张后,不从诸侯。晋女叔宽曰:“周苌弘、齐高张皆将不免。苌叔违天,高子违人。天之所坏,不可支也。众之所为,不可奸也。”

夏,叔孙成子逆公之丧于乾侯。季孙曰:“子家子亟言于我,未尝不中吾志也。吾欲与之从政，子必止之，且听命焉。”子家子不见叔孙，易几而哭。叔孙请见子家子，子家子辞，曰：“羁未得见，而从君以出。君不命而薨，羁不敢见。”叔孙使告之曰：“公衍、公为实使群臣不得事君。若公子宋主社稷，则群臣之愿也。凡从君出而可以入者，将唯子是听。子家氏未有后，季孙愿与子从政，此皆季孙之愿也，使不敢以告。”对曰：“若立君，则有卿士、大夫与守龟在，羁弗敢知。若从君者，则貌而出者，入可也。寇而出者，行可也。若羁也，则君知其出也，而未知其入也。羁将逃也。”

丧及坏隤，公子宋先入，从公者皆自坏隤反。六月癸亥，公之丧至自乾侯。戊辰，公即位。季孙使役如阚，公氏将沟焉。荣驾鹅曰：“生不能事，死又离之，以自旌也。纵子忍之，后必或耻之。”乃止。

季孙问于荣驾鹅曰：“吾欲为君谥，使子孙知之。”对曰：“生弗能事，死又恶之，以自信也。将焉用之？”乃止。秋七月癸巳，葬昭公于墓道南。孔子之为司寇也，沟而合诸墓。

昭公出，故季平子祷于炀公。九月，立炀宫。

周巩简公弃其子弟，而好用远人。

定公二年

二年夏四月辛酉，巩氏之群子弟贼简公。

桐叛楚，吴子使舒鸠氏诱楚人，曰：“以师临我，我伐桐，为我使之无忌。”秋，楚囊瓦伐吴，师于豫章。吴人见舟于豫章，而潜师于巢。冬十月，吴军楚师于豫章，败之。遂围巢，克之，获楚公子繁。

邾庄公与夷射姑饮酒，私出。阍乞肉焉，夺之杖以敲之。

定公三年

三年春二月辛卯，邾子在门台，临廷。阍以瓶水沃廷。邾子望见之，怒。阍曰："夷射姑旋焉。"命执之。弗得，滋怒，自投于床，废于炉炭，烂，遂卒。先葬以车五乘，殉五人。庄公卞急而好洁，故及是。

秋九月，鲜虞人败晋师于平中，获晋观虎，恃其勇也。

冬，盟于郯，修邾好也。

蔡昭侯为两佩与两裘，以如楚，献一佩一裘于昭王。昭王服之，以享蔡侯。蔡侯亦服其一。子常欲之，弗与。三年止之。唐成公如楚，有两肃爽马，子常欲之，弗与，亦三年止之。唐人或相与谋，请代先从者，许之。饮先从者酒，醉之，窃马而献之子常。子常归唐侯。自拘于司败，曰："君以弄马之故，隐君身，弃国家，群臣请相夫人以偿马，必如之。"唐侯曰："寡人之过也，二三子无辱。"皆赏之。蔡人闻之，固请而献佩于子常。子常朝，见蔡侯之徒，命有司曰："蔡君之久也，官不共也。明日，礼不毕，将死。"蔡侯归，及汉，执玉而沉，曰："余所有济汉而南者，有若大川。"蔡侯如晋，以其子元与其大夫之子为质焉，而请伐楚。

定公四年

四年春三月，刘文公合诸侯于召陵，谋伐楚也。

晋荀寅求货于蔡侯，弗得。言于范献子曰："国家方危，诸侯方贰，将以袭敌，不亦难乎。水潦方降，疾疟方起，中山不服，弃盟取怨，无损于楚，而失中山，不如辞蔡侯。吾自方城以来，楚未可以得志，只取勤焉。"乃辞蔡侯。

晋人假羽旄于郑，郑人与之。明日，或旆以会。晋于是乎失诸侯。将会，卫子行敬子言于灵公曰："会同难，啧有烦言，莫之治也。其使祝佗从。"公曰："善。"乃使子鱼。子鱼辞，曰："臣展四体，以率旧职，犹惧不给而烦刑书，若又共二，徼大罪也。且夫祝，社稷之常隶也。社稷不动，祝不出竟，官之制也。君以军行，祓社衅鼓，祝奉以从。于是乎出竟。若嘉好之事，君行师从，卿行旅从，臣无事焉。"公曰："行也。"及皋鼬，将长蔡于卫。卫侯使祝佗私于苌弘曰："闻诸道路，不知信否？若闻蔡将先卫，信乎？"苌弘曰："信。蔡叔，康叔之兄也，先卫，不亦可乎？"

子鱼曰："以先王观之，则尚德也。昔武王克商，成王定之，选建明德，以藩屏周。故周公相王室，以尹天下，于周为睦。分鲁公以大路、大旂，夏后氏之璜，封父之繁弱，殷民六族，条氏、徐氏、萧氏、索氏、长勺氏、尾勺氏，使帅其宗氏，辑其分族，将其类丑，以法则周公，用即命于周。是使之职事于鲁，以昭周公之明德。分之土田陪敦，祝、宗、卜、史，备物、典策，官司、彝器。因商奄之民，命以《伯禽》，而封于少皞之虚。分康叔以大路、少帛、綪茷、旃旌、大吕，殷民七族，陶氏、施氏、繁氏、锜氏、樊氏、饥氏、终葵氏，封畛土略，自武父以南，及圃田之北竟，取于有阎之土，以共王职。取于相土之东都，以会王之东蒐。聃季授土，陶叔授民，命以《康诰》，而封于殷虚，皆启以商政，疆以周索。分唐叔以大路、密须之鼓、阙巩、沽洗，怀姓九宗，职官五正。命以《唐诰》，而封于夏虚，启以夏政，疆以戎索。三者皆叔也。而有令德，故昭之以分物。不然，文、武、成、康之伯犹多，而不获是分也，唯不尚年也。管蔡启商，惎间王室。王于是乎杀管叔而蔡蔡叔，以车七乘，徒七十人。其子蔡仲，改行帅德，周公举之，以为己卿士。见诸王而命之以蔡，其命书云：'王曰，胡，无若尔考之违王命也。'若之何其使蔡先卫也？武王之母弟八人，周公为大宰，康叔为司寇，聃季为司空，五叔无官，岂尚年哉！曹，文之昭也；晋，武之穆也。曹为伯甸，非尚年也。今将尚之，是反先王也。晋文公为践土之盟，卫成公不在，夷叔，其母弟也，犹先蔡。其载书云：'王若曰：晋重、鲁申、卫武、蔡甲午、郑捷、齐潘、宋王臣、莒期。'藏在周府，可覆视也。吾子欲复文、武之略，而不正其德，将如之何？"苌弘说，告刘子，与范献子谋之，乃长卫侯于盟。

反自召陵，郑子大叔未至而卒。晋赵简子为之临，甚哀，曰："黄父之会，夫子语我九言，曰：'无始乱，无怙富，无恃宠，无违同，无敖礼，无骄能，无复怒，无谋非德，无犯非义。'"

沈人不会于召陵，晋人使蔡伐之。夏，蔡灭沈。

秋，楚为沈故，围蔡。伍员为吴行人以谋楚。

楚之杀郤宛也，伯氏之族出。伯州犁之孙嚭，为吴大宰以谋楚。楚自昭王即位，无岁不有吴师。蔡侯因之，以其子乾与其大夫之子为质于吴。

冬，蔡侯、吴子、唐侯伐楚。舍舟于淮汭，自豫章与楚夹汉。左司马戌谓子常曰："子沿汉而与之上下。我悉方城外以毁其舟，还塞大隧、直辕、冥阨，子济汉而伐之，我自后击之，必大败之。"既谋而行。武城黑谓子常曰："吴用木也，我用革也，不可久也。不如速战。"史皇谓子常："楚人恶子而好司马，若司马毁吴舟于淮，塞城口而入，是独克吴也。子必速战，不然不免。"乃济汉而陈，自小别至于大别。三战，子常知不可，欲奔。史皇曰："安求其事，难而逃之，将何所入？子必死之，初罪必尽说。"

十一月庚午，二师陈于柏举。阖庐之弟夫概王，晨请于阖庐曰："楚瓦不仁，其臣莫有死志，先伐之，其卒必奔。而后大师继之，必克。"弗许。夫概王曰："所谓臣义而行，不待命者，其此之谓也。今日我死，楚可入也。"以其属五千，先击子常之卒。子常之卒奔，楚师乱，吴师大败之。子常奔郑。史皇以其乘广死。

吴从楚师，及清发，将击之。夫概王曰："困兽犹斗，况人乎？若知不免而致死，必败我。若使先济者知免，后者慕之，蔑有斗心矣。半济而后可击也。"从之。又败之。楚人为食，吴人及之，奔，食而从之。败诸雍澨，五战及郢。己卯，楚子取其妹季芈畀我以出，涉睢。鍼尹固与王同舟，王使执燧象以奔吴师。庚辰，吴入郢，以班处宫。子山处令尹之宫，夫概王欲攻之，惧而去之，夫概王入之。

左司马戌及息而还，败吴师于雍澨，伤。初，司马臣阖庐，故耻为禽焉。谓其臣曰："谁能免吾首？"吴句卑曰："臣贱，可乎？"司马曰："我实失子，可哉。"三战皆伤，曰："吾不可用也已。"句卑布裳，刭而裹之，藏其身而以其首免。

楚子涉睢，济江，入于云中。王寝，盗攻之，以戈击王。王孙由于以背受之，中肩。王奔郧，钟建负季芈以从，由于徐苏而从。郧公辛之弟怀将弑王，曰："平王杀吾父，我杀其子，不亦可乎！"辛曰："君讨臣，谁敢仇之？君命，天也，若死天命，将谁仇？《诗》曰：'柔亦不茹，刚亦不吐。不侮矜寡，不畏强御。'唯仁者能之。违强陵弱，非勇也。乘人之约，非仁也。灭宗废祀，非孝也。动无令名，非知也。必犯是，余将杀女。"

斗辛与其弟巢以王奔随。吴人从之，谓随人曰："周之子孙在汉川者，楚实尽之。天诱其衷，致罚于楚，而君又窜之，周室何罪？君若顾报周室，施及寡人，以奖天衷，君之惠也。汉阳之田，君实有之。"楚子在公宫之北，吴人在其南。子期似王，逃王，而己为王，曰："以我与之，王必免。"随人卜与之，不吉。乃辞吴曰："以随之辟小而密迩于楚，楚实存之，世有盟誓，至于今未改。若难而弃之，何以事君？执事之患，不唯一人。若鸠楚竟，敢不听命。"吴人乃退。鑢金初官于子期氏，实与随人要言。王使见，辞，曰："不敢以约为利。"王割子期之心，以与随人盟。

初，伍员与申包胥友。其亡也，谓申包胥曰："我必复楚国。"申包胥曰："勉之。子能复之，我必能兴之。"及昭王在随，申包胥如秦乞师，曰："吴为封豕、长蛇，以荐食上国。虐始于楚，寡君失守社稷，越在草莽。使下臣告急，曰：'夷德无厌，若邻于君，疆埸之患也。逮吴之未定，君其取分焉。若楚之遂亡，君之土也。若以君灵抚之，世以事君。'"秦伯使辞焉，曰："寡人闻命矣，子姑就馆，将图而告。"对曰："寡君越在草莽，未获所伏。下臣何敢即安？"立，依于庭墙而哭，日夜不绝声，勺饮不入口七日。秦哀公为之赋《无衣》，九顿首而坐，秦师乃出。

定公五年

五年春，王人杀子朝于楚。

夏，归粟于蔡，以周亟，矜无资。

越入吴，吴在楚也。

六月，季平子行东野，还，未至，丙申，卒于房。阳虎将以玙璠敛，仲梁怀弗与，曰："改步改玉。"阳虎欲逐之，告公山不狃。不狃曰："彼为君也，子何怨焉？"既葬，桓子行东野，及费。子泄为费宰，逆劳于郊，桓子敬之。劳仲梁怀，仲梁怀弗敬。子泄怒，谓阳虎："子行之乎？"

申包胥以秦师至，秦子蒲、子虎帅车五百乘以救楚。子蒲曰："吾未知吴道。"使楚人先与吴人战，而自稷会之，大败夫概王于沂。吴人获薳射于柏举。其子帅奔徒以从子西，败吴师于军祥。秋七月，子期、子蒲灭唐。九月，夫概王归，自立也，以与王战而败，奔楚，为堂谿氏。

吴师败楚师于雍澨，秦师又败吴师。吴师居麇，子期将焚之，子西曰："父兄亲暴骨焉，不能收，又焚之，不可。"子期曰："国亡矣！死者若有知也，可以歆旧祀，岂惮焚之？"焚之，而又战，吴师败。又战于公婿之谿，吴师大败，吴子乃归。囚闉舆罢。闉舆罢请先，遂逃归。叶公诸梁之弟后臧从其母于吴,不待而归。叶公终不正视。

乙亥,阳虎囚季桓子及公父文伯,而逐仲梁怀。冬十月丁亥,杀公何藐。己丑,盟桓子于稷门之内。庚寅,大诅,逐公父歜及秦遄,皆奔齐。

楚子入于郢。初,斗辛闻吴人之争宫也,曰:“吾闻之,不让则不和,不和不可以远征。吴争于楚,必有乱。有乱则必归,焉能定楚?”王之奔随也,将涉于成臼,蓝尹亹涉其帑,不与王舟。及宁,王欲杀之。子西曰:“子常唯思旧怨以败,君何效焉?”王曰:“善。使复其所,吾以志前恶。”王赏斗辛、王孙由于、王孙圉、钟建、斗巢、申包胥、王孙贾、宋木、斗怀。子西曰:“请舍怀也。”王曰:“大德灭小怨,道也。”申包胥曰:“吾为君也,非为身也。君既定矣,又何求?且吾尤子旗,其又为诸?”遂逃赏。王将嫁季芈,季芈辞曰:“所以为女子,远丈夫也。钟建负我矣。”以妻钟建,以为乐尹。

王之在随也,子西为王舆服以保路,国于脾泄。闻王所在,而后从王。王使由于城麇,复命,子西问高厚焉,弗知。子西曰:“不能,如辞。城不知高厚,小大何知?”对曰:“固辞不能,子使余也。人各有能有不能。王遇盗于云中,余受其戈,其所犹在。”袒而示之背,曰:“此余所能也,脾泄之事,余亦弗能也。”

晋士鞅围鲜虞,报观虎之役也。

定公六年

六年春,郑灭许,因楚败也。

二月,公侵郑取匡,为晋讨郑之伐胥靡也。往不假道于卫;及还,阳虎使季、孟自南门入,出自东门,舍于豚泽。卫侯怒,使弥子瑕追之。公叔文子老矣,辇而如公,曰:“尤人而效之,非礼也。昭公之难,君将以文之舒鼎,成之昭兆,定之鞶鉴,苟可以纳之,择用一焉。

公子与二三臣之子,诸侯苟忧之,将以为之质。此群臣之所闻也。今将以小忿蒙旧德,无乃不可乎。大姒之子,唯周公、康叔为相睦也。而效小人以弃之,不亦诬乎!天将多阳虎之罪以毙之,君姑待之,若何?"乃止。

夏,季桓子如晋,献郑俘也。阳虎强使孟懿子往报夫人之币。晋人兼享之。孟孙立于房外,谓范献子曰:"阳虎若不能居鲁,而息肩于晋,所不以为中军司马者,有如先君。"献子曰:"寡君有官,将使其人。鞅何知焉?"献子谓简子曰:"鲁人患阳虎矣,孟孙知其衅,以为必适晋,故强为之请,以取入焉。"

四月己丑,吴大子终累败楚舟师,获潘子臣、小惟子及大夫七人。楚国大惕,惧亡。子期又以陵师败于繁扬。令尹子西喜曰:"乃今可为矣。"于是乎迁郢于都,而改纪其政,以定楚国。

周儋翩率王子朝之徒,因郑人将以作乱于周。郑于是乎伐冯、滑、胥靡、负黍、狐人、阙外。六月,晋阎没戍周,且城胥靡。

秋八月,宋乐祁言于景公曰:"诸侯唯我事晋,今使不往,晋其憾矣。"乐祁告其宰陈寅。陈寅曰:"必使子往。"他日,公谓乐祁曰:"唯寡人说子之言,子必往。"陈寅曰:"子立后而行,吾室亦不亡。唯君亦以我为知难而行也。"见溷而行。赵简子逆,而饮之酒于绵上,献杨楯六十于简子。陈寅曰:"昔吾主范氏,今子主赵氏,又有纳焉。以杨楯贾祸,弗可为也已。然子死晋国,子孙必得志于宋。"范献子言于晋侯曰:"以君命越疆而使,未致使而私饮酒,不敬二君,不可不讨也。"乃执乐祁。

阳虎又盟公及三桓于周社,盟国人于亳社,诅于五父之衢。

冬,十二月,天王处于姑莸,辟儋翩之乱也。

定公七年

七年春二月,周儋翩入于仪栗以叛。

齐人归郓、阳关,阳虎居之以为政。

夏四月,单武公、刘桓公败尹氏于穷谷。

秋,齐侯、郑伯盟于咸,征会于卫。卫侯欲叛晋,诸大夫不可。使北宫结如齐,而私于齐侯曰:“执结以侵我。”齐侯从之,乃盟于琐。

齐国夏伐我。阳虎御季桓子、公敛处父御孟懿子,将宵军齐师。齐师闻之,堕,伏而待之。处父曰:“虎不图祸,而必死。”苫夷曰:“虎陷二子于难。不待有司,余必杀女。”虎惧,乃还,不败。

冬十一月戊午,单子、刘子逆王于庆氏。晋籍秦送王。己巳,王入于王城,馆于公族党氏,而后朝于庄宫。

定公八年

八年春,王正月,公侵齐,门于阳州,士皆坐列,曰,颜高之弓六钧,皆取而传观之。阳州人出,颜高夺人弱弓,籍丘子钼击之,与一人俱毙。偃,且射子钼,中颊,殪。颜息射人中眉,退曰:“我无勇,吾志其目也。”师退,冉猛伪伤足而先。其兄会乃呼曰:“猛也殿。”

二月己丑,单子伐穀城,刘子伐仪栗。辛卯,单子伐简城,刘子伐盂,以定王室。

赵鞅言于晋侯曰:“诸侯唯宋事晋,好逆其使,犹惧不至。今又执之,是绝诸侯也。”将归乐祁。士鞅曰:“三年止之,无故而归之,宋必叛晋。”献子私谓子梁曰:“寡君惧不得事宋君,是以止子。子姑使溷代子。”子梁以告陈寅。陈寅曰:“宋将叛晋,是弃溷也,不如待之。”乐祁归,卒于大行。士鞅曰:“宋必叛,不如止其尸以求成焉。”

乃止诸州。

公侵齐，攻廪丘之郛。主人焚冲，或濡马褐以救之，遂毁之。主人出，师奔。阳虎伪不见冉猛者，曰："猛在此，必败。"猛逐之，顾而无继，伪颠。虎曰："尽客气也。"苫越生子，将待事而名之。阳州之役获焉，名之曰阳州。

夏，齐国夏、高张伐我西鄙。晋士鞅、赵鞅、荀寅救我。公会晋师于瓦。范献子执羔，赵简子、中行文子皆执雁。鲁于是始尚羔。

晋师将盟卫侯于鄟泽。赵简子曰："群臣谁敢盟卫君者？"涉佗、成何曰："我能盟之。"卫人请执牛耳。成何曰："卫，吾温、原也，焉得视诸侯？"将歃，涉佗捘卫侯之手，及捥，卫侯怒。王孙贾趋进，曰："盟以信礼也。有如卫君，其敢不唯礼是事，而受此盟也。"

卫侯欲叛晋，而患诸大夫。王孙贾使次于郊，大夫问故。公以晋诟语之，且曰："寡人辱社稷，其改卜嗣，寡人从焉。"大夫曰："是卫之祸，岂君之过也？"公曰："又有患焉，谓寡人必以而子与大夫之子为质。"大夫曰："苟有益也，公子则往。群臣之子，敢不皆负羁绁以从？"将行，王孙贾曰："苟卫国有难，工商未尝不为患，使皆行而后可。"公以告大夫，乃皆将行之。行有日，公朝国人，使贾问焉，曰："若卫叛晋，晋五伐我，病何如矣？"皆曰："五伐我，犹可以能战。"贾曰："然则如叛之，病而后质焉，何迟之有？"乃叛晋。晋人请改盟，弗许。

秋，晋士鞅会成桓公，侵郑，围虫牢，报伊阙也。遂侵卫。

九月，师侵卫，晋故也。

季寤、公鉏极、公山不狃皆不得志于季氏，叔孙辄无宠于叔孙氏，叔仲志不得志于鲁。故五人因阳虎。阳虎欲去三桓，以季寤更季氏，以叔孙辄更叔孙氏，己更孟氏。冬十月，顺祀先公而祈焉。辛卯，禘于僖公。壬辰，将享季氏于蒲圃而杀之，戒都车曰："癸巳至。"成宰公敛处父告孟孙，曰："季氏戒都车，何故？"孟孙曰："吾弗闻。"

处父曰："然则乱也，必及于子，先备诸。"与孟孙以壬辰为期。

阳虎前驱，林楚御桓子，虞人以铍盾夹之，阳越殿，将如蒲圃。桓子咋谓林楚曰："而先皆季氏之良也，尔以是继之。"对曰："臣闻命后。阳虎为政，鲁国服焉。违之，征死。死无益于主。"桓子曰："何后之有？而能以我适孟氏乎？"对曰："不敢爱死，惧不免主。"桓子曰："往也。"孟氏选圉人之壮者三百人，以为公期筑室于门外。林楚怒马及衢而骋，阳越射之，不中，筑者阖门。有自门间射阳越，杀之。阳虎劫公与武叔，以伐孟氏。公敛处父帅成人，自上东门入，与阳氏战于南门之内，弗胜。又战于棘下，阳氏败。阳虎说甲如公宫，取宝玉、大弓以出，舍于五父之衢，寝而为食。其徒曰："追其将至。"虎曰："鲁人闻余出，喜于征死，何暇追余？"从者曰："嘻！速驾，公敛阳在。"公敛阳请追之，孟孙弗许。阳欲杀桓子，孟孙惧而归之。子言辨舍爵于季氏之庙而出。阳虎入于讙、阳关以叛。

郑驷歂嗣子大叔为政。

定公九年

九年春，宋公使乐大心盟于晋，且逆乐祁之尸。辞，伪有疾。乃使向巢如晋盟，且逆子梁之尸。子明谓桐门右师出，曰："吾犹衰绖，而子击钟，何也？"右师曰："丧不在此故也。"既而告人曰："己衰绖而生子，余何故舍钟？"子明闻之，怒，言于公曰："右师将不利戴氏，不肯适晋，将作乱也。不然无疾。"乃逐桐门右师。

郑驷歂杀邓析，而用其竹刑。君子谓："子然于是不忠。苟有可以加于国家者，弃其邪可也。《静女》之三章，取彤管焉。《竿旄》'何以告之'，取其忠也。故用其道，不弃其人。《诗》云：'蔽芾甘棠，勿翦勿伐，召伯所茇。'思其人犹爱其树，况用其道而不恤其人乎？子然无以劝能矣。"

夏，阳虎归宝玉大弓。书曰“得”，器用也。凡获器用曰得，得用焉曰获。

六月，伐阳关。阳虎使焚莱门。师惊，犯之而出，奔齐，请师以伐鲁，曰：“三加必取之。”齐侯将许之。鲍文子谏曰：“臣尝为隶于施氏矣。鲁未可取也。上下犹和，众庶犹睦，能事大国，而无天灾。若之何取之？阳虎欲勤齐师也，齐师罢，大臣必多死亡，己于是乎奋其诈谋。夫阳虎有宠于季氏，而将杀季孙，以不利鲁国，而求容焉。亲富不亲仁，君焉用之？君富于季氏，而大于鲁国，兹阳虎所欲倾覆也，鲁免其疾，而君又收之，无乃害乎？”

齐侯执阳虎，将东之。阳虎愿东，乃囚诸西鄙。尽借邑人之车，锲其轴，麻约而归之。载葱灵，寝于其中而逃。追而得之，囚于齐。又以葱灵逃，奔宋，遂奔晋，适赵氏。仲尼曰：“赵氏其世有乱乎。”

秋，齐侯伐晋夷仪。敝无存之父将室之，辞，以与其弟，曰：“此役也不死，反，必娶于高、国。”先登，求自门出，死于霤下。东郭书让登，犁弥从之，曰：“子让而左，我让而右，使登者绝而后下。”书左，弥先下。书与王猛息。猛曰：“我先登。”书敛甲，曰：“曩者之难，今又难焉。”猛笑曰：“吾从子如骖之靳。”

晋车千乘在中牟。卫侯将如五氏，卜过之，龟焦。卫侯曰：“可也。卫车当其半，寡人当其半，敌矣。”乃过中牟。中牟人欲伐之，卫褚师圃亡在中牟，曰：“卫虽小，其君在焉，未可胜也。齐师克城而骄，其帅又贱，遇，必败之，不如从齐。”乃伐齐师，败之。齐侯致禚、媚、杏于卫。齐侯赏犁弥，犁弥辞，曰：“有先登者，臣从之。皙帻而衣狸制。”公使视东郭书，曰：“乃夫子也，吾贶子。”公赏东郭书，辞，曰：“彼，宾旅也。”乃赏犁弥。

齐师之在夷仪也，齐侯谓夷仪人曰：“得敝无存者，以五家免。”乃得其尸。公三襚之；与之犀轩与直盖，而先归之；坐引者，以师哭之，亲推之三。

定公十年

十年春，及齐平。

夏，公会齐侯于祝其，实夹谷。孔丘相。犁弥言于齐侯曰："孔丘知礼而无勇，若使莱人以兵劫鲁侯，必得志焉。"齐侯从之。孔丘以公退，曰："士兵之！两君合好，而裔夷之俘，以兵乱之，非齐君所以命诸侯也。裔不谋夏，夷不乱华，俘不干盟，兵不逼好，于神为不祥，于德为愆义，于人为失礼，君必不然。"齐侯闻之，遽辟之。

将盟，齐人加于载书曰："齐师出竟，而不以甲车三百乘从我者，有如此盟。"孔丘使兹无还揖对，曰："而不反我汶阳之田，吾以共命者，亦如之。"齐侯将享公，孔丘谓梁丘据曰："齐、鲁之故，吾子何不闻焉？事既成矣，而又享之，是勤执事也。且牺象不出门，嘉乐不野合。飨而既具，是弃礼也。若其不具，用秕稗也。用秕稗，君辱，弃礼，名恶，子盍图之？夫享，所以昭德也。不昭，不如其已也。"乃不果享。

齐人来归郓、讙、龟阴之田。

晋赵鞅围卫，报夷仪也。初，卫侯伐邯郸午于寒氏，城其西北而守之，宵熸。及晋围卫，午以徒七十人门于卫西门，杀人于门中，曰："请报寒氏之役。"涉佗曰："夫子则勇矣，然我往，必不敢启门。"亦以徒七十人，旦门焉，步左右，皆至而立，如植。日中不启门，乃退。反役，晋人讨卫之叛故，曰："由涉佗、成何。"于是执涉佗以求成于卫。卫人不许，晋人遂杀涉佗。成何奔燕。君子曰："此之谓弃礼，必不钧。《诗》曰：'人而无礼，胡不遄死。'涉佗亦遄矣哉。"

初，叔孙成子欲立武叔，公若藐固谏曰："不可。"成子立之而卒。公南使贼射之，不能杀。公南为马正，使公若为郈宰。武叔既定，使郈马正侯犯杀公若。弗能。其圉人曰："吾以剑过朝，公若必曰，谁之剑也？吾称子以告，必观之。吾伪固，而授之末，则可杀也。”使如之。公若曰：“尔欲吴王我乎？”遂杀公若。

侯犯以郈叛。武叔懿子围郈，弗克。秋，二子及齐师复围郈，弗克。叔孙谓郈工师驷赤曰：“郈非唯叔孙氏之忧，社稷之患也。将若之何？”对曰：“臣之业，在《扬水》卒章之四言矣。”叔孙稽首。驷赤谓侯犯曰：“居齐、鲁之际，而无事，必不可矣。子盍求事于齐以临民？不然，将叛。”侯犯从之。齐使至，驷赤与郈人为之宣言于郈中曰：“侯犯将以郈易于齐，齐人将迁郈民。”众凶惧。驷赤谓侯犯曰：“众言异矣，子不如易于齐。与其死也，犹是郈也。而得纾焉，何必此？齐人欲以此逼晋，必倍与子地。且盍多舍甲于子之门，以备不虞？”侯犯曰：“诺。”乃多舍甲焉。

侯犯请易于齐，齐有司观郈，将至。驷赤使周走呼曰：“齐师至矣！”郈人大骇，介侯犯之门甲，以围侯犯。驷赤将射之。侯犯止之，曰：“谋免我。”侯犯请行，许之。驷赤先如宿，侯犯殿。每出一门，郈人闭之。及郭门，止之，曰：“子以叔孙氏之甲出，有司若诛之，群臣惧死。”驷赤曰：“叔孙氏之甲有物，吾未敢以出。”犯谓驷赤曰：“子止而与之数。”驷赤止而纳鲁人。侯犯奔齐，齐人乃致郈。

宋公子地嬖蘧富猎，十一分其室，而以其五与之。公子地有白马四。公嬖向魋。魋欲之。公取而朱其尾鬣以与之。地怒，使其徒抶魋而夺之。魋惧，将走。公闭门而泣之，目尽肿。母弟辰曰：“子分室以与猎也，而独卑魋，亦有颇焉。子为君礼，不过出竟，君必止子。”公子地出奔陈，公弗止。辰为之请，弗听。辰曰：“是我迋吾兄也。吾以国人出，君谁与处？”冬，母弟辰暨仲佗、石彄出奔陈。

武叔聘于齐。齐侯享之，曰：“子叔孙！若使郈在君之他竟，寡人何知焉？属与敝邑际，故敢助君忧之。”对曰：“非寡君之望也。所以事君，封疆社稷是以。敢以家隶勤君之执事？夫不令之臣，天下之所恶也。君岂以为寡君赐？”

定公十一年

十一年春，宋公母弟辰暨仲佗、石彄、公子地入于萧以叛。秋，乐大心从之，大为宋患，宠向魋故也。

冬，及郑平，始叛晋也。

定公十二年

十二年夏，卫公孟彄伐曹，克郊。还，滑罗殿。未出，不退于列。其御曰："殿而在列，其为无勇乎？"罗曰："与其素厉，宁为无勇。"

仲由为季氏宰，将堕三都。于是叔孙氏堕郈。季氏将堕费，公山不狃、叔孙辄帅费人以袭鲁。公与三子入于季氏之宫，登武子之台。费人攻之，弗克。入及公侧。仲尼命申句须、乐颀下，伐之，费人北。国人追之，败诸姑蔑。二子奔齐。遂堕费。将堕成，公敛处父谓孟孙："堕成，齐人必至于北门。且成，孟氏之保障也，无成，是无孟氏也。子伪不知，我将不堕。"

冬十二月，公围成，弗克。

定公十三年

十三年春，齐侯、卫侯次于垂葭，实郹氏。使师伐晋，将济河。诸大夫皆曰："不可。"邴意兹曰："可。锐师伐河内，传必数日而后及绛。绛不三月，不能出河，则我既济水矣。"乃伐河内。齐侯皆敛诸大夫之轩，唯邴意兹乘轩。齐侯欲与卫侯乘，与之宴，而驾乘广，载甲焉。使告曰："晋师至矣。"齐侯曰："比君之驾也，寡人请摄。"乃介而与之乘，驱之，或告曰："无晋师。"乃止。

晋赵鞅谓邯郸午曰："归我卫贡五百家，吾舍诸晋阳。"午许诺。归，告其父兄，父兄皆曰："不可。卫是以为邯郸，而置诸晋阳，绝卫之道也。不如侵齐而谋之。"乃如之，而归之于晋阳。赵孟怒，召午，而囚诸晋阳。使其从者说剑而入，涉宾不可。乃使告邯郸人曰："吾私有讨于午也，二三子唯所欲立。"遂杀午。赵稷、涉宾以邯郸叛。夏六月，上军司马籍秦围邯郸。邯郸午，荀寅之甥也；荀寅，范吉射之姻也。而相与睦，故不与围邯郸，将作乱。董安于闻之，告赵孟，曰："先备诸？"赵孟曰："晋国有命，始祸者死，为后可也。"安于曰："与其害于民，宁我独死，请以我说。"赵孟不可。

秋七月，范氏、中行氏伐赵氏之宫，赵鞅奔晋阳。晋人围之。范皋夷无宠于范吉射，而欲为乱于范氏。梁婴父嬖于知文子，文子欲以为卿。韩简子与中行文子相恶，魏襄子亦与范昭子相恶。故五子谋，将逐荀寅而以梁婴父代之，逐范吉射而以范皋夷代之。荀跞言于晋侯曰："君命大臣，始祸者死，载书在河。今三臣始祸，而独逐鞅，刑已不钧矣。请皆逐之。"

冬十一月，荀跞、韩不信、魏曼多奉公以伐范氏、中行氏，弗克。二子将伐公，齐高强曰："三折肱知为良医。唯伐君为不可，民弗与也。我以伐君在此矣。三家未睦，可尽克也。克之，君将谁与？若先伐君，是使睦也。"弗听，遂伐公。国人助公，二子败，从而伐之。丁未，荀寅、士吉射奔朝歌。韩、魏以赵氏为请。十二月辛未，赵鞅入于绛，盟于公宫。

初，卫公叔文子朝而请享灵公，退，见史鳅而告之。史鳅曰："子必祸矣，子富而君贪，其及子乎。"文子曰："然。吾不先告子，是吾罪也。君既许我矣，其若之何？"史鳅曰："无害。子臣，可以免。富而能臣，必免于难，上下同之。戍也骄，其亡乎。富而不骄者鲜，吾唯子之见。骄而不亡者，未之有也。戍必与焉。"及文子卒，卫侯始恶于公叔戍，以其富也。公叔戍又将去夫人之党，夫人愬之曰："戍将为乱。"

定公十四年

十四年春，卫侯逐公叔戌与其党，故赵阳奔宋，戌来奔。

梁婴父恶董安于，谓知文子曰："不杀安于，使终为政于赵氏，赵氏必得晋国。盍以其先发难也，讨于赵氏？"文子使告于赵孟曰："范、中行氏虽信为乱，安于则发之，是安于与谋乱也。晋国有命，始祸者死。二子既伏其罪矣，敢以告。"赵孟患之。安于曰："我死而晋国宁，赵氏定，将焉用生？人谁不死，吾死莫矣。"乃缢而死。赵孟尸诸市，而告于知氏曰："主命戮罪人，安于既伏其罪矣，敢以告。"知伯从赵孟盟，而后赵氏定，祀安于于庙。

顿子牂欲事晋，背楚而绝陈好。二月，楚灭顿。

夏，卫北宫结来奔，公叔戌之故也。

吴伐越，越子句践御之，陈于槜李。句践患吴之整也，使死士再禽焉，不动。使罪人三行，属剑于颈，而辞曰："二君有治，臣奸旗鼓，不敏于君之行前，不敢逃刑，敢归死。"遂自刭也。师属之目，越子因而伐之，大败之。灵姑浮以戈击阖庐，阖庐伤将指，取其一屦。还，卒于陉，去槜李七里。夫差使人立于庭，苟出入，必谓己曰："夫差，而忘越王之杀而父乎？"则对曰："唯，不敢忘！"三年，乃报越。

晋人围朝歌，公会齐侯、卫侯于脾、上梁之间，谋救范、中行氏。析成鲋、小王桃甲率狄师以袭晋，战于绛中，不克而还，士鲋奔周，小王桃甲入于朝歌。秋，齐侯、宋公会于洮，范氏故也。

卫侯为夫人南子召宋朝，会于洮。大子蒯聩献盂于齐，过宋野。野人歌之曰："既定尔娄猪，盍归吾艾豭。"大子羞之，谓戏阳速曰："从我而朝少君，少君见我，我顾，乃杀之。"速曰："诺。"乃朝夫人。夫人见大子，大子三顾，速不进。夫人见其色，啼而走，曰："蒯聩将杀余。"公执其手以登台。大子奔宋,尽逐其党。故公孟彄出奔郑,自郑奔齐。大子告人曰:"戏阳速祸余。"戏阳速告人曰:"大子则祸余。大子无道,使余杀其母。余不许,将戕于余。若杀夫人,将以余说。余是故许而弗为,以纾余死。谚曰:'民保于信。'吾以信义也。"

冬十二月,晋人败范、中行氏之师于潞,获籍秦、高强。又败郑师及范氏之师于百泉。

定公十五年

十五年春,邾隐公来朝。子贡观焉。邾子执玉高,其容仰。公受玉卑,其容俯。子贡曰:"以礼观之,二君者,皆有死亡焉。夫礼,死生存亡之体也。将左右周旋,进退俯仰,于是乎取之。朝祀丧戎,于是乎观之。今正月相朝,而皆不度,心已亡矣。嘉事不体,何以能久?高仰,骄也;卑俯,替也。骄近乱,替近疾。君为主,其先亡乎。"

吴之入楚也,胡子尽俘楚邑之近胡者。楚既定,胡子豹又不事楚,曰:"存亡有命,事楚何为?多取费焉。"二月,楚灭胡。

夏五月壬申,公薨。仲尼曰:"赐不幸言而中,是使赐多言者也。"

郑罕达败宋师于老丘。

齐侯、卫侯次于蘧挐,谋救宋也。

秋七月壬申,姒氏卒。不称夫人,不赴,且不袝也。

葬定公。雨,不克襄事,礼也。

葬定姒。不称小君,不成丧也。

冬,城漆。书,不时告也。

卷十二　哀公

哀公元年

元年春,楚子围蔡,报柏举也。里而栽,广丈,高倍。夫屯昼夜九日,如子西之素。蔡人男女以辨,使疆于江、汝之间而还。蔡于是乎请迁于吴。

吴王夫差败越于夫椒,报槜李也。遂入越。越子以甲楯五千,保于会稽。使大夫种因吴大宰嚭以行成,吴子将许之。伍员曰:"不可。臣闻之树德莫如滋,去疾莫如尽。昔有过浇杀斟灌以伐斟鄩,灭夏后相。后缗方娠,逃出自窦,归于有仍,生少康焉,为仍牧正。惎浇,能戒之。浇使椒求之,逃奔有虞,为之庖正,以除其害。虞思于是妻之以二姚,而邑诸纶。有田一成,有众一旅,能布其德,而兆其谋,以收夏众,抚其官职。使女艾谍浇,使季杼诱豷,遂灭过、戈,复禹之绩。祀夏配天,不失旧物。今吴不如过,而越大于少康,或将丰之,不亦难乎?句践能亲而务施,施不失人,亲不弃劳,与我同壤而世为仇雠,于是乎克而弗取,将又存之,违天而长寇仇,后虽悔之,不可食已。姬之衰也,日可俟也。介在蛮夷,而长寇仇,以是求伯,必不行矣。"弗听。退而告人曰:"越十年生聚,而十年教训,二十年之外,吴其为沼乎!"三月,越及吴平。吴入越,不书,吴不告庆,越不告败也。

夏四月,齐侯、卫侯救邯郸,围五鹿。

吴之入楚也,使召陈怀公。怀公朝国人而问焉,曰:"欲与楚者右,欲与吴者左。陈人从田,无田从党。"逢滑当公而进,曰:"臣闻国之兴也以福，其亡也以祸。今吴未有福，楚未有祸。楚未可弃，吴未可从。而晋，盟主也，若以晋辞吴，若何？”公曰：“国胜君亡，非祸而何？”对曰：“国之有是多矣，何必不复。小国犹复，况大国乎？臣闻国之兴也，视民如伤，是其福也。其亡也，以民为土芥，是其祸也。楚虽无德，亦不艾杀其民。吴日敝于兵，暴骨如莽，而未见德焉。天其或者正训楚也！祸之适吴，其何日之有？”陈侯从之。及夫差克越，乃修先君之怨。秋八月，吴侵陈，修旧怨也。

齐侯、卫侯会于乾侯，救范氏也，师及齐师、卫孔圉、鲜虞人伐晋，取棘蒲。

吴师在陈，楚大夫皆惧，曰：“阖庐惟能用其民，以败我于柏举。今闻其嗣又甚焉。将若之何？”子西曰：“二三子恤不相睦，无患吴矣。昔阖庐食不二味，居不重席，室不崇坛，器不彤镂，宫室不观，舟车不饰，衣服财用，择不取费。在国，天有灾疠，亲巡孤寡，而共其乏困。在军，熟食者分，而后敢食，其所尝者，卒乘与焉。勤恤其民而与之劳逸，是以民不罢劳，死知不旷。吾先大夫子常易之，所以败我也。今闻夫差次有台榭陂池焉，宿有妃嫱嫔御焉。一日之行，所欲必成，玩好必从。珍异是聚，观乐是务，视民如仇，而用之日新。夫先自败也已，安能败我？”

冬十一月，晋赵鞅伐朝歌。

哀公二年

二年春，伐邾，将伐绞。邾人爱其土，故赂以漷、沂之田而受盟。

初，卫侯游于郊，子南仆。公曰：“余无子，将立女。”不对。他日，又谓之。对曰：“郢不足以辱社稷，君其改图。君夫人在堂，三揖在下。君命祇辱。”夏，卫灵公卒。夫人曰：“命公子郢为大子，君命也。”对曰：“郢异于他子。且君没于吾手，若有之，郢必闻之。且亡人之子辄在。”乃立辄。六月乙酉,晋赵鞅纳卫大子于戚。宵迷,阳虎曰:“右河而南,必至焉。”使大子绖,八人衰绖,伪自卫逆者。告于门,哭而入,遂居之。

秋八月,齐人输范氏粟,郑子姚、子般送之。士吉射逆之,赵鞅御之,遇于戚。阳虎曰:“吾车少,以兵车之旆,与罕、驷兵车先陈。罕、驷自后随而从之,彼见吾貌,必有惧心。于是乎会之,必大败之。”从之。卜战,龟焦。乐丁曰:“《诗》曰:‘爰始爰谋,爰契我龟。’谋协以故,兆询可也。”简子誓曰:“范氏、中行氏,反易天明,斩艾百姓,欲擅晋国而灭其君。寡君恃郑而保焉。今郑为不道,弃君助臣,二三子顺天明,从君命,经德义,除诟耻,在此行也。克敌者,上大夫受县,下大夫受郡,士田十万,庶人工商遂,人臣隶圉免。志父无罪,君实图之。若其有罪,绞缢以戮,桐棺三寸,不设属辟,素车朴马,无入于兆,下卿之罚也。”甲戌,将战,邮无恤御简子,卫大子为右。登铁上,望见郑师众,大子惧,自投于车下。子良授大子绥而乘之,曰:“妇人也。”简子巡列,曰:“毕万,匹夫也。七战皆获,有马百乘,死于牖下。群子勉之,死不在寇。”繁羽御赵罗,宋勇为右,罗无勇,麇之。吏诘之,御对曰:“痁作而伏。”卫大子祷曰:“曾孙蒯聩敢昭告皇祖文王,烈祖康叔,文祖襄公:郑胜乱从,晋午在难,不能治乱,使鞅讨之。蒯聩不敢自佚,备持矛焉。敢告无绝筋,无折骨,无面伤,以集大事,无作三祖羞。大命不敢请,佩玉不敢爱。”郑人击简子中肩,毙于车中,获其蜂旗。大子救之以戈,郑师北,获温大夫赵罗。大子复伐之,郑师大败,获齐粟千车。赵孟喜曰:“可矣。”傅傁曰:“虽克郑,犹有知在,忧未艾也。”

初,周人与范氏田,公孙尨税焉。赵氏得而献之,吏请杀之。赵孟曰:“为其主也,何罪?”止而与之田。及铁之战,以徒五百人宵攻郑师,取蜂旗于子姚之幕下,献曰:“请报主德。”

追郑师。姚、般、公孙林殿而射,前列多死。赵孟曰:国无小。”

既战，简子曰："吾伏弢呕血，鼓音不衰，今日我上也。"大子曰："吾救主于车，退敌于下，我，右之上也。"邮良曰："我两靷将绝，吾能止之，我，御之上也。"驾而乘材，两靷皆绝。

吴泄庸如蔡纳聘，而稍纳师。师毕入，众知之。蔡侯告大夫，杀公子驷以说，哭而迁墓。冬，蔡迁于州来。

哀公三年

三年春，齐、卫围戚，求援于中山。

夏五月辛卯，司铎火。火逾公宫，桓、僖灾。救火者皆曰："顾府。"南宫敬叔至，命周人出御书，俟于宫，曰："庀女而不在，死。"子服景伯至，命宰人出礼书，以待命，命不共，有常刑。校人乘马，巾车脂辖。百官官备，府库慎守，官人肃给。济濡帷幕，郁攸从之，蒙葺公屋。自大庙始，外内以悛，助所不给。有不用命，则有常刑，无赦。公父文伯至，命校人驾乘车。季桓子至，御公立于象魏之外。命救火者伤人则止，财可为也。命藏《象魏》，曰："旧章不可亡也。"富父槐至，曰："无备而官办者，犹拾渖也。"于是乎去表之槁，道还公宫。孔子在陈，闻火，曰："其桓、僖乎。"

刘氏、范氏世为婚姻，苌弘事刘文公，故周与范氏。赵鞅以为讨。六月癸卯，周人杀苌弘。

秋，季孙有疾，命正常曰："无死。南孺子之子，男也，则以告而立之。女也，则肥也可。"季孙卒，康子即位。既葬，康子在朝。南氏生男，正常载以如朝，告曰："夫子有遗言，命其圉臣曰：'南氏生男，则以告于君与大夫而立之。'今生矣，男也，敢告。"遂奔卫。康子请退。公使共刘视之，则或杀之矣，乃讨之。召正常，正常不反。

冬十月，晋赵鞅围朝歌，师于其南。荀寅伐其郛，使其徒自北门入，己犯师而出。癸丑，奔邯郸。十一月，赵鞅杀士皋夷，恶范氏也。

哀公四年

四年春,蔡昭侯将如吴,诸大夫恐其又迁也,承。公孙翩逐而射之,入于家人而卒。以两矢门之,众莫敢进。文之锴后至,曰:“如墙而进,多而杀二人。”锴执弓而先,翩射之,中肘,锴遂杀之,故逐公孙辰,而杀公孙姓、公孙盱。

夏,楚人既克夷虎,乃谋北方。左司马眅、申公寿馀、叶公诸梁致蔡于负函,致方城之外于缯关,曰:“吴将泝江入郢,将奔命焉。”为一昔之期,袭梁及霍。单浮馀围蛮氏,蛮氏溃。蛮子赤奔晋阴地。司马起丰、析与狄戎,以临上洛。左师军于菟和,右师军于仓野,使谓阴地之命大夫士蔑曰:“晋、楚有盟,好恶同之。若将不废,寡君之愿也。不然,将通于少习以听命。”士蔑请诸赵孟。赵孟曰:“晋国未宁,安能恶于楚,必速与之。”士蔑乃致九州之戎,将裂田以与蛮子而城之,且将为之卜。蛮子听卜,遂执之,与其五大夫,以畀楚师于三户。司马致邑,立宗焉,以诱其遗民,而尽俘以归。

秋七月,齐陈乞、弦施、卫宁跪救范氏。庚午,围五鹿。九月,赵鞅围邯郸。冬十一月,邯郸降。荀寅奔鲜虞,赵稷奔临。十二月,弦施逆之,遂堕临。国夏伐晋,取邢、任、栾、鄗、逆畤、阴人、盂、壶口。会鲜虞,纳荀寅于柏人。

哀公五年

五年春,晋围柏人,荀寅、士吉射奔齐。初,范氏之臣王生恶张柳朔,言诸昭子,使为柏人。昭子曰:“夫非而仇乎?”对曰:“私仇不及公,好不废过,恶不去善,义之经也。臣敢违之。”及范氏出,张柳朔谓其子:“尔从主,勉之。我将止死,王生授我矣。吾不可以僭之。”遂死于柏人。

夏，赵鞅伐卫，范氏之故也，遂围中牟。

齐燕姬生子，不成而死，诸子鬻姒之子荼，嬖。诸大夫恐其为大子也，言于公曰：“君之齿长矣，未有大子，若之何？”公曰：“二三子间于忧虞，则有疾疢。亦姑谋乐，何忧于无君？”公疾，使国惠子、高昭子立荼，置群公子于莱。秋，齐景公卒。冬十月，公子嘉、公子驹、公子黔奔卫，公子鉏、公子阳生来奔。莱人歌之曰：“景公死乎不与埋，三军之事乎不与谋。师乎师乎，何党之乎？”

郑驷秦富而侈，嬖大夫也，而常陈卿之车服于其庭。郑人恶而杀之。子思曰：“《诗》曰：‘不解于位，民之攸塈。’不守其位，而能久者鲜矣。《商颂》曰：‘不僭不滥，不敢怠皇，命以多福。’”

哀公六年

六年春，晋伐鲜虞，治范氏之乱也。

吴伐陈，复修旧怨也。楚子曰：“吾先君与陈有盟，不可以不救。”乃救陈，师于城父。

齐陈乞伪事高、国者，每朝必骖乘焉。所从必言诸大夫，曰：“彼皆偃蹇，将弃子之命。皆曰：‘高、国得君，必逼我，盍去诸？’固将谋子，子早图之。图之，莫如尽灭之。需，事之下也。”及朝，则曰：“彼虎狼也，见我在子之侧，杀我无日矣。请就之位。”又谓诸大夫曰：“二子者祸矣！恃得君而欲谋二三子，曰：‘国之多难，贵宠之由，尽去之而后君定。’既成谋矣，盍及其未作也，先诸？作而后悔，亦无及也。”大夫从之。夏六月戊辰，陈乞、鲍牧及诸大夫，以甲入于公宫。昭子闻之，与惠子乘如公，战于庄，败。国人追之。国夏奔莒，遂及高张、晏圉、弦施来奔。

秋七月，楚子在城父，将救陈。卜战不吉，卜退不吉。王曰：“然则死也！再败楚师，不如死。弃盟逃仇，亦不如死。死一也，其死仇乎！”命公子申为王，不可；则命公子结，亦不可；则命公子启，五辞而后许。将战，王有疾。庚寅，昭王攻大冥，卒于城父。子闾退，曰：“君王舍其子而让，群臣敢忘君乎？从君之命，顺也。立君之子，亦顺也。二顺不可失也。”与子西、子期谋，潜师闭涂，逆越女之子章，立之而后还。

是岁也，有云如众赤鸟，夹日以飞，三日。楚子使问诸周大史。周大史曰：“其当王身乎。若禜之，可移于令尹、司马。”王曰：“除腹心之疾，而置诸股肱，何益？不穀不有大过，天其夭诸？有罪受罚，又焉移之？”遂弗禜。

初，昭王有疾。卜曰：“河为祟。”王弗祭。大夫请祭诸郊。王曰：“三代命祀，祭不越望。江、汉、雎、漳，楚之望也。祸福之至，不是过也。不穀虽不德，河非所获罪也。”遂弗祭。孔子曰：“楚昭王知大道矣！其不失国也，宜哉！《夏书》曰：‘惟彼陶唐，帅彼天常。有此冀方，今失其行。乱其纪纲，乃灭而亡。’又曰：‘允出兹在兹。’由己率常可矣。”

八月，齐邴意兹来奔。

陈僖子使召公子阳生。阳生驾而见南郭且于，曰：“尝献马于季孙，不入于上乘，故又献此，请与子乘之。”出莱门而告之故。阚止知之，先待诸外。公子曰：“事未可知，反，与壬也处。”戒之，遂行。逮夜，至于齐，国人知之。僖子使子士之母养之。与馈者皆入。冬十月丁卯，立之。将盟，鲍子醉而往。其臣差车鲍点曰：“此谁之命也？”陈子曰：“受命于鲍子。”遂诬鲍子曰：“子之命也。”鲍子曰：“女忘君之为孺子牛而折其齿乎？而背之也！”悼公稽首，曰：“吾子奉义而行者也，若我可，不必亡一大夫。若我不可，不必亡一公子。义则进，否则退，敢不唯子是从？废兴无以乱，则所愿也。”鲍子曰：“谁非君之子？”乃受盟。使胡姬以安孺子如赖。去鬻姒，杀王甲，拘江说，囚王豹于句窦之丘。公使朱毛告于陈子,曰:“微子则不及此。然君异于器,不可以二。器二不匮,君二多难,敢布诸大夫。”僖子不对而泣,曰:“君举不信群臣乎?以齐国之困,困又有忧。少君不可以访,是以求长君,庶亦能容群臣乎!不然,夫孺子何罪?”毛复命,公悔之。毛曰:“君大访于陈子,而图其小可也。”使毛迁孺子于骀,不至,杀诸野幕之下,葬诸殳冒淳。

哀公七年

七年春,宋师侵郑,郑叛晋故也。

晋师侵卫,卫不服也。

夏,公会吴于鄫。吴来征百牢,子服景伯对曰:“先王未之有也。”吴人曰:“宋百牢我,鲁不可以后宋。且鲁牢晋大夫过十,吴王百牢,不亦可乎?”景伯曰:“晋范鞅贪而弃礼,以大国惧敝邑,故敝邑十一牢之。君若以礼命于诸侯,则有数矣。若亦弃礼,则有淫者矣。周之王也,制礼,上物不过十二,以为天之大数也。今弃周礼,而曰必百牢,亦唯执事。”吴人弗听。景伯曰:“吴将亡矣,弃天而背本。不与,必弃疾于我。”乃与之。

大宰嚭召季康子,康子使子贡辞。大宰嚭曰:“国君道长,而大夫不出门,此何礼也?”对曰:“岂以为礼,畏大国也。大国不以礼命于诸侯,苟不以礼,岂可量也?寡君既共命焉,其老岂敢弃其国?大伯端委以治周礼,仲雍嗣之,断发文身,赢以为饰,岂礼也哉?有由然也。”反自鄫,以吴为无能为也。

季康子欲伐邾,乃飨大夫以谋之。子服景伯曰:“小所以事大,信也。大所以保小,仁也。背大国,不信;伐小国,不仁。民保于城,城保于德,失二德者,危,将焉保?”孟孙曰:“二三子以为何如?恶贤而逆之?”对曰:“禹合诸侯于涂山,执玉帛者万国。今其存者,无数十焉。唯大不字小,小不事大也。知必危,何故不言?”“鲁德如邾,而以众加之,可乎?”不乐而出。

秋,伐邾。及范门,犹闻钟声。大夫谏,不听。茅成子请告于吴,不许,曰:“鲁击柝闻于邾,吴二千里,不三月不至,何及于我?且国内岂不足?”成子以茅叛。师遂入邾,处其公宫,众师昼掠。邾众保于绎。师宵掠,以邾子益来,献于亳社,囚诸负瑕。负瑕故有绎。邾茅夷鸿以束帛乘韦,自请救于吴,曰:“鲁弱晋而远吴,冯恃其众,而背君之盟,辟君之执事,以陵我小国。邾非敢自爱也,惧君威之不立。君威之不立,小国之忧也。若夏盟于鄫衍,秋而背之,成求而不违,四方诸侯,其何以事君?且鲁赋八百乘,君之贰也。邾赋六百乘,君之私也。以私奉贰,唯君图之。”吴子从之。

宋人围曹。郑桓子思曰:“宋人有曹,郑之患也。不可以不救。”冬,郑师救曹,侵宋。初,曹人或梦众君子立于社宫,而谋亡曹,曹叔振铎请待公孙强,许之。旦而求之曹,无之。戒其子曰:“我死,尔闻公孙强为政,必去之。”及曹伯阳即位,好田弋。曹鄙人公孙强好弋,获白雁,献之。且言田弋之说,说之。因访政事,大说之。有宠,使为司城以听政。梦者之子乃行。强言霸说于曹伯,曹伯从之,乃背晋而奸宋。宋人伐之,晋人不救,筑五邑于其郊,曰黍丘、揖丘、大城、钟、邘。

哀公八年

八年春,宋公伐曹,将还,褚师子肥殿。曹人诟之,不行。师待之。公闻之,怒,命反之。遂灭曹。执曹伯及司城强以归,杀之。

吴为邾故,将伐鲁,问于叔孙辄。叔孙辄对曰:“鲁有名而无情,伐之,必得志焉。”退而告公山不狃。公山不狃曰:“非礼也。君子违,不适仇国,未臣而有伐之,奔命焉,死之可也。所托也则隐。且夫人之行也，不以所恶废乡。今子以小恶而欲覆宗国，不亦难乎？若使子率，子必辞，王将使我。”子张病之。王问于子泄，对曰：“鲁虽无与立，必有与毙。诸侯将救之，未可以得志焉。晋与齐、楚辅之，是四仇也。夫鲁，齐、晋之唇。唇亡齿寒，君所知也。不救何为？”三月，吴伐我。子泄率，故道险，从武城。

初，武城人或有因于吴竟田焉，拘鄫人之沤菅者，曰：“何故使吾水滋？”及吴师至，拘者道之，以伐武城，克之。王犯尝为之宰，澹台子羽之父好焉。国人惧。懿子谓景伯：“若之何？”对曰：“吴师来，斯与之战，何患焉？且召之而至，又何求焉？”吴师克东阳而进，舍于五梧，明日，舍于蚕室。公宾庚、公甲叔子与战于夷，获叔子与析朱鉏。献于王，王曰：“此同车，必使能，国未可望也。”明日，舍于庚宗，遂次于泗上。微虎欲宵攻王舍，私属徒七百人，三踊于幕庭。卒三百人，有若与焉，及稷门之内。或谓季孙曰：“不足以害吴，而多杀国士，不如已也。”乃止之。吴子闻之，一夕三迁。吴人行成，将盟。景伯曰：“楚人围宋，易子而食，析骸而爨，犹无城下之盟。我未及亏，而有城下之盟，是弃国也。吴轻而远，不能久，将归矣。请少待之。”弗从。景伯负载。造于莱门，乃请释子服何于吴，吴人许之。以王子姑曹当之，而后止。吴人盟而还。

齐悼公之来也，季康子以其妹妻之，即位而逆之，季鲂侯通焉。女言其情，弗敢与也。齐侯怒。夏五月，齐鲍牧帅师伐我，取讙及阐。

或谮胡姬于齐侯，曰：“安孺子之党也。”六月，齐侯杀胡姬。

齐侯使如吴请师，将以伐我，乃归邾子。邾子又无道，吴子使大宰子馀讨之，囚诸楼台，栫之以棘。使诸大夫奉大子革以为政。

秋，及齐平。九月，臧宾如如齐莅盟。齐闾丘明来莅盟，且逆季姬以归，嬖。

鲍牧又谓群公子曰：“使女有马千乘乎？”公子愬之。公谓鲍子：

“或谮子，子姑居于潞以察之。若有之，则分室以行。若无之，则反子之所。”出门，使以三分之一行。半道，使以二乘。及潞，麇之以入，遂杀之。

冬十二月，齐人归讙及阐，季姬嬖故也。

哀公九年

九年春，齐侯使公孟绰辞师于吴。吴子曰：“昔岁寡人闻命，今又革之，不知所从，将进受命于君。”

郑武子剩之嬖许瑕求邑，无以与之。请外取，许之。故围宋雍丘。宋皇瑗围郑师，每日迁舍，垒合，郑师哭。子姚救之，大败。二月甲戌，宋取郑师于雍丘，使有能者无死，以郏张与郑罗归。

夏，楚人伐陈，陈即吴故也。

宋公伐郑。

秋，吴城邗，沟通江、淮。

晋赵鞅卜救郑，遇水适火，占诸史赵、史墨、史龟。史龟曰：“是谓沈阳，可以兴兵。利以伐姜，不利子商。伐齐则可，敌宋不吉。”史墨曰：“盈，水名也。子，水位也。名位敌，不可干也。炎帝为火师，姜姓其后也。水胜火，伐姜则可。”史赵曰：“是谓如川之满，不可游也。郑方有罪，不可救也。救郑则不吉，不知其他。”阳虎以《周易》筮之，遇《泰》䷊之《需》䷄，曰：“宋方吉，不可与也。微子启，帝乙之元子也。宋、郑，甥舅也。祉，禄也。若帝乙之元子归妹，而有吉禄，我安得吉焉？”乃止。

冬，吴子使来儆师伐齐。

哀公十年

十年春，邾隐公来奔，齐甥也，故遂奔齐。

公会吴子、邾子、郯子伐齐南鄙，师于鄎。齐人弑悼公，赴于师。吴子三日哭于军门之外。徐承帅舟师，将自海入齐，齐人败之，吴师乃还。

夏，赵鞅帅师伐齐，大夫请卜之。赵孟曰："吾卜于此起兵，事不再令，卜不袭吉，行也。"于是乎取犁及辕，毁高唐之郭，侵及赖而还。

秋，吴子使来复儆师。

冬，楚子期伐陈。吴延州来季子救陈，谓子期曰："二君不务德，而力争诸侯，民何罪焉？我请退，以为子名，务德而安民。"乃还。

哀公十一年

十一年春，齐为鄎故，国书，高无丕帅师伐我，及清。季孙谓其宰冉求曰："齐师在清，必鲁故也。若之何？"求曰："一子守，二子从公御诸竟。"季孙曰："不能。"求曰："居封疆之间。"季孙告二子，二子不可。求曰："若不可，则君无出。一子帅师，背城而战。不属者，非鲁人也。鲁之群室，众于齐之兵车。一室敌车，优矣。子何患焉？二子之不欲战也宜，政在季氏。当子之身，齐人伐鲁而不能战，子之耻也。大不列于诸侯矣。"季孙使从于朝，俟于党氏之沟。武叔呼而问战焉。对曰："君子有远虑，小人何知？"懿子强问之，对曰："小人虑材而言，量力而共者也。"武叔曰："是谓我不成丈夫也。"退而蒐乘，孟孺子泄帅右师，颜羽御，邴泄为右。冉求帅左师，管周父御，樊迟为右。季孙曰："须也弱。"有子曰："就用命焉。"季氏之甲七千，冉有以武城人三百为己徒卒。老幼守宫，次于雩门之外。五日，右师从之。公叔务人见保者而泣,曰:“事充政重,上不能谋,士不能死,何以治民? 吾既言之矣,敢不勉乎!”

师及齐师战于郊,齐师自稷曲。师不逾沟。樊迟曰:“非不能也,不信子也。请三刻而逾之。”如之,众从之。师入齐军,右师奔,齐人从之,陈瓘、陈庄涉泗。孟之侧后入以为殿,抽矢策其马,曰:“马不进也。”林不狃之伍曰:“走乎!”不狃曰:“谁不如?”曰:“然则止乎?”不狃曰:“恶贤?”徐步而死。师获甲首八十,齐人不能师。宵,谍曰:“齐人遁。”冉有请从之三,季孙弗许。孟孺子语人曰:“我不如颜羽,而贤于邴泄。子羽锐敏,我不欲战而能默。泄曰:‘驱之。’”公为与其嬖僮汪锜乘,皆死,皆殡。孔子曰:“能执干戈以卫社稷,可无殇也。”冉有用矛于齐师,故能入其军。孔子曰:“义也。”

夏,陈辕颇出奔郑。初,辕颇为司徒,赋封田以嫁公女。有余,以为己大器。国人逐之,故出。道渴,其族辕咺进稻醴、粱糗、腶脯焉。喜曰:“何其给也?”对曰:“器成而具。”曰:“何不吾谏?”对曰:“惧先行。”

为郊战故,公会吴子伐齐。五月克博,壬申,至于嬴。中军从王。胥门巢将上军,王子姑曹将下军,展如将右军。齐国书将中军,高无丕将上军,宗楼将下军。陈僖子谓其弟书:“尔死,我必得志。”宗子阳与闾丘明相厉也。桑掩胥御国子。公孙夏曰:“二子必死。”将战,公孙夏命其徒歌《虞殡》。陈子行命其徒具含玉。公孙挥命其徒曰:“人寻约,吴发短。”东郭书曰:“三战必死,于此三矣。”使问弦多以琴,曰:“吾不复见子矣。”陈书曰:“此行也,吾闻鼓而已,不闻金矣。”

甲戌,战于艾陵,展如败高子,国子败胥门巢。王卒助之,大败齐师。获国书、公孙夏、闾丘明、陈书、东郭书,革车八百乘,甲首三千,以献于公。将战,吴子呼叔孙,曰:“而事何也?”对曰:“从司马。”王赐之甲、剑铍,曰:“奉尔君事,敬无废命。”叔孙未能对,卫赐进,曰:“州仇奉甲从君而拜。”公使大史固归国子之元,置之新箧,褽之以玄纁,加组带焉。置书于其上,曰:“天若不识不衷,何以使下国?”

吴将伐齐。越子率其众以朝焉,王及列士,皆有馈赂。吴人皆喜,惟子胥惧,曰:“是豢吴也夫!”谏曰:“越在我,心腹之疾也。壤地同,而有欲于我。夫其柔服,求济其欲也,不如早从事焉。得志于齐,犹获石田也,无所用之。越不为沼,吴其泯矣。使医除疾,而曰‘必遗类焉’者,未之有也。《盘庚》之诰曰:‘其有颠越不共,则劓殄无遗育,无俾易种于兹邑。’是商所以兴也。今君易之,将以求大,不亦难乎?”弗听。使于齐,属其子于鲍氏,为王孙氏。反役,王闻之,使赐之属镂以死。将死,曰:“树吾墓槚,槚可材也,吴其亡乎!三年,其始弱矣。盈必毁,天之道也。”

秋,季孙命修守备,曰:“小胜大,祸也。齐至无日矣。”

冬,卫大叔疾出奔宋。初,疾娶于宋子朝,其娣嬖。子朝出。孔文子使疾出其妻而妻之。疾使侍人诱其初妻之娣,置于犁,而为之一宫,如二妻。文子怒,欲攻之。仲尼止之。遂夺其妻。或淫于外州,外州人夺之轩以献。耻是二者,故出。卫人立遗,使室孔姞。疾臣向魋纳美珠焉,与之城鉏。宋公求珠,魋不与,由是得罪。及桓氏出,城鉏人攻大叔疾,卫庄公复之。使处巢,死焉。殡于郧,葬于少禘。初,晋悼公子慭亡在卫,使其女仆而田。大叔懿子止而饮之酒,遂聘之,生悼子。悼子即位,故夏戊为大夫。悼子亡,卫人翦夏戊。孔文子之将攻大叔也,访于仲尼。仲尼曰:“胡簋之事,则尝学之矣。甲兵之事,未之闻也。”退,命驾而行,曰:“鸟则择木,木岂能择鸟?”文子遽止之,曰:“圉岂敢度其私,访卫国之难也。”将止。鲁人以币召之,乃归。

季孙欲以田赋,使冉有访诸仲尼。仲尼曰:“丘不识也。”三发,卒曰:“子为国老,待子而行,若之何子之不言也?”仲尼不对。而私于冉有曰:“君子之行也,度于礼,施取其厚,事举其中,敛从其薄,如是则以丘亦足矣。若不度于礼，而贪冒无厌，则虽以田赋，将又不足。且子季孙若欲行而法，则周公之典在。若欲苟而行，又何访焉？”弗听。

哀公十二年

十二年春，王正月，用田赋。

夏五月，昭夫人孟子卒。昭公娶于吴，故不书姓。死不赴，故不称夫人。不反哭，故不言葬小君。孔子与吊，适季氏。季氏不绕。放绖而拜。

公会吴于橐皋。吴子使大宰嚭请寻盟。公不欲，使子贡对曰：“盟所以周信也，故心以制之，玉帛以奉之，言以结之，明神以要之。寡君以为苟有盟焉，弗可改也已。若犹可改，日盟何益？今吾子曰：‘必寻盟。’若可寻也，亦可寒也。”乃不寻盟。

吴征会于卫。初，卫人杀吴行人且姚而惧，谋于行人子羽。子羽曰：“吴方无道，无乃辱吾君，不如止也。”子木曰：“吴方无道，国无道，必弃疾于人。吴虽无道，犹足以患卫。往也，长木之毙，无不摽也。国狗之瘈，无不噬也。而况大国乎？”秋，卫侯会吴于郧。公及卫侯、宋皇瑗盟，而卒辞吴盟。吴人藩卫侯之舍。子服景伯谓子贡曰：“夫诸侯之会，事既毕矣，侯伯致礼，地主归饩，以相辞也。今吴不行礼于卫，而藩其君舍以难之，子盍见大宰？”乃请束锦以行。语及卫故，大宰嚭曰：“寡君愿事卫君，卫君之来也缓，寡君惧，故将止之。”子贡曰：“卫君之来，必谋于其众。其众或欲或否，是以缓来。其欲来者，子之党也。其不欲来者，子之仇也。若执卫君，是堕党而崇仇也。夫堕子者得其志矣！且合诸侯而执卫君，谁敢不惧？堕党崇仇，而惧诸侯，或者难以霸乎。”大宰嚭说，乃舍卫侯。卫侯归，效夷言。子之尚幼，曰：“君必不免，其死于夷乎！执焉，而又说其言，从之固矣。”

冬十二月，螽。季孙问诸仲尼，仲尼曰：“丘闻之，火伏而后蜇者毕。今火犹西流，司历过也。”

宋郑之间有隙地焉，曰弥作、顷丘、玉畅、岩、戈、锡。子产与宋人为成，曰：“勿有是。”及宋平、元之族自萧奔郑，郑人为之城岩、戈、锡。九月，宋向巢伐郑，取锡，杀元公之孙，遂围岩。十二月，郑罕达救岩，丙申，围宋师。

哀公十三年

十三年春，宋向魋救其师。郑子剩使徇曰：“得桓魋者有赏。”魋也逃归，遂取宋师于岩，获成讙、郜延。以六邑为虚。

夏，公会单平公、晋定公、吴夫差于黄池。

六月丙子，越子伐吴，为二隧。畴无馀、讴阳自南方，先及郊。吴大子友、王子地、王孙弥庸、寿于姚自泓上观之。弥庸见姑蔑之旗，曰：“吾父之旗也。不可以见仇而弗杀也。”大子曰：“战而不克，将亡国。请待之。”弥庸不可，属徒五千，王子地助之。乙酉，战，弥庸获畴无馀，地获讴阳。越子至，王子地守。丙戌，复战，大败吴师。获大子友、王孙弥庸、寿于姚。丁亥，入吴。吴人告败于王，王恶其闻也，自刭七人于幕下。

秋七月辛丑，盟，吴、晋争先。吴人曰：“于周室，我为长。”晋人曰：“于姬姓，我为伯。”赵鞅呼司马寅曰：“日旰矣，大事未成，二臣之罪也。建鼓整列，二臣死之，长幼必可知也。”对曰：“请姑视之。”反，曰：“肉食者无墨。今吴王有墨，国胜乎？大子死乎？且夷德轻，不忍久，请少待之。”乃先晋人。吴人将以公见晋侯，子服景伯对使者曰：“王合诸侯，则伯帅侯牧以见于王。伯合诸侯，则侯帅子男以见于伯。自王以下，朝聘玉帛不同。故敝邑之职贡于吴，有丰于晋，无不及焉，以为伯也。今诸侯会，而君将以寡君见晋君，则晋成为伯矣，敝邑将改职贡。鲁赋于吴八百乘。若为子男，则将半邾以属于吴，而如邾以事晋。且执事以伯召诸侯，而以侯终之，何利之有焉？"吴人乃止，既而悔之，将囚景伯。景伯曰："何也立后于鲁矣。将以二乘与六人从，迟速唯命。"遂囚以还。及户牖，谓大宰曰："鲁将以十月上辛，有事于上帝先王，季辛而毕。何世有职焉，自襄以来，未之改也。若不会，祝宗将曰：'吴实然。'且谓鲁不共，而执其贱者七人，何损焉？"大宰嚭言于王曰："无损于鲁，而祇为名，不如归之。"乃归景伯。

吴申叔仪乞粮于公孙有山氏，曰："佩玉繠兮，余无所系之。旨酒一盛兮，余与褐之父睨之。"对曰："粱则无矣，粗则有之。若登首山以呼曰：'庚癸乎！'则诺。"王欲伐宋，杀其丈夫而囚其妇人。大宰嚭曰："可胜也，而弗能居也。"乃归。

冬，吴及越平。

哀公十四年

十四年春，西狩于大野，叔孙氏之车子鉏商获麟，以为不祥，以赐虞人。仲尼观之，曰："麟也。"然后取之。

小邾射以句绎来奔，曰："使季路要我，吾无盟矣。"使子路，子路辞。季康子使冉有谓之曰："千乘之国，不信其盟，而信子之言，子何辱焉？"对曰："鲁有事于小邾，不敢问故，死其城下可也。彼不臣而济其言，是义之也。由弗能。"

齐简公之在鲁也，阚止有宠焉。及即位，使为政。陈成子惮之，骤顾诸朝。诸御鞅言于公曰："陈、阚不可并也，君其择焉。"弗听。子我夕，陈逆杀人，逢之，遂执以入。陈氏方睦，使疾，而遗之潘沐，备酒肉焉，飨守囚者，醉而杀之，而逃。子我盟诸陈于陈宗。

初，陈豹欲为子我臣，使公孙言己，已有丧而止。既，而言之，曰："有陈豹者，长而上偻，望视，事君子必得志。欲为子臣，吾惮其为人也，故缓以告。"子我曰："何害？是其在我也。"使为臣。他日，与之言政，说，遂有宠。谓之曰："我尽逐陈氏，而立女，若何？"对曰："我远于陈氏矣。且其违者，不过数人，何尽逐焉？"遂告陈氏，子行曰："彼得君，弗先，必祸子。"子行舍于公宫。夏五月壬申，成子兄弟四乘如公。子我在幄，出，逆之。遂入，闭门。侍人御之，子行杀侍人。公与妇人饮酒于檀台，成子迁诸寝。公执戈，将击之。大史子馀曰："非不利也，将除害也。"

成子出舍于库，闻公犹怒，将出，曰："何所无君？"子行抽剑，曰："需，事之贼也。谁非陈宗？所不杀子者，有如陈宗！"乃止。子我归，属徒，攻闱与大门，皆不胜，乃出。陈氏追之，失道于弇中，适丰丘。丰丘人执之，以告，杀诸郭关。成子将杀大陆子方，陈逆请而免之，以公命取车于道。及耏，众知而东之。出雍门，陈豹与之车，弗受，曰："逆为余请，豹与余车，余有私焉。事子我而有私于其仇，何以见鲁、卫之士？"东郭贾奔卫。庚辰，陈恒执公于舒州。公曰："吾早从鞅之言，不及此。"

宋桓魋之宠害于公。公使夫人骤请享焉，而将讨之。未及，魋先谋公，请以鞍易薄，公曰："不可。薄，宗邑也。"乃益鞍七邑，而请享公焉。以日中为期，家备尽往。公知之，告皇野曰："余长魋也。今将祸余，请即救。"司马子仲曰："有臣不顺，神之所恶也，而况人乎？敢不承命。不得左师不可，请以君命召之。"左师每食击钟。闻钟声，公曰："夫子将食。"既食，又奏。公曰："可矣。"以乘车往，曰："迹人来告曰：'逢泽有介麇焉。'公曰：'虽魋未来，得左师，吾与之田，若何？'君惮告子。野曰：'尝私焉。'君欲速，故以乘车逆子。"与之乘，至，公告之故，拜，不能起。司马曰："君与之言。"公曰："所难子者，上有天，下有先君。"对曰："魋之不共，宋之祸也。敢不唯命是听。”司马请瑞焉，以命其徒攻桓氏。其父兄故臣曰：“不可。”其新臣曰：“从吾君之命。”遂攻之。子颀骋而告桓司马。司马欲入，子车止之，曰：“不能事君，而又伐国，民不与也，祇取死焉。”向魋遂入于曹以叛。

六月，使左师巢伐之，欲质大夫以入焉。不能。亦入于曹，取质。魋曰：“不可。既不能事君，又得罪于民，将若之何？”乃舍之。民遂叛之。向魋奔卫。向巢来奔，宋公使止之，曰：“寡人与子有言矣，不可以绝向氏之祀。”辞曰：“臣之罪大，尽灭桓氏可也。若以先臣之故，而使有后，君之惠也。若臣则不可以入矣。”司马牛致其邑与珪焉，而适齐。向魋出于卫地，公文氏攻之，求夏后氏之璜焉。与之他玉，而奔齐，陈成子使为次卿。司马牛又致其邑焉，而适吴。吴人恶之，而反。赵简子召之，陈成子亦召之。卒于鲁郭门之外，阬氏葬诸丘舆。

甲午，齐陈恒弑其君壬于舒州。孔丘三日齐，而请伐齐，三。公曰：“鲁为齐弱久矣，子之伐之，将若之何？”对曰：“陈恒弑其君，民之不与者半。以鲁之众，加齐之半，可克也。”公曰：“子告季孙。”孔子辞。退而告人曰：“吾以从大夫之后也，故不敢不言。”

初，孟孺子泄将圉马于成。成宰公孙宿不受，曰：“孟孙为成之病，不圉马焉。”孺子怒，袭成。从者不得入，乃反。成有司使，孺子鞭之。秋八月辛丑，孟懿子卒。成人奔丧，弗内，袒免哭于衢。听共，弗许。惧，不归。

哀公十五年

十五年春，成叛于齐。武伯伐成，不克，遂城输。

夏，楚子西、子期伐吴，及桐汭。陈侯使公孙贞子吊焉，及良而卒，将以尸入。吴子使大宰嚭劳，且辞曰：“以水潦之不时，无乃廪然陨大夫之尸，以重寡君之忧。寡君敢辞上介。”芋尹盖对曰：“寡君闻楚为不道，荐伐吴国，灭厥民人。寡君使盖备使，吊君之下吏。无禄，使人逢天之戚，大命陨队，绝世于良，废日共积，一日迁次。今君命逆使人曰：‘无以尸造于门。’是我寡君之命委于草莽也。且臣闻之曰：‘事死如生，礼也。’于是乎有朝聘而终，以尸将事之礼，又有朝聘而遭丧之礼。若不以尸将命，是遭丧而还也，无乃不可乎！以礼防民，犹或逾之。今大夫曰：‘死而弃之’，是弃礼也。其何以为诸侯主？先民有言曰：‘无秽虐士。’备使奉尸将命，苟我寡君之命达于君所，虽陨于深渊，则天命也。非君与涉人之过也。”吴人内之。

秋，齐陈瓘如楚。过卫，仲由见之，曰：“天或者以陈氏为斧斤，既斫丧公室，而他人有之，不可知也。其使终飨之，亦不可知也。若善鲁以待时，不亦可乎？何必恶焉？”子玉曰：“然，吾受命矣，子使告我弟。”

冬，及齐平。子服景伯如齐，子赣为介，见公孙成，曰：“人皆臣人，而有背人之心。况齐人虽为子役，其有不贰乎？子，周公之孙也。多飨大利，犹思不义。利不可得，而丧宗国，将焉用之？”成曰：“善哉，吾不早闻命。”陈成子馆客，曰：“寡君使恒告曰：‘寡人愿事君如事卫君。’”景伯揖子赣而进之。对曰：“寡君之愿也。昔晋人伐卫，齐为卫故，伐晋冠氏，丧车五百，因与卫地，自济以西，禚、媚、杏以南，书社五百。吴人加敝邑以乱。齐因其病，取讙与阐。寡君是以寒心。若得视卫君之事君也，则固所愿也。”成子病之，乃归成。公孙宿以其兵甲入于嬴。

卫孔圉取大子蒯聩之姊，生悝。孔氏之竖浑良夫，长而美，孔文子卒，通于内。大子在戚，孔姬使之焉。大子与之言曰：“苟使我入获国，服冕乘轩，三死无与。”与之盟。为请于伯姬。闰月，良夫与大子入，舍于孔氏之外圃。昏，二人蒙衣而乘，寺人罗御，如孔氏。孔氏之老栾宁问之，称姻妾以告。遂入，适伯姬氏。既食，孔伯姬杖戈而先，大子与五人介，舆豭从之。迫孔悝于厕，强盟之，遂劫以登台。栾宁将饮酒，炙未熟，闻乱，使告季子。召获驾乘车，行爵食炙，奉卫侯辄来奔。季子将入，遇子羔将出，曰："门已闭矣。"季子曰："吾姑至焉。"子羔曰："弗及，不践其难。"季子曰："食焉，不辟其难。"子羔遂出。子路入，及门，公孙敢门焉，曰："无入为也。"季子曰："是公孙也，求利焉而逃其难。由不然，利其禄，必救其患。"有使者出，乃入。曰："大子焉用孔悝？虽杀之，必或继之。"且曰："大子无勇，若燔台半，必舍孔叔。"大子闻之，惧，下。石乞、盂黡敌子路。以戈击之，断缨。子路曰："君子死，冠不免。"结缨而死。孔子闻卫乱，曰："柴也其来，由也死矣。"孔悝立庄公。庄公害故政，欲尽去之。先谓司徒瞒成曰："寡人离病于外久矣，子请亦尝之。"归告褚师比，欲与之伐公，不果。

哀公十六年

十六年春，瞒成、褚师比出奔宋。

卫侯使鄢武子告于周，曰："蒯聩得罪于君父君母，逋窜于晋。晋以王室之故，不弃兄弟，置诸河上。天诱其衷，获嗣守封焉。使下臣肸敢告执事。"王使单平公对曰："肸以嘉命来告余一人。往谓叔父，余嘉乃成世，复尔禄次，敬之哉。方天之休，弗敬弗休，悔其可追。"

夏四月己丑，孔丘卒。公诔之曰："旻天不吊，不慭遗一老。俾屏余一人以在位，茕茕余在疚。呜呼哀哉！尼父，无自律。"子赣曰："君其不没于鲁乎。夫子之言曰：'礼失则昏，名失则愆。'失志为昏，失所为愆。生不能用，死而诔之，非礼也。称一人，非名也。君两失之。"

六月，卫侯饮孔悝酒于平阳，重酬之，大夫皆有纳焉。醉而送之，夜半而遣之。载伯姬于平阳而行。及西门，使贰车反祏于西圃。子伯季子初为孔氏臣，新登于公。请追之，遇载祏者，杀而乘其车。许公为反祏，遇之，曰："与不仁人争，明无不胜。"必使先射，射三发，皆远许为。许为射之，殪。或以其车从，得祏于橐中。孔悝出奔宋。

楚大子建之遇谗也，自城父奔宋。又辟华氏之乱于郑，郑人甚善之。又适晋，与晋人谋袭郑，乃求复焉。郑人复之如初。晋人使谍于子木，请行而期焉。子木暴虐于其私邑，邑人诉之。郑人省之，得晋谍焉。遂杀子木。其子曰胜，在吴。子西欲召之。叶公曰："吾闻胜也诈而乱，无乃害乎。"子西曰："吾闻胜也信而勇，不为不利，舍诸边竟，使卫藩焉。"叶公曰："周仁之谓信，率义之谓勇。吾闻胜也好复言，而求死士，殆有私乎？复言，非信也。期死，非勇也。子必悔之。"弗从。召之使处吴竟，为白公。请伐郑。子西曰："楚未节也。不然，吾不忘也。"他日，又请，许之。未起师。晋人伐郑，楚救之，与之盟。胜怒，曰："郑人在此，仇不远矣。"胜自厉剑，子期之子平见之，曰："王孙何自厉也？"曰："胜以直闻，不告女，庸为直乎？将以杀尔父。"平以告子西。子西曰："胜如卵，余翼而长之。楚国第，我死，令尹、司马，非胜而谁？"胜闻之，曰："令尹之狂也，得死，乃非我。"子西不悛。胜谓石乞曰："王与二卿士，皆五百人当之，则可矣。"乞曰："不可得也。"曰："市南有熊宜僚者，若得之，可以当五百人矣。"乃从白公而见之。与之言，说。告之故，辞。承之以剑，不动。胜曰："不为利谄，不为威惕，不泄人言以求媚者，去之。"

吴人伐慎，白公败之。请以战备献，许之。遂作乱。秋七月，杀子西、子期于朝，而劫惠王。子西以袂掩面而死。子期曰："昔者吾以力事君，不可以弗终。"抉豫章以杀人而后死。石乞曰："焚库弑王，不然不济。"白公曰："不可。弑王不祥，焚库无聚，将何以守矣？"乞曰："有楚国而治其民，以敬事神，可以得祥，且有聚矣，何患？"弗从。叶公在蔡，方城之外皆曰："可以入矣。"子高曰："吾闻之，以险侥幸者，其求无餍，偏重必离。”闻其杀齐管修也而后入。

白公欲以子闾为王。子闾不可，遂劫以兵。子闾曰：“王孙若安靖楚国，匡正王室，而后庇焉，启之愿也，敢不听从。若将专利以倾王室，不顾楚国，有死不能。”遂杀之，而以王如高府，石乞尹门。圉公阳穴宫，负王以如昭夫人之宫。叶公亦至，及北门，或遇之，曰：“君胡不胄？国人望君如望慈父母焉。盗贼之矢若伤君，是绝民望也。若之何不胄？”乃胄而进。又遇一人曰：“君胡胄？国人望君如望岁焉，日日以几。若见君面，是得艾也。民知不死，其亦夫有奋心。犹将旌君以徇于国，而又掩面以绝民望，不亦甚乎？”乃免胄而进。遇箴尹固，帅其属将与白公。子高曰：“微二子者，楚不国矣。弃德从贼，其可保乎？”乃从叶公。使与国人以攻白公。白公奔山而缢，其徒微之。生拘石乞而问白公之死焉，对曰：“余知其死所，而长者使余勿言。”曰：“不言将烹。”乞曰：“此事克则为卿，不克则烹，固其所也。何害？”乃烹石乞。王孙燕奔頯黄氏。诸梁兼二事，国宁，乃使宁为令尹，使宽为司马，而老于叶。

卫侯占梦，嬖人求酒于大叔僖子。不得，与卜人比而告公曰：“君有大臣在西南隅，弗去，惧害。”乃逐大叔遗。遗奔晋。卫侯谓浑良夫曰：“吾继先君而不得其器，若之何？”良夫代执火者而言，曰：“疾与亡君，皆君之子也。召之而择材焉可也。若不材，器可得也。”竖告大子。大子使五人舆豭从己，劫公而强盟之。且请杀良夫。公曰：“其盟免三死。”曰：“请三之后，有罪杀之。”公曰：“诺哉！”

哀公十七年

十七年春，卫侯为虎幄于藉圃，成，求令名者，而与之始食焉。大子请使良夫。良夫乘衷甸两牡，紫衣狐裘，至，袒裘，不释剑而食。大子使牵以退，数之以三罪而杀之。

三月，越子伐吴。吴子御之笠泽，夹水而陈。越子为左右句卒，使夜或左或右，鼓噪而进。吴师分以御之。越子以三军潜涉，当吴中军而鼓之，吴师大乱，遂败之。

晋赵鞅使告于卫曰："君之在晋也，志父为主。请君若大子来，以免志父。不然，寡君其曰，志父之为也。"卫侯辞以难。大子又使椓之。夏六月，赵鞅围卫。齐国观、陈瓘救卫，得晋人之致师者。子玉使服而见之，曰："国子实执齐柄，而命瓘曰：'无辟晋师。'岂敢废命。子又何辱？"简子曰："我卜伐卫，未卜与齐战。"乃还。

楚白公之乱，陈人恃其聚而侵楚。楚既宁，将取陈麦。楚子问帅于大师子穀与叶公诸梁。子穀曰："右领差车与左史老，皆相令尹、司马以伐陈，其可使也。"子高曰："率贱，民慢之，惧不用命焉。"子穀曰："观丁父，鄀俘也，武王以为军率，是以克州、蓼，服随、唐，大启群蛮。彭仲爽，申俘也，文王以为令尹，实县申、息，朝陈、蔡，封畛于汝。唯其任也，何贱之有？"子高曰："天命不谄。令尹有憾于陈，天若亡之，其必令尹之子是与，君盍舍焉？臣惧右领与左史有二俘之贱，而无其令德也。"王卜之，武城尹吉。使帅师取陈麦。陈人御之，败。遂围陈。秋七月己卯，楚公孙朝帅师灭陈。

王与叶公枚卜子良以为令尹。沈尹朱曰："吉，过于其志。"叶公曰："王子而相国，过将何为？"他日，改卜子国而使为令尹。

卫侯梦于北宫，见人登昆吾之观，被发北面而噪曰："登此昆吾之虚，绵绵生之瓜。余为浑良夫。叫天无辜。"公亲筮之，胥弥赦占之，曰："不害。"与之邑，置之，而逃奔宋。卫侯贞卜，其《繇》曰："如鱼竀尾，衡流而方羊，裔焉大国，灭之将亡。阖门塞窦，乃自后逾。"

冬十月，晋复伐卫，入其郛。将入城，简子曰："止。叔向有言曰：'怙乱灭国者无后。'"卫人出庄公而与晋平，晋立襄公之孙般师而还。十一月，卫侯自鄄入，般师出。

初，公登城以望，见戎州。问之，以告。公曰："我姬姓也，何戎之有焉?"翦之。公使匠久。公欲逐石圃,未及而难作。辛巳,石圃因匠氏攻公,公阖门而请,弗许。逾于北方而队,折股。戎州人攻之,大子疾、公子青逾从公。戎州人杀之。公入于戎州己氏。初,公自城上见己氏之妻发美,使髡之,以为吕姜髢。既入焉,而示之璧,曰:"活我,吾与女璧。"己氏曰:"杀女,璧其焉往?"遂杀之而取其璧。卫人复公孙般师而立之。十二月,齐人伐卫,卫人请平。立公子起,执般师以归,舍诸潞。

公会齐侯,盟于蒙,孟武伯相。齐侯稽首,公拜。齐人怒,武伯曰:"非天子,寡君无所稽首。"武伯问于高柴曰:"诸侯盟,谁执牛耳?"季羔曰:"鄫衍之役,吴公子姑曹;发阳之役,卫石魋。"武伯曰:"然则彘也。"

宋皇瑗之子麇,有友曰田丙,而夺其兄酁般邑以与之。酁般愠而行,告桓司马之臣子仪克。子仪克适宋,告夫人曰:"麇将纳桓氏。"公问诸子仲。初,子仲将以杞姒之子非我为子。麇曰:"必立伯也,是良材。"子仲怒,弗从。故对曰:"右师则老矣,不识麇也。"公执之。皇瑗奔晋,召之。

哀公十八年

十八年春,宋杀皇瑗。公闻其情,复皇氏之族,使皇缓为右师。

巴人伐楚,围鄾。初,右司马子国之卜也,观瞻曰:"如志。"故命之。及巴师至,将卜帅。王曰:"宁如志,何卜焉?"使帅师而行,请承。王曰:"寝尹、工尹,勤先君者也。"三月,楚公孙宁、吴由于、薳固败巴师于鄾,故封子国于析。君子曰:"惠王知志。《夏书》曰:'官占,唯能蔽志,昆命于元龟。'其是之谓乎?志曰:'圣人不烦卜筮。'惠王其有焉!"

夏,卫石圃逐其君起,起奔齐。卫侯辄自齐复归,逐石圃,而复石魋与大叔遗。

哀公十九年

十九年春,越人侵楚,以误吴也。夏,楚公子庆、公孙宽追越师,至冥,不及,乃还。

秋,楚沈诸梁伐东夷,三夷男女及楚师盟于敖。

冬,叔青如京师,敬王崩故也。

哀公二十年

二十年春,齐人来征会。夏,会于廪丘。为郑故,谋伐晋。郑人辞诸侯,秋,师还。

吴公子庆忌骤谏吴子,曰:"不改,必亡。"弗听。出居于艾。遂适楚。闻越将伐吴。冬,请归平越,遂归。欲除不忠者以说于越。吴人杀之。

十一月,越围吴,赵孟降于丧食。楚隆曰:"三年之丧,亲昵之极也。主又降之,无乃有故乎?"赵孟曰:"黄池之役,先主与吴王有质,曰:'好恶同之。'今越围吴,嗣子不废旧业而敌之,非晋之所能及也,吾是以为降。"楚隆曰:"若使吴王知之,若何?"赵孟曰:"可乎?"隆曰:"请尝之。"乃往。先造于越军,曰:"吴犯间上国多矣,闻君亲讨焉,诸夏之人莫不欣喜,唯恐君志之不从。请入视之。"许之。告于吴王曰:"寡君之老无恤,使陪臣隆敢展谢其不共。黄池之役,君之先臣志父得承齐盟,曰:'好恶同之。'今君在难,无恤不敢惮劳。非晋国之所能及也,使陪臣敢展布之。"王拜稽首曰:"寡人不佞,不能事越,以为大夫忧。拜命之辱。"与之一箪珠,使问赵孟,曰:"句践将生忧寡人,寡人死之不得矣。"王曰:"溺人必笑,吾将有问也。史黯何以得为君子?”对曰:“黯也进不见恶,退无谤言。”王曰:“宜哉。”

哀公二十一年

二十一年夏五月,越人始来。

秋八月,公及齐侯、邾子盟于顾。齐人责稽首,因歌之曰:“鲁人之皋,数年不觉,使我高蹈。唯其儒书,以为二国忧。”是行也,公先至于阳谷。齐闾丘息曰:“君辱举玉趾,以在寡君之军。群臣将传遽以告寡君,比其复也,君无乃勤。为仆人之未次,请除馆于舟道。”辞曰:“敢勤仆人?”

哀公二十二年

二十二年夏四月,邾隐公自齐奔越,曰:“吴为无道,执父立子。”越人归之,大子革奔越。

冬十一月丁卯,越灭吴,请使吴王居甬东。辞曰:“孤老矣,焉能事君?”乃缢。越人以归。

哀公二十三年

二十三年春,宋景曹卒。季康子使冉有吊,且送葬,曰:“敝邑有社稷之事,使肥与有职竞焉,是以不得助执绋,使求从舆人。”曰:“以肥之得备弥甥也,有不腆先人之产马,使求荐诸夫人之宰,其可以称旌繁乎?”

夏六月,晋荀瑶伐齐。高无丕帅师御之。知伯视齐师,马骇,遂驱之,曰:“齐人知余旗,其谓余畏而反也。”及垒而还。将战,长武子请卜。知伯曰:“君告于天子,而卜之以守龟于宗祧,吉矣。吾又何卜焉？且齐人取我英丘，君命瑶，非敢耀武也，治英丘也。以辞伐罪足矣，何必卜？”壬辰，战于犁丘。齐师败绩，知伯亲禽颜庚。

秋八月，叔青如越，始使越也。越诸鞅来聘，报叔青也。

哀公二十四年

二十四年夏四月，晋侯将伐齐，使来乞师，曰：“昔臧文仲以楚师伐齐，取穀。宣叔以晋师伐齐，取汶阳。寡君欲徼福于周公，愿乞灵于臧氏。”臧石帅师会之，取廪丘。军吏令缮，将进。莱章曰：“君卑政暴，往岁克敌，今又胜都。天奉多矣，又焉能进？是躗言也。役将班矣！”晋师乃还，饩臧石牛。大史谢之，曰：“以寡君之在行，牢礼不度，敢展谢之。”

邾子又无道，越人执之以归，而立公子何。何亦无道。

公子荆之母嬖，将以为夫人，使宗人衅夏献其礼。对曰：“无之。”公怒曰：“女为宗司，立夫人，国之大礼也，何故无之？”对曰：“周公及武公娶于薛，孝、惠娶于商，自桓以下娶于齐，此礼也则有。若以妾为夫人，则固无其礼也。”公卒立之，而以荆为大子。国人始恶之。

闰月，公如越，得大子適郢，将妻公，而多与之地。公孙有山使告于季孙。季孙惧，使因大宰嚭而纳赂焉，乃止。

哀公二十五年

二十五年夏五月庚辰，卫侯出奔宋。卫侯为灵台于藉圃，与诸大夫饮酒焉。褚师声子袜而登席。公怒。辞曰：“臣有疾，异于人。若见之，君将㱿之。是以不敢。”公愈怒。大夫辞之，不可。褚师出，公戟其手，曰：“必断而足。”闻之，褚师与司寇亥乘，曰：“今日幸而后亡。”公之入也，夺南氏邑，而夺司寇亥政。公使侍人纳公文懿子之车于池。

初，卫人翦夏丁氏，以其帑赐彭封弥子。弥子饮公酒，纳夏戊之女，嬖，以为夫人。其弟期，大叔疾之从孙甥也，少畜于公，以为司徒。夫人宠衰，期得罪。公使三匠久。公使优狡盟拳弥，而甚近信之。故褚师比、公孙弥牟、公文要、司寇亥、司徒期因三匠与拳弥以作乱，皆执利兵，无者执斤。使拳弥入于公宫，而自大子疾之宫噪以攻公。鄄子士请御之。弥援其手，曰：“子则勇矣，将若君何？不见先君乎？君何所不逞欲？且君尝在外矣，岂必不反。当今不可，众怒难犯，休而易间也。”乃出。将适蒲，弥曰：“晋无信，不可。”将适鄄，弥曰：“齐、晋争我，不可。”将适泠，弥曰：“鲁不足与，请适城鉏以钩越，越有君。”乃适城鉏。弥曰：“卫盗不可知也，请速，自我始。”乃载宝以归。

公为支离之卒，因祝史挥以侵卫。卫人病之。懿子知之，见子之，请逐挥。文子曰：“无罪。”懿子曰：“彼好专利而妄。夫见君之入也，将先道焉。若逐之，必出于南门而适君所。夫越新得诸侯，将必请师焉。”挥在朝，使吏遣诸其室。挥出，信，弗内。五日，乃馆诸外里。遂有宠，使如越请师。

六月，公至自越。季康子、孟武伯逆于五梧。郭重仆，见二子，曰：“恶言多矣，君请尽之。”公宴于五梧。武伯为祝，恶郭重，曰：“何肥也！”季孙曰：“请饮彘也。以鲁国之密迩仇雠，臣是以不获从君，克免于大行，又谓重也肥。”公曰：“是食言多矣，能无肥乎？”饮酒不乐，公与大夫始有恶。

哀公二十六年

二十六年夏五月，叔孙舒帅师会越皋如、后庸、宋乐茷，纳卫侯，文子欲纳之。懿子曰:“君愎而虐,少待之,必毒于民,乃睦于子矣。”师侵外州,大获。出御之,大败。掘褚师定子之墓,焚之于平庄之上。文子使王孙齐私于皋如,曰:“子将大灭卫乎,抑纳君而已乎?”皋如曰:“寡君之命无他,纳卫君而已。”文子致众而问焉,曰:“君以蛮夷伐国,国几亡矣。请纳之。”众曰:“勿纳。”曰:“弥牟亡而有益,请自北门出。”众曰:“勿出。”重赂越人,申开守陴而纳公,公不敢入。师还,立悼公。南氏相之。以城鉏与越人。公曰:“期则为此。”令苟有怨于夫人者,报之。司徒期聘于越,公攻而夺之币。期告王,王命取之。期以众取之。公怒,杀期之甥之为大子者。遂卒于越。

宋景公无子,取公孙周之子得与启,畜诸公宫,未有立焉。于是皇缓为右师,皇非我为大司马,皇怀为司徒,灵不缓为左师,乐茷为司城,乐朱鉏为大司寇。六卿三族降听政,因大尹以达。大尹常不告,而以其欲称君命以令。国人恶之。司城欲去大尹,左师曰:“纵之,使盈其罪。重而无基,能无敝乎?”

冬十月,公游于空泽。辛巳,卒于连中。大尹兴空泽之士千甲,奉公自空桐入,如沃宫。使召六子,曰:“闻下有师,君请六子画。”六子至,以甲劫之,曰:“君有疾病,请二三子盟。”乃盟于少寝之庭,曰:“无为公室不利。”大尹立启,奉丧殡于大宫。三日,而后国人知之。司城茷使宣言于国曰:“大尹惑蛊其君而专其利,今君无疾而死,死又匿之,是无他矣,大尹之罪也。”得梦启北首而寝于卢门之外,己为乌而集于其上,咮加于南门,尾加于桐门。曰:“余梦美,必立。”大尹谋曰:“我不在盟,无乃逐我,复盟之乎?”使祝为载书,六子在唐盂。将盟之。祝襄以载书告皇非我,皇非我因子潞、门尹得、左师谋曰:“民与我,逐之乎?”皆归授甲,使徇于国曰:“大尹惑蛊其君,以陵虐公室。与我者,救君者也。”众曰:“与之。”大尹徇曰:“戴氏、皇氏将不利公室,与我者,无忧不富。”众曰:“无别。”戴氏、皇氏欲伐公。乐得曰:“不可。彼以陵公有罪,我伐公,则甚焉。”使国人施于大尹。

大尹奉启以奔楚，乃立得。司城为上卿，盟曰："三族共政，无相害也。"

卫出公自城鉏使以弓问子赣，且曰："吾其入乎？"子赣稽首受弓，对曰："臣不识也。"私于使者曰："昔成公孙于陈，宁武子、孙庄子为宛濮之盟而君入；献公孙于卫齐，子鲜、子展为夷仪之盟而君入。今君再在孙矣，内不闻献之亲，外不闻成之卿，则赐不识所由入也。《诗》曰：'无竞惟人，四方其顺之。'若得其人，四方以为主，而国于何有？"

哀公二十七年

二十七年春，越子使后庸来聘，且言邾田，封于骀上。二月，盟于平阳。三子皆从。康子病之，言及子赣，曰："若在此，吾不及此夫。"武伯曰："然。何不召？"曰："固将召之。"文子曰："他日请念。"

夏四月己亥，季康子卒。公吊焉，降礼。

晋荀瑶帅师伐郑，次于桐丘。郑驷弘请救于齐。齐师将兴，陈成子属孤子，三日朝。设乘车两马，系五邑焉。召颜涿聚之子晋，曰："隰之役，而父死焉。以国之多难，未女恤也。今君命女以是邑也，服车而朝，毋废前劳。"乃救郑。及留舒，违穀七里，穀人不知。及濮，雨，不涉。子思曰："大国在敝邑之宇下，是以告急。今师不行，恐无及也。"成子衣制，杖戈，立于阪上，马不出者，助之鞭之。知伯闻之，乃还，曰："我卜伐郑，不卜敌齐。"使谓成子曰："大夫陈子，陈之自出。陈之不祀，郑之罪也。故寡君使瑶察陈衷焉。谓大夫其恤陈乎？若利本之颠，瑶何有焉？"成子怒曰："多陵人者皆不在，知伯其能久乎？"中行文子告成子曰："有自晋师告寅者，将为轻车千乘，以厌齐师之门，则可尽也。"成子曰："寡君命恒曰：'无及寡，无畏众。'虽过千乘，敢辟之乎？将以子之命告寡君。"文子曰："吾乃今知所以亡。君子之谋也,始衷终皆举之,而后入焉。今我三不知而入之,不亦难乎?”

公患三桓之侈也,欲以诸侯去之。三桓亦患公之妄也,故君臣多间。公游于陵阪,遇孟武伯于孟氏之衢,曰:“请有问于子,余及死乎?”对曰:“臣无由知之。”三问,卒辞不对。公欲以越伐鲁,而去三桓。秋八月甲戌,公如公孙有陉氏,因孙于邾,乃遂如越。国人施公孙有山氏。

悼之四年,晋荀瑶帅师围郑。未至,郑驷弘曰:“知伯愎而好胜,早下之,则可行也。”乃先保南里以待之。知伯入南里,门于桔柣之门。郑人俘酅魁垒,赂之以知政,闭其口而死。将门,知伯谓赵孟:“入之。”对曰:“主在此。”知伯曰:“恶而无勇,何以为子?”对曰:“以能忍耻,庶无害赵宗乎!”知伯不悛,赵襄子由是惎知伯,遂丧之。知伯贪而愎,故韩、魏反而丧之。